欧洲学术丛书

孙周兴 冯俊 主编
赵千帆 执行主编

# 法国当代哲学论纲

尚 杰 著

同济大学出版社·上海
TONGJI UNIVERSITY PRESS·SHANGHAI

图书在版编目（CIP）数据

法国当代哲学论纲/尚杰著. -- 上海：同济大学出版社，2025.1. --（欧洲学术丛书）. -- ISBN 978-7-5765-1377-6

I. B565.6

中国国家版本馆 CIP 数据核字第 2024YL3121 号

"十四五"国家重点出版物出版规划项目

欧洲学术丛书

法国当代哲学论纲

尚　杰　著

丛书策划　熊磊丽　张　翠
责任编辑　丁国生
责任校对　徐春莲
封面设计　张　微

出版发行　同济大学出版社　www.tongjipress.com.cn
　　　　　（地址：上海市四平路1239号　　邮编：200092　电话：021-65985622）
经　　销　全国各地新华书店
印　　刷　上海颛辉印刷厂有限公司
开　　本　710mm×960mm　1/16
印　　张　23.25
字　　数　301 000
版　　次　2025年1月第1版
印　　次　2025年1月第1次印刷
书　　号　ISBN 978-7-5765-1377-6
定　　价　128.00元

本书若有印装质量问题，请向本社发行部调换　　版权所有　侵权必究

## 编委会

**主　编**　孙周兴　冯　俊

**执行主编**　赵千帆

**编　委**（按姓氏笔画为序）

叶　隽　冯　俊　刘日明　孙周兴　杨　光　吴建广　吴树博　余明锋
张尧均　张振华　陆兴华　郑春荣　居　飞　赵　劲　赵千帆　赵旭东
柯小刚　徐卫翔　韩　潮　谢志斌

**学术支持**　同济大学欧洲思想文化研究院

# 总　序

欧洲曾经是一个整体单位。中古基督教的欧洲曾以教会和拉丁文为基础形成相对统一的文明形态。文艺复兴前后，欧洲分出众多以民族语言为基础的现代民族国家。这些民族国家有大有小，有强有弱，也有早有晚（德国算是其中的一个特别迟发的国家了），风风雨雨几个世纪间，完成了工业化—现代化过程。而到 20 世纪的后半叶，欧洲重新开始了政治经济上的一体化进程，1993 年 11 月 1 日，"欧盟"正式成立。至少在名义上，又一个统一的欧洲诞生了——是谓天下大势，分久必合，合久必分么？

马克思当年曾预判：要搞社会主义或者共产主义，至少得整个欧洲一起搞——可惜后来的革命实践走了样。一个统一的欧洲显然也是哲人马克思的理想，而今天的欧盟似乎正在一步步实现马克思他老人家的社会理想。虽然欧盟起步不久，内部存在种种差异、矛盾和问题，甚至有冲突和分裂的危险，但一个崇尚民主自由的欧洲，一个重视民生福利的欧洲，一个趋向稳重节制姿态的欧洲，在今天的世界上是有特别重要的地位和价值的。

马克思之后，欧洲文化进入到一个全面自我反省的阶段。哲人尼采发起的现代性文化批判尤其振聋发聩，但他依旧怀有对"好欧洲人"的希冀。而 20 世纪上半叶相继发生的两次世界大战，更是彻底粉碎了近代以来欧洲知识人的启蒙理性美梦和欧洲中心主义立场，从此以后，"世界历史"进入一个全新的阶段。但另一方面，我们也不得不看到，欧洲的哲学—科学—技术—工业—商业体系，至今仍旧是在全球范围内占统治地位的知识形态、文化形式、制度设计、生产和生活方式。这就是说，今天世界现实的主体和主线依然是欧洲—西方式的。现代性批判的任务仍然是未完成的，而且在今天已成为一个全球性的课题。

欧洲已经是"世界历史性"的欧洲。有鉴于此，我们当年创办了"同济大学欧洲思想文化研究院"。也正因此，我们今天要继续编辑出版"欧洲学术丛书"，愿以同舟共济的精神，推进我国的欧洲文化研究事业。

孙周兴
2017 年 8 月 25 日写于海口
2023 年 4 月 27 日改写于杭州

# 新版自序

出乎我的意料，同济大学出版社决定再版我18年前出版的这本书，使我感到高兴的是，既然再版，说明它仍旧有读者，有出版价值。我的学术成果生命的延长，就是我生命的延长。

在18年后，如果就同一个书名重写此书，我一定会写出别的样子。同样的书名，不同的内容，之前我那样遣词造句，它只有一次，带着我当时的理解和特有风格，它再也不会原样重来了，这就是文字的价值，它带着时间的烙印，这与别人的评价无关，而是自己精神生命历程的一部分，是成长。这也具有普遍意义，适用于每个人。当回顾往昔的时候，人们往往下意识地从当下的看法出发而否定曾经的错误与不愉快，我却认为，只要是曾经经历的，都不要说后悔，因为当时我们就是那样想与言行的，人会改变，我们永远都要抓住当下的价值，这本身就是永恒的真谛，而不能像古典哲学观那样，错误地以为果真能追溯到一个终极起源和理想目标，用将来鼓舞与牺牲现在，这只是幻觉乃至宗教——当我写出这些话的时候，不仅是感慨更是思考，它也切合我这本书的内容，就是与古典哲学做一个了断，一种告别，但这不是彻底否定从前的思想辉煌，而是说要去再创辉煌，思想具有别的可能性，而什么时代的人就应该说什么时代的话。哲学得对当下正在发生的社会问题说点什么，这说出来的什么，不一定说的正确，但总是处于现在说现在的事情,这就是我认定的思想的活人气。

在以上意义上,可以概括出当代法国哲学的基本特征,它反映了我们时代的精神与思想。既然这样,它就得批评自身的传统,所谓西方哲学的传统。这似乎与我们的态度有所不同,我们会觉得"背叛"是不对的,因为我们欠着祖先的思想情分,但当代法国思想家认为,一种真正的继承就是超越祖先的思想,要比传统"更行"。这是一种积极态度,难道不是吗?不要被动地被时代拖着走,而是在所处时代中选择自己应该怎样做、怎样想,要"非同凡想",做引导者而不是"被拖者"。作为一个研究法国当代哲学的中国学者,我欣赏这些法国人的思考勇气以及其中的异国情调。20世纪以来的中国思想史是西学东渐的历史。与此同时我们不能总是甘做一个跟随者,而要自主地说出自己的思想。不应该关起门说,而要敞开思想的大门,了解当代西方的学术。

我这本书的再版,说明读者有了解它的需求,这种需求首先要归因于时下中国学界乃至文艺界对当代法国哲学的热情。正如我以上谈到的,法国当代思想是我们时代精神的反映,是高度国际化的思想,其影响远超法国国界,可以毫不夸张地说,它是当代哲学中的先锋。这影响首先来自所有学科要具有原创性,都离不开新思想与新思路,它势必需要某种跨越学科界限的、活生生的思想,这就得超脱封闭保守的学院派,不是那种老气横秋的学究,漠视中听不中用的、束缚思想者的所谓"学术规范"或者"规范性哲学"。

法国当代哲学是"不规范的"哲学，是反规范的，这对于正在日益走向规范化的学界风气，是一种讽刺。换句话说，对于当代法国哲学，我们有两种态度，就像我们对于萨特有两种态度一样。如果我们研究萨特或者德里达，按照时下的风气，非常可能是以这两位哲学家本人所不赞同的方式去从事研究的，这是由于作为研究者，我们自己就是一个崇尚规范而非创新的学究。我们将他俩打扮成我们所愿意的模样，成为我们的思想木偶，而作为故人，他们永远都不会知道这些了。但是，时下的中国学界不应该，也不会是死板一块。我的态度是，要返回萨特与德里达本来的思想风貌，要在已经创新的思想中继续创新，它们不可能是任何现成的规范。

对于本书的内容本身，我没有更多的话要说，读者自己去读就是了。我坚信这本书不晦涩，不难读，这也不是我故意写成那样的，我阅读理解之后，在笔端自动就那样了。但请读者不要怀疑其中的学术含量，它是建立在大量文献基础上的。我承认自己这本书的局限性，它反映了我当时的思想能力与水平，它只是起到某种引导的作用。

在此，我对同济大学出版社表示由衷的感谢！对此书的一切读者表示由衷的感谢！

尚杰

2024 年 9 月 25 日

# 目 录

总序 ················································································ V

新版自序 ········································································· VII

引子　重读萨特 ································································ 1

第一章　时间与叙事 ························································· 35

第二章　空间与异托邦 ······················································ 72

第三章　美学：内容述形式 ················································ 87

第四章　不是一种语言 ······················································ 111

第五章　显隐之道：两种艺术传统 ······································ 126

第六章　从精神分析到精神分裂 ········································· 136

第七章　结构主义与后现代视野下的马克思主义 ·················· 159

第八章　索绪尔与结构主义 ··············································· 202

第九章　本伍尼斯特的语言观 ············································ 223

第十章　新小说与结构主义 ··············································· 248

第十一章　罗兰-巴特：怎么写而不是写什么 ······················· 275

第十二章　解构 ································································ 286

第十三章　后现代主义政治哲学的一个例子 ························ 299

第十四章　新启蒙 ····························································· 313

第十五章　智慧的形状 ······················································ 326

跋　艺术数学或后现代思想的数学根源 ······························· 336

# 引子　重读萨特

## 一

萨特这个人,"他的一生与他这个人不相称"。这句话,本是萨特用来评价波德莱尔的,现在用来描述萨特本人,也同样适用,因为他自己也是一个谜。我们以往对萨特的判断,还没有说到点子上,因为公正地说,萨特只是一个书写者,一个写字的人。为什么他能写那么多?因为他还没有想好就写,絮絮叨叨,而且决不修改。为什么他能写任何文体?因为在他眼里无论任何文体,都由文字组成;不必费神研究文体,只要琢磨文字本身就行了。

唠叨各种各样,孔夫子与他的弟子,唠叨家常话,我们读起来,感到很亲切。萨特唠叨波德莱尔,我们感到很陌生,因为"他的一生与他这个人不相称",因为表面上平凡的一生与他的精神世界太不一样了,看他的文字与看他这个人太不一样了。波德莱尔从小就失去了父爱,而他的母亲改嫁,给他造成常人难以理解的精神创伤。他年轻时就染上了梅毒,他没有老年,因为他英年早逝,这一切都在向我们叙说他有不幸的一生。

当萨特说"他的一生与他这个人不相称"时,其实是想说,每个人的一生,都是自相矛盾的、悖谬的、割裂的,是不断自我更新的一生。萨特对波德莱尔感兴趣,是因为波德莱尔一生中的悖谬更加明显,在杰出人物中具有典型意义。透过波德莱尔,萨特可以不动声色地为自己同样的一生做无言的辩护。波德莱尔在精神上绝对高雅,但是赋予他灵感的,却是"最低贱"的妓女。他意志薄弱害怕孤独,从来就凭着性情而不能有规律地生活。他的行为和精神判若两人,说一样做一样，说得到做不到。波德莱尔就像萨特和卢梭，精神上的感受能力永远大于实际经历的能力。他们只经历了一件事，就可以有千姿百态的心理反应，而更多的人经历丰富，自己讲出来，却平淡如水。人是多么不一样啊！要做一个杰出的知识分子，就得有极其脱离实际的想的能力、说的能力！

是的，有很多剩余的心情、神经质、睡不着觉、强迫症、分裂症、精神创伤——总之，有这样一颗心：娇嫩、纤细、独特、柔弱，容易失望亦容易沉醉。这样的人总想为自己活着寻找理由，不是为了健康而健康，为了长寿而长寿。

如果一个人痛苦地发现自己和周围的人完全不同，他可能有截然不同的心情选择：或者因为孤独而痛苦异常，因为他对别人是无用的，人们完全听不懂他在说什么，认为他不是傻子就是疯子；或者他因为自己精神的独特而兴奋不止，就像克尔凯郭尔那样享受孤独，不能承受也得忍着，不是暂时而是永远。

极端地孤芳自赏，这与感到自己是另外一个人之间，有什么联系吗？不同凡响在于突然显示就连自己也想不到的念头。我怎么成了这样一个人！你就是这样一个人，你是另外一个人。一般人之所以成不了卢梭、波德莱尔、萨特那样的人，是因为他们不敢直面自己突如其来的念头，被那闪电般的直觉吓破了胆，不敢与习惯的心理较量一番，是生死较量。是的，不是想正在做的那件事，而是想做那事时的心情。笛卡尔说得不错，心是心，肉是肉。只有精神高度一致的情人，才能一边做爱一边说情话。人们总是忘记一个简单的事实：心与肉之间的不一致是常态。然而这情景描述出来却让人感到惊心动魄：不动声色的猥亵和淫秽，心里却想着别的事情——这是人的分裂，或者说一个人同时是另外一个人。身体的工作与精神的工作永远不是一回事。身体上的事情不想就等于没有发生吗？

要以闪电般的速度，抓住突袭的"精神创伤"，让那个瞬间升华为永恒。从此显得特不合群。极度自恋的人本来确信自己不是随便哪个人，但突如其来的情形让他成为随便哪个人，因为每个人都认定自己很特殊，认为别人很普通。也就是说，每个人都在不知不觉中成为一个别人。在遭受"精神创伤"时，人往往自我否定，于是感到恐惧。痛苦的人是终其一生也不能突破自己心理界限的人。

现象学可以让心情得到升华，萨特用这样的观点描述波德莱尔：波德莱尔是一个从来不忘记心情本身的人，正是这样的心情使他成为一个艺术家：普通人观看是为了看见，艺术家观察是为了看见自己在看。他是透过自己的心情在看，中间隔着一层。正是因为心情不同，事物才不同。事物并不直接与心情建立关系。如此看来，真实的事物反倒显得不真实了，只有心情是真实的。事物之所以真实，在于那上面有我们的心情。这就是所谓距离产生美，害羞产生美，不透明性产生美，内心与外表的不一致产生美。总之，美在于间接性。

不能被看见而能被感觉到其存在的，是自己的眼睛。眼睛能看见一切，唯独看不见自己。这里有看不见的美。眼睛就像镜子，但是这个镜子是分裂的。如果眼睛象征着心情，那么人在自己一生的大部分时间，是在看不清楚自己心情的情况下，自己与自己较劲。是独白，是孤独。这样的情形，用诗句描述就生动多了：

> 我是伤口又是刀刃
> 是受刑者又是刽子手。

诗人的心情，当然更容易受伤。所以一个诗人政治家是危险的，他不甘平静，会使国家波荡起伏。同时是诗人和政治家，一个不是自己的人；因为心情的创造与毁灭，是同时发生的。心情随时都面临着重组。"刀刃"是什么意思呢？就是在爱自己的同时也恨自己，自觉地给自己施加痛苦。进入创作状态的快乐与进入痛苦并不是隔离的，因为他的心情在那瞬间变得就连自己也不认识了。诗人任着性子在这样复杂的心情中驰骋。他追不上自己的心情，就好像抓不住自己的惊奇。这是一些毫无用处的心情，即使对自己也没有用。

什么是有用性呢？就是算计性，在乎输赢。但这只是对在乎输赢的政治家和凡夫俗子才是有用的，对不在乎输赢的人没有用。对付一切恶意的最好办法，就是不在乎恶意，让不怀好意的人失去得逞的情趣。不在乎输赢的人有一种令人奇怪的性情，就像波德莱尔只想写自己的性情而从没有想到成功。令他百思不得其解的是，他的《恶之花》为什么获得成功。这本书成功后引起的嫉恨，却让他感到兴趣盎然。这样的情趣真让我们这些普通人感觉茫然，如果投入不是为了成功，那是为了什么呢？为了享受多余的心情！不要贪图回报，因为劳动中的消费，同时就在得到。不是得到了目的，而是获得了目的之外的某些东西。生活在别处就是心情在别处，就是一些徒劳的心情，在没用的重复中乐此不疲。

有些人的天性是纯粹好思的，完全不适合行动……这种连最简单、最必要的事情都不能干的人，会在一瞬间获得充分的勇气，使他们去干那些最荒谬，甚至常常是最危险的事情。①

但他马上就后悔了，或者他事后感到不可思议，因为他诧异那竟然是自己干的，他再也没有胆量做同样的事情。行动的动机是在瞬间做出的，善于恋爱的人一定要抓住行动的瞬间。让步太快与优柔寡断有血亲关系。结巴的人通常也缺乏行动的勇气。缺少强制别人的能力，对别人对不起自己的行为，无能为力。总之是无用之人，因为除了思考他再不会别的，他没有行动的勇气，因为想与做从来就不是一回事。他的做永远是在笔下完成的。是的，是笔头上的暴力。

天真而好思，看什么都是新鲜的，即使不新鲜也当成新鲜来看。

---

① 让-保尔·萨特：《波德莱尔》，燕山出版社2006年版，第15页。

新鲜与醉意有什么关系呢？都有"隔"的因素，只有把"是"当成"不是"，事情才有新鲜感。任何新鲜事儿，一旦被命名并分属于不同的种类，就不再新鲜了，就会令人兴趣索然。所以，以挂标签的形式说话，是最没有味道的。

以独一无二的方式想问题，比如在某一件事情上你既恨别人又被别人恨。还有什么呢？波德莱尔说即使上帝不存在，仍然有圣洁和神明。就是说，圣洁不需要存在，这是多么悖谬的心情啊！完全被人遗忘了的人，不被人理解的人，也就是不被想念或不被遥远的目光盯着的人，才是孤独的。人若想创造自己，就得逃脱自己，没有依靠，也就是孤独。某个从前不存在的东西是如何产生的呢？它是一种精神的剩余，精神的奢侈品，也就是没有用的思想，无为而来的作为，没有目的反而达到了目的。

究竟什么是波德莱尔所说的"恶之花"呢？是真实存在的反常事物，比如波德莱尔倒了大霉，他反倒高兴，因为那不是每个人一生中都能经历的，所以那样的心情属于稀少心情。所有这些，是精神上的匪夷所思。难道不是吗？波德莱尔从自己的过失中感到快乐，他从败坏自己的快乐中感到快乐，这几乎有点像自虐的快乐了！好像自我的分裂，精神的分裂，有不一样的"我"，享受者和被虐者是同一个人，伤口同时就是刀刃。这里的确有他者的影子。是他性，非我。这些复杂的快乐是悖谬的快乐。

所有这些，都像是一些增补出来的快乐，不是原始简单自然的快乐，在"快乐"和"生命"上面都加上了引号。赤裸裸的肉体上的性能力与精神上性的想象力与创造力之间，是兼容的、促进的还是排斥的？上帝和撒旦可以握手言欢吗？南辕北辙，心猿意马。波德莱尔的象征主义诗歌描述了象征性地占有爱情，就像没有身体接触的做爱，是精神恋爱，不是淫秽而是色情。色情的意思就是说伤口和刀刃都是自己的。从来就没有拥抱一个异性，却已经大大地享受过了，这是真正的恶之花。同样的情景，卢梭在他的《忏悔录》中早就描述过了：它是自然状态的增补，而任何增补都是恶的，就像手淫一样，是不生育的。

既然不满足是常态，就体验不满足好了。不满足是常态，但是喜欢"不满足"却是稀少的。波德莱尔喜欢无法复制的东西，喜欢再也见不到的东西，喜欢只有一次的情谊，喜欢没有结果的东西。他抗拒人的本性，喜欢没有结果的欲望，喜欢欲望带来的神经刺激甚于欲望的满足。这应该被理解为微妙精神，精神的精确性。脱离所有原来的感觉，让生活与发明变成一回事，用最敏锐的感受去接近异在。就像在印象派绘画中的情形一样，波德莱尔的精神世界与眼前世界之间，也是一种半透明的关系。

萨特和波德莱尔都同意人生是一场游戏，这想法看似肤浅，实则深刻，因为其中含有微妙精神。有生命情趣的人，为参与游戏本身而沉醉，他并不太在乎输赢。在乎输赢的想法，还是放不开的想法。在乎输赢，也就是在乎选择，在乎判断，因为任何选择都是潜在的是非判断。但是，从不断超越的视野，在输赢和判断背后，人们所在乎的那些东西，是一个无。

与输赢、判断、选择连接一起的，还有目标、原因、动机。游戏的态度，把这些因素统统搁置了。不要用人生的所谓目的说明人的成败。这种宽厚的人生态度与算计的态度比较，让心情与心胸像海洋一样宽阔，就像起伏的浪花，一浪高过一浪，就像心情与心胸的高难动作。

但就是同一个波德莱尔在写给他母亲的信中这样说："我所能感觉到的，是巨大的失望情绪，难以自持的孤独感……完全丧失了任何愿望，不可能发现一样有趣的事情。"[①] 能写出这样文字的，该是一个多么

---

① Sartre: *Baudelaire*, Gallimard, 1975, p.31.

奇怪的人啊！我们应该如何解释他丰富的创造能力，还有他在西方现代文学中的鼻祖地位？容易失望的能力竟然唤醒了如此巨大的文学创造力！但这样的文学所描述的，肯定不是现实生活。生活在别处，愿望，也在别处。通过忽而急匆匆，忽而慢悠悠，忽而简单，忽而复杂的心情绵延，时光被延长了。尚未存在的感觉却是就要存在的感觉，模糊不清的感觉同时也是强有力的感觉，心情就这样在不满足的河流中奔淌，哲学上的术语叫"超越"。精神！精神！人的头脑中涌现出来的，却不像人的精神。精神永远是生气蓬勃的。一个人是他人，一个民族是新的民族，人是新人。自由，就是在伤口和刀刃的自我折磨中不断超越自己心情的界限。从索然乏味中获取灵感，也就等于征服了精神上的孤独。

　　一种高贵的痛苦——波德莱尔这样说。这是一种极其稀少的精神气质。

## 二

### （一）

　　《存在与虚无》是萨特最重要的哲学著作，它的最重要之处在于这是一部伦理学著作，一部透过晦涩的胡塞尔现象学语言的法国式的"入世"之作。这本书的要害，是以"存在论"的语言，讨论人与他人之间的关系。关于萨特哲学的热门话题，比如人的价值、人道主义、自由、人存在的荒谬性，等等，都是从萨特的伦理学观念中引导出来的。在《存在与虚无》中，萨特对人类伦理观念的革新，是通过一些传统哲学中的旧术语，特别是现象学语言完成的。这对我理解萨特的哲学贡献制造了困难，同时，这也是我特别感兴趣之处，因为我特别想知道，萨特对西方传统的伦理哲学观念的"造反有理"态度是如何发生的。

这种造反态度的重要理论前提，是破除西方人根深蒂固的形而上学二元论心理习性。这里所谓"二元论"，是以哲学主要范畴的对立统一为基本特征的，比如本质与现象、存在与虚无、善与恶、必然与偶然，等等。其中本质、存在、善、必然等构成形而上学性质的伦理学的基本内容，而现象、虚无、恶、偶然性等，是被排斥的对象，在传统道德哲学中只是处于被鞭挞的地位。萨特的理论根据，来自经过他自己改造过了的胡塞尔现象学：现象和本质是一个东西，因为现象并没有躲在本质之后，本质并没有躲藏起来，现象吐露出来的就是本质。就萨特的伦理学态度而言，现象是对人的存在而言的、连续的与中断的、单一的与多样的现象。

与此同时，是萨特在对待"自我"问题上的非笛卡尔态度。笛卡尔的"我思故我在"，确立了"我思"或者自我意识在近代哲学，特别是康德先验哲学中的中心地位。无论"我思"在德国古典唯心主义哲学中有多少种不同的解释，"我思"终将是一种以"我"为中心向自己的地平线辐射的意识形态，这种"我"的辐射有自己的视域或界限，在这个界限之外的他人或者非我，要被"自我"所吸收或者同化，所以不可能有真正的外在性。萨特的"自我"概念与笛卡尔的"我思"最大的差别，在于萨特提出"自我的超越性"，也就是在传统"自我"的视野之外理解"我"，"我"总是面对"非我"或"他者"。换句话说，近代以来欧洲哲学关于"自我"的认识论性质的模式（这样的模式确立主体与客体之间的真理关系），在萨特这里变化为人与人之间的伦理学关系。这是一种不透明的关系，因为他人完全外在于"自我"，是"我"的地狱。所谓"地狱"，除了具有超越的含义，也具有真正的神秘性、无法穷尽性，因此，它不可能是一个传统认识论中的"自我"

所面临的认识对象。以上，就是萨特研究存在与虚无问题的出发点。

"存在"在萨特的《存在与虚无》中是怎样一种生存状态呢？"存在是以某些最直接贴近的方式，即通过无聊和恶心之类向我们敞开自己的。"可是萨特却说这是一种具有"本体论"性质的伦理学态度，一种现象学的"本体论"。这里，我之所以不得不把"本体论"打上引号，是因为它确实不是任何一种传统意义上的本体论。具有哲学本体论性质的恶心与无聊，处于传统哲学与文学都极少涉及的边缘地带，它是超越的，无法事先设定的或者非先验的。没有先决条件的"本体状态"，这显然受到胡塞尔现象学的绝对无条件性的影响。现象的还原与本质的还原在萨特的"存在本体论"意义上是相互重叠的。当萨特把这里的"存在"解释为人的存在时，显然指人的存在关系要以现象学的态度揭示出来，换句话说，在这样的态度之前，人还没有"在场"。"简单地说，应该以选择新词语的方式穿上贝克莱的'存在就是被感知'这件旧衣裳。事实上，这正是在实施了现象学还原之后，当胡塞尔讨论非实在的意义（noeme）并声称意义的'存在'就是被'感知'时，胡塞尔所做的事情。"① 在萨特看来，这种以现象学还原的态度被感知的存在，倒塌在虚无之中，因为这样的存在不能以"认识"的态度加以衡量。萨特的这种态度，不仅是批判贝克莱，也是批评胡塞尔的现象学还原所具有的传统认识论痕迹。因为在萨特看来，不必划分主体—客体（胡塞尔仍旧以现象学的"认识论态度"区分了意向活动即 noese 与意向对象即 noema），所谓现象学的意识就是对某个对象的意识，就是意识变形为一个他者，他者是意识的一种异化或者增补性质的重叠。当我们以这样的态度注视房间里的一张桌子时，这张桌子在"意识"里是昏暗的、不透明的，使我们感到其存在的陌生与荒谬。当我们感到快活时，是可以与某个快活之外的对象切断联系的，

---

① Sartre: *L'être et le néant*, Gallimard, 1943, p.16.

因为"快活不能与快活的意识区别开来……在意识到快活之前，快活并不存在"①。但是这里的"意识"应该被打上引号。萨特所理解的这种快活状态，是一种本体论意义上的伦理学，这种情感状态并不是人的认识对象，而是人存在的全部价值。所以，用避免用意识来定义这样的快活，因为这会落入（传统）唯心主义的陷阱。快活并不消失在意识背后，就是说，快活不是一种认识论意义上的表象。作为一个具体事件，快活是具体的、丰满的、绝对的。所谓"绝对的"，就是说，快活并不是快活之外的某个客观对象在人的心灵中唤起的情感。换句话说，快活来自意识的虚无化，是一种非常偶然甚至是荒谬的快活、忧郁、无聊、乐观、绝望，等等，因为这些情感与传统哲学所讲的外部世界保持着距离，对所谓是客观对象感到陌生。为什么说"意识的虚无化"呢？因为这些情感都不是从意识，而是从"无"中滋生出来的快活、忧郁、无聊、乐观、绝望，等等。虚无不是意识的原因，而是最贴近人的存在状态的原因。

这种对自我意识、理性、主体处于缺失状态的描述，是反对近代以来理性主义启蒙传统的，而与蒙田、卢梭为代表的古典浪漫主义有微妙的联系。萨特首先把笛卡尔的"我思"引导到经历了胡塞尔现象学还原的纯粹现象，然后突然以非胡塞尔的口气说，这种纯粹现象绝对不是胡塞尔意义上的纯粹意识，而是意识的虚无。也就是说，人的存在，就是人的虚无——当然这个判断是需要详尽解释的。当人们习惯性的感觉和判断的对象处于虚无状态时（比如上述例子中的"桌子"），人的存在就"改道"面临他人的存在，令人遗憾的是，就他人也处于"我"的视线之外而言，他人对我而言也是虚无，或者说是"地狱"。当萨特用快活、忧郁、无聊、乐观、绝望、荒谬等字眼描述这个虚无或者地狱时，是对"自我"的认识论状态做了一种不合理的、

---

① Sartre: *L'être et le néant*, Gallimard, 1943, p.20.

具有想象伦理学性质的超越，这也使胡塞尔的现象学变成了萨特存在主义意义上的哲学—文学。被感知的（人的）存在就这样坠入了地狱般的深渊，这存在成为不是他自己的存在，成为对人的存在现象的超越。当人的意识什么也没有意识到时，人的真正存在状态反而开始显露出来。如果一定要用人们习惯上听得懂的语言表述，就是当"意识"的"对象"不出场时，""意识""才开始出场（这里，我有意用了双重引号，以表示现象学的还原是可以反复进行的）。这当然不表示意识的丰满，而表示意识的虚无。再说一句人们通常忽视了的对萨特所谓"存在"的理解——这个"存在"不具有任何"对象"意义上的"存在"，与此同时，在非对象的意义上，萨特笔下的"存在"又超越了自我的内在性，或者说，它同时是内在与外在的，同时近在咫尺（直接性）又无比陌生，但是，所有这些描述，统统不是在描述存在之外的对象，因为这是一种"横向关系"的描述，而"对象"特指一种垂直关系。这又是现象学的意向性的十字路口，在这个路口上发生了多种重叠现象，比如"在场"（或者"存在"）与"缺失"（或者"虚无"）的重叠，"意识"与"非意识"的重叠，直接性与非直接性（或陌生性）的重叠等等，正是在这些现象学的"拐点"上，萨特的现象学脚尖发生了一系列漂亮的旋转。比如，当意识对象处于缺失状态时，"一切意识都是对某个对象的意识"就嬗变为意识的虚无化或与非意识之间的关系，与意识的视线所能达到的界限之外的他者之间的关系。借用康德和胡塞尔的术语，当思维或意向性缺乏对象或内容时，意识本身就是空的，意识不再名副其实，因为没有实现认识。当面临这样的哲学危机时，萨特发现哲学术语也同时陷入了穷境。就好像胡塞尔说过的，现象学要在沙滩上重建哲学（一个笛卡尔式的愿望，新的确定无疑的哲学出发点）。也就是说，即使胡塞尔和萨特仍然在使用着旧的哲学术语，但是这些词语都是在沙滩上或者在虚无中生长出来的，所以应该一律加上现象学的括号。

"意识是对某件事情的意识，这意味着超越性是意识的构成性结构，这意味着意识生来就是它所不是的东西。"① 这样解释胡塞尔现象学的意向性概念，是萨特的一个哲学发明：萨特首先精辟地理解了意向性概念的实质，在于它的方向性而不是对象性。在这样的基础上，萨特的创意在于把这样的"方向性"理解为超越性，而且是一种不断超越自我的活动：像是魔法，好像不是一种语言。在超越活动中出来的，不再是已经存在的事情，是改变了原来形状的东西，所以充满了各种不同的可能性。

## （二）

也可以从解构或超越界限的角度理解萨特的"超越性"，就是说，在两个看似不能沟通的领域之间，在"死胡同"中"闯"出一条路来，就像笛卡尔处理心灵与身体关系时遇到的疑难，这要使精神与物质都冲破原来的界限，在想象中沿着不可能的方向延伸。当然，萨特不关心笛卡尔关心的身心关系，所以，有与笛卡尔不一样的想象力。但是，在道理上却有相通之处：把两个分开的东西重新连接在一起，这也是"综合"。把分别是孤独的因素连接在一起，作为一种超越，它当是虚构中的创造，这是一种否定中的虚无化，因为这样的可能性允许非存在，或者说存在不是它所是的东西，或者说"存在"在存在之外，这是人的习惯性生存的界限。

为了显示存在中的非存在，萨特举了一个例子。现在用"我"的口吻说：我与彼埃尔在四点钟在咖啡馆有一个约会，我赴约迟到了一会儿，彼埃尔一向准时到达。他在等我吗？我环视着门厅、顾客，他不在那儿。萨特问，这时，我拥有的是某种关于彼埃尔不在场的直观

---

① Sartre: *L'être et le néant*, Gallimard, 1943, p.28.

吗？或者是一个否定的判断？人们的第一反应，是在这里谈论直观似乎是荒谬的，因为那是一个没有任何直观的判断，不在场的彼埃尔只是一个虚无。然而，这样的直观是能够"显示"出来的，人们不是经常这样说吗："我马上看见他不在那里？"这是对否定性、可视性的一种置换、位移。可以肯定的是，咖啡馆、顾客、桌椅、光线、烟雾缭绕的气氛、喧哗的声音等组合成了一种"洋溢的存在"，我所拥有的细节上的直观，就是由这些气味、声音、色彩等"现象"构成的。这是一些什么性质的现象呢？萨特使用了"transphénomenal"，前缀trans意味着"以外、横贯、穿越、变化、转化"的意思，换句话说，是囊括了这些含义的"transphénomenal"。就是说，虽然眼下彼埃尔在我不知道的场所，但是他也在当下洋溢地存在着。换句话说，一切都取决于我注意力的意向性：我进到咖啡馆寻找彼埃尔，咖啡馆里所有的物件和气氛都以综合方式组合起来，就像从前彼埃尔曾经在那里一样。但萨特却说，这是一种虚无化的综合，因为这个房间里的每个要素（每个人、桌椅等）都是被分离的，但出现在由别的东西之总体构成的背景之中，坠入了无差异的背景之中，被边缘化了。我进到咖啡馆，看似看见了这些东西，其实对这些东西根本熟视无睹。换句话，对象在消失中，尤其是那些迅速在我面前闪过的面孔——"这是彼埃尔吗？"这些面孔很快在我面前分解了，因为他们不是彼埃尔。如果我最后终于发现了彼埃尔，我的直观将在一种可靠的要素中得以实现，我也就会突然被他的面孔所吸引。但是他不在场，这使得咖啡馆也处于消失之中，它与我的目光同时撤退，这也是内容平面上的虚无化。然后，萨特进一步说，"彼埃尔不在那里"的判断抓住的是双重虚无化的直观："彼埃尔的缺席是我与这个咖啡馆的第一种关系；还有某些不确定的人，由于缺少真正的注意，这些人与咖啡馆没有任何关系，我的目光对这些人视而不见。但是，更确切地说，我等着要见彼埃尔，我的等待使得到来的是一个缺席的彼埃尔，这才是一个真正的与咖啡馆有关的事件，也就是在场对象的缺失。"①不在场的彼埃尔纠缠着咖啡馆。虚无，就是确定性的消失，纯粹的存在等于纯粹的虚无，或非存在就是存在，混沌的无差别的在。这个咖啡馆，这个生活世界被悬搁在虚无中，经由这个途径所隔离出的人的存在具有"哲学本体论"意义上的心态：因为人是面临死亡的在，不仅时刻如此，而且最终如此，所以无论在精神上还是在身体上，死都是最直接的身边之事。就这样，"彼埃尔不在那里"成了日常生活中的哲学判断，面向他者的在或者是对存在的超越，所有以他者的面貌冒出来的东西，都是具有创造性的新奇的东西，每句话都是新的。我不是在存在之外感受虚无，而是在存在之中。在存在之中或在我之中且与存在或我保持距离。一种空的意向，事先没有任何约定的意向。我把自己放在他者的位置思考时，感到了真正的焦虑和自由，因为我没有了自己的身份，否定了自己曾经有过的辉煌。我不仅不是我曾经是的样子，也对我的未来不动心，放弃希望。"当我考虑与价值的原始关系时，有一种伦理学的焦虑，因为它排除人们常说的日常伦理。"②因为吾丧我，焦虑是面对死亡或他者而具有的心理状态，对此萨特谈到了逃避，在焦虑或未来面前分心，也解除过去给自己带来的威胁。换句话说，又是超越我自己，拒绝我就是以往的样子，我的人生不是一种循环。自由，就在于我永远拥有重新开始的权利，别一种可能性，这甚至不是我的自由，而是他人的自由，这里，有一个重要的道德拐点，两样不对称事情的连接：我的自由在我所看不见的地方，在连接我的时候离开我，因为我不是我所是的东西，要通过他人为中介知道我。举个例子吧，爱（情）的超越，就是爱的叠加，越过爱的界限，或者说比爱更多的"爱"。

在《存在与虚无》中，萨特用大量篇幅谈到了自欺（mauvaise foi），因为人的存在永远不是人自己所认为的样子，而是别的样子，或者人

---

① Sartre: *L'être et le néant*, Gallimard, 1943, pp.44-45.
② 同上书，第73页。

说过的话都是真诚的谎言。而在传统伦理学中的所谓"善良意志",即"相信"相信,从来没有超越相信,"恶的相信从来不把自己放在'相信'相信的位置上"。① 或者说是提前解除了"相信"的武装,这是一个非 being 的道德哲学问题,而不是常人所说的道德品质问题。再举个例子吧,逃避人们不能逃避的问题,这怎么可能呢?这怎么不可能呢?因为这里有精神的分裂!当我的目光好像在注意某个对象的时候,我的眼神却是虚无缥缈的,它的说不出来的形状走是走在别处、异域。这也是对笛卡尔的精神造反,因为从我在怀疑不再能过渡到"我思",从"我思"也不再能过渡到"我在",因为在每一个环节上都有"恶的相信",这是萨特道德本体论意义上的忧虑。自己与自己一致,或者传统道德中所谓是言行一致是不可能的,因为"自为"(pour-soi)或"为自己的存在"在实现自己的过程中总是伴随着别一种可能性的视野。"从这里,我们也隐约见到了时间性的起源,因为口渴只有在不渴的时候才是可能的,这里有一种同时性。虚无把人的实在与人本身区分开来,虚无处于时间的入口处。我们将返回这样的时间。"② 这是怎样的时间要素呢?故去的已经不再,将来的还没有来,只有一系列的"现在"。换句话,这也是"现在"的虚无化,因为没有被保留住的"现在"(即"过去"),也不能预期"现在"在一段时间之后的实现(即"将来")。于是"现在"被割断了线索,丧失了生存的土壤。时间出现了黑洞,又是虚无。

## (三)

萨特的《伦理学笔记》③是一本非常重要且国内学界几乎不知晓的

---

① Sartre: *L'être et le néant*, Gallimard, 1943, p.105.
② 同上书,第 138 页。
③ Sartre: *Cahiers pour une morale*, Gallimard, 1983.

著作，如果不填补这个空白，我们对萨特的理解将是十分片面的。萨特一直有一个愿望：他生前没有完成的哲学著作，要等到他死后才可以公开发表。在1943年完成了《存在与虚无》之后，萨特于1947—1948年间记下了大量有关伦理学问题的笔记。在《存在与虚无》的结尾处，萨特表示，他的下一部著作专门研究伦理学问题，因为伦理学比本体论更能直接面对人的存在状况。在这方面，萨特伦理学中最重要的概念，是"通向他人的存在"（etre-pour-autrui），萨特把这解释为道德超越自身而朝向非道德——他人问题是一个"非道德"问题。萨特做了一个比喻，这好比把一杯水送给口渴的人，这种行为既不是为了让他喝水，也不是为了善，而是为了消灭口渴。如果把这里的"口渴"换成"道德"，那就是说，当提出道德问题时，道德问题在消费过程中自己消除了自己。我想到另一个类似的比喻，"道德"（口渴）也好像是吸烟的过程，烟，在抽或吸的自我陶醉中品味了丧失中的快乐，在消费自己的过程中，在灰烬中精神闯入了异域。道德在"消费"自己的过程中选择了另一个世界。萨特所欣赏的箴言是：我们不是想了解这个世界，而是要改变世界。什么意思呢？喝与吸都是一些改变世界的行为，或者是道德行为本身，而"人在活动中的总体就构成了哲学"[①]。但是，萨特认为这样的总体，又是一个"被拆解了总体性的总体"（totalité détotalisée）。换句话说，是一个他者。在这个意义上，"他者"表达了这样的意思：人类的任何实际活动，同时也是道德与哲学的活动，而所有这些称呼不一的活动，都是一些超越的活动。这些超越性质的活动，也就是萨特理解的人的自由之源泉——这种自由，是以道德"对象"的丧失为前提条件的。并没有一个道德的理想或者目标，因为它们已经"被喝掉了"或变成了"被吸掉而燃尽的烟丝"。为什么是这样呢？因为"人作为偶然性的存在物，总是被置于没有原因，

---

① Sartre: *Cahiers pour une morale*, Gallimard, 1983, p.15.

没有道理的场所"①。

以下，我在萨特这部由"只言片语"组成的《伦理学笔记》里，摘抄性地分析某些寓意深刻的句子："上帝的缺失不再是大门紧闭，而是对无限性敞开了大门。上帝的缺失比上帝的存在更伟大，更神圣（于是，我不再是我，而是不在场的我：我期待着这个戏法。现在，没有衡量的尺度，我很快活）。"②如果上帝成为道德的尺度，那么，上帝肯定是妨碍人的自由的。萨特面对的虚无并不是上帝活动的场所，神秘或神圣并非一定要套上宗教的光环。萨特预料到有人会批评他"没有信仰"，所以他提出了"恶的相信"。"追求存在，这就是地狱。失败会导致信念的转变，这也是从恶的相信的否定……也就是说，喜欢失败，喜欢不可能性。"③失败和不可能性，都是信念中的他者。还有什么他者呢？萨特说，"历史，也就是他者"。从事的事情变成了别的东西，通过别的东西发挥作用。历史的事情的效果也是别的东西，绝不会是历史所期待的东西。不确定的别的东西就这样串联起来，组成了他者的逻辑。所有这些，无论是伦理的、时间的或历史的，甚至是语言的，都表示了一种本体意义上超越态度。吾丧我，我也要超越我自己的语言和风格，以至再来的"我"不再是我。话语要有一种艺术上的变化，因为所有风格都有自己的界限，这种界限，就是这种说话方式的顶峰，再硬往下说，就是套话，就是死句。所有的创造性都来自在不可能处说，就像是在说一些失败的话。要考虑"失败"的剩余价值，宗教不就是这样吗？宗教让人"多于"或"高于"人所是的东西。

但是，萨特终究是一个无神论者，他认为自尼采以来，文明世界最大的变化，就是上帝之死。对世界上从来未曾存在过的东西，也可以说死亡吗？当绝大多数人相信存在一种实际上并不存在的东西时，

---

① Sartre: *Cahiers pour une morale*, Gallimard, 1983, p.22.
② 同上书，第 40 页。
③ 同上书，第 42 页。

这种东西就不再是不存在，而是实实在在地存在着。从这个意义上，上帝之死有非常重大的文明意义，它宣告了一种神秘性的死亡，即从来不会死亡的东西的死亡。伴随这样的死亡，是一些极其重大的哲学观念的死亡，比如说"无限性""圆满""目的性"等。在"有死的"界限之外思考，而这个"之外"也是"有死的"。海德格尔说人的存在状态是面临死亡的在，等于正式宣布人是有死的，人的界限和上帝的界限一起（因为上帝也是"有死的"）引发了新的神秘性，没有宗教的神秘性仍旧是神秘性，因为神秘并不是宗教的专利。生活世界处处充满着神秘，比如他人对我而言就是一种神秘，但我不能说他人是我的上帝，因为这种神秘不是传统宗教意义上的。与此同时，他人的神秘也占据着别样的时间与空间。一个终生患强迫性神经官能症的痛苦病人，或精神分裂者，他终生或在一生中总是断断续续地被实际上并不存在的事情苦恼着，尽管那些导致他病因的因素具有这样或者那样的神秘性，但是，这些神秘性，也和"上帝之死"之前的上帝一样，是实在的。这是一些被创造出来的痛苦（快乐），一些别的痛苦（快乐），本来没有的痛苦（快乐）；一些被创造出来的同时是痛苦也是快乐的感情，日益丰富着我们的世界。"真正的创造，是通过对存在实施的变态显示并实现的，于是这里提出了转变的问题。首先，要注意到，在对同样的诸元素实施不同的连接过程中，精神被完全打乱了……这也显示出令我们感兴趣的新事情。"[1]

从以上并不完全的分析中，我试图指出国内关于萨特研究中的一些薄弱环节，就是萨特的现象学本体论是为他的伦理学服务的，而这种关于他人的伦理学又是本体论意义上的。萨特关于他人的伦理学分析具有巨大的哲学史意义，因为这种分析与列维那斯的同样命题的分析，都是从胡塞尔现象学出发的，又同样是一种法国式的回

---

[1] Sartre: *Cahiers pour une morale*, Gallimard, 1983, p.167.

答。这种分析甚至是萨特的主要哲学贡献，因为在萨特之后的法国哲学，正是沿着他者的道路拓展的，表现为非实在论、重视偶然性、精神的断裂性、活动在异域的时间与空间、对自由与价值的看法，等等。

## （四）

"别一种伦理学"中的"别"究竟意义何在呢？在于它与西方传统伦理学的重大区别，这种区别是十分微妙却又是根本性的。一句话，与其说萨特从胡塞尔的著作中，不如说他更直接从海德格尔的著作中汲取了智慧的灵感，那就是改变西方传统人性观念，而这不啻为一场暴力活动。这是一种以改良面貌出现的道德暴力，为什么这么说呢？因为萨特的道德观念恰恰是反对把善与恶截然对立起来的传统基督教式的，认为那样一种对立才是真正的道德暴力。萨特也继承了法国早期启蒙运动中的浪漫主义传统，像蒙田、帕斯卡尔、卢梭、萨德等启蒙思想家的忧郁或微妙精神，比如一些荒谬的、焦虑的、没有出路的精神。这种精神的特点，在于它们的不透明性或者叫不可能性。让一些令人不安的念头变成幸福的源泉，萨特的"他人就是地狱"正是这个样子的，这是对痛苦的一种玩味态度。它突破了传统伦理学的禁忌，在想不通的地方继续往前想，在走不通的道路上硬往前走，这就像波德莱尔的"恶之花"了，像是一种恶的想象力，那些被人唾骂、被认为肮脏的、不齿于人的目光之处，恰恰被萨特这样的思想家们看作是神圣的，是幸福感的一个源泉，这是一种已经被异化了的道德。萨特曾经写过一本厚书，专门分析20世纪法国著名的小偷作家圣·热内的幸福感受，这对萨特而言，绝非是一种偶然或出自一时冲动的写作。总之，萨特"别一种伦理学"中的"别"强调人类幸福感觉中的多样性，拒绝道德上的简单主义。这就像有一棵幸福之树，从这棵树上分出各个主干和分支，表现了人类热情是多种多样的。但是，为什么说这种多样性与西方传统道德观念不一致呢？因为萨特同时强调一种异域的道德，他者的目光，就是持异议的目光，永远不一致，所以，统一、同一、稳定之类不但不是幸福和强盛的源泉，而是单调、枯燥、忧伤的源泉。精神的分裂、精神的创伤之类状态却是人类开发出来的乐趣，因为这是一些最好的创造状态，而且，人类日常生活经验也在证明，精神的见异思迁状态或者说是变化状态，是最有利于精神健康的。生活，就是一个不间断地转移注意力的过程。

当然，列维那斯在更为广阔的领域里讨论了"他者"概念，他与萨特的"他者"之间有什么区别呢？既然两人都是从现象学出发的，那么，无论他们之间有多少种区别，从根本上说，两人的"他者"概念存在相似之处。这种相似首先表现在"他者"在本来意义上都是一种"本体"性质的伦理学概念，但是这个概念在两人那里是相互补充的，如果说在列维那斯那里"他者"更笼罩着宗教神秘气氛，是一种建设性的"他者"，那么，在萨特这里，则更体现为一种恶的想象力，一种破坏性的"他者"。

## 三

（一）

1934 年，萨特写出他的第一部哲学著作《论自我的超越性》，这是他研究胡塞尔现象学的心得。萨特沉醉于现象学的思路，这可以追溯到他的巴黎高师同学雷蒙·阿隆在酒吧里对萨特说过的一句话，"看到这杯鸡尾酒吗，这里面就有现象学"。据《萨特的世纪》作者的记述，听到这话，萨特当时激动得脸都白了。从此，在现象学的道路上，萨特一发而不可收，1935年写《论想象》，1937年写《论心理》，1939年写《情感现象学理论纲要》，1943年写《存在与虚无》。所有这些现象学性质的著作，在思路上是一脉相传的，都可以追溯到《论自我的超越性》。

对传统哲学家而言，意识"居住"在自我里，而萨特所谓"自我的超越性"，恰恰是说，无论在形式上还是在内容上，意识都不在自我里。换句话说，意识在自我之外。所谓自我，是别人的自我、他我、他者。他者不在意识里，或者不在我的意识里。萨特开篇就引用康德在《纯粹理性批判》中说的："我思应该有能力伴随我的所有表现。"[①]萨特问道，我们是否应该从中得出结论说，事实上在"我"中住着"我们的"所有意识状态，并且真实地操作着我们的经验呢？"我思"不是作为康德的"我思"，而是没有"我"的思，这正是当代西方哲学一个危险的趋势，它把康德作为一切经验条件的先验意识变化为超验或超越的意识，而超越的意识或自我的超越性，恰恰在于"无我"的意识，越界的意识，或者干脆说，"无意识"。

用"无意识"与康德的"先验意识"互换，是否可以说，无意识是无我的意识，同时又是任何一个我的意识呢？但是，这种变化将最终把康德哲学置于危险的境地，是对"批判哲学"的批判。危险是由胡塞尔的现象学思路引起的。现象学如何处理意识中的"我"呢？康德的先验意识，被胡塞尔还原为在直觉经验中被描述的"事实"。"事实"与事实的区别，在于被加上了现象学的括号。在胡塞尔看来，"事实"的科学就是"本质"的科学，因为在现象之后再无本质。正是在这种无前提的现象学里，被还原了的鸡尾酒里冒出了哲学，在"世界之中"的纯粹经验。在被还原之前的鸡尾酒或我的生理—心理状态，

---

① 参见康德《纯粹理性批判》，"先验的分析"部分。

应该被弃之不顾，否则，就谈不上"经验"的纯粹性。现象学放弃任何假说或理论前提，这是与康德哲学的根本差别。于是，现象学中的"我"是非人的，非个人的，"我"有一张非人的面孔。在现象学视角中，就好像是以第三人称而不是第一人称观察"我"。

胡塞尔对"超越"（transcendant）与"先验"（transcendantal）的用法与康德不同。萨特采取了胡塞尔的用法，即并不事先假定存在一个作为一切经验先决条件的先验领域，而只有"自然的态度"与"现象学的态度"之间的区别，萨特则称之为"非反思"（irréfléchie）与"反思"（réflexive）之间的区别（在不同场合，萨特也称"非反思"的态度为"前反思"）。萨特所谓"自我的超越性"之"超越性"（transcendance），相当于一个现象学目光之回撤（或者"逃避"）的方向性。在这个意义上，又相当于现象学的意向性概念，因为意向性的要害就是现象学还原的目光的方向性，总之，这里的所有现象学概念，都是相互适应的。"自我的超越性"另一个更为重要的含义，在于萨特创造性地理解了胡塞尔关于现象学意识的一句简明公式，这就是"一切意识都是对某件事物（也有人翻译为'某个对象'）的意识"。简单说，在萨特看来，这里的"意识"与"某件事物"不是一个东西，他们之间是"超越"的关系。换句话说，意识总是超越自己（"自我"）的界限去指向别的东西。至于这别的东西是什么，则五花八门，但总归是"他者"，正是与他者的关系组成了现象学的意识结构。现象学意识是对传统意识的超越，是意识之外的意识。这又是不可能的意识，因为那"某件事物"对意识是不透明的。意识面对的，是超越而又无法通达的东西，再不能在笛卡尔的"我思"之清楚明白的意义上说"我思，故我在"，这也等于宣告了传统意识的死亡。现象学的纯粹意识在萨特这里变成了"纯粹存在"："因为它涉及存在的绝对性而不是意识的绝对性……事实上，在这里'绝对'不是基于意识领域的逻辑构造，而是最具体的经验问题，它不是相对于这种经验，因为它就是这种经验，它也是一种非实体的绝对。"① 萨特的根据就在于胡塞尔自己说的，"一切意识都是对某件事物的意识"②。于是，意识变形为某件事物，而某件事物变形为萨特意义上的存在或绝对。萨特又采用卢梭和黑格尔的概念，把这种情形说成意识的异化。异化也可以说明从"反思前的我思"到反思，这也是意向方向的变化。

　　现象学的"我"与意识所针对的事件一样，也是不透明的，因为"我"不再是生理—心理的我。"我"是空的或占据着一个空位，像无意识。与笛卡尔的判断相反，"我"为意识引进了不透明性，而不是清楚明白。意识变得昏暗起来，因为现象学的反思意识不再是自然而然的朴素意识。当笛卡尔以他的怀疑方法从我思得出我在的结论时，这个"我"连同"思"一样都是透明的。萨特这个不透明的"我"使人联想起莱布尼茨所谓相互之间没有可供出入窗户的众多单子，但是很不幸，萨特与莱氏的想象力在此处分道扬镳，因为与后者的判断相反，萨特有恶的想象力，他断定，他人就是地狱。借用莱氏的表达式，反其意而用之，也就是说，上帝为人类创造的世界，是一切可能的世界中最坏的世界。③ 也正是在这里，萨特扭转了胡塞尔现象学思维的方向。

　　萨特区别了两种意识，"前反思的意识"就好像意识在说"我思"，这有点像笛卡尔在怀疑他的手不是他自己的，或者他的身体是玻璃做的。但是，"我思"显然可以被叠加起来，即还有第二等级的，反思的"我思"，悬空"前反思的我思"之内容，对思考本身进行思考。这时，意识的方向发生了转变，"显然，这不是我抓住的具有我的性质的我的

---

① Sartre: *L'être et le néant*, Gallimard, 1943, p.23.
② 同上书，第 28—29 页。针对这句话，萨特又说："'超越性'就是意识构造的结构。也就是说，意识生来就靠不存在的存在支撑的……意识在它的存在中含有某种变形的（transphenomenal）且非意识的存在……意识就是（变形为）一种存在……作为不是它自己的存在。"
③ 同上书，第 137 页。"热内的自然神学与莱布尼茨的神正论恰恰相反：热内相信上帝，是因为对他来说，我们的世界是所有可能的世界中最坏的世界。"

意识"①。而是对意识的意识。应该指出,前反思的意识与反思的意识并不是两种意识,它们之间的唯一区别,在于当二者分别执行"一切意识都是针对某个对象的意识"这条古训时,有不同的意向方向或意向对象。于是,就有了"鸡尾酒就是具有使用价值的一种高级调料酒"和"鸡尾酒里出来了现象学"的区别。在这两种情况下,鸡尾酒都是一个事实。"我正在想"是一回事,而"我想我正在想"是另一回事,二者处于不同的精神空间:如果说前者是意识本身,那么,后者就是对意识的意识。可是,在萨特看来,对意识的意识将会异化为非意识,也就是存在或现象学所谓"现象"。"胡塞尔第一次重新认识到,前反思的思想在变成反思的思想时,经历了根本的转变。但是,难道不应该把这样的变化限定在失去朴素性吗?"②在朴素的自然态度面前,反思的态度之所以是不可能的,因为它是一种新意识,一个虚无,要无中生有,要在沙滩上(因为原来作为基础的意识,比如笛卡尔式的我思,被还原了或被搁置不顾)构造空中楼阁;但这并不意味着丧失了真或事实,因为现象学的目光是真切的。

现象学的目光,来自对关于世界是否存在的判断(这是一种朴素的非哲学态度)不感兴趣的旁观者。实际上,这个目光中只有"他"而没有"我"。胡塞尔把这个目光称为"现象学的剩余",萨特则称之为哲学在失去了朴素态度后留下的"我"。当然,这个"我"名不副实,所以我们宁可称它为"目光",这个目光处理鸡尾酒这样的具体经验事实。一种不动心的目光,萨特说他面对彼埃尔的痛苦就像面对眼前墨水瓶的颜色一样,这像一种超出欲望的欲望,现象学的目光杀死了朴素的目光。"我同情彼埃尔","我恨保罗",这样的心情平台肯定属于非反思的态度。现象学的目光求助于念头的瞬间转变,而在这个时候,世界上的一切没有发生丝毫变化:"在非反思的平台上,我去帮

---

① Sartre: *La transcendence de l'ego*, Librairie philosophique J. Vrin, Paris, 1985, p.27.
② 同上书,第 30 页。

助彼埃尔，这是因为他正处于困难中。但如果我突然转移到反思的状态……吸引我的就不是彼埃尔，而是持久出现在我面前的我乐于助人的意识。"① 进一步说，反思抓住的是心情本身，而不是心情的物质承担者。如果我恨彼埃尔，被反思的心情所抓住的，是"恨"本身而不是彼埃尔，这正是现象学的目光。这种恨的效果是绝对真实的，尽管在实际生活中很可能是我误解了彼埃尔，我确实不应该恨他。所以，对我来说，这个被恨的对象实际上是不透明的。我与恨的关系，是我与他人关系之一种。反思中对恨的经验，就像当彼埃尔出现时我突然感到惊慌失措，有深深的排斥感。注意，萨特这里强调的，实际是瞬间和偶然的感受，所以他又把这里的排斥或厌恶与恨加以区别：恨的原因可能会追溯到从前的实际生活，但现象学的目光并不在理论上讨论原因，厌恶感是由事物的不透明性和陌生状态突然产生的，所以这决不排除我转而又喜欢彼埃尔。

胡塞尔在提出现象学还原概念时，本来是一个具有认识论意义的范畴。但萨特增补了胡塞尔的一句话，即现象学家是对事物的存在问题不感兴趣的旁观者，"不感兴趣"是胡塞尔著作中不多见的表露感情的语言。我设想萨特确实用心体会了这个"不感兴趣"而且又激动得脸都白了。我的根据是萨特据此写出他第一部也是他最出色的小说《恶心》(La nausée)，而在他各种文体的著作中，又多次用到同义词 degout，意为失去食欲、对被吃的东西（可以延伸到被爱的人、事物的使用价值、事情的因果关系、事业的意义等）厌恶、反感等。我可以恨，但我对恨本身"不感兴趣"。"不感兴趣"成为我的生活方式，但这绝不意味着我失去热情。使我厌恶的东西同时在我之内（因为无论这种感受是否真有道理但对我来说是绝对真实的）又在我之外（因为它对我绝对不透明）。总之，感受过的，就是最真实的经历，即使这感

---

① Sartre: *La transcendence de l'ego*, Librairie philosophique J. Vrin, Paris, 1985, p.42.

受实际不过是一厢情愿，是幻想。

　　朴素的意识充满惰性，反思则唤醒同一素材的活力，它具有神奇的魔力，变化着目光所审视的事物的形状。反思状态能永远保持经验的新鲜状态，就好像从无中生有。时间是由一个个分离的瞬间拼凑而成的，今日之我决非昨日之我。柏格森的时间之绵延乃时间之创造。这又是时间的不透明性，即我们不可能真切地回忆过去和预见未来。萨特为不透明性起了另一个名字：虚无。或者，"存在"不是它所是的东西，或"存在"是它所不是的东西。任何事物，当被一层层剥离了使用价值之后，它就消失了，只留下一个空壳。反思赋予这个空壳新的内容和活力，这很像是眩晕或陶醉状态，"完美"就是这样被创造出来的。这又是不断超越的或不断外在的关系，这种关系不但与时间问题联系起来，而且也超越了胡塞尔现象学之内在的时间意识，因为超越是与他者的关系。我并不认识我自己，我是我自己的他者，犹如我是我自己的巫师。我同时经历着令我难以忍受且让我陶醉的事情。所谓喜欢新鲜感受，就是热衷于震惊、灾难、毁灭、精神创伤，如此等等。

　　由于"我"经历了现象学还原，所以，我的感情状态不再是专属于我的。"我"丧我，结果，我成为一个被"我"描述的对象。人称代词在不知不觉中发生了形状的改变。这时，"我"对我顿时变得陌生起来、不透明，"我"对我感到恶心、眩晕。换句话说，现象学的目光（思想）是"我"的生产者，而不是我生出思想。"吾丧我"，或我变成"我"的描述对象，它的严重性在于"我是我的他者"。自生的、意外降临的、像脱缰的野马一样的念头把我收拢过来，而我不是这些念头的创造者。是的，这些念头属于非个人化的无意识，它不知疲倦地创造新的存在。用新的存在搁置（还原、逃避）旧的存在，就像过生日的感觉（不是今天的今天）。尼采的永世轮回，成为无休止的逃避，在摆脱中获得意外而丰富的惊喜。这些，就是自我的超越性。这里，有一个持续创造性的平台，它把不可能变为可能或真实。这些，就是现象学还原所创造的奇迹。

## （二）

1952 年，巴黎著名的伽利玛出版社出版了萨特将近 600 页的巨著《圣·热内：喜剧演员与受难者》[①]，这是一本奇书，至今没有中文译本，甚至也难觅评论。因为这本书不好归类，表面看好像是对热内生平及其作品的评论，其实是一部充满智慧的哲学著作。把这本书与萨特《自我的超越性》联系起来，会使阅读者有出乎意料的奇思妙想。

萨特把哲学引回到它的本色，一些爱智慧的箴言。表面上，热内像普通人一样，一天天重复着生活，但是，这种"再活"的态度，是活在片刻，是灾难性的充满精神创伤的片刻。活着的死与死着的活，时间的"前""当下""后"矛盾且荒谬地交互一起。词语的本色在热内这里发生了性质变化，因为他同时是职业小偷和天才作家。萨特以自相矛盾的笔调描述热内：热内是人世间受难的喜剧演员，经受着完美的折磨，在偷窃和破坏中陶醉自己。偷与被偷融为一起的片刻，就像杀人与被杀、思想与被思想须臾不分。萨特正是把这些精神状态称为"神圣"。神圣又是令人恐怖的生死或死生交替的变形生活。热内从小就丧失了父母，从此"没有来源"，在上帝的旨意下他无人管教，成为一个小流氓。这又是神圣的，是热内的复活仪式，因为他是已经被社会抛弃在坟墓里的死人，生活在社会的阴暗面。天才作家热内作品里的几乎所有角色（乞丐、惯偷、流浪汉、妓女等），都是这样的"死人"。"他的作品里堆满了对死的思考。"[②] 就像海德格尔说的，"面对死亡的存在"。死的在，躲在阴暗角落里，没有阳光，但热内偏说这里有

---

[①] Sartre: *Saint Genet, comedien et martyr*, Gallimard, 1952.
[②] 同上书，第 10 页。

黑色的光，所有令人恐怖的灾难都是奇迹。对让人惊讶的事有兴趣，即使它是精神创伤。比如，复活，不就是死的变形？复活，就是在生命的每一时刻，都可以重新开始，就像作为一个恶人、惯偷，热内同时是一个伟大作家。这种变态令他痴迷神往，因为他总不是他所是的人，或者，他总是他所不是的人，因为他总生活在片刻，而片刻各有不同：他是罪犯、诗人、同性恋者。总在同一个人身上发现自相矛盾：这事怎么可能是他干的呢？但这事情真切地就是他干的！快活复无聊，无聊复焦虑，焦虑复快活。身份的改变，不就是人的一次小小的死亡？游戏的结束？"快活得要死了！""死"，总与极度快乐连接一起。萨特这里又一次提到尼采的"永世轮回"，时间的象征，它使我们呼唤的所谓"历史"，总被还原为像一个又一个神话事件，就像过生日时的感觉，像不是今天的今天，这就是自古至今重复的日子。

热内生活在社会底层，但他没有过一天世俗的日子，他的每一天都是"神圣"的。在常人看来，他的日子是再俗气不过了，但他每每与时时接触的日常事物保持着距离。他想忘记那些物件的名字，因为那是一些令他心驰神往的不透明的存在，就像他"没有看见"他所看见的东西，就像他"看见了"他所看不见的东西。这怎么可能呢？这怎么不可能呢？因为热内是天生的现象学家，他有一些陌生而奇怪的印象，他的作品就专门写这些印象。热内需要而不想拥有他偷来的东西，在念头上与这些东西保持着距离，就好像是为了偷而偷，偷是他的使命，是来自上天的神谕。"为了偷而偷"的小偷，是小偷中的现象学家，因为这是一种反思的态度。热内祈祷上帝赋予他社会所拒绝他的，靠偷生存的权利，因为别人不理解他说的话，他的"社会"与"心理"身份都是孤儿。他像一个现象学家一样，生活在社会内容之外。热内有精神支柱，因为在偷东西的瞬间，他在内心选择了上帝作为自己秘密生活的见证，因为他的行为不在光天化日之下，因为上帝补偿了他母亲的缺失。他天真地偷，就像偷情者的快乐那样纯洁，没有悔恨和羞耻感，甚至在内心深处想着自己正在做神圣之事情（私情）——偷、孤独、私情的行为。总之他从痛苦中获得快活。他对偷本身一点也不感兴趣，就像生活中别人的目光带给他痛苦。但是，这些素材的物质内容实在算不上什么，重要的在于，这些素材是引发现象学思维的象征符号，这甚至能使因盗窃而正在监狱里服刑的热内感觉就像住在皇宫里。他啃着窝头，吃相却像舞台上的喜剧演员，犹如卢梭在手淫的同时，享受着不在场的华伦夫人（参见卢梭《忏悔录》）。所有这些效果，是流泪的喜剧，"拥有"并非真实属于自己的东西，这些行为因为反常而获得意外惊喜。一种微妙的快乐，就像卢梭在同一手淫场合的自白：摧毁我的东西也正是拯救我的东西，我在那个片刻，就像是一个活死人。卢梭在绝望中获得了拯救。卢梭的晚辈，色情思想家萨德侯爵是卢梭的崇拜者，但萨德的微妙精神比卢梭更恶（热内更像萨德而不是卢梭）。萨德第一次描述了身体的性"痛苦"给人带来的精神享受，那些色情句子同样可以转化为现象学描述：一方面，萨德性虐待狂式的陶醉是无中生有，是幻想中的，并非真实存在；另一方面，幻觉中的快活同时也是真实的快活，因为在快活的现象背后并没有一个更真实的本质。萨德–热内式的想象力是恶的想象力，因为这种恶的想象选择了一般的想象所逃避的东西，比如痛苦、受折磨、紧张。萨特把这些说成是具有诗意的活动：组成诗的词不是被用来命名的，所以是一些不可能的词；性虐待狂的痛苦也不是用来折磨人的，所以是一些不可能的痛苦。

但是，被鞭挞的身体，确实感到了痛，这不是在梦中。性幻想离不开性的肉体，最恶的性身体活动，是性幻想中最好的性活动，二者之间有变形关系。像卢梭和萨德，热内在偷窃（偷窃、手淫、鞭挞身体都是真实的物质活动）中也获得了拯救。这究竟是怎样的道德？这种道德求助于双重的补偿活动，陶醉于从物质活动中增补的而又见不得阳光的部分。栖身于黑色的光，这是不幸中的幸福，还是幸福中的不幸？绝望中的乐观？像瞎眼的乞丐因为从"慷慨的"施舍者手中接过来大额假币而获得的比预料的快乐更大的快乐？这是"无产者"的道德吗？

热内的"我"真切地感到眩晕，因为他总在孤独中朝向不在场的东西，在毁灭中沉醉自己。深渊，一个想起来就感觉天旋地转的字眼，从那里冷冷地甩出一句话，全社会都听得见："你是小偷！"（与之类似，"你是流氓""你是奸夫""你是淫妇"。）他生来就有越轨、犯罪的需要，就这样到死。他的"我"片刻又变形为天才思想家，时间，就是梦。"偷"是他恶的本性，传染到他的日常举止和思考方式；时间，就是令人讨厌的幻象，他没有未来，停滞在永远的此刻。背后的此刻，早已上了断头台。他的行为从来不可能在不中断旧秩序的情况下得以实现，所以，他总是在不是自己的名义下，变化他的行为。造反有理，他总在革命中。破与立同时发生。所有进出的门都紧锁着，自由只能破窗而入。活着，就是为了创造罪恶。对惯例视而不见，充耳不闻。恶，就是摧毁同一性和内在性，就是它此刻所不是的东西，就是"我"的他者。在他者问题上，萨特与列维那斯最大的不同，在于萨特朝向恶的而不是善的想象力。萨特不是无神论者，因为他有恶的宗教。恶就是非自己的存在，他人是我的深渊与地狱。从这里走出来快乐伦理学，绝望中走出了受伤害的快乐。把自己的灵魂出卖给魔鬼，脸上流露着魔鬼附身后的微笑，换来异域中的灵感，尝试晦涩的自由、意识之外的无意识结构，用我所不是的东西说明我。

萨特的"我思"又一次与笛卡尔的沉思区别开来："笛卡尔的方向与我相反，他把怀疑的方法用于'我思'的内容，对意识说 yes，意识将赐予他清楚明白。按照一种倒置的唯心主义，他把著名的'存在就是被感知'用于他自己，只作为被感知者重新认识存在。可是，我们自己的清楚明白只在他者中发现我们的真理，是他者重识我们自己。对热内而言，真理与清楚明白保持距离，真理终将是高难而令人毛骨悚然的念头……"① 怎么区别呢？他者在我思的视域之外，所以"要学会不可能想的想，忍受不可能忍受的忍受，把人们明知是假的东西当成真的"②。结果，总是突然降临令人恐怖的别者，对看不见的未来说话，心怀获得解放后的焦虑，不动声色的暴力，消失在他人的目光里。眩晕，不是因为念头太多，而是没有念头。念头在我脑子里随便掏个洞，逃之夭夭。不可能的事总令人神往，诱惑冒险，说改变了形状的语言。在通往不幸的道路上旅行，热内爱过一种忍受不了的生活，也就是毁灭希望，揭示出自己的生活本是无可救药的不幸。热内发明出许多精美的痛苦与折磨，拒绝希望与沉醉于不幸相反相成，以置于乏味上的兴致作为兴致，就像在萨德那里受折磨不是痛苦而是快活的手段。在活不成的滋润下径直回到生命的零度，孤独的热情，在那里，片刻的痛苦化作永恒。以失败作为人生的愿望，享受因丧失而获得的快乐。生命，来自虚无是为了重归虚无。缺少被爱的能力并不妨碍去爱的能力，两种不对称的爱。

　　萨特与热内一起，都想重塑人性，比如变态的爱，爱处于惯常不能爱的状态。同性恋者热内性变态为一个女人，他是自己的他者，喜欢反常的爱。他从来不说"我就是我"，而说，我是我的地狱，我与我保持距离。在自己缺场的地方生活，总不在自己应该在场的地方。热内每天都睡在沙漠中的宫殿里。神圣的越轨，就是神圣的犯罪，打破天平两边的平衡状态。热内只接受人们拒绝给他的东西。他的生命只是一个幽魂，他是一个活死人，他得到了神圣。越轨或犯罪，只是魔法的代名词，证明他还活着。他从无中而来，就像萨特说的，存在不过是虚无。人是非人，人终将变成一个东西，比如就像化作一块岩石的他人。硬度，萨特说这是热内"泛性论"的一个隐喻，岩石同时是热内的女人和他性能力的象征，有令人难以忍受的不可入性。他与她

---

① Sartre: *Saint Genet, comedien et martyr*, Gallimard, 1952, p.40.
② 同上书，第41页。

的性器，近在咫尺且远在天涯，因为有行为和眼界的戒律。女人是他的地狱，但他的强迫症欲使他跃跃欲坠，坠入她那比所有深渊叠在一起还高的深渊，逐使他同时患有眩晕症和恐高症，他在抽搐中极度快乐。刺穿她的欲望，不过是没有进入的进入，这同时是恶与暴力的想象力。这是他的节日，神圣的时刻。那片刻化作永恒，化作下流者的尊严。

  悟性，是智慧中最神圣的能力。笛卡尔的怀疑方法、胡塞尔的现象学还原，靠的都是悟性。热内从恶中获得悟性，一种方法论的转宗。逻辑的理解力不是悟性，悟性是神圣的理解力。萨特语出惊人：作为方法论的转宗，恶的悟性比笛卡尔和胡塞尔的方法更加优越，因为它体验着"骄傲的痛苦"。它不导致胡塞尔普遍的先验意识、抽象的形式化的思想、笛卡尔实体化了的"我思"，而倾向于单独的微妙的"存在"，异化为黑色的光、意识的变节者、别一种精神自由①。这使我不由想起德里达说的，真正的宽恕，是对不可原谅的事情表示原谅。最"不可原谅的"，不就是罪恶吗？这种态度来自神圣而不是人的目光，别一种精神空间的别一种精神自由。在"去爱不可能被爱的事情"（德里达的思想）与"最可恨的正是热内最爱的"②之间，甚至连微妙的差别也没有。这在无意中暴露了人的一种最为隐蔽的天性，它同时是幸福与痛苦的源泉，这就是心理上的强迫症，心理中的死胡同，明知不可而思念之，抑制不住去想自己本来不愿意想的事情。在这样的意义上，所有强迫心理都是反思性质的，因为这里的"强迫想"已经不再是朴素的想。在效果上，就是瘫痪、懒散、病态的疯话。这些心理充满着对惯常心理的背叛，它改变了萨特的语言。比如，他不得不创造新的概念："自为"的存在，即不是自己的在。萨特把热内的"恶"并入这样的"自为"，它是"不在的在"或者"在的不在"。强迫症的

---

① Sartre: *Saint Genet, comedien et martyr*, Gallimard, 1952, p.122.
② 同上书，第 124 页。

想就是自为性质的想，是一种恶性的意愿，它比单纯的善有更复杂的心理情结。它以心理上的"不应该"和"不得不"作为表面特征，像弗洛伊德揭示的女孩暗恋父亲和各个民族中普遍存在的岳母与女婿之间心理上的微妙关系，它与中国式的婆媳关系形成巨大反差。所有这些，都是折磨，因为上帝创造的世界，是宇宙中所有世界中最坏的世界。人创造出上帝这个词，是与受折磨融化一起的，反之，人在痛苦中只有面对上帝才得到精神的自由。

灵感与恐惧在一起。四平八稳、规规矩矩，从来就不会有灵感。从习惯的目光中逃脱，比如设想不是人观察（事）物，而是（事）物默默地观察人。于是，奇迹发生了，它通向一个未曾有过的世界。那目光，那奇迹令人恐怖吗？诗意的恐怖。这里有目光的冒险，因为"我"的目光变形为"它"。这里，有被拆散和解构了的语言，事物窃走了词语，把自己化身为词。于是，词有了一个怪怪的身体，迷惑人误把词语本身当作了事物，从此，与其说人被事物激动起来，不如说人总是被词语刺痛。"重要的，是词语的物质形态出场。词象征着被意味的物质内容。对热内而言，词就是被意味事物的存在。变化词就是变化存在。"① 于是"热内用名词说话，不是为了标示，而是为了改变词的模样。他盯着监牢的围墙，射出一个词：宫殿。等待着，他什么也没有等来。但是……重要的，词在他的嘴里……事物化为词的显现，这就是实在"②。萨特又说，"热内有意撒谎，知道被意指的事物并不存在。他只要对他来说掏空他所用句子的含义，让句子提供别的东西、迷惑人的万花筒。意指关系只是与旁边的他者之间的关系"③。这是词的魔术，词的变形、变质、变性；一个词寄生在别的词中，别一词语掏空此一词语，一种变相的偷窃；一个词燃尽另一个词，使记忆连同刚

---

① Sartre: *Saint Genet, comedien et martyr*, Gallimard, 1952, p.261.
② 同上书，第 262 页。
③ 同上书，第 263 页。

刚消失的词语的物质性一起化为灰烬。这是语言的灾难，语言的恶行。哈姆莱特自言自语，说着一些疯话，可是在效果上，却也像我们自己在说话，究竟是谁患着精神分裂呢？最智慧的头脑，有最漂亮的旋转。魂灵在眩晕中变形，使我们超越时空的界限与哈姆莱特发生心灵感应：活着，还是不活？诱惑我们进了这个词的圈套，从此以后，曾经、此刻、将要活着的生命，遭受着永世轮回的煎熬。

所有这些，都是自我的超越性，萨特又一次对我们说。

# 第一章　时间与叙事

一

　　什么是时间？时间怎样被叙述出来？为什么要把时间与语言这两个似乎无关的问题联系起来呢？用一种貌似不相关的东西替换另一样东西，这叫作"好像"，又称为隐喻。比如，两种互不相关的叙述连接在一起，在效果上等于重新分配了句子成分，产生了新的语义，这也是诗的本质。换句话说，诗之所以困难，在于它创造新的语言，这就是利科所谓"活的隐喻"。比如，"时间好像是一个乞丐"，这个句子抵制词语的习惯用法，连接不能共存的（时间与乞丐）两个词。这是一种"私通"，法语用 intrigue，文学术语就是"情节"，这是一种综合，它是在时间中完成的。又可以称作"不同种类的综合"。未曾见过的句子用法，就是活的句子。"私通"就是谓词有了新的连接，新的叠合，一种再生的想象。这相当于瞥见或以一种极其微妙的精神洞察到表面上并不相似的东西之间的相似性，就好像让远的东西突然变得很近，就像有一个放大镜或者望远镜，在时间上好像有一种加速或延迟的效果。此刻，时间问题又转化为空间问题，因为这种句子不同成分之间位置的变化同时也就是空间距离的变化，逻辑空间的变化。这些变化，可能是对人的心理能力的严重挑战，因为这些变化的多样性往往在不经意间就打乱了人类正常的或习惯的心理结构，是我们预想不到的。在这些变化中，远的变为近的，直接的变成间接的，这种智慧的性质是诗意的。

　　以上叙述已经包含着语言革命，因为指称或真理问题变得不像从前那样严肃了，好像一下子被搁置起来。说话就是重述，而重述就是间接地说话，语言在实现所陈述的对象之前，就已经跑题了，如此反复，以至无穷。正是在这个过程中，语言从对实在事物的模仿变成了虚构。对我们的经验的这种重构是在时间中完成的。换句话说，要打乱我们习惯的时间经验，重构时间经验。

什么是时间？让我们重复奥古斯丁的箴言："要是没有人问我什么是时间，我就知道时间是什么；要是有人提出这个问题让我解释，我反而不知道了。"奥古斯丁在《忏悔录》中也讨论了时间问题。他面临的一个主要问题是：时间存在吗？如果说时间存在，时间是怎样一种存在？如果说时间不存在，时间是怎样一种不存在？如果说时间存在，那么时间就应该是可以测量的。古希腊的怀疑论者认为时间不存在，因为未来还没有到来，过去已经不再，而现在并不能延续。然而，事实上，我们都谈论时间存在：我们说未来的事物将要存在，过去的事物曾经存在，现在的事物正在存在。这说明什么呢？我们实际谈论的不是时间，而是语言时态的不同用法，感觉的不同方式，这就是时间的所谓存在。时间是在叙述中才存在的，可是，在叙述中存在的不是时间。这像是一个悖论。

我们用肯定的术语（将是、曾经是、现在是）以被感觉的方式谈论时间，好像是对怀疑论的一种驳斥。但是，语言自身大量存在着自相矛盾的现象，是自我悖论，就像奥古斯丁说过的：什么是时间，要是没有人向他提出这个问题，他就知道是时间是什么。要是有人提出这个问题让他解释，他就什么也说不出来了。这是一种存在（或者本体论）意义上的悖论：一方面，时间不可说，说出来的不是时间；另一方面，时间又非被说出来不可。可是，一旦时间被说出来，就不是原来意义上的时间了。

时间既可以在推迟中延伸（膨胀），也可以在加速中缩短，但这仍旧表现在说出来的时态上。时间是如何可能的呢？奥古斯丁用迂回的办法，用现在衡量过去和将来，或者说，把记忆和期待视为"现在"的变化方式，这叫作时间的三位一体。奥古斯丁这样说："当我们讲述真实且已经发生过的事情时,也就是来自我们抽取的记忆,而不是已经发生的事情本身,但这时我们形成的词语是从印在精神里的形象出发的,就像感官所经历过的印记……我的孩子已经不在人世了,他在过去的已经不再存在的时间里,但是他的模样是在我现在注视他的时间里,因为他还存活在我的记忆里。"[①] 时间就这样在讲述中、在时态变换中、在音调或旋律的抑扬顿挫中协调起来:可以预见的未来是现在期待的结果,因为我们对事物从前的感知可以使我们事先知道;期待和记忆是相似的,因为期待的印象已经存在(在这个意义上,期待先于尚未发生的事件),但是,这个印象不是被过去的事情本身所加诸的印象,而是一个"符号",一个未来将要发生的事情的"诱因"。就这样,回答了时间在哪儿的问题,或者说,"已经"和"期待"成为"现在"之不同方向的膨胀:过去的现在(记忆),现在的现在(直观),将来的现在(期待)——实际上是以三种方式存在于心灵中。

但是,奥古斯丁这种心灵中的时间如何测量呢?这却是一个谜。他肯定我们不能测量不存在的东西,于是时间要想被测量,必须是存在的,但一件事情必须是发生过的,才可以被测量。在这里,奥古斯丁与古代怀疑论之间出现分歧:怀疑论认为被分割的时间碎片(过去、现在、将来)之间不相似或没有联系,而奥古斯丁显然抹杀了时间碎片之间的区别,忽视了时间是由一个又一个瞬间构成的(利科说,"瞬间"组成了时间的真正迷宫)。时间的"经历",就像在"瞬间"中过境或转口,于是问题归结为一个"准空间"性的问题。这个空间,或者用奥古斯丁的话,时间的"经历",被说成"未来的发生"是"根据现在"在"过去"里,这种过境也肯定了对时间的测定是在某种空间中完成的,因为所有时间间隔之间的连接都涉及"时间的空间"。奥古斯丁显然注意到了这个困难,这是一个疑难、一个死胡同,因为一方面,时间不是空

---

[①] Paul Ricoeur: *Temps et récit I*, Seuil, Paris, 1983, p.27.

间；另一方面，我们无法测量没有空间（位置、距离、场所）的东西。

与奥古斯丁的心理时间相反，亚里士多德的《物理学》认为，时间是以某种物理对象（比如天体）的运动衡量的，或者说，时间是运动着的"某种东西"。对此，奥古斯丁反驳说，当亚里士多德认定时间是对运动的测量而不是运动本身时，应该测量的，不是天体有规律的运动，而是人的精神的运动。如果我们承认对时间的测定是由对比时间的长短决定的，就要确定用什么进行比较，这个参照对象不是天体，因为天体的运动可以变化、终止。在这里，奥古斯丁又一次感叹时间之谜：我知道我关于时间的陈述是在时间之中进行的，我也知道时间存在，我们可以测量它，但是我不知道时间是什么，怎么测量它。"对我显而易见的是，时间只是膨胀和收缩，但究竟是什么东西的膨胀和收缩呢？我不知道。"① 利科敏锐地看到了奥古斯丁的疑难：时间既存在又不存在，说它存在是因为上述的时间三位一体，说它不存在，是因为时间是一种缺乏存在的"存在"。利科说奥古斯丁"呼唤解决自己并不膨胀的事物的膨胀之谜，也就是思考作为膨胀的现在之三重性和作为现在的三重性之膨胀，奥古斯丁的《忏悔录》（卷六）的天才特征正是在这里，胡塞尔、海德格尔、梅洛-庞蒂都在步奥古斯丁的后尘"。②

于是"膨胀"或"松弛"（在法语里都是 distension）是关键词。奥古斯丁现在瞄准的是"正在发生（经历）的时间"，或者只有正在发生时（不是还不存在的"将来"，已经不再存在的"过去"，也不是还没有松弛下来的"现在"），我们才能测量时间。③ 它衍变为同时在场的

---

① Paul Ricoeur: *Temps et récit I*, Seuil, Paris, 1983, p.33.
② 同上书，第 34 页。
③ 我对这里的"膨胀"或"松弛"非常感兴趣，因为这里蕴含着现象学和当代法国哲学时间观念的所有萌芽，在以下的分析中，我们将看到，"松弛"是一种时间上的延缓或推迟，甚至是同时性，像一个慢镜头，它推迟了意向的实现，并且懒懒散散地"走神溜号"，与身旁更容易得到的或更遥远的似乎毫不相关的要素连接起来。我们也应该在这样的意义上理解以下奥古斯丁提出的"永恒"概念。

多样性问题（记忆和期待都是"现在"的变化方式），也就是以上提到的"瞬间"的过境或转口（transit）渠道。为了说明问题，奥古斯丁举例说明。

第一个例子：声音开始鸣响，声音还在回响，声音停止回响。这像是"现在"或"在场"走过的路径，在其中声音显然变厚了、变稠了、变得迟钝了。一句话，时间因其被空间化（有了位置、距离、场所关系）而可以测量，单纯的"现在"因为没有任何空间关系则不可测量。

第二个例子：声音还在回响，"当它将来停止回响时，它将已经停止了，将不复为某种可以被测量的事物"[1]。"多长时间"的问题是向"现在"提出来的。只能测量有开始和结束的声音。但是，如果只能测量停止存在的声音，谜团就更大了。已经停止的声音、正在进行的声音、将来的声音就像走在一个黑不见底的洞穴中，"我们测量的，既不是将来的声音，不是过去的声音，不是现在的声音，也不是正在经历的声音"[2]。

第三个例子：时间的长短，就像音节的长短一样，只能在比较中存在，而不是在相互叠加中存在。

奥古斯丁真正想说的是什么意思呢？他想说如果把时间视为一个外在的"东西"（就像在亚里士多德那里那样），时间就是不可以测量的。而比较时间的长短就像比较音节的长短一样，是精神中的事情。这里，我们又回到了时间的"松弛"问题，正像利科对奥古斯丁的总结：重要的词不是"经历"（passer），而是"残存"（demeurer[3]），"在这个意义上，两个谜——存在/不存在之谜和测量不膨胀的东西

---

[1] Paul Ricoeur: *Temps et récit I*, Seuil, Paris, 1983, p.35.
[2] 同上书，第36页。
[3] 在法语字典中，这个词的含义还有：逗留、耽搁、延迟、住、继续存在、延续、依然是，等等，总是像是一些时间上的停滞状态。

之谜——被同时解决了。"① 这就是残存的"痕迹"(德里达哲学的关键词)：它是产生的印象而不是曾经发生的"东西"本身。

让我们再回顾奥古斯丁是怎么说的：

"我准备唱一首我熟悉的歌，在开始之前，我的期待朝向这首歌的整体。但是，当我开始唱时，随着我期待渗透的部分渐渐成为过去，轮到我的记忆力朝向它们。我的歌唱活动的活的力量变得膨胀起来，由于我已经唱的内容而朝向记忆，又由于我就要唱的内容而朝向期待。然而，我关注的是当下。正是由于当下，把曾经是过去的未来转变为过去。这种活动越是向前，就越是缩短了期待，延长了记忆，直到全部期待被消耗殆尽，这时全部歌唱活动就结束了并消失在记忆之中。"②

唱的过程因同时向期待和记忆两个方向膨胀而显得出现了断层，不一致。利科说，问题在于，我们这时测量的不是未来和过去的事物，而是对事物的期待和记忆。这是一种心灵的膨胀，其中衍生着出生与死亡。如果把歌唱的声音变成音节，就是音节的出生与死亡，变成句子，就是句子的出生与死亡。"膨胀"问题涉及奥古斯丁所谓的"永恒"：一种"同时"有在先和在后的存在，出自时间就是出自永恒。利科引用了一首赞美创世纪的诗歌，大意是：啊！你同时是夜与昼。按照你的意向，遵照你的神迹，卷走一个又一个瞬间，赐予我们时间的距离，让我们思考你的神秘，这时，我们叩响了这扇不曾关闭的大门。③ 这赞美诗给我们一种陌生的灵感：时间是被创造出来的。就像奥古斯丁在《忏悔录》中的"天问"：你怎么造就了天和地，你是用你

---

① Paul Ricoeur: *Temps et récit I*, Seuil, Paris, 1983, p.37.
② 同上书，第39页。
③ 同上书，第43页。

的词语！是无中生有。当词语被神圣化时，就不再是人的声音，倾听它要有一只神圣的而不是人的耳朵，一只膨胀着的而不是简单听到开始与结束的耳朵。神圣的声音是没有消失只有变化的声音，它永远留着余音，时间仿佛处于停滞状态。神圣的声音，是一种不存在的存在（这个神圣的面孔是一个"你"）。事物只有被说出来时，才存在着。

在这种永恒的境界（horizon）里，由于没有消失，一切都同时在场，或者说，所有的时间瞬间都同时在场，好像既没有过去，也没有将来，这在世俗的世界和时间里是不可思议的。奥古斯丁又说，除了创造，上帝无事可做。在创造之前，上帝无所事事，它周围的时间被无笼罩着。或者说，上帝在创造世界的同时也创造了时间，在创造之前的时间是纯粹不可思议的。奥古斯丁和中国的老子一样追溯在时间之前的"时间"，一个时间的起点（极点），这叫作永恒或者在时间之前的别一种时间（或时间的背面）。永恒，是一种没有思考对象的思想，是一种不可思议的思想，是精神（神圣的别名）的一种无所事事状态。奥古斯丁用第二人称"你"思考这个神圣的精神（无独有偶，犹太教哲学家马丁·布伯也用"你"称呼上帝）。从此，这种膨胀的或超越的时间或智慧把时间比作永恒，一种永远活而不死的经验，总是超越界限的经验。在这里，恐惧与热情并存：恐惧，是因为我与你不相像；热情，是因为我与你相像，是你创造了我。所以，我与你既远又近。以上叙述用了"比较"的智慧，神圣的陈述与人的声音之间有距离。利科说，我们与语言最原始的关系不是说话，而是倾听听不见的声音，原始或神圣的声音，像是超越了俗话的独语。

## 二

与奥古斯丁相反，亚里士多德坚持"运动"对于时间的优先地位，利科把亚氏的时间观归属为宇宙学传统。根据这种传统，时间不是运动本身，而是运动着的某种东西。①亚氏把我们引导到奥古斯丁所忽视了的时间概念的另一方面，即自然、世界、宇宙。这三个词在亚氏那里是同义词，就像在奥古斯丁那里，心灵、精神、意识是同义词一样。与这两种时间观相对应的，可以有两种不同的叙事方式，一个根据世界，另一个根据精神，分别描述世界的时间与心灵的时间。这二者之间相互遮蔽着，可以让它们相互包含吗？

在《物理学》中，亚氏强调，每一次变化，都是某种东西的变化。换句话说，时间处处在一切事物中都是相等的，变化可以快也可以慢，时间并不包含速度，尽管速度包含了时间。总之，尽管可以在运动中说时间，但是时间是可以脱离变化或运动的某种（客观的）东西②，而奥古斯丁强调时间只是在精神的膨胀（有点类似于运动）中测量的。为了说明自己的观点，亚里士多德试图用一种不变的（即与事物运动的速度无关）空间关系解释时间，位置的前与后，大与小。换句话说，如果时间与运动是对应的，那也是与前后（秩序）、大小问题对应。现在，可以把亚氏的观点重新梳理：时间是某种运动的东西，那么，是什么在运动呢？就是运动中的前与后。前与后是次序关系，属于大与小的问题，这种次序关系在被心灵体会之前就已经存在于世界之中了。③亚氏这里强调的不是"认识""规定""察觉"，而是为运动（或时间）所特有的"前与后"在（时间或）次序上的占先性。最后，亚氏通过数量关系实现前与后之间的关系。"时间，根据前与后，是运动的

---

① 奥古斯丁则说："时间不是物体的运动。"转引自 Paul Ricoeur: *Temps et récit III*, Seuil, Paris, 1985, p.21.
② 亚里士多德说："十分清楚，时间是不运动的，也不是不运动的。"参见《物理学》(219 a 2)，转引自 Paul Ricoeur: *Temps et récit III*, Seuil, Paris, 1985, p.23.
③ 亚里士多德说："当我们规定了运动时，就认识了运动，时间也是这样，当我们用前与后规定时间时，也就认识了时间。当我们终于觉察到运动过程中的前与后时，就说时间已经经历过了。"又说："至于前与后，它们首先处于地点中，在那，它们是由位置发现的。"转引自 Paul Ricoeur: *Temps et récit III*, Seuil, Paris, 1985, p.24.

数量。"①他说重要的不在于时间是一种被数出来的数，而是可数的。在说到时间之前，我们已经通过可数的运动涉及时间了。②

严重的问题，在于回答没有心灵，是否还有时间。为了察觉、辨别、比较、计算时间，难道不需要心灵或知性吗？亚氏承认主观性对时间的参与，但他同时说："这并不能妨碍时间是作为基质（substrat）存在的，同样运动也可以没有心灵的参与而存在……前与后是处于运动之中。就前与后是可计算的而言，正是前与后构成了时间。"③换句话说，去掉时间中人的因素，时间自有别的维度。④时间不是我们自己产生的，时间是一种笼罩我们周围并支配我们的强大力量，它滋生并腐朽万物。

什么是亚氏所谓时间的可计算性呢？是指时间的连续性是由一个又一个时间间隔、片段、瞬间组成的。利科分析了亚氏的"瞬间"（instant）与奥古斯丁的时间观之间的区别：奥古斯丁强调时间在运动中的连续性，即时间总是"现在"的"在场"（le présent），是"在场"的"现在"的某种变化形式，所以时间形态的万变不离其宗（"现在"）。但是，亚氏的"瞬间"则强调时间运动中的不连续性，分开看时间是可计算的，也就是说，瞬间或时间的裂痕可以在任意一点上，任何一个瞬间的地位都是平等的，并非一定要由"现在"这个权威来阐释才取得合法身份。换句话说，每一个瞬间都是一个"个体"，有自己的尊严。瞬间或在场可以是任意一个时刻。结果，从亚氏的视角看，是运动的方向性把两个瞬间区别（前与后）开来，并导致结果的不同：A 事件先于 B 事件，B 事件在 A 事件之后。但是，同样可以肯定 A 事

---

① 转引自 Paul Ricoeur: *Temps et récit III*, Seuil, Paris, 1985, p.25.
② 于是利科说："从这里可以得出亚氏的时间定义——'根据前与后的运动数'。"Paul Ricoeur: *Temps et récit III*, Seuil, Paris, 1985, p.25.
③ Paul Ricoeur: *Temps et récit III*, Seuil, Paris, 1985, p.26.
④ 利科认为，应该注意亚氏不在人的心灵中寻找时间的起源，也受到他的老师柏拉图的影响，柏拉图曾经认为有一种世界灵魂。

件过去了而 B 事件还没有来。也就是说,"瞬间"可以并不在场;可是,站在奥古斯丁的立场上,只有连接到"现在"的"在场","过去"和"将来"才是有意义的。或者说,正是以"现在"为准绳,才可以说"过去"位于前面而"将来"位于后面。这就等于说,在奥古斯丁那里,事物的持续性关系是从外部强加给过去、现在、将来的。利科说:"这就是至少在康德以前时间问题上的最大疑难,即在场与瞬间的两重性问题。"①

亚氏甚至这样说:"由瞬间所决定的状态是时间的本质。"②正是瞬间的效果宣告了"前"的结束和"后"的开始,能被测量的和可以记数的正是两个瞬间之间的间隙。"瞬间"这个概念表达了连续过程中潜伏着断裂。到底怎么把亚氏的"瞬间"与奥古斯丁的"在场"(或"现在")区别开来呢?它可能是不在场的"在场"——用利科的话说,是把"在场"与"降临"联系在一起。在什么意义上可以说时间是由于瞬间而持续并分离开来呢?亚氏的回答是,只是简单的前与后之间的关系,这使"瞬间"起着时断时连的双重作用,连续性总是被无限的分割所打断。时间是以某种方式与"点"相适应的东西,而不是一条线。当然,亚氏并不排斥过去、现在、将来这三个术语,但他在这三个术语中只看到一种"瞬间"(前一个与后一个"瞬间")的规定,他说:"时间到处同时都是一样的,但是前与后是不一样的:当变化出现时,到处也是一样的,但逝去和要来是不一样的。"③对亚氏来说,"现在"(或"在场"),就是已经找好了位置的瞬间,在日常语言中还有一些与之相邻的术语:刚才、马上、突然。显然,他注意瞬间,是因为他更看重时间开始与结束(彼与此)的界限。那么,任一瞬间与已有了位置的瞬间有什么差别呢?后者是"此",而前者总是某种别的

---

① Paul Ricoeur: *Temps et récit III*, Seuil, Paris, 1985, p.31.
② 《物理学》,219 a 29,转引自 Paul Ricoeur: *Temps et récit III*, Seuil, Paris, 1985, p.31.
③ 《物理学》,220 b 5–8,转引自 Paul Ricoeur: *Temps et récit III*, Seuil, Paris, 1985, p.33.

东西（彼）。

利科认为，正是在这个意义上，可以说亚里士多德与奥古斯丁之间的过渡是不可思议的。要想从亚氏"在场的瞬间"过渡到奥古斯丁对记忆的过去与期待的将来具有特权地位的"在场"，不得不借助于（精神的）跳跃（或者突变），只有借助于这种突变，我们才能从一种时间立场过渡到另外一种时间立场，这两种立场之间是相互遮蔽的。[①]

利科关心的是，亚里士多德的"客观的持续性"与奥古斯丁"内在的时间意识"之间有调停的可能性吗？利科试图用"叙事的诗学"解决这个问题。

## 三

亚里士多德与奥古斯丁的提问方式远没有穷尽时间问题的可能性，在相似的道路上，胡塞尔是奥古斯丁的继承者，而康德则是亚里士多德的后来人。胡塞尔的现象学强调直接性，这个直接性有一个前提，就是搁置一切关于"存在"问题的判断，因为"存在"是一个悬而未决的判断，是超越的（超越现象学的直接经验印象），因此，现象学的时间观，是"内在的时间意识"，在世俗的时间之外。"内在的时间"也是"彼刻"与"此刻"相接，但与客观或自然界中时间的连续性只是形似而非神似。当胡塞尔谈及时间的"客观性"时，显然指的是经过了现象学意识理解的时间的对象性，而绝对不是指钟表上的时间。要使时间质料脱离在自然界中的绝对沉默状态，就要由现象学意识赋予时间以新的性质，使之成为时间现象，时间不是被朴素态度所感知，

---

[①] Paul Ricoeur: *Temps et récit III*, Seuil, Paris, 1985, p.35.

而是被哲学态度所理解。这两种时间，即使术语相同，含义上可以借用，但绝对不是同一的。① 视觉方向的改变可以看见新的东西。现象学的"还原"应用到时间质料上，就是在减少了什么东西的同时，也增加某些东西——因为还原是可以反复进行的。

利科指出，正是在以上基础上，胡塞尔在时间问题上有两个重大的发现：首先，是保留或滞留（rétention）现象与其对称物"前瞻"或预期（protention）现象之间的区别；其次，是滞留（rétention）或初级的记忆现象与回想（ressouvenir）或第二级记忆之间的区别。② 特别要注意的是，为了说明初级记忆，胡塞尔要靠纯粹形式的或者不说明什么意思的"声音"——对声音的感觉——对声音过程，对正在倾听的某种旋律的意识。对持续的声音，胡塞尔用 Zeitobjekt 表达，意为"客观的时间"：一方面，"客观的时间"是真实的时间本身；另一方面，要对这沉默的时间质料说点什么。"在这方面，胡塞尔的发现在于'现在'不在点状的瞬间之中，而是包含一种纵向的意向性（以便反对超越的意向，这种超越的意向强调感觉中对象的唯一性）。按照纵向的意向性，'现在'同时是自身，又是'刚才'听到的声音阶段的滞留（rétention），还是对迫近阶段的前瞻。正是这样的发现，使他摆脱了所有加诸于多样性的综合职能。"③ 利科所谓胡塞尔"纵向的（时间）意向性"，显然强调时间的流动性。瞬间是流动的。关注流动，使我们谈论的不仅是对象，而是密切注意对象的边缘地带及其变化。一个还在回响的声音，"还在"既是同一的也是别的什么，因为声音出现的方式在不断地变化。声音在时间的流动好像渐渐"缩短"且"昏暗"起来。"这是一种绝对特殊的变质，胡塞尔的赌注是在'现在'中找到了一种特殊的意向性，这种意向性不是瞄准超越的对象，而是'刚刚流过的'现在……正是这种

---

① 胡塞尔现象学很少发明与传统形而上学不一样的新术语，也使用感觉、经验、直观、判断、客观对象等，但含义绝不相同。
② Paul Ricoeur: *Temps et récit III*, Seuil, Paris, 1985, p.42.
③ 同上书，第43页。

纵向而非对象的意向性确保了期限（durée）的持续性，把同保存在异中。"① "纵向的意向性"同时把持、留住了"点状的"滞留与前瞻，留住了在世俗观念上应该消失或者还不存在的时间。换句话说，"纵向的意向性"实际上是一种横向的而非竖向的意向性，因为它只是在摆出留在"现在"（或者"过去"与"将来"）瞬间的架势后虚晃一枪，从而使被意向的时间对象（瞬间）成为别的对象（瞬间）。时间在不断地变化着自己的出场方式过程中"流动着"，因此，此一瞬间永远是别的瞬间。德里达在《声音与现象》中强调的，正是"现在"与"滞留"在相互关联中的破坏性特征，即不一致性（就好像精神永远在溜号）。胡塞尔只是看到时间瞬间不断显现或在场，而在同样的情况下，德里达却想到真实的情形可能是瞬间总是不断地缺失、不在场，没有同一性，也就是总是很快就被抹掉的"痕迹"。利科显然以赞同的口吻引用了德里达的立场后，表示要讨论与涂抹"痕迹"相邻的概念。

胡塞尔用一个简单图说明内时间现象学：

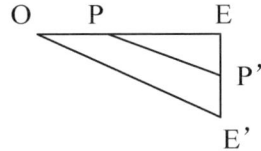

它表明时间瞬间在线行过程中，因为滞留和前瞻的闯入而发生的变质或异化现象：时间的前进不是从 O 到 E 这条直线决定的（利科评论说，这条直线对康德来说却是唯一的时间线条），因为时间实际的路径是倾斜的从 O 到 E'，它形象地说明了时间下落的过程，一直到垂直的 EE'。正是这条垂直线说明了在某个时间阶段的持续过程中，"现在"的瞬间与其经历的"过去"的边缘域实际上是合并在一起的，是同时出现的。也就是说，从 O 到 E 实际上不过是 EE'。这里强调的，不是持续性而是同时性。就这样，显现的瞬间同时变宽变大了（注意

---

① Paul Ricoeur: *Temps et récit III*, Seuil, Paris, 1985, p.45.

胡塞尔的 horizons 概念），时间的线性流动变成了"同时"性质的不断散开——为什么"不断"呢？因为 horizons（边缘域）的界限不断被解构，而又永远的重新开始。或者说，所谓继续，就是继续开始，或者称作"继续增加的开始"。利科评价说，某时间期限内的每个瞬间都是一个"原始的点"。就像胡塞尔说的，是持续的多样性瞬间（这使时间出现的方式不同）的流动。[①] 注意，正像德里达说过的，关键要注意这里好像不直接在场的瞬间，缺失的瞬间。"隐"是不在场的在场，比如，滞留和前瞻与"当下"同时在场。边缘域的在场，被拓宽了的在场。

所以，从现象学出发，没有原始的印象和原始的时间，因为一切都在经历变化。这种改变是对时间的感受方式的变化（滞留、当下、前瞻又与感觉——比如听见、看见、好像、认识判断、审美判断等合并一起）。同时，方式或者形式虽然在不断地变化（就像我们不断轮换戴上不同色彩的眼镜看世界），但形式本身，或眼睛、眼镜本身，却是我们看不见的。胡塞尔用的是颇有迷惑性的术语"意向方式"的变化。"意向方式"变化的要害，是意向方向的变化而不是意向对象的变化。正如利科非常敏锐地说，总是新的"纵向的意向性"，因为意向方式在行进中总是被不断地破坏，从而划分了不同的意向平台。重要的是瞬间的"不再"，是差异或方向的改变。"差异"是意向方式的差异，就时间意识而言，是一种"重复"的效果，比如当下的滞留。但是，利科说，当下与滞留之间有难以觉察到的、不可跨越的鸿沟，任何滞留都是在重复过程中制造差异，具有一种增补性的效果，是好像或想象。原始因素在意向活动中的"再一次"，就不再是亲身经历的——这是想象活动的本质，想象意味着非连续性。

能否说现象学的时间意识表达了一种具有并列性质的时间连接，或者说，它是以片段形式突然降临的——好像一个大的横截面，它与另一个作为他者的横截面或边缘域之间是一种任意的联系。我们面临

---

[①] Paul Ricoeur: *Temps et récit III*, Seuil, Paris, 1985, p.48.

一种差异现象学。能否从空间角度解释这里的时间"位置"（place）的差别呢？

我们又面临理解现象学时间意识的一个重要"拐点"：它是一种不断回溯的意识。什么意思呢？就是说，它瞄准的只是时间的形式方面，过去、现在、将来只是感觉的形式，而不是感觉到（比如听到、看到）的物质内容。所有的现象学意向性都是第二等级的，是对第一等级或自然思维的意向加上括号的结果。通过这样的回溯，意向活动才能获得新的意义。也可以说，现象学是一种不断"回想"的意识，每一次"回想"瞄准的都不是内容而是构造这些内容的形式，使原来的内容（或者"所指"）变成形式（"能指"）。① 但是，这还不是我们这里所谓"拐点"的主要意思，因为人们往往在现象学还原中只读出一种"认识论模式"，即一种竖向的主体与客体的结构，不是的，在内时间意识这里，意识不仅在回溯，而且每一次回溯都是横向的，用图示，像一个大写的"L"或先是↓，然后←或→，而且这个过程，因其意向活动的性质不同，可以不断进行。用胡塞尔的话说，是"空的或没有直观的意向活动"；用利科的话说，是瞄准"不能看见或不能直观的位置"。所谓"内在的时间意识"，就是"切己的时间"，只是一味回来或只向自己使劲的时间，这些复杂的叠合起来的意向只考虑连续的纯粹形式：时间形式不再像康德那样，是经验的前提；而是把时间形式与经验内容分开，与意向活动对应的不再是经验的对象，而是横着串联起来的时间形式，是一些模模糊糊的，临近因素的串联（像我们以上提到的"横截面"），像是"空间的背景"，活动的舞台。②

胡塞尔想在康德式的先验综合活动之外解决时间的连续性问题。但是，无论胡塞尔与康德有怎样的区别，他像康德一样，只想在认识

---

① 进一步说，这个作为"能指"的"形式"，本身又是更高一极或叠加后的内时间意识形式的"内容"或"所指"。

② 参见 Paul Ricoeur: *Temps et récit III*, Seuil, Paris, 1985, p.58.

论的范围内解决作为认识形式的时间问题，只是他比康德更加精细，比如，胡塞尔区别了滞留和回想，"回想"像是"过去将来时态"，是横着串联起来的时间形式，好像一个大的横截面。利科说，是一种邻近的时间。像一切时间形式一样，"过去将来"也是"空的意向"或"空的期待"，只有海德格尔明确地用"焦虑"（souci，牵挂）置换了胡塞尔的"感觉"，① 明确了期待的不是某样东西，而是一个无。

## 四

康德认为，时间从来都不在场或不显现，时间只是在场或显现的条件。② 作为先验的直观形式，时间和空间自己是不能被看见的。时间是我们内直观的形式，是外直观或被感觉的对象产生的条件。时间只是对直观"外部对象"的主体来说是必不可少的，而不是外部对象本身必不可少的。时间是内感觉（sens interne），康德在《纯粹理性批判》第二版中指出："精神借助于内感觉直观自己或直观自己的内部状态，但内感觉无疑不是把心灵本身作为直观的对象。"③ 因为内感觉或内直观只是一个框架，一个形式，一种时间关系，所以不是笛卡尔式的自我意识。作为纯粹的形式，时间在这里是一种向后退的"使动"用法。时间本身是我们感觉不到的，我们只能感觉到时间"之中"的对象，而时间本身不是现象。我们如何理解康德所谓时间与空间的先验性呢？就是一个认知的框子，好比要看见东西，就得先有眼睛，眼睛

---

① 参见 Paul Ricoeur: *Temps et récit III*, Seuil, Paris, 1985, p.58.
② 胡塞尔并不认为时间不显现出来，如上分析中，内时间意识现象学是把"原样的时间"显示出来。引申开来，我们甚至发现，因为现象学搁置了事物的存在或者内容，所以处理的意向对象都是广义上的"形式"问题，尽管胡塞尔用别的术语称呼它们。
③ 转引自 Paul Ricoeur: *Temps et récit III*, Seuil, Paris, 1985, p.68.

就是这个框子，先睁开左眼，再睁开右眼，就会发现你看见的东西有不同的位置、角度。在时间"中"的事物次序不一样，也是因为时间形式的作用，它决定了再现出来的感觉是怎样的，或者说，这些感觉之间的"先后"或"前后"关系是怎样排列的。

利科说，对康德来说，时间不仅标志着连续性、同时性，时间最重要的标志，在于时间形式的原则是 permanence——持久性。连续关系与同时关系之所以可能，是因为有"持久性"。康德说："正是在持久性中，时间关系才有可能（因为时间中的关系就只有连续性与同时性）……变化涉及的不是时间本身，而只是时间中的现象。"[1] 我们通过迂回或间接的办法，从存在的现象中辨认出时间，因为凡现象都有自己的"寿命"或期限。但时间的持久性，就像眼眶一样，总是不变的。康德又说，时间中的连续性原则是遵循因果律的，他认为这有些类似于莱布尼茨的充足理由律："充足理由律是经验之所以可能的基础，正是从时间的连续性中经验的连接，我们才能谈论现象对象的认识。"[2] 这里暗含着事物或事件的"位置现象"的规定性并不派生于这些现象与时间本身的连接。换句话说，事情是事情，时间是时间，二者之间没有关系。但因为我们是通过时间（像眼眶）安排事物次序，或者说，是现象之间的相互位置，就这样，时间的秩序就是事物的秩序，即现象的前与后。这就是康德谈到的"客观的因果律"有两种连续性：其一是现象之间的"客观"连接，比如观察正在河道行驶的船只；其二是主观任意的连接，我们可以任意描述一所房子，就好像去过那里似的。因果性作为某种连接，要解决这两种连接（客观的与主观的）系列的划分是如何可能的问题。究竟是简单的梦、像是我的想象中任意做的游戏，还是在"真实到来"的事件的意义上的连接。所有到来的事物，都是接替。有"没有事件"的连接：只有在对象中被观察到的

---

[1] 转引自 Paul Ricoeur: *Temps et récit III*, Seuil, Paris, 1985, p.77.

[2] 同上书，第78页。

规定好了的连续性，才称得上事件。

另一个问题涉及相互性、共同性、同时性。在同一时间里的多样性，就是同时性。但只有在相互作用的情况下，才能理解事物的同时性，在这里又用得着康德的名言：我们不能感觉到时间本身。也就是说，事物是被放置在同一时间里的，以至于我们能观察到或感觉到事情是一个挨着（接着）另外一个（相互性）。这也揭示出同时性是次序关系。康德说，只有"在相互作用的前提下想到的内容（substances）能在经验中同时表现为存在着"①。

时间是一个充满矛盾的词语，康德曾讨论了时间问题上的二律背反，即时间有限与无限的推论都同样导致荒谬。同样，如上述，时间虽然直观上抓不住却又决定了我们能（以怎样的次序）看见什么。利科说，这种时间，作为事物形成的形式，也是讲述（论辩等）的形式、结构。时间不停地消失，重新开始，把这些不同的瞬间（期间）融合在一个结构（同时性）中。

关于在时间问题上胡塞尔与康德之间的关系，利科说："就像奥古斯丁与亚里士多德之间的比较所揭示的那样，胡塞尔与康德的比较也把我们引入了一个死胡同。无论是从现象学还是从先验论方面对时间问题的接近，都是不充分的，其中每一方都转移到另一方，但这种转移具有在相互排斥的情况下相互借入这样的自相矛盾特征：一方面，只有切断与康德问题的联系，才能进入胡塞尔的问题。我们只有从客观时间借入事实，才能说明现象学的时间。这种被借入的时间，根据它的主要规定，仍旧是康德的时间。另一方面，只有在不求助于重新引入心灵本体论的某种内感觉、放弃现象与事物本身的区别的条件下，才能进入康德的问题……而且，现象学与批判哲学只有在相互排斥的条件下，才能够相互借入。我们不能用同样一种目光拥抱同一枚硬币的正面与反面。"②

---

① 转引自 Paul Ricoeur: *Temps et récit III*, Seuil, Paris, 1985, p.79.
② 同上书，第 87 页。

进一步说，利科认为，康德的时间问题，是由引入的主观和客观范畴所支配的，是心灵时间与世界时间之间关系问题；而胡塞尔的时间问题，是关于时间的存在与非存在的问题。显然，胡塞尔与奥古斯丁之间有继承关系。但是，康德与亚里士多德之间的继承关系是很难看清的，康德肯定作为先验"理性"（idéalité）的时间与空间，难道不是更接近奥古斯丁而不是亚里士多德吗？难道先验意识不是标志着主体性哲学的顶点吗？而这种主体哲学不正是由奥古斯丁所开创的吗？既然如此，怎么能把康德的时间观放置到亚里士多德的时间观上呢？利科说，这是因为，康德意义上的先验性的所有职能，可以概括为建立起客观有效性的条件。这就像一枚硬币的正面与反面须臾不可分离，而其经验实在性一面又由其相关联的自然科学加以说明。总之，在康德那里，尽管时间的特征是主观的，但是时间仍旧是自然的时间，而时间的这种客观性又完全是由范畴加以说明的。这就是康德经过迂回回到亚里士多德的道路，就是说，无论怎样，康德的时间是在自然一方，而不在心灵一方。

胡塞尔和康德在时间是否可以被直观问题上持不同看法，康德认为时间在"现在在场"（présent）的质料中"没有标记"，因为自然的时间本身不能被直观；而胡塞尔像奥古斯丁一样区别了时间在质料中的滞留、现在、前瞻。利科说，这又是前面已经提到的，在康德和胡塞尔的时间观中，要敞开其中一个，必然看不清另外一个。

# 五

海德格尔对时间的重新解释，立足于把"此在"[①]（Dasein，法文

---

[①] 在我的《从胡塞尔到德里达》（江苏人民出版社，2008）中，我把海德格尔的 Dasein 翻译成"异在"（参见该书关于海德格尔的章节）。

être-là）与哲学史讨论的"存在"概念区别开来，具体说，时间的"此在"不同于庸俗的或钟表上的时间。利科说，这里有对胡塞尔"在场"的形而上学的批判。海德格尔放弃了把心灵的时间与世界的时间对立的立场，"此在"不是心灵，而是被我们惊奇地发现（由于运气、缘分、偶然性）"就在那里"的"存在状态"，海德格尔试图在简单的心灵与物质要素之外讨论问题：自然与"此在"不是对立的关系。因为世界本身成为构成"此在"的时刻。在世界，面向一个什么样子的世界呢？这是分析"此在"的出发点。《存在与时间》用了将近200页分析"在－世界"——"此在"的结构。注意，这里首先提出的，是"在－世界"的空间性问题，尔后才是时间性问题。海德格尔试图用提出新问题（"此在"）的办法，超越上述奥古斯丁与亚里士多德之间在时间观问题上的对立，用"此在"动摇单独物理的或心理的要素，当然，也包括对胡塞尔内时间意识的超越。"此在"的野心和疑难在于如何解释"时间的内意识"如何也是"客观的时间"。这个任务是用"在－世界"的结构完成的。

胡塞尔曾经试图让时间本身显现出来，利科评价说，从《存在与时间》第1页开始，海德格尔就让胡塞尔的愿望破灭了，因为海德格尔要"忘记存在"：虽然海德格尔肯定"本体论只有作为现象学才是可能的"，但同时，现象学只有作为诠释学才是可能的（这有点像上述"后退"现象）。海德格尔继续了胡塞尔的事业，当他忘记胡塞尔的意义理论时，他在对自己老师提出的"存在"问题加括号。正是在这里，现象学事业不是"显学"而是"隐学"：胡塞尔曾经在对自然态度中世界的"存在"问题加上哲学（现象学）态度的括号后，敞开了（使其显现出来）现象学的（生活）世界。现在，海德格尔接着说，还要摆脱胡塞尔能直接看见的"现象"，因为还有被藏起来的东西，要继续"敞开"的事业。怎么"解蔽"呢？这就是海德格尔式的诠释学的任务。从此以后，从前关于时间的可见性与不可见性的两难困境，要在现象学的诠释学道路上得到解决:"看见"对"理解"(解蔽性质的诠释)让步。

忘记原来的存在与敞开被遗忘了的存在("此在")是相反相成的,像是一枚硬币的正面与反面。"此在"的时间诠释学把语言问题提到重要位置,就是要冒着不被人理解的风险创造新词,或者给日常用语以新的含义(海德格尔从德语的历史中获得灵感,这对拥有同样丰富的语言遗产的中国哲学家不啻一个启示),让词语旧含义延伸、转向。海德格尔使词源学成为哲学意义上的,和哲学翻译意义上的——因为他诉诸的词语极难或不能被翻译为德语之外的语言,这正是"此在"的重要含义(在这个意义上,这个词语本身就是一个自相矛盾现象,因为 Dasein 没有准确的汉语对应词)——当海德格尔把最简单的日常时间用语(过去、现在、将来等)只是作为词本身加以分析时,这种诠释学的转向就已经发生了。海德格尔的现象学意义上的诠释学试图逃离这样的选择:要么是一种直接的直观,它是哑的,就像在康德那里,先验直观对时间本身什么也说不出来;要么就是一种间接的阐述,但却是盲的,时间本身不能被看见。

利科说,海德格尔在时间问题上有三个贡献:首先,时间问题是在"焦虑"(souci,忧虑、操心、牵挂)结构中得以展开的;其次,时间三维度——将来-过去-现在的统一,是一种非静态(ek-statique)的统一,有一种非停滞的(ek-statique)来自这三维度相互包含的相互流露;最后,这种时间统一体的展示暴露出时间结构就像是层状的,有等级的。比如"时间性"(temporalité)、历史性(historialité)、内-时间性(intra-temporalité)。这三个方面,包括它们的困境,是串联在一起的。①

海德格尔要让真正的时间结构与焦虑的结构连接起来,它的直接

---

① Paul Ricoeur: *Temps et récit III*, Seuil, Paris, 1985, p.95.

意义，就是使时间问题摆脱了传统的认识论，把时间问题的重心，放在存在的方式上：存在以被抛弃的方式流落在世界上——它的含义，远比表面上要深刻得多——它有怎样的结构呢？"遭遇"，我"一下子"就想到了这个词，甚至"一下子"本身就已经是遭遇，这就是"此在"的状态。"此在"应该在焦虑的结构中，为"遭遇"而操心，因为"此在"并不在场（présent），因为"此在"之在世面对的是自己的"界限"，也就是"死"，萨特说是虚无。一种不可转移性、无法沟通性（这种"遭遇"的连续性，或者称作"一下子"接另"一下子"是令人震惊的或全部是创造性的景色）。如果被翻译成"此在"的 Dasein 表达了"死"总是最切己的、别人无法代替的特征，那么，这是一个成功的翻译。当然，这种最本真的可能性，也可以说是"降临"。一种形象的说法，就是"死"不是"此"，而是"彼"，所以，是否把 Dasein 翻译为"彼在"或"异域"更恰如其分呢？我坚持这个翻译，所以我以下灵活地使用一些边缘性词语说明 Dasein 的生存状态，我还可以称它为"异在"。总是别的东西，人性总在超越自身。当然，也可以说，"死"既不在"此"，也不在"彼"，而是彼此彼此，Dasein 总在周而复始地死和生。如果说死的可能性"不是必然的"，那是说死的降临（距离人最远的同时也是最近的）是偶然的，死的方式是不相似的等情形。把"彼在"与其他所有存在状态区别开来的结构是怎样的呢？这个结构竟然是在对焦虑的诠释中展开的，是在本体论意义上最初显露出来的"精神"状态。"彼在"不是一个概念或观念，因为它并不准备回答来自传统认识论的问题，它处理同时是最远和最近的"隐"或"还不在"这样的问题。这种看不见却又随时准备显露的"彼在"比看得见的东西更为真实，听不到的声音比听见的声音更真实，赤裸比遮蔽更真实。

海德格尔超越了奥古斯丁"时间的三位一体"，甚至也不是胡塞尔的滞留—前瞻。"海德格尔的创新之处，在于他在焦虑本身中寻找在将来、过去、现在中的复数时间原则。"①"焦虑"的问题不是立足于看见，而在于理解或解释。这种说法甚至有点像康德，"焦虑"被说成是理解其他经验的前提，或者说，是其他经验之所以可能的条件。康德、胡塞尔、海德格尔都对寻找传统说法之外的其他"可能性"感兴趣，要对别的可能性展开论述。海德格尔式的焦虑，就是可能性的新缺口，他不说"将来"，把"将来"换成别的词语——降临、遭遇、一下子，等等——但显然传统时间问题中的"将来"对"彼在"非常重要。在"焦虑"的时间结构中，全程都有"彼在"陪同，这个链条是由消解对"要来"的"预料"构建起来的，或者说，"彼在"总在意料之外。从词形看，Dasein 中的 Da，就是法文 étre-là 中的 là，中文中的"那儿"或"这儿"，把它们加上副词前后缀 Da 和 là，用副词转化名词，即用"怎么"代替"什么"的提问方式，化"内容"问题为"形式"或"方式"问题。传统时间观只把"未来"当名词使用，而海德格尔说同样的意思（Zu-kunft）用法文表达，是 à venir（就来），副词 à 是表达不确定方向的（后来德里达把它说成是"降临性"，"那儿"或"这儿"可以来自上下左右，防不胜防。从中导出了"它能看见你，而你看不见它"的幽灵性问题）。同样，在表达式 à venir 中，动词 venir 由于副词 à 的加盟而有了新的信念。但我们从旁观者的角度，这全部的哲学创新，竟然靠的是在词语本身上"玩花样"，词语本身或诠释问题被提到首要地位，这也改变了做哲学的方式。对传统本体论的摧毁竟然体现在副词对实体名词本身的增补或置换，这是文字游戏吗？在以上的意义上，也可以说海德格尔式的 Dasein 以及"焦虑"是副词（或方式）意义上的"生存状态"。距离最近的可能性，就是在焦虑中时刻降临着的东西，生成就是降临，降临就是生成。

利科说，依据海德格尔以上立场，可以揭示出有一些罕见而又

---

① Paul Ricoeur: *Temps et récit III*, Seuil, Paris, 1985, p.103.

密切的关系，在时间的将来、过去、现在中相互蕴含着。比如，通过"将来"牵连"过去"而忽略了当下的在场，换句话说，"将来"和"过去"都与"现在"无关。但是，"现在"时刻，曾经是奥古斯丁和胡塞尔时间分析的中心。这里究竟有怎样"罕见而又密切的关系"呢？因为人们没有看到，未来到过去之路，并不是人为的或从外部加诸的连接，而是本真的连接，因为"已经是"（现在完成时态 ayant-été），只有被"就来"呼唤时才显现出来。换句话说，对"就来"欠着情，有义务感激"就来"的东西（像是一个奇迹）——后来，德里达从这里发展出关于正义、朋友、款待、友谊政治、法律等问题上的见解——因为它是在我们无依无靠中唯一能"依靠"的东西，是在没有关系中建立的关系。海德格尔说，"真正的'要来'就是真正的已经是的'彼在'（Dasein）"[①]。"已经"是来自"就来"吗？是要切断"已经"和"过去"的连接吗？"已经"总是和"未来"建立连接并且因为"就要来"的开放性而使"已经"实际上是不确定的吗？能用这样的立场重新解释历史吗？这里有诠释学意义上的不对称性，或者叫作诠释失去了原点，找不到相对应的意义。那么，"现在"如何呢？"现在"是一种牵挂状态：现在出场的，是使得或产生出来，而不来自复制一个原本，相遇的就是随手抓住的。这就是"就来"。所有的"已经是"都是这样走过来的吗？"使得可能"的，总是一再为新的生存状态，是动名词或用动词代替名词的生存状态。

按照海德格尔的理解，时间是自己所不是的东西，在人们原来对时间的理解之外。时间不再是一条线，而是处处受阻，于是形成差异的结构，若四散状，精神也随之弥散，"就要来"的多样化。这恍惚又回到了奥古斯丁的"膨胀"。邻接短时间与长时间。海德格尔也想陈述一种彼此外在的"现在"之连接，并且因为这样的"彼此外在"而使

---

① 转引自 Paul Ricoeur: *Temps et récit III*, Seuil, Paris, 1985, p.104.

这样的连接或持续显得神秘。时间"分等",意味着时间(阶段)与时间(阶段)没有关系,或者只有一种"没有关系的关系"。有远与近的时间,所谓"外"的时间,就是离开原来的时间。海德格尔强调"死"与"生",即时间有"开始"与"终点"。他重视时间如何"出生"的问题,就像他重视"死"(德里达是否从中汲取了"在两者之间"的思路呢?)。利科说,这正是"彼在"(Dasein)的生存状态。表现在陈述上,就是说未曾被说过的话,害怕掉入已经死掉了的陈述方式,更加重视"怎么说话"的问题。有出生的"现在"和"死亡"端口的"现在",这两个"现在"能邻接和叠加在一起吗?根据海德格尔的态度,最近的同时就是最远的。早在奥古斯丁那里,就提出了时间膨胀或铺开时间的问题。

"出生",就是一个过去不曾存在的事件,就像"死"是一个还不曾发生的将来事件。牵挂什么呢?是生死不停顿地轮流,而"焦虑"或"牵挂"(应该理解为海德格尔式的"现在"状态),则是一个"虚无"(隐、异域)——因此,才谈得上牵挂的问题——"虚无"或牵挂或"现在"这个"时间间隔"被分开的两端("开始与结束"或"出生与死亡")分开和连接。活着或生命就处于这两端之间,其中活跃着"彼在"(Dasein),这里有意义的埋葬与复兴。当历史从这样的"彼在"获得诠释,历史就有了新的量度:如何看待历史纪录中的"知道"呢?知道"不知道"!因为有历史化了的"彼在",这使历史研究有了新意——历史竟然可以从"将来"(就来)的时间获得诠释,是"就(要)来"的回顾。突出历史上的"彼在"而与黑格尔的世界历史精神相冲突。海德格尔说:"'彼在'每次都创造了自己的'历史',① 这种存在状态叫作'历史性',因此有作为历史的某件事情。"② 一系列孤立的不可跨越、不可转移的事件。总之,在历史的发生学中,海德

---

① 法文翻译使用了 histoire,除了意味着历史,还意味着故事、事情、一连串事件,等等。
② 转引自 Paul Ricoeur: *Temps et récit III*, Seuil, Paris, 1985, p.110.

格尔给"要来"以最重要地位,朝向"已经"的"要来"总是具有新的可能性。继承,就是操心"无依无靠"的状态,与运气遭遇或抓住运气,就像抓住不曾存在的死亡,选择偶然在世(降临)的东西。"彼在",是面对死亡的"彼在",就在于总是从别处继承遗产,此彼的并立或共在(比如"已经"的"彼在"与"现在"的"彼在"之间的关系)。①"就来"在历史的"已经"中敞开潜在的,尚没有被理解的,新的可能性,让过去对未来敞开,诠释学的任务,就是处理"不再"与"尚还未曾"之间的关系。"不再"并不意味着真的消失殆尽了,而是上述"已经"的"彼在",这就是历史的来源,是我们身边每时每刻发生或创造的历史。

# 六

后现代哲学与艺术认为,它们所研究的领域是一种语言的效果,所谓"意识形态死了"的另一种态度,就是忽视说话的主体,"谁在说话"似乎不必太当真,人称代词并不重要,因为在这里"无人说话",是事件本身在叙述它自己。利科说,它也是阐释时间结构的方式。一段话,有它自己包含的时间和排除的时间,有连接起来的时间。比如同样是过去的时间,区分为简单的过去、过去的过去(过去完成)、过去的将来……同样是"现在"的瞬间,也有滞留"过去"和"将来"方向的"现在"的区分。

"词语的时间"与"时间的实际经验"之间到底是怎样的关系呢?"真实的历史"变成一种陈述或叙事,是"已经经历的事件"的叙述。

---

① 法国当代哲学家们,比如说德勒兹,也是从这里出发,热烈讨论所谓"重复与差异"的问题。

"已经发生的事情"就是"叙述"中的"事件",是在笔下的某一时间(瞬间)冒出来的"事实",这时,事情的讲述者或人称则显得有些多余。这种"过去",历史学家说是"真实的",而小说家说是虚构的,但是,在这两种情况下,一切都是叙事,我们怎样区别这些句子是真的还是假的呢?怎样区别真实的过去和虚假的过去呢?我们读起小说家笔下虚构的过去,不是感到就像是真实的过去吗?历史难道不就是这样的追忆吗?在这里,不就是通过句子表达的历史时间结构本身吗?究竟是叙事的时间(用各种不同时态表达)产生"过去"的效果,还是在隶属于虚构叙事的"真实过去"与历史学家的"真实过去"之间有一种血亲关系呢?利科提醒我们:被讲述的事情与讲述的时刻是同时发生的,"实际的经验"就这样变成了语法上的连接与中断,尽管事实上叙事的时间与事情实际发生的时间并不一致——在这个意义上,历史学家与小说家笔下的句子都是对实际发生过的事情的某种模仿。

现在,我们从另外一个角度看待以上问题:一些经历过的事情,无论它们是真实的还是想象的,如果不是因为插入了一个叙事者的角度或目光,就不可能在文本中发生。但是,按我的理解,在这种情况下,所谓"叙事者"在效果上不过相当于"怎么说"或叙事方式。

更为复杂的,利科说,即使在叙事内部,也要区分"陈述"与"被陈述",一方面,有"陈述的时间"与"被陈述的时间"之间的区别;另一方面,这两种时间又不同于生活和行为中的时间。利科引用的是语言哲学家邦弗尼斯特(Benveniste)的立场,而后者又参照了罗兰-巴特的《写作的零度》。邦弗尼斯特指出,文学叙事中大量使用了简单过去时态。但是,如果这些都是一种"零度写作",会出现什么结果呢?那就是,所有语言都是虚构,因为文字失去了根基。以简单过去或未完成过去时态为叙述基础的时间,与我们日常谈话(作为实践活动)的时间之间,有一道不可跨越的鸿沟。换句话说,它们之间没有关系,或者说,是一种没有关系的替代关系,或者说,说话者不过就相当于一个句子，人物不过是发明出来的一个句子，而这个句子并不像亚里士多德说的那样，是对人的行为的模仿。这个句子只是被使用着的词语自身的活动，那个在背后写字的"我"是从来不会在句子中出场的。"写作的零度"同时也是时间系统的零度。"零度"意味着无中生有。就是说，小说中简单过去时态虚构的"过去"并不是真正的过去，被讲述的行为并没有真实地发生，所以，严格地说，这里并不存在时间。也就是不能说小说表现或展示了在文字之外的东西，当小说家试图去这样展示时，他就已经在虚构了。新小说认识到这样的道理，可以主动创造出巴尔扎克写不出来的小说，比如当动词时态与时间副词不一致时（比如，"哦，那当然了，当时他正要来参加今天晚上的聚会"[①]），就等于创造出现实世界中没有的时间感受。利科又引用了一本小说中的一句描述："自从她离开了他，他，就孤独了（Since she had left him, he was alone）。"[②] 在这里，"简单过去时态"只是语法上或文字形式上的，而实际上并不意味着任何真正的过去，因为这些词语属于当下的虚构——像一种没有时间状态的在场，人物就以这样的状态浮在文字上面：所谓"过去"，不过就是"现在记忆"里对有关事件关系正在发生的事情。

笼统地说，新小说留下了叙事形式而去掉了被讲述的实在内容。利科是这样说的："似乎问题的关键，在于寻找真实的作者与虚构自身的讲述者之间的区别。"[③] 因为真实的作者也在文本之外，是语言自己在讲话——这又可以划分出不同的情形，比如说，文本中有一个以不同人称代词说话（"我""你""他"都可以，但在传统小说中，用"你"的比较少）的陈述者（注意，这个陈述者又不同于文本的真实作者）

---

[①] "And, of course, he was coming to her party tonight." 转引自 Paul Ricoeur: *Temps et récit II*, Seuil, Paris, 1985, p.99.

[②] Paul Ricoeur: *Temps et récit II*, Seuil, Paris, 1985, p.99.

[③] 同上。以下，利科试图从"看"与"说"的不同来说明真实的作者与文本中以"我"的人称口气说话的角色之间的差别。

的话语，并且与其他人物的话语区别开来。

小说中的时间描述，就像对时间的现象学搁置。与其说讲述中的时间讲述了一个已经发生的真实或虚构的事件，不如说它朝向精神上的膨胀、放松、休息、缓和（像每个人从小就听到的"从前有座山，山里有个庙……"），这像时间的岔路，它使我们脱离现实生活。一旦紧张的现实生活变成了这样的叙事，就变得轻松自如了。这是对生活本身的一种补偿。在效果上，就是把现在时刻"拉长了"，推迟、延缓那个被讲述对象的到来（新小说的效果，就是说了半天，读懂了吗？好像懂了，但实际上并不知道它在说什么），正在讲"没有正在讲"的事情。笛卡尔想让他的思想静止的时候，就使用了法语的"未完成时态"；他想推进他的方法时，就用了简单过去时态。句子的句法和语法不同的连接，可以控制句子的快慢。同时，叙事时间的过渡还可以通过微妙而变化多端的间接话语得以实现。

叙事，就是展示一些读者或听者不能通过感官知道的事情。这种叙述活动又区别于"被讲述"的东西。从现象学原则出发：所有叙事，都是针对"某件事情"的叙述。什么意思呢？它的深层含义应该是，这个"某件事情"本身并不是叙述。也就是说，叙述可以比这些个"某件事情"更丰富有趣，如何做到呢？一个重要途径，是叙述可以创造更丰富的时间境界。自然有生命的世界本身对人类是无动于衷的，好像在自然世界面前，人类显得无足轻重；是人对自然动了感情，但是，人对自然的所有叙述，都是灰色调的。对有生命的自然界而言，各种理论、文学艺术的叙事形式，都不过是创造了一些"死"状态的存在（歌德说过一句名言："理论是灰色的，而生命之树常青"）。我们说文学艺术如何如何具有生命力时，都是这种"死"而复活状态。所谓"活"，就是具有新的意义，与自然界本身不一致。在这样的意义上，自然是自然（自然界不关心自己的意义），意义是意义。自然的所有意义，都是通过语言的叙述行为被赋予的。也可以说，人看见的与人说到的之间从来就不是一致的，意味活动与被意味的事情本身之间从来就不是一致的。也可以说，被叙述的时间不是自然界的时间，就像被叙述的生命是没有生命的生命。

也正是在以上的意义上，利科援引了"时间游戏"概念。时间在叙事过程中被人们"玩弄"，因为可以把时间捣碎为"叙述的时间"与"被叙述的时间"。如果这两种时间都在叙事过程中，我们如何区分它们呢？它们之间是什么关系呢？这场时间游戏有一个赌注，就是叙事所瞄准的实际经验的时间，就像有实际内容的生命一样，对意义问题是麻木的。能直观到的没有意义，有意义的（要借助于叙述）不能被直观。利科又说："在一切情况下，一种卓有成效的时间创造，一种'富有诗意'的时间，在一切'有意味的组合'境界中显露出来。正是这种被创造的时间是时间结构的赌注，这样的时间在叙述与被叙述的时间之间嬉戏。"[①]

所谓"叙述的时间"与"被叙述的时间"，就是在叙述与被叙述之间的分布中，寻找在虚构中解释时间问题的新线索。颇有新意的是，在这里，利科提出了歌德关于艺术与自然之间模糊关系的论述，这里有一种在上下文之间形成的"形态"（morphologie）。在以下两种情形中，作家处于摇摆不定状态：一方面叙事瞄准的是活生生的世界；另一方面，就实际情形而言，文字效果却只表现在叙事本身内部的差别，因为所有叙述都是把世界隔离在外，叙述的感受与亲身经历的感受，从来就不是一致的。所以，"被叙述的时间"就像"被叙述的事情"一样，只是某种良好的愿望，而从来就没有真正实现，因为它们在性质上不是"叙述"，但又是只有在变形为叙述的情形下，才可以被我们知道。换句话说，"陈述"不是活着，而活着的，不说话。一切叙述，都是对某种事物（这事物自己不是叙述，而是活着的过程）的叙述。"叙

---

[①] Paul Ricoeur: *Temps et récit II*, Seuil, Paris, 1985, p.120.

述"是一种"选择"的过程,这"选择"同时就是排除。换句话说,有些东西残存下来,另外一些东西则被加上了括号搁置起来,不加以利用。

叙述如何创造更丰富的时间境界,从而比那些个"某件事情"本身更丰富有趣呢?比如应用"时间次序的倒错":在普鲁斯特那里,"现在"是被"就要来"的印象创造出来的,而不是从"过去"派生出来的。他的叙事技巧,就在于摆弄一些预想,事件还没有真实地发生,就先把它讲出来,就像是真实发生的那样。通过这样的"预想"来"复原"记忆中的东西,就这样讲述从前发生的事情,它成为从前事件的"补充","补充"就发生在记忆的空白之处,普鲁斯特称这种情形是"非自主的回忆",就是突然冒出来的"预想"——一而再,再而三地重复呼唤出那些相类似的事件,或者对从前的解释重新解释。那些微不足道的小事就好像一下子从地下冒了出来,以一种偶然任意的方式寻找或连接自己的近邻,重新网罗意义之网。普鲁斯特说,"今天,我再一次看到了过去的时光",马上就要出现的"被叙述的故去的事件"并不真的发生在过去。在叙事中,回想的每一个瞬间都似乎被冻结了,沉醉就发生在这样的冻结之中,从这里繁衍出来的线索是同时发生的——所有的时刻,所有的场合,都是同时出现的。这些多样性的关系,是通过"望远镜"把远的(时间与距离上都是"远"的)拉到近处得以实现的。时间与空间的这种关系产生了语句的速度(快或慢)。这绝对不是实际活过的时间,而是从死复活了的时间。把极端缓慢的陈述与叙事中极端省略的加速度并列在一起,在效果上就是速度的变形、智力的膨胀。在普鲁斯特那里,人物体验的幅度是被时间灌满的,人物处于一种出神状态(凝视与凝想),因此叙事极慢,把只发生一次的事件颠来复去地讲。

利科同意,俄国作家托斯托耶夫斯基(Dostoievski)创造了一种被评论界称为"多声道"的小说。那么,什么是欧洲传统文学中的"单声道"的小说或逻辑呢？就是在小说中只有一种声音，也就是作者-叙述者的声音，作者就是小说的讲述者。这个孤独的声音，这个弱小而强大的"我"的声音，好像暗藏在高耸无比的金字塔之中，使小说和情节和谐一致。在"多声道"小说中，独一而霸权的声音消失了，讲述者和他的众多人物对话，而那些人物并不归顺于他。这在效果上，实际上是考验作者用不同声音写作的能力，写出自己不能理解、不认识的句子的能力，写出陌生感觉的能力。因此，这也是一种与"他者"（这些他者的声音决不顺从讲述者）对话的小说。在对话之外、穿越对话、转换对话。这里倾向于用空间取代时间：在叙事过程中突然冒出来的变化加快了语句的速度，它是语句或行为的灾难，事件在急速旋转（像电影镜头），充满活力。再有一种"对位法"（contrepoint），使各种声音同时共存。在效果上，它像是在过狂欢节、滑稽可笑。① 其精彩之处，就在于其苏格拉底式的幽默对话。

关于普鲁斯特的小说《追忆逝水年华》（以下简称《追忆》）中的写作技巧，利科说是"横穿时间"（Le temps traversé），一种关于时间的寓言，重在一个"横"字上。这本小说能否成功，普鲁斯特把赌注下在对时间的体验上。这种体验不是任何个人的真实体验（在这个意义上，不能说这本小说是普鲁斯特的自传，也不能说它是小说叙述者、那个名字为"马塞尔"的"我"的自传），而是一种纯粹虚构出来的体验。② 进一步问，时间是怎么度过的？不是把普鲁斯特生命中曾经发生的事件移植到小说中，逝去的时间和重新发现的时间，而是两种完全不同的时间，在两个世界。利科在这里引用了德勒兹在《普鲁斯特和征兆》中的立场：普鲁斯特展示记忆，就是在尝试各种各样的征兆。③

---

① 在欧洲文学史上，这一般表现在"旅游文学"或者称为"探险文学"作品中，典型的是堂吉诃德的形象，又可见狄德罗的《宿命论者雅克和他的主人》。
② 普鲁斯特创造出马塞尔这个人物，这个人物回忆自己逝去的时光。
③ 参见 Paul Ricoeur: Temps et récit II, Seuil, Paris, 1985, pp.194–195.

世俗生活、爱情、感性、艺术，等等，都不过是一些迹象或征兆。但是，利科认为，当德勒兹批评把"重新发现的时间"与"非自主回忆"混为一谈时，没有注意到正是对失望、幻灭、已经不再有的体验赋予《追忆》宽广的经验——它发现了一种超越时间的，新的时间尺度，构成了那些因为偏离而显得怪诞的体验。这正是德勒兹所谓的"体验征兆"。

《追忆》第一卷《在斯万家那边》的第一句话就与时间有关："在很长一段时间里，我都是早早就躺下了。有时候……"这个叙事的声音在唤醒"从前"时，并没有谈到具体的时间与场所。当我们阅读这句话时，事情好像就发生在眼前，没有一点距离感。有很多很多"从前"，无穷无尽。童年时的记忆，就是在这样半梦半醒的"从前"状态下得到的。这些回忆总是打断正常情节进展（如果这样的情形多了，就会使整个故事显得没有情节），因为它们通常是一些插叙。最为经典的例子，就是由小甜点勾起的小马塞尔的回忆，一种由此及彼的超越，重新发现已经失去的事情，使之成为一件艺术品——因为有一种微妙的快感浸透了他的全身，莫名其妙，完全没有原因，与外界割断了连接。问题是，身上这种巨大的快活究竟来自哪里呢？它竟然与茶和甜点的味道有关，但是快乐微妙地超越了这些味道，味觉的甜和心里的甜毕竟不是一回事。快乐究竟来自哪里呢？它意味着什么呢？怎么称呼它呢？唤醒的时刻在距离上非常遥远，"就来"应答的总是不熟悉的心理状态，它以突然或非自主记忆的方式，在原始的印象之后，一下子就充满头脑。一种虚构的时间经验与非自主记忆共生，正是在这里，两种性质不同但看似相似的印象，以自发和偶然的方式叠加在一起。比如，对小甜点的体验，就像是"正在叙事的我"与"被叙述的我"之间在发端处的叠合。前面的体验总像是一个黑夜，它的大门总是关闭的。于是，就出现了自相矛盾的情形：从叙事开始，正在讲事情的"我"同时也是一个能忆起从前事情的"我"，但是一旦叙事开始，叙述的方向却是"过去的将来",这是贯穿《追忆》全书的最基本手法。怀旧的初衷总是变化为面向将来的愿望。正是预感,使小甜点成为陶醉的信号,接下来,就是所谓"重新发现的时间",这像是一种半睡半醒状态下的描述、凝视、幻觉。接下来,是更长串的经验冒险链条,总是一些超前的意识。

  《追忆》第一卷描写了贡布雷的教堂,该教堂概括了这市镇的风貌。"这座建筑可以说占据了四维空间——第四维就是时间,它像一艘船扬帆在世纪的长河中航行,驶过一柱又柱,一厅又一厅,它所赢得、所超越的似乎不仅仅是多少公尺,而是一个朝代又一个朝代,它是胜利者。"[①] 时间不是消失了,而是被超越了。不能交流的时间在距离上非常遥远,穿越了时光停留在不同场合的不同瞬间。在沉醉的幸福时光,《追忆》通常并不点明具体时间,只是用"就在那年""那个秋天""这会儿"之类,从已经消失的时间中唤醒对某些事件的预感。感觉不是从前的,而是后来的。新的接触几乎是难以觉察的,因为它们完全是从前未曾有过的连接。这样的梦告诉做梦者,写点什么的机会到了,在这一刻他将成为作家。这又是心灵空静的时刻,对事情、主题、题材的注意力消失殆尽。就是说,一旦有意识地要求自己写点什么,找一个主题,给出哲学意义之类,脑子里反而是空空如也。作家适用于神经的病态,要善于从对正常精神的失望中获得乐趣。当教堂的钟声与小甜点的滋味连接一起,两个意想不到相互碰撞,就产生了这样奇异的快活,它是普通的感觉印象所无法体会的。也正是在这样的意义上,"体验生活"或者"源于生活"反而成为艺术灵感的障碍,因为那个被发现的、重现的时光不在世俗生活中,由此产生的快乐不是普通的快乐。或者说,艺术,就是从普通的印象中获得特殊的快乐,这种精神的病态是一切艺术之源。艺术不知道自己为什么高兴,就像不知

---

① 转引自 Paul Ricoeur: *Temps et récit II*, Seuil, Paris, 1985, p.203.

道自己为什么不高兴,因为高兴与不高兴都是不期而遇的。瞬间感受之后的余味或者快活的或是恶心的,有什么道理可言呢?天性!艺术不需要寻找理由,一旦它受制于某种理由,就不再是艺术了。在这个意义上,艺术与理论是绝对冲突的。没有思想准备的写作状态,精神中残存留着一些忙忙乱乱的线条。这也是20世纪欧洲艺术的一个转折点,至少从普鲁斯特算起,词语、色彩、线条、旋律等都不再模仿自然,而是寻找这些"表现"形式本身,在《追忆》这里,只是寻找词语,"语不惊人死不休"。第一卷写道:"躲藏在教堂钟声背后的,是一些快活的句子,因为只有在让我快乐的词的形式下,那钟声才显现出来。"①

当教堂的钟声与小甜点的滋味连接一起时,两个意想不到的时间相互碰撞,就发生了时间的"使动"用法。一串或一群没有注明日子的事件相互渗透或产生新的连接,其印象都好像发生在现在。这是艺术家的精神矿脉——在模糊的记忆中精神出现的裂痕,不,是断层,是这些断层的连接,它们从贡布雷逝去的时光中"再现"(创造)了镶有让人感到眩晕光环的"天堂",因为它让读者"看见了"本来看不见的东西,就像遭受了电击一样,有了异样的愿望,夺去人的生命。什么组成了"重新发现的时间",就在这样的瞬间——把不同的"时间小块儿"重新拼接起来的瞬间——就像把在时间和空间上都相距遥远的两个房间连接起来,以唤醒孩子般的想象力。一个地名一个姓氏,就足以承载几次这样的瞬间旅游——它们既不是想象的,也不是真实的,而是在想象与真实的空隙处,它克服与已经消失了的时间之间的距离。在那一刹那,教堂的钟声奏出了小甜点的味道,这,叫作神奇!在这样的瞬间,一切记忆都可以忘掉了。但它实在不是味道,是字,是词语的神奇!词语连着词语,在句子的漫步中,承诺着它本来无法承担

---

① 转引自 Paul Ricoeur: *Temps et récit II*, Seuil, Paris, 1985, p.205.

的使命，敞开的，只是无路之路，串串"征兆"组成的"路"。

重新被发现的时间，就像小甜点唤醒的体验，是没有疆界的。要放弃在同一场合的从前的感情，不是重新复活过去的时光，而是重新发现。换句话，复活，就是发明。就像要熄灭再次拥抱你曾经爱过的那个女人的愿望，因为你不再可能见到她。再次见面的机会肯定是没有了。一切叙事流淌出来的都是死去的痕迹，是死而复生。

在这个神秘的启蒙仪式上，交接的，只是黑暗。任何一扇门都敲不开，哪怕我无谓地，寻找100年！靠什么，来拯救，我的情人！只有一处，透露出些许微光，那就是光明的复活，我的天堂！啊，我的情人，我享受着无知的幸福！一个地名与你的名字连接在一起，就变成了幽会。那，是对我的邀请！啊，顷刻之间，我，变得轻飘飘，却与你相遇在地上！

人们感受到快乐的强度，与"两个尽管在时间上相距遥远却又相似的印象偶然相遇"，与突然想不到的见面，有密切联系。如果这样的情形反复出现呢？那这个人就幸福了一辈子，要都是这样性质的文字呢？那它就是一部杰作。为什么两个那样的瞬间连接起来，就有电击一样的震惊和说不出来的快活，这是一个谜。偶然抓住的，也就是非自主的记忆。两个叙事的策源地，就像两个有开关的活门，它们与原来的习惯感受切断了联系，于是有重新发现的印象，它是曲折的快乐。

重新发现的时间，就是走出时间之外的时间——永恒；这又像是走神的状态，对一个正在走神的人，时间对他有什么用呢？时间在瞬间已经被凝固了。重新发现印象，因为有印象的炼金术，这就是用文字代替生活，更有甚者，是一些尚不熟悉的符号构成的文字，构成了被创造出来的生活。《追忆》中的一段名言几乎尽人皆知："我们真正的生活，我们能感受到的实在，完全不同于我们相信它所是的那个样子。当偶然性把我们带入真正的记忆时，也就带给了我们幸福……真正的、唯一的实际经历了的生活，只是文学。在某种意义上，所有的人都像艺术家一样，在生命的每一瞬间，都享受着文学生活，但是普通人意识不到这一点，因为他们找不到开启它们的方法。"① 什么途径呢？就是寻找失去的印象，寻找文字未曾发现的连接形式，因为重新发现的印象（在世俗生活"死亡"或"遗忘"的基础上，获得更为丰富的快乐），也就是重新发现的文字。

重新发现的时间，也是一种混合了的时间：贡布雷小镇上那同一座教堂，在《追忆》的开头与结尾"重复"地浮现出来，寻找能反复地进行，因为每次的"距离"和连接方式都不相同。

---

① 转引自 Paul Ricoeur: *Temps et récit II*, Seuil, Paris, 1985, p.222.

# 第二章　空间与异托邦

一

在爱因斯坦的相对论之前的空间理论，从古希腊哲学关于原子与虚空的理论到牛顿的绝对空间与绝对时间理论，一个共同的倾向是认为空间与时间都是与物质分离的。古希腊哲学家德谟克利特所谓的"虚空"就像牛顿说的，空间就像是一所大房子，里面装着各种物质形态的东西，装着各种事件。这样的空间理论统治了西方文明两千年，毫无疑义，它也决定了20世纪之前西方哲学的基本形态。把牛顿关于空间与物质关系的理论用哲学的语言再叙述一遍，我们把它理解为使事物一分为二的二元论。空间和时间是某些结构性、框架性的东西，也可以叫作"形式"；物质或者说"事件"是被装进这个框架，或者叫作结构、形式之中的东西，也就是所谓的"内容"。我们也可以用语言学的术语把这种关系再叙述一遍，空间和时间的结构相当于语言中的语法，也就是决定我们怎样说话的方式，简单讲，就是"表述"本身，而被装在空间和时间这所大房子中的物质或事件相当于我们说话的内容或含义。我们再说牛顿代表的古典空间与时间理论，这种理论认为空间与时间的结构是固定不变的，这一固定的结构给每一个物体以特定的地点，每一个事件以特定的时间，并且就这样决定了世界万事万物固定不变的时间与空间特性。换句话说，古典的空间和时间是世间万事万物活动的舞台，或者叫作活动的背景。我们这样说的时候，仍然是做了一分为二的处理，即一方面是一个绝对不变的舞台或背景，它与事物、事件、演员如何在这个舞台上活动没有任何关系，因为无论它们在这个舞台上做什么，都不会对这个由空间与时间构成的舞台带来任何影响。与此相关，牛顿的绝对时空观还有另外一个基本特性，就是认为时间也好，空间也好，都是连续的、均衡的。牛顿在1867年出版的《自然哲学的数学原理》中正是这样说的："绝对的、真实的和数学的时间，由其本性决定，自身均匀地流逝，它与一切外在事物无关，又称为延续性……绝对的空间，其自身本性与一切外在事物无关，它处处均匀，永不迁移。"① 从这个陈述可以看出，牛顿把主张的绝对空间和绝对时间，当作描述物体运动的一种具有绝对意义的参照体系。

爱因斯坦的相对论最重要贡献是否认牛顿的时空不变的观点，也就是说，不能把物质与空间或时间分裂为两样东西，空间时间的特性与它所包含的事物处在相互作用中。再换句话说，对空间与时间的分析可以转化为对世界上曾经发生、正在发生、将要发生的各种事件之间的各种关系的分析。这就抛弃了牛顿的绝对时空观念，就像是描述世界时发生了一种坐标系的转换，我们以下将要分析的有关福柯的"异托邦"理论与此不无关系。爱因斯坦的结论是，空间和时间内部都可以做更详细的划分，空间和时间都可以是异质的，即可以各自划分为不同的特性，也就是说，空间也好，时间也罢，都不是连续的、均衡的。为什么不是呢？因为世界上所发生事件的关系是多种类的。爱因斯坦针对牛顿所谓时空的连续性和均衡性提出两种疑问：首先，种种事物之间是如何发生关系的，即它们之间的顺序如何；其次，在用标准时钟测定的某段时间内包含多少事件，即一物相对于另一物有多快。爱因斯坦认为牛顿的绝对时空观念没有真实地描述世界宇宙状态，因为空间、时间、物质或事件是不可分割的，它们之间组成了一个极其复杂的"关系网"。这就预示着我们不能说所有事件是在时空背景下发生的，而要说，并不存在这样被割裂了的背景，所谓空

---

① 转引自关洪著：《空间：从相对论到M理论的历史》，清华大学出版社2004年版，第7—8页。

间和时间可以被置换成事物或事件之间各种性质不同的关系。换句话说，物理事物各个部分之间的邻接关系，或者说，事物或事件之间的次序关系是多种多样的。这就好像在相对论之前发展起来的"微分几何"中，有一种被称作"黎曼空间"的数学空间，它把空间分成各种相邻的小块空间，各种不同的小块空间之间有无数的连接方式。也就是说，相邻的空间也就是分开的空间。这种多维度几何学对多维度空间的探讨产生于19世纪中叶，它尤其使爱因斯坦的相对论得以成立。黎曼空间和相对论空间发现各种空间事件或相邻事件连接的方式的多种可能性对20世纪的科学、哲学、艺术产生了不可估量的影响，比如毕加索的立体画"画"出了在三维透视空间看不见的现象，他同时画出一个裸体妇女腹部中央的肚脐和她臀部中央的沟缝；还有电影最基本的拍摄技巧即镜头连接或蒙太奇也是一种开放式的、非连续的空间连接。

马克思主义哲学说，时间与空间是物质存在的方式。但是从相对论立场，这句话既是对的也是错的，如果对它作牛顿式的理解就是错的，但如果作上述相对论的设想就是对的。这种设想甚至会走到与我们理解的唯物主义相反的方向。我们可以把这条思路一直追溯到古希腊，毕达哥拉斯和柏拉图都认为物体、物质的粒子的构成与几种基本的几何图形有关，也就是说，把物质的组成归结为数学结构或者几何形体。后来近代天文学家开普勒又作了进一步的尝试，认为可以用数学或几何形体解释宇宙的构成，用现代科学语言，这叫作对宇宙给出数学模型。再后来，科学家安培假设，化学分子是由相同的一些原子在空间中排列而成的，排列成具有对称性的几何图形。到了20世纪中期，量子力学的代表人物海森伯进一步说，各种基本粒子的形成，都是仿照基本的数学结构而构成的，这将更接近于柏拉图的观点。海森伯还下结论说："对于现代科学来说，最初是形式，是数学模型而不是物质的东西……原子唯物论的新近发展，使它离开前人的唯物论哲学的基本假设更远了。"①

爱因斯坦的相对论的关系就在于肯定——物质、事件是由它们的形状、形式以及物质和事件构成要素之间各种不同的连接、排列关系、连接顺序决定的。就构成空间的要素而言，空间要素的数量决定了空间不同的层次，比如一个平面只能是二维的，只有"前后左右"的观念，没有"上下"观念。如果一定要在二维的平面上画出具有三维立体效果的图画，往往真正画出的是一种"不可能的图形"，因为它在三维空间中没有对应物。换句话说，仅仅在较低维度空间产生的想象，往往不能对应较高维度空间里的真实对象。举一个并不完全恰当的例子，每一个汉字都是由若干笔画，按照一定的布置组成的，或者说，每个汉字都能分解成若干笔画，但是反过来却不一定，并不是任意的一种笔画布置都对应于一个真实的汉字。一个没有见过任何汉字的外国人，也可以画出点、横、竖、撇、捺之类的道道，但是他写不出一个正确的汉字。当他随意用一些笔画拼凑出一个自以为是的汉字时，就很容易出现"不可能的汉字"。这也是以上产生"不可能的图形"的道理。我们进一步展开想，这里有非常复杂有趣而且重要的问题：首先，在不同历史时代，人类可能是在不同的空间维度思考问题，人们很难从较低维度空间想象较高维度空间，如果一定去这样想，往往就会犯错误。比如人们在相当长的历史时期中认为真正的空间只能是三维的，爱因斯坦的相对论却指出，空间也可以被认为是四维的，即把时间也算作空间的一个维度。其次，也是最重要的一点，它涉及哲学和科学上有关可能性与不可能性、意义与无意义、界限与超越界限的问题。换句话说，这些名词都是相对的，是相对不同的空间层次和精神层次，每个层次的意义和情趣都不相同。最后，真理是相对的，或者说"可能性"是相对的。我们真正想说的意思是，上述那个不懂汉

---

① 转引自关洪著：《空间：从相对论到 M 理论的历史》，清华大学出版社 2004 年版，第 267 页。

字的人随意划的道道在另一个空间层次上也是有意义的，就像四维空间中的第四维一样：一方面，它们或者不是真实的汉字，或者不是一个立体空间的真实在场；另一方面，这些虚拟出来的空间并不是一个乌托邦，它在自己的空间维度上是实际存在的，虽然这种存在有时要借助于想象力。

以上讲的空间层次问题相当复杂，我们这里从视觉层次和语言层次两个方面对空间层次问题加以补充。首先在广义的视觉效果上，我们把摄像机对着屏幕，就等于在屏幕上出现了屏幕，因为摄像机也有一个屏幕。这种情形有点儿像我们正在做一个正在做梦的梦。这里涉及的问题极其重要，因为它有关思维之谜，即精神的空间结构层次。关于这个问题，我们把苏格拉底的著名话题"认识你自己"换一个说法——"理解你自己的心智结构到底是怎样的"。每一个层次的精神结构都好像是一个封闭的圆圈，很难从这个圆圈中跳出来。现在我们把思维之谜归结为封闭在一个圈子内部想和跳到圈子外面想，或者叫作包含自己与不包含自己这两种情况。这种设想具有极其强烈的颠覆作用。它颠覆了什么呢？它颠覆了与我们熟知的主体－客体两分法相关的符号－对象两分法，也就是我们熟知的"表达""表现""反映"之类思维模式，因为图形和符号之类可能并不表达在它自己圈子层次之外的某样东西。20世纪的科学家、哲学家、文学艺术家们都对这个问题作出了重要贡献，比如传统上音乐与绘画是把思想通过一组"符号"来表现。20世纪的趋势是使音乐和绘画不具有表现任何东西的能力，把音乐理解为纯粹的声音序列，绘画就是纯粹的色彩和线条。我们以著名超现实主义画家马格利特的一幅作品为例。这幅画在一个框子上方画着一个逼真的烟斗，在下方写着一行小字："这个不是烟斗"。这里就有一个视觉层次的问题，如果在另一个空间视觉层次，即我们通常的心理习惯，认为画上的烟斗代表这幅画之外一个真实的烟斗，而"这个不是烟斗"表达了一个习惯性的深层次语义，那么这幅画就无法理解。但是，当我们在另一个视觉空间考虑问题，就会发现我们误解了这幅画的含义，因为句子中的"这"指的是那幅画，而不是指烟斗。烟斗当然是烟斗，可一幅画却不是一支烟斗，不能错把图像当成现实。这种"自己吞掉自己"的现象在语言中同样存在，这也是语言层次的问题，这就是当一个句子谈论自己时出现的自指现象。比如这样几句话："本句子有七个字"，"本句子是假的"，这时我们不得不破坏以往的阅读习惯，即这个句子不是在谈论句子之外别的东西，而是在谈论这个句子本身，就是把符号自身当作叙述的对象。这个思路体现在绘画上，就直接瓦解了绘画艺术的传统观念，即所谓绘画与现实之间有一段距离，或者是两样东西。也就是说，消除了艺术的形式与内容之间的界限。

我们以上讨论的内容与福柯关于空间的理论有密切联系，这种联系几乎没有被国内甚至国际相关研究领域注意到，因为这样的联系是出乎人们意料的、隐秘的。它预示着这样一个信息，一个时代的自然科学与它的哲学之间的确是息息相通的。

## 二

1984年，福柯才允许公开出版了他在1967年写成的一篇重要文章，这篇文章是提供给建筑研究界讨论的，因为它是关于空间的研究，题目叫作《另一空间》(*Des espaces autres*)，用汉语表达也可以称作"异域"。福柯在文中对此有一个注解，即他发明了一个与"乌托邦"（utopie）不同的新词"异托邦"（heterotopies）。这两个词有什么不同呢？乌托邦是一个在世界上并不真实存在的地方，而"异托邦"不是，对它的理解虽然要借助于想象力，但"异托邦"是实际存在的。

福柯在文中首先使用他得心应手的划分时代的方法，他认为，19世纪缠绕人们心灵的是历史科学或时间概念，人们所关心的是时代的发展、停顿、进步问题，人们用时间构造人文学科的神话故事。"而我们则处于同时性（simultane）、并列性（juxtaposition）、靠得近与靠得远、并排、被分散的时代。我相信我们处于这样的时刻，在这里与其说人们体验的是在穿越时间过程中自我展开的伟大生命，不如说是一个网状物，这个网状物重新连接某些点，使各条线交错复杂。"[1] 以前我们所熟悉的术语，比如说阶级斗争、意识形态的冲突，被福柯理解为一种虚构出来的谎言。福柯这种态度当然是结构主义的，因为结构主义正是以建立许多元素之间的关系为特征的。用以区分不同时代的标志，只是这些元素之间的不同分配（或者安排）——福柯学说的这一典型特征是不折不扣的结构主义立场，一个特定时代被理解为某种关系的总和，使这些关系表现为并列、相反、彼此包含，使之具有某种形状（configuration），但福柯并不认为这就等于否定了时间，"说实在的，这并不涉及否定时间，而只是讨论人们所谓时间和历史的某种方式"。[2]

显然，福柯所说的空间概念与古典哲学或经典物理学的空间概念并不相同，故而他称作"异托邦"——这个空间概念实际上支配了福柯的全部学说——但福柯自认为这并不是一个发明，人们觉得这个概念稀奇，是因为以往的哲学过于关注时间的历史，而忽视了空间也有历史。比如中世纪的空间是一种等级的空间：区分为神圣的场合与被亵渎了的场合、被保护的场合与公开的场合、城市与乡村、"人"的场合与"非人"的场合。甚至当时的宇宙论和神话也受这种划分的影响：天可以划分为层次（古代中国人相信天有九重），天堂与地狱的对峙。福柯说，这种具有等级的空间也是定位或地点确定（localisation）的

---

[1][2]　Michel Foucault: *Dits et ecrlts* 1954–1988, Gallimard, 1994, p.752.

空间。他继续说，伽利略的革命也是从空间开始的，这场革命不仅是发现地球围绕太阳转，而是构造了一个无限敞开的空间。中世纪所相信的空间被伽利略消解掉了，因为那不过是空间运动中的某一个位置，表面像是静止的东西也是处于不断运动中的。换句话说，福柯认为从伽利略开始，延伸性（etendue）取代了地点的确定性。福柯进一步指出，在我们的时代，则是场地（emplacement）取代了延伸性。"场地"是由许多点或元素的相邻关系加以说明的。"从形式上说，人们可以把它们描述为某些系列、某些树状、一些粗麻布……我们处于这样的时代：我们得到的空间处在场地关系的形式之中。"[1] 无论怎样，福柯说，追溯使当代人焦虑的根源时，更多的不在于时间而在于空间，在于人们对组成空间的诸种要素进行重新分配，而时间只是这种关系分配中的一个要素。

知识的网状物，难道福柯在1967年就预言了网络时代的到来？

福柯谈到他所说的当代人的空间概念是继续完成伽利略留下的在空间中"去神圣化"的任务，不是指去掉上帝创造世界的偏见，而是其他一些空间偏见，比如固执地坚持私人空间与公共空间、家庭空间与社会空间、文化空间与实用空间、休闲空间与工作空间之间的对立。当代人并不生活在种类单一的空间里（福柯把这样的空间称作"空"的或没有内容的，像一个空盒子一样），但并不一定局限于上述对立空间的界限，还有各种不同性质的空间。福柯提到了想象的空间、感觉的空间、梦的空间、热情的空间，它们像是隐晦或模糊不清的空间、凹凸不平的空间、拥挤堵塞的空间……这些还只是福柯说的"内部空间"，他认为还有外部空间，我们生活的空间。"在这个空间中展开对我们的生命、我们的时代、我们的历史的侵蚀，这个咀嚼我们的空间本身也是一个异托邦的空间。换句话说，我们并不生活在某种空盒子

---

[1] Michel Foucault: *Dits et ecrIts* 1954–1988, Gallimard, 1994, pp.753–754.

里，然后把一些个别的东西放置进去，使这个空盒子被染上不同的颜色。我们生活的空间是一个关系的总体，不同位置之间的关系是不可消除的，不可公约的。"①

"异托邦"被说成是一个空间的关系网，为了说明什么是"异托邦"，福柯先从什么是乌托邦入手：乌托邦是并不真实在场、没有真实位置的场所。但是，在一切文化或文明中，有一些真实而有效的场所却是非场所（contre-emplacements）的，或者说，是在真实场所中被有效实现了的乌托邦，福柯称之为"异托邦"。他举了一个例子，本来反映在镜子里的影像是一个乌托邦的场所，即一个没有场所的场所：我照镜子时，看见我在镜子里，或者说，我看见自己正处在我并不真实在场的地方。我在镜子里、在一个非实在的空间里，像是有一个幽灵使我能看见自己的模样，这个不真实的空间允许我能看见自己出现在我并不真实在场的地方，这就是镜子的乌托邦。但福柯同时认为，它也是一个"异托邦"，因为镜子毕竟是真实存在的，镜子里的我在镜子平面上占据了一个位置，或者说它使我在镜子里有一种折返的效果。正是由于有了镜子，我能在镜子里看见自己，我才发现我能出现在自己并不真实在场的地方。镜子里我的目光从虚拟空间的深处投向我（这个空间之所以是虚拟的，是因为镜子不过是一个平面，实际上镜子里的目光不过是从这个平面观察我），在镜子中我向我自己走来，我重新盯着我自己，并且镜子里的目光也可能重新构造了正站在镜子外照镜子的我自己。在这个意义上，镜子的作用就相当于一个"异托邦"：当我照镜子的时候，镜子提供了一个占据我的场所，这是绝对真实的；同时，这又是绝对不真实的，因为镜子里的我在一个虚拟的空间里。总之，当我像不懂事的婴儿或小猫小狗一样，把镜子里的自己误认为是真实的或存在于一个真实空间的时候，绝对是错了；但镜子

---

① Michel Foucault: *Dits et ecrIts* 1954–1988, Gallimard, 1994, pp.754–755.

里的我并不处在一个乌托邦的世外桃源，因为镜子是实在的。既然镜子具有乌托邦与"异托邦"的双重属性，照镜子的情景也必然有如上复杂的多重体验。

现在的问题是，"异托邦"的空间究竟具有怎样的意义？"异托邦"的概念提供了这样一个思路，即我们似乎熟悉的日常空间是可以做间隔划分的，就是说，存在着不同的"异域"，一个又一个别的场合。存在某种冲突的空间，在我们看见它们的场所或空间中，它同时具有神话和真实双重属性。

广义的"异托邦"包含了在一个真实的空间里被文化创造出来，但同时又是虚幻的东西，即它并不是你所认为它是的东西。福柯阐述了构成"异托邦"的六个特征：

第一，世界不只存在一种文化，多元文化的情形就是"异托邦"。福柯强调要从形式的变化上区分不同的文化，因为"异托邦"不仅只有一种形式。福柯举了一个例子，在某些民族中有年轻女子"走婚"（voyage de noces）现象，这个词在字面上的意思是"婚礼的旅行"，但不是我们汉族人理解的"旅行结婚"，因为"走婚"涉及的不是一个性伴侣，而是说，女人没有固定的丈夫，男人没有固定的妻子，不管男人女人，都可以同时拥有几个配偶。为什么叫"走"呢？因为这种多夫同时又多妻的婚姻形式是以女子在确定或不确定的时期内多次外出旅行的方式实现的。福柯认为，这种现象对处于走婚状态的年轻女子来说，等于说她失去贞操的行为在任何地方都没有发生（因为每一次都是新的婚姻），或者说，走婚的婚礼发生在没有地点的地点，走婚是一种虚幻的婚姻形式。

第二，在同一民族或不同民族中，不同时代所处的每一个相对不变的社会就是一个"异托邦"，因为从另一个社会的眼光看，这个社会发生作用的形式是完全不同的。具体说，从西方发达社会的眼光来看，中国社会就是一个"异托邦"，反过来也是一样，西方社会对我们来说也是"异托邦"。不同的"异托邦"社会可以共存在一个地球村上。"异托邦"之所以不同,是因为每个"异托邦"都针对某个社会内部文化的"synchronie"(这是语言学用语,指从某一历史时期看,语言现象具有的同时性或共时性的特点)。福柯又举了一个例子,他说公墓的墓地就是一个"异托邦"场所。公墓也是一个文化空间,但又不是一般的文化空间,而是文化空间中的异域。只要我们想到安息在墓地中的人曾经生活的年代、城市、乡村、社会、民族、语言、信仰都不相同,我们每个人或每个家庭都可能有长辈或亲朋安葬在墓地,就可以联想到公墓是怎样一种异域空间的集合体。公墓是西方文化中长期存在的现象,但是在不同时代也经历了变化:福柯认为直到18世纪末,公墓还被安排在一个城市的中心地带,在教堂旁边。公墓埋葬死人的场所曾经划分等级,比如有公墓藏骸所(charnier),许多尸体堆放在一起,以至辨认不清身份。当然,又有单独个人的墓穴。再者,教堂里面也有墓碑,教堂的空间与坟墓的空间重叠在一起。福柯指出,尸体安置在不同的场所,不仅区分了等级,也表明人们对灵魂与肉体关系的态度:在神圣的教堂中放置坟墓的做法只能发生在18世纪,当时的文化受近代启蒙精神的感染,趋向于"无神论",故而有把"不神圣"的尸体放在神圣的教堂内的做法。这是一种与教堂不协调的世俗的悼念。事实上,这种情况在中世纪不可能发生,因为在人们相信灵魂不朽和死者会复活的时代,人们不会对死者的遗骨如此重视,决不会把它放在教堂里;反之,从人们不再相信人死了灵魂还活着的时候开始,身体就"复活"了,就是说,尸体受到更多的重视,因为它是我们还存在的唯一痕迹。福柯认为,只是到了19世纪的欧洲,每个人,不分贵贱,死后都有权利拥有他自己的一块墓地。但也正是从这时候开始,人们把公墓设立在城市的外围而不是中央。

第三,"异托邦"还指这样一种情形:在一个单独的真实位置或场所同时并立安排几个似乎并不相容的空间或场所。福柯举的例子是戏剧舞台：在一个长方形的舞台上，要同时或者连续上演不同的场景，这些场景是相互隔离的或相互外在的（弗洛伊德曾经举了一个例子，说明一个小男孩如何染上了强迫性神经官能症而难以自拔：这个小男孩不愿意从他母亲曾经站过的位置走过，因为他想，如果他从那里走，就等于他与母亲发生了性关系。另一个例子是一个男人总想着他与妻子的床上还睡过别的男人，把它当作一个事实，尽管这个情形可以是真的也可以是假的，这两个精神病例都与空间关系的极度想象有关。如果作一种"微妙精神"的分析，这两种空间关系也是福柯这里所分析的"异托邦"空间现象。另外，在中国京戏舞台上，对唱的双方经常被剧情假设是相互看不见的，这也类似于"异托邦"的空间）。福柯又讲到电影院是一个长方形大厅，供放映的银幕本来只具有长宽二维平面，但是人们却能从中看出三维的空间效果——这也是"异托邦"的效果。总之，"异托邦"就是在同一真实空间中同时包含着自相矛盾或自相冲突的几个不同空间，这几个不同空间既可以是能被观察到的，比如演戏或放映电影时的情形，也可能是看不见但被想象出来的，比如上面两个强迫性神经官能症患者的例子。

福柯说，"异托邦"的最古老的例子，也许是花园。在东方，花园有多重含义。古代波斯人的花园是一个非常神圣的地方，它呈长方形的四个边代表四方或组成世界的四个部分，花园的中央最神圣，那儿往往放置一个喷泉水池，就像人的脐带，世界的中心，花园里所有植物的生长都由这个水池灌溉。这样的花园景观，作用相当于一个东方人头脑中的微型宇宙。福柯又说，波斯地毯是其花园的衍生物，即花园变形为地毯，整个世界的完美象征都画在地毯上。地毯是可以流动的花园，因为地毯可以放在不同的房间或空间里。花园就相当于世界最小的分子，但又是世界的整体（福柯这里说的情形很像莱布尼茨所谓"单子"）。花园是世界上最古老的，给人以幸福感并透视全宇宙的"异托邦"。同样的道理，现代意义上的动物园也是一个"异托邦"，象征着一个包含世界上全部动物的世界。

第四，"异托邦"与时间的关系：因为时间与空间是对称而不可分的要素，"异托邦"在隔离空间的同时也把时间隔离开来，福柯称为"异托时"（heterochronies），与对"异托邦"的理解相对应，这个词应该理解为在表面上同样真实的时间顺序中，还存在着至少两个"相异的时间或历史"。先说"异托邦"，"异托邦"什么时候发生作用呢？当人们发现自己处在与传统的时间观念彻底决裂时，"异托邦"就开始发挥作用。这方面的突出例子是前面讲到的公墓，因为那里埋葬着许多出生在不同时间和地点的人，所以作为"异托邦"的公墓又和一些奇怪的或交错的时间连接在一起，和"异托时"连接在一起。在我们的社会与文化中，"异托邦"与"异托时"之间的连接或组织是非常复杂的。比如，也可以把"异托时"理解为时间上的"异托邦"，它把"无限"的时间堆积在一处，比如博物馆和图书馆就是这样的"异托时"场所，这两个场所又是"异托邦"，其中浩如烟海的陈设和资料积累起来的是时间，博物馆和图书馆的念头起因于把所有产生于不同时间的文物和文献寄放在一处，或者叫作把所有时间、所有时代、所有文化类型和所有情趣封闭在一个场所。福柯的意思是，如果一个场所聚集了所有的时间，那这个场所本身就在时间之外。当然，在逻辑上福柯可以这样认为，但在现实中则不是这样，因为不同的博物馆或图书馆可能是不同时期建造的。

福柯指出，与时间连接的"异托邦"还有其他的形式，比如与传统节日连接。各个民族的节日总是与某种庆典联系一起，庆典发生的场所是一个闹哄哄的、嘈杂混乱的地方（像中国的庙会），是专门供人们欢乐的场所，这情形每年发生一次或几次，陈列、展览、卖弄、标榜各种不同的商品，还有摔跤的、变戏法的、说书的。

福柯说现在人们发明一种新的时间"异托邦"，即所谓"度假村"：通常是一些具有异国情调的原始村落，生活在当代都市的游客与当地土著人混杂一起，时间的暂时性与永久性混杂在一起，过节一样的日子与日常生活混杂在一起，就像是把时间重叠起来，每一道褶皱都是重新发现一种时间。换句话说，人类的生活和历史并不只是存在一种时间。

第五，各种不同的"异托邦"自身是一个既开放又封闭的系统，两个"异托邦"之间既是隔离的又是相互渗透的。举个例子，我猜不出你的心思，同床可以异梦，因为对方对我来说是一个他者，一个异域，我别想进去。福柯说类似于这样进不去的地方还有很多，像兵营、监狱以及许多不经过许可就进不去的地方。还有相反的情形，福柯说有些"异托邦"场所表面上看是开放的，人人都可以进去，人们相信自己进去了，在空间上的事实也的确进去了，但这只是一个幻象，因为实际上这些场所是排斥来者的。福柯谈到巴西一些大农场有一种风格特殊的大宅院，供进出的门并不朝向供一家人日常活动，位于中央的房间，所有游客都被允许推开这个门，只有经过这道门，才能进到卧室，但从卧室与位于中央的家庭主活动区之间互不接通。换句话说，游客只是这个大宅院里过道中的客人，并没有真正被邀请。这样的房子在美国汽车旅行旅馆还残存着：人们就直接开着车进入这样的旅馆，通常是一对情侣，小汽车本身就是这种汽车旅馆的房间，在那里发生非法的性活动，当然这是一种已经绝对被隔离开或藏匿起来的活动，车与车之间保持距离。

第六，也是福柯想到的"异托邦"最后一种特征，它是空间的两极，一方面它创造出一个虚幻的空间，但另一方面，这个最虚幻的空间却揭示出真实的空间。他宣称这是创造另一个空间，一个真实的空间，它可以像我们周围原来就有的空间一样完美、精细、有序，像原有空间的增补。福柯列举的例子是殖民地。殖民地也是一种"异托邦"，一开始是在另一片土地上渗透，发生一种模糊的殖民化，随着商品、语言、宗教、人民、习俗的迁移，殖民地的情形就发生了，比如英国的清教徒在北美建立了自己的社会和国家，这就是美国，而这块土地原来的居民印第安人从此退居边缘。就此意义而言，与英国本土比较，美国是一个"异托邦"，是被创造出来的另一个空间，但同时又是一个绝对真实且又完美的空间。福柯指出，作为"异托邦"的殖民地可以达到比殖民者原来的国家更为完美，因为它可以被设计出来，村庄建造的风格、如何排列，广场、街道、教堂、学校、墓地的位置，甚至家庭的组成、子女的数量、工作和休息的时间都可以实现设计好（这与空想共产主义的乌托邦及其某种实现，比如中国20世纪50年代末的"人民公社"有细微的相似与差别）。

福柯最后提到，殖民者开发美洲大陆时乘坐的海船也是一种"异托邦"。它像是一个可以移动的"房子"漂浮在空间。海船所处的位置，是一个没有位置的位置，它自给自足，自我封闭，但它同时旅行在无限的大海中，把自己提供给无限，从一个港口到另一个港口，从一条海岸到另一条海岸，直到殖民者上岸开拓他们新的家园。"于是，"福柯说，"你们可以理解为什么对我们的文明来说，海船从16世纪至今一直不仅是我们经济发展最伟大的工具，而且它也储存着最伟大的想象力。海船尤其是一种'异托邦'，在没有海船的文明中，梦是干涸的，密探取代了冒险，警察取代了海盗"。

# 第三章　美学：内容述形式

美学，乃艺术之哲理，基于艺术本身，并非哲学之机械成分。所谓艺术，这里取其广义，容纳音乐、诗词、绘画、小说、戏剧电影等。这些艺术门类使人们感受到"美"，究其原因，并非在于创造某种艺术效果之前，艺术家持有某某"正确"的理论，恰恰相反，艺术是"不讲道理"的。艺术的美在于依照其不同门类的特点，使人们的耳朵和眼睛等感觉器官获得不同性质的"物质"享受。所谓"讲道理"的艺术，这里特指欧洲艺术哲学"观念在先"的传统，它的要害是古希腊哲学中的"模仿"说。"观念在先"与"模仿"的一致性乃就其最广泛的意义而言，并不单纯局限于柏拉图和亚里士多德的哲学理念。换句话说，这里的"一致性"既包括唯心论，也包括唯物论和其他哲学派别，在相当长的历史时期内，它们几乎异口同声地说：无论就创作者还是欣赏者来说，音乐表达了人的某种感情，诗歌也是这样，二者的区别仅在于，音乐通过旋律的变化、诗歌借助于词语制造的类比隐喻，但二者都表述心声；至于绘画、小说、戏剧的传统也是一致的，即通常一定要有一个"原型"或者"模特"（无论是逼真的还是传说中的），绘画、小说、戏剧语言的任务是与"艺术语言"自身之外的因素相一致。以上"一致性"的艺术情趣与欧洲历史上政治制度乃至各种思潮的变迁无关，其中也不乏近代以来个别有胆量艺术家的异端"邪说"，但没有从根本上动摇欧洲传统的艺术情趣。欧洲艺术情趣的真正变化酝酿于19世纪中叶，蔓延于整个20世纪，时至今日，其花样令人眼花缭乱。我们追根寻源，探讨不同艺术门类的变化是如何发生的。这种尝试的性质仍旧是哲学的，它立足于"理解"，却是一种非常不同的"理解"。

# 一、耳朵的物质趣味：音乐

奥地利音乐学家汉斯立克（Eduard Hanslick, 1825—1904）于1854年出版了极具现代艺术色彩的代表作《论音乐的美》，这本小册子预见了20世纪欧洲音乐的走向。汉斯立克的音乐美学立场简明扼要："音乐的内容就是乐音的运动形式。"这句简单的表白背叛了欧洲传统音乐美学的总体倾向——这种倾向强调乐音在情感中制造的效果。对旋律的解释总要依附于表达感情，否则，好像音乐家就会无所适从。这个道理不仅涉及音乐创作和欣赏，而且事关各种艺术本身。

在审美艺术中，传统的观点把诉诸纯粹感官的要素称为"形式"，比如，音乐（乐音、和弦等）中的音响，绘画的线条轮廓色彩，诗歌小说戏剧中各种可听（说话）和可视（文字）的语言或相当于语言的因素（肢体语言之类）本身。让我们非常感兴趣的是，这里所谓的"形式"，其实统统是纯粹物质性的要素，在某种意义上是艺术中"唯一真实"存在的要素。我们不知道音乐表达了怎样的感情，只是听见了乐音；不知道图画描的是什么"东西"，只是看见了线条色彩和轮廓；同样道理但需要认真思索才能澄清的是语言的艺术——这里不仅包括诗歌、小说、戏剧等，而且是语言自身（语言自身也是物质的各种要素）。无论是逻辑的语言、说话、文字还是肢体语言，语言自身就是一种艺术。这是因为，一方面由于语言自身的局限使然，语言自以为表达了某种意义（所指、真理、观念等），其实从来没有真正表达，没有通达，语言并没有能力指称超越自身之外的因素。另一方面，则是传统哲学或艺术中所谓"内容"，一言以蔽之，就是似乎被以上各种"物质形式"所代表或表现的"事物"，比如，乐音表达了某种情感，线条色彩轮廓描绘了画布外的事物或模特，各种语言的技艺表达了某些观念，等等。我们注意到，以上一切"形式"的要素都是具体的，有诉诸感官的形状或音响之类，而"内容"的要素往往是"抽象的"。问题的关键在于，按照传统的说法，"形式"要服从"内容"（西方哲学史中"形式"与"内容"的用法在很多情况下非常混乱，比如柏拉图的说法与我们正相反，他的"理念"或事物的"形式"乃是我们所谓"内容"）、表达者要服从被表达者、"物"（"唯物"）要服从"心"（唯心，其性质是观念的）。显而易见，按照我们的标准，传统的"唯物主义"其实不过是"唯心主义"。现在，汉斯立克要扯断形式与内容的传统关系，他说得非常简单，音乐的美就在于乐音本身，乐音不表达感情，不依附乐音之外的任何因素，乐音就是音的前后、升降、协调、对抗、追逐、飞跃、消失——这些不但是音乐的形式，也是音乐的内容，因为除了音响之外，音乐再无其他内容。汉斯立克这样说："玫瑰发出芳香，但它不是以'芳香的表现'为它的内容的；森林散布阴凉，但它并不'表现阴凉'。我特别反对'表现'这个概念。"[①] 为什么呢？因为"表现"把事物本身人为地一分为二，把本来并没有联系的因素统一起来，构造幻象。音乐是不可说的，音乐不但摈弃感情，也鄙弃形象和思想。天才作曲家对声音有敏锐的幻想力，这就是他的"直觉"或倾听能力，这是对乐音的"直觉"，与依附于"看"的感觉情感理智没有关系。乐音没有任何目的，也不是教育人、鼓舞人的手段，目的和手段的说法是某些别有用心的人为了其他的目的给音乐戴的"高帽"，使善良的人们信以为真。事实上，怀有不同目的的人，经常把同一段优美的乐音应用在不同的场合和画面，但这与乐音本身没有关系。由于千百次的虚假宣传，汉斯立克不得不以极大的耐心才能让读者相信，听众只是听到了乐音，而没有"听"到任何感情，虽然音乐可以唤起情感，但是音乐的科学性却只在于"耳朵的物质性情趣"。汉斯立克写道："窃窃私语？这是有的，但不是'爱慕'的窃窃私语；风暴，的确有的，但不是'战斗豪情'的风暴。音乐的确有这

---

① 爱德华·汉斯立克：《论音乐的美》，人民音乐出版社1982年版，第13页。

样或那样的声音；它能窃窃私语，也能作出暴风雨或沙沙的声音——但只是我们自己的心情把爱憎带了进去。"① 乐音给听众造成表达了某种感情的错觉，乃在于音乐奏出了"力度"——快、慢、强、弱、升、降——这就是"耳朵的物质性情趣"，用哲学语言，它们是声音在时间中不同方向的运动。这与任何艺术企图无关。把不同力度的旋律解释成欢快或者悲伤，就像服装和绘画中总用红色表示快乐，白色表示纯洁一样，只是一些心理习惯的约定，并非有真理可言。"表达"或"表现"的音乐美学是人们根深蒂固的形而上学心理习惯。相比之下，汉斯立克用"象征"一词代替"表达"："表达"给人的印象是"必定如此的联系"，"象征"则在艺术和人的感受之间建立偶然的关系，具有神秘色彩的、没有联系的联系，并不是所有人都能从黄色体味嫉妒和色情、从G大调听出忧伤，或者由青色油然滋生哀悼之心。它们之间的联系是知识分子的"解释"功劳，与乐音、色彩、静物无关。音乐家不是这样的知识分子，因为他不会"解释"，只会作曲，作曲的过程是解释不清的。平庸与天才作曲家的区别在于把乐音或旋律化作丰富多彩的能力，处理乐音高低长短无数中断与连接的能力，听出声音最微妙的差异之能力。这种能力并不是感情丰富之能力，因为正如汉斯立克所说，天性富有感情的女人，在作曲方面却远不如男性——作曲过程中的主观性，比如情绪激昂之类，恰恰是"科学"的作曲应该排除的因素。同样的道理，汉斯立克提出，真正的音乐欣赏不是以事先的"解释"心情"有选择"地听，而是静观（静听，这样的态度像是现象学的）——冷静，没有感情（无我境界），从而像变化声音要素的魔术，拆解和变化这些要素之间的关系，训练出一双最微妙和发达的、具有"物质"情趣的专业耳朵——它是要经过专业训练的，因为乐音或和声并非自然声音的模仿，单纯的自然声音像是"同声齐唱"，而和声是不同音调（像是有不同源泉的语言）的混合，它来自异域。

---

① 爱德华·汉斯立克：《论音乐的美》，人民音乐出版社1982年版，第28页。

我们进一步从列维-斯特劳斯（以下简称"列氏"）佐证汉斯立克的态度，因为列氏从结构主义立场分析19世纪以来的欧洲音乐，它们之间有相似性。汉斯立克的音乐立场有如索绪尔的语言学立场：语言和乐音一样具有约定的性质，声音与其代表的对象之间（就像音乐旋律与某种抽象的感情之间）没有确定的关系，声音"能指"与"所指"之间的关系只是一种约定的习惯（尽管语言约定的习惯更为持久和牢固）。俄裔语言学家雅克布逊进而用音位学分析音乐的"约定俗成"性，音位学不包括词汇，音符的结合不同于语言，就像节拍和旋律不属于语词（因为相比之下，词语是套语）。换句话说，与语言对比，音乐更加排斥表达、模仿。就像我们以下将要分析的福柯的立场，福柯认为可述的与可见的之间从来就不一致，人们从来没有真正画出所见到的东西，也见不到说出的东西。展开讲，福柯的议论也适合音乐的"听"和"想"之间，音乐没有模仿任何感情却能使我们喜欢。这样的立场之所以困难，乃在于人的精神总是自发地从音乐中寻求解释。这是一种形而上学的情趣，但"形而上学的情趣"与现代欧洲艺术的关系是非常微妙的，后者的态度只是排斥艺术"解释"的"唯一性"而诉诸任意性。列氏在其美学著作《看·听·读》第四章"话语与音乐"中甚至追溯到法国18世纪音乐家夏巴农（Chabanon, 1730—1792）。夏巴农与写了《达朗贝尔之梦》的狄德罗一样，都对蜘蛛和蜘蛛网产生浓厚兴趣，他说："蜘蛛就这样位于它自己网的中央，同各条线路保持沟通，因而生活在每条线路之中并能（如果这些线路像我们的感官那样受激励）把其他线路可能给它的感受传给其中之一。"[①] 这是对欧洲现代音乐等艺术情趣的绝妙阐述：音乐并不一定与一种感情联系，就像汉斯立克说过的，乐音可能像窃窃私语或暴风，但并非一定表达情人的悄悄话或战斗豪情。于是汉斯立克干脆说，乐音与感情没有任何关系——不过，我们这里也可以换

---

① 转引自列维-斯特劳斯：《看·听·读》，顾嘉琛译，生活·读书·新知三联书店1996年版，第87页。

个角度说：乐音可以与感情有任意的关系，就像蜘蛛对蜘蛛网的感觉是四通八达的，永远还有料想不到的线路。我把这称为微妙精神或情感的延伸，它在下述波德莱尔式的"通感"中得到了验证（把从不同的感官得到的不相像的感受体味成相像的，列氏说这样的"感受沟通"要有理智的参与。这也打破了福柯所限定的界限，比如虽然在听音乐，却好像"看"，但这种联系是任意的，并非真的看见了什么）。列氏指出，不同感觉通路（像蜘蛛的线路）之间的关系是形式的关系，不是内容。换句话说，从听到看或想，只是开创新的通路关系，关系就是形式。

雅克布逊的音位学之所以是结构主义的，乃在于与词语比较，音乐更符合索绪尔提出的符号（在音乐中就是乐音）的任意性与差异性原则，列氏这样说："音乐给人的乐趣有赖于——尽管每个音在本质上毫无价值——这个音前面的各个音和它之后的各个音。"① 音乐比语言更能说明语言的特点，而音乐自身却不是语言。列氏引用了夏巴农一句尖锐的话表明他自己的态度：乐音并不是事物的表现，而是事物本身。换成结构主义语言，语言和乐音一样都是任意的，都不来自对自然的模仿。夏巴农对纯器乐的描述也同样适用于语言，它们都使听者和读者的精神无着落，处于摸不透意思的忐忑不安之中，只有经过特殊训练的耳朵和头脑，才能摆脱习惯的束缚，得到特殊的乐趣。音乐与语言的主要差别，在于语言有音乐所不具备的约定俗成性质。

## 二、诗句与通感：打通不同感官之间的线路

波德莱尔和马拉美开创的象征主义诗歌，对现代法国及欧洲文学

---

① 转引自列维-斯特劳斯：《看·听·读》，顾嘉琛译，生活·读书·新知三联书店1996年版，第89页。

艺术具有里程碑的意义。他们的创新也是形式上的，即诗"句"或诗"词"的连接出乎读者的预料。诗人下笔时，诗"词"决无事先想好的寓意，比如读者读到"头发"，万不可与头发的习惯所指或寓意联系起来，绝对猜不出诗中与"头发"连接的词语。波德莱尔在《头发》一诗中把清香、乌木色的海浪、风帆连在一起，好像诗人来到"一个喧闹的港湾，可以让我的灵魂，大量地酣饮芳香、色彩和音响"[①]。此刻的感受叫作"通感"（correspondences）[②]，波德莱尔称这样的写诗技巧为"奇袭"（coup de main）。在欣赏效果上，读者的"精神"在前一个词上还没有着落，就已经接上一个不搭配的词变形为另一个形象，依此类推。在技巧上，变换词义的速度奇快（有时则巧妙利用一词多义）。所有这些，在形状上构成一幅超现实主义绘画，就像啤酒瓶的一半变成了胡萝卜。波德莱尔大量运用这样的手法，描写绝望（恶）中的美丽（花）、妓女的爱情，其感受令人震惊（这些诗作"经验"并非真的经验，它在柏格森与普鲁斯特的"绵延体验"中有回应，其写诗技巧犹如狄德罗认为演员在表演时应该"不动心"），像是"鬼鬼祟祟的快乐"，又像被意外的词绊倒。波德莱尔的创新在"形式"，即词与物之间的断裂，他的诗句在这种断裂的缝隙处最激动人心，它们是以"危机"的形式建立起来的"经验"——普鲁斯特称这种经验具有宗教仪式气氛的"气息力"（表现在非自主记忆中），它能穿越距离和不透明性体察某种似乎落在自己身上的目光。瓦莱里称这样的"气息"混淆感觉和梦，梦中的"我"与所看见的东西之间是平等关系，就好像"我"所看见的东西像"我"看见他们一样看见"我"，这创作手法同样来自波德莱尔（诗句"人穿行于象征之林，那些熟悉的眼光注视着他"[③]）。

---

① 波德莱尔：《恶之花 巴黎的忧郁》，钱春绮译，人民文学出版社1991年版，第59—60页。
② correspendances，这个词在法语中的含义是对应、相称等，《恶之花》中译本把这个词翻译为"感应"，也比较符合波德莱尔的原意，"感应"是在本来没有关系的两个事物之间建立对应关系，比如中国古代的"天人感应"。
③ 本雅明：《发达资本主义时代的抒情诗人》，张旭东、魏文生译，生活·读书·新知三联书店1992年版，第162页。

换句话,象征主义的"象征"与"通感"是同义词。我们在波德莱尔诗作中涉及"看"的语境中,总与这样的象征相遇(人眼的延伸,看见本来看不见的东西)。除了世俗的眼睛,人还有一双全然不知道距离的眼睛,荒漠冷淡的眼睛,就像镜子里正在盯着我的眼睛"看"的"我的眼睛"。

浪漫的卢梭曾经感受"瞬间"的幸福状态,痴迷的灵感状态,"无心"的状态,没有词语可以到达的状态,这时的词轻飘飘,它不代表一个对象,因为词只是唤醒"启示"的"物质"要素。卢梭对笔下的"词"能唤醒"什么"根本无法把握,那写字的手就好像不是他自己的。同样,"波德莱尔肯定有某种指向外部自然的超然意向性,不是把自然当作以自在和自为方式存在的实在,而是作为类比的巨大贮藏器和激发想象的刺激物"①。打开世界的另一窗口,顺着诱惑走,在不同的可能性中抉择,一个词生育另一个词,词序新的排列不断生出未知的意义。诗"词"的选择是任意的、无法预见的,仅存于瞬间(故好像不是人手的能力),滋生一个未曾污染的境界——这是启蒙时代精神自由的延伸,读象征主义诗歌犹如中了魔法,不知它在黑暗,抑或在光明。

诗的功能在于暗示,也是上述的"象征"。"暗示"是难以言传的,故"象征"具有神秘性(这与中国古诗词的"比""兴"手法有异曲同工之妙)。法文"poesie"词源学的含义是"创造"(creation)。诗比其他文学类型更能创造未曾有过的内心状态(境界),更能透过"微光"窥见新的情感世界——借助于通感,不相关联的词相互替换,它是语词不合常理的增补——波德莱尔借用这种手法写下他最有名的诗篇"parfum exotique"(异国的清香),他献给淫荡与色情的化身、他

---

① Marcel Raymond: *From Baudelaire to Surrealism*, Wittenborn, 1950, p.15. 这样的情形也发生在普鲁斯特的巨作《追忆逝水年华》,主人公从马塞尔从小甜点的香味联想到教堂的钟声。从可见的到不可见的,可参考相面术和现象学。

最挚爱的混血姑娘让娜·迪瓦尔。波德莱尔沉浸于肉欲就像在桃花梦中游荡:"当我闭上双眼,在暖秋的晚上/闻着你那温暖的乳房的香气/我就看到有幸福的海岸浮起/……而那绿油油的……清香/在大气中荡漾,塞满我的鼻孔/在我心中混进水手们的歌唱。"① 乳房的香气飘向异国海盗港湾,在接下的《头发》一诗中(咏娜·迪瓦尔的头发)又把诗人带回充满阴暗的卧房。清香—乳房—海岸—阳光—女人的眼睛天真—男人们身体瘦长/头发—沉睡—卧房异邦—丛林—发辫—海浪——接二连三的"隐喻"让读者应接不暇(在这些语境中,隐喻也是通感的同义词),又不同于一般的隐喻,因为其中哪个词也不是"词源",词的不同形状(比如辫—海浪)叠加一起,相互滋生高难度的象征,不是命名,也不是解释,读不出准确的含义。另一个象征派著名诗人魏尔兰(Verlaine)以另一种方式发展波德莱尔的手法,他的一首《秋歌》只顾及音韵朗朗上口:"Les sanglots longs/Des violins/De l'automne/blessent mon Coeur/D'une langueur/Monotone"②(抽泣慢/小提琴/金秋/伤我心/倦怠/真乏味)。这几乎不是诗,因为词之间不但不搭配,其相互连接也不像"发辫—海浪"那样能相互唤醒,选择某词的唯一理由就是有开口元音 o 或鼻元音 on,对这首诗的所有其他提问都没有答案。③ 这又有些像小时候听女孩子跳皮筋唱的儿歌"小土豆/西瓜皮/马莲开花二十一"这样的语词连接可以无限地延续下去,它破坏了旧的用词习惯:因为这里的词被念叨时并不是垂直指向词的含义(并不代表一个对象或观念),而是从横向不相

---

① 波德莱尔:《恶之花 巴黎的忧郁》,钱春绮译,人民文学出版社 1991 年版,第 58 页。
② Deborah A K Aish, *La metaphore dans l'oeure de stephant Mallarme*, Slatine Reprints, 1981, p.4.
③ 这并非玩笑,我在学友李河处得知,远在西方象征派诗人之前的中国汉代学者刘熙所作《释名》中用大量例子描述了汉字中"音谐义近"的释义方法:"道者,导也,所以通导万物也;德,得也,得事宜也;武,舞也,征伐行动如物鼓舞也;仁,忍也,好生恶杀,善含忍也;义,宜也;智,知也;经,径也。"参见《释名》卷四、卷六。这里,中国古代智慧的关键词"道、德、武、仁、义"等,都可以用类似的方法生义。

关的词中获得"尖锐"却不清晰的异象("武,舞也"参见上页页下注③),其中的和谐是在声音的运动中获得的,流逝的时间由于其因素的变幻(武—舞)而成为空间的(或立体的)象征图画,这是另一种心理习惯,却也是自然发生的(详见普鲁斯特的长篇小说《追忆逝水年华》)。

## 三、绘画:"这个不是烟斗"

  法国著名超现实主义画家马格利特有一幅名画《这个不是烟斗》,它的画面再简单不过了:黑板上的线条组成了一个逼真的烟斗模样,黑板下方的小字却是"这个不是烟斗"。此举决非画家恶作剧,其深刻的艺术哲理让福柯折服并写了画评《这个不是烟斗》。福柯的道理简单:可见的(物)与可述的(词)之间从来就不是一致的。福柯这番话正是超现实主义艺术的哲理,比福柯早半个多世纪,法国诗画家兼剧作家阿波利奈尔一句看似玩笑话为超现实主义艺术奠定了理论基础:人们不满意用双脚走路,于是发明了轮子,但轮子和脚一点儿也不像。又比阿波利奈尔早不到半个世纪,法国诞生了惊世骇俗的印象主义画派——所有这些,都是一脉相承的。

  早期印象派画家马奈、塞尚、莫奈等人活跃于19世纪下半叶,与马拉美属同时代人,他们之间有超出人们意料的相互影响。一位蹩脚诗人试图写十四行诗,他向马拉美抱怨说他有好的念头,却总写不好。马拉美这样回答:"你不该用观念写诗,而要用词……(又从词过渡到绘画——引者)肯定有某种物质事实落在视觉上(词与绘画的色彩都是物质——引者),绘画的技术(它的基本原罪就在于伪装了这门艺术的起源,绘画是由油布和颜色组成的艺术——原注)诱惑这些傻瓜相信外表的相像，这样的看见过分简单化了。"① 这段话十分精辟地指明了马奈作品的创新之处，就像《从波德莱尔到超现实主义》一书作者所言："白色在它成为一块白颜色的布之前就已经是白色。绘画的快乐远大于模仿的快乐。"② 这也是莫奈、梵高和整个印象派遵循的原则，它让画笔从模仿中逐渐解放出来。像马拉美的象征派诗句一样，印象派绘画也离开了模特或透视的"科学唯物主义"，认为绘画的起源不是"模特"，而是色彩本身，色彩是画家的眼睛真正看见的东西。色彩不是连接画家与模特的桥梁而是屏障。

印象派绘画之后，20世纪初始，相继有阿波利奈尔的"画诗"，从中并列走出了超现实主义、达达主义、立体主义等让人眼花缭乱的现代欧洲绘画流派。其中阿波利奈尔的"画诗"功劳极大。"画诗"乃阿波利奈尔所谓"美丽的象形文字"（galligrammes）之简称，这是他的作诗方法，他把诗句"我抽烟斗"用同样的拼音字母排列成烟斗形状，就好像一幅由美丽的象形文字构成的图画，一反欧洲人阅读拼音文字时只考虑字义，因为文字变成了形状，可"述"的变形为可"见"的，而"可见的"（画）可以与"可述的"（字）所指对象（一个模特）无关——这正是现代欧洲绘画的基本原则，画布上的构造与画布外的世界绝不一样。达达主义的"达达"只是一个什么也不意味的"名字"，它认为绘画艺术是"伪造"（伪造就是创造）的代名词，所以透视画是最糟的画，就像日常用语是最糟的言语，因为它不如照片，因为它是套话。真正的画与真正的语言与自然和自然语言一点儿也不像（这又与弗洛伊德立场并行不悖，因为弗氏诉诸的潜意识等于说，意识的本色就是"伪造"，也就是不一致，不可认真）。现代欧洲画家辩解说，绘画并非自然物的解说词，无须讲理，就像聪明的作家挑选给人印象最深刻的词，而毕加索作品中最多的裸女画则像是出自一个瞎眼

---

① ② Marcel Raymond: *From Baudelaire to Surrealism*, Wittenborn, 1950, p.360.

的"老色鬼"之手，这些立体且变了形状的乳房和屁股，与裸女们身体的其他部位绝对不成比例（因为前者刺激大，使人印象深），这些画不是"看出来"的，而是"想出来"的，是"心灵"消遣性质的冒险，画得美丑或相像并不重要，画家梦幻中的那些形状更重要，它带给人浑浊且没有逻辑的快乐（像《恶之花》），逃离了人们早已习惯的万有引力。所有这些艺术企图，乃是有意制造晦涩。作为对毕加索有意制造晦涩的解释，他的立体画中那些变了形状的乳房和屁股象征着一股"看不见的力"，这也是梵高的名画《向日葵》的魅力所在。画家和欣赏者的眼睛只看见感受的形状，至于这些形状是否代表了一个真实的外部世界，则是无关紧要的。

法国著名超现实主义艺术理论家布勒东"篡改"了马克思的名言，声称对（艺术）世界的解释远不如对它的改造更重要。布勒东是正确的，艺术的本质是创造性的实践活动，在这个意义上，一切哲学解释都永远落后于艺术，除非哲学自身演变为艺术。

## 四、戏剧：拒斥语言，表演就是一切

伟大诗人的智慧能与哲人媲美。言及现代欧洲暨法国戏剧之流变，我们仍然要追溯到波德莱尔和马拉美开辟的美学方向。波德莱尔和马拉美不仅写诗歌、散文，还留下了大量的文论，现代欧洲的文学艺术家乃至哲学家，从这两位象征主义大师身上汲取了丰富的灵感和思想资源。

戏剧是依靠人的声音和身体表演的艺术。"表演"是需要理论的，我们首先把马拉美与狄德罗的名字联系起来。狄德罗为法国启蒙时代贡献了内容丰富的美学思想，一种与现代欧洲艺术紧密相连的微妙精神。狄德罗说，演员在表演过程中，他的身份是双重的：一方面，演员是他自己本人；另一方面，演员必须扮演他的角色。注意，狄德罗要求演员把握住自己的表演，同时牢牢记住，演员并不是他所扮演的那个角色。这里的分寸或差别是十分微妙的。演员扮演的喜怒哀乐是另一个人的，不是他自己的。角色的性格不是演员的性格，演员一直在表演，不必真动感情。他演的角色与他无关，从演员自身的角度，他一直在欺骗观众。换句话说，表演就是一切。马拉美把狄德罗的立场运用到作家身上：作家也是一个实实在在的人，但只要动笔，作家就开始"表演"，作家自己的喜怒哀乐被剥夺了，他高兴或忧伤都不是他自己的。马拉美说："作家应该扮作有精神气质的江湖骗子（histrion，其他含义为古代的笑剧演员、丑角。值得一提的是，中国古代艺术非常强调夸张的'表演'，见于各类戏曲和书画艺术）。"[1] 就这个意义而言，一切作家都是广义上的剧作家，文学或文字决定了自己是"表演"的艺术：写字，就是在一张白纸上画黑线条，这就是作家"表演"所用的物质材料，其作用，就像音乐家吹奏的铜管、舞蹈家的身姿、画家的色彩、剧场的布景。字也跳舞，从一个形状变成另个形状（详见中国书法艺术）。所有艺术门类都有自己广义上的舞台（纸张、画布、剧场、音响等），书与戏剧、文字与表演、阅读与观赏是相通的。马拉美强调戏剧的表演性以至于对剧情和人物关系不感兴趣。在古典戏剧中，马拉美最看重的是莎士比亚的《哈姆莱特》，"莎士比亚这部戏的最高潮，是众多的老式表演与独白场面或自我演戏之间的过渡"[2]。在马拉美眼里，全戏唯一的角色就是哈姆莱特。为什么马拉美排斥其他角色呢？因为他认为其他人物都是剧情的工具，而哈姆莱特不是。其他人物都在讲述到底发生了什么故事，而哈姆莱特不关心这些，照旧讲自己的"疯话"，其标志为：不为与人交流的大段独白，与现实世界隔离——这才是马拉美所谓的"表演性"。显然这样理解的

---

[1] Jaques Scherer: Le "liver" de Mallarme, Gallimard, 1957, p.31.
[2] 同上书，第40页。

"表演"与20世纪欧洲荒诞戏剧在理路上是相通的。马拉美是20世纪欧洲戏剧艺术的思想先驱——还表现在他蔑视时间在戏剧中的作用,这与他忽视情节的作用是一致的,因为传统戏剧把时间作为编造情节的工具。古典戏剧中的时间不仅实现情节,而且实现"观念",或者说,一种理想的状态,一出戏的目的。按着这样的模式安排剧情的过去、现在、将来——这是一种"观念"戏剧,与此相适应,传统戏剧的主角是人物的台词而不是动作,因为说话直接与语义或观念性的东西联系起来。当马拉美排斥这种形而上学性质的时间时,他也排斥台词在戏剧中的作用而直接诉诸"pantomime"(哑剧、手势、表意动作,德里达在《播撒》一书中大量引用了马拉美关于哑剧的论述,并且与表意或象形的汉字联系起来。20世纪上半叶法国著名戏剧家阿尔托提出"残酷戏剧"正是强调身体的表演性,尔后又有美国的行为艺术,所有这些都可以追溯到马拉美的戏剧理论),并且宣称观念在时间中流逝的戏剧是虚假的,唯一真实的是戏剧的表演性,即有直接效果的动作。马拉美忽视剧情中的时间因素(因为它是对世俗时间的模仿),那么他的哑剧中还有"时间"吗?回答是肯定的,但它是一种被重新发现的时间,类似普鲁斯特的时间,将不同方向的时间碎片拼凑起来的时间,像是永恒的时间(达不到"观念"或"意义"的时间等于不在场的时间,从而延迟了时间的"实现",使时间因素显得荒谬,典型的例子见法国著名剧作家贝克特的荒诞剧《等待戈多》中的时间),转化为空间并列要素的时间,柏格森和海德格尔的时间,零度时间,时间中的黑夜。

时间中的黑夜,黑色是隐晦的象征,"写"的象征,马拉美说诗人要在"黑"中写。作者在"纯洁"的物质平面(白纸,像舞台)上划墨水(黑,像表演)。如果"黑"象征着晦涩,写作者想要明朗(写清楚)的愿望就是难以实现的。

马拉美与波德莱尔的戏剧愿望,是把诗的象征性引入戏剧。这里"象征"一词的微妙解释,应该是"通感"。象征主义诗人通过诗"词"

各种"物"的要素，调动读者的不同感官，连接起未曾感受过的"形状"。这个理路贯彻到戏剧中则是以各种手段调动观众的听觉、视觉，强调烘托舞台气氛，唤醒观众的想象，同时，淡化故事情节乃至台词的作用——这些倾向，是现代欧洲先锋派戏剧艺术的前身。显而易见，重视故事情节和台词的戏剧是文学戏剧，剧本的照搬，而马拉美为戏剧指出的新方向，则是强调戏剧作为一门艺术自身的特色，即表演性本身。"表演"的戏剧不是文学的戏剧，因为无论是故事情节还是台词都不是（也不能代替）戏剧表演。戏剧表演是肢体动作的创造，是剧本"写"不出来，台词"说"不出来的。所谓"表演性"，还包括了舞台布景、灯光效果、演员说话或唱腔的声调（注意不是说话或者歌词的含义），等等。

象征主义戏剧强调通感，沉醉于不可见的世界，要求简单的舞台布景（可见的世界），已经开始透露出尔后先锋派戏剧的神秘乃至荒诞气氛。这些倾向与我们熟悉的现实主义艺术传统是背道而驰的，因为它不在可见的生活世界寻找戏剧的源泉，不必有生活的"原型"，从而上演的东西是独一无二的，是超自然的[①]，却可能更符合生活本身（比如上演相互之间没有关联的事件）。超现实主义艺术的开创者阿波利奈尔的戏谑之作《忒瑞西阿斯的乳房》在表演形式上"响声噪声呼叫颜色动作／音乐舞蹈杂技诗歌绘画／合唱行动及布景"都加入剧情，而决不考虑是否"合情合理"[②]。"不合情理"导致荒谬。这是强调表演效果

---

[①] 宫宝荣：《法国戏剧百年（1880—1980）》，生活·读书·新知三联书店 2000 年版，参见其中有关法国"新戏剧"作家雅波的评论。雅波也强调戏剧的表演性，夸张、白描、暗示等类似中国传统戏剧的手法，比如表现骑马场面，就用一个纸做的马头悬在演员的脖子上，以一个演员代表群众，一个士兵代表军队，等等，参见该书第 115 页。

[②] 道理为阿波利奈尔的名言：人们想模仿用脚走路，便发明了轮子，而轮子与脚毫无相似之处。剧情为女权主义者泰瑞丝拒绝男人的权威，争当议员，拒不生育。泰瑞丝取自希腊神话亦男亦女的先知忒瑞西阿斯。泰瑞丝上场时还是女人扮相，而当她决定摆脱女人身时，两只乳房蹦出，原来是红蓝两气球，她玩耍并将其燃爆，立即长出了男人的胡子，变性为忒瑞西阿斯。她的丈夫不再认识她，而穿上裙子的丈夫一口气生了 40 049 个孩子。参见宫宝荣《法国戏剧百年（1880—1980）》一书有关阿波利奈尔的一节。

（即娱乐）的杂剧。

阿尔托延续了阿波利奈尔的方向，他所谓"残酷戏剧"旨在轻视剧本和语言的作用，强调用动作姿态音响在舞台上塑造一个"象形文字"的物质空间。"阿尔托将新的戏剧语言比作'象形文字'：各种各样的噪声、面部表情……动作眼神都像东方演员那样经过'数学般'计算，决不允许无效动作产生……"[①]我们注意到，现代法国不同戏剧流派最大的共性是不相信人们日常交流的语言，语言不再是戏剧的主角，戏剧不再上演语言的文学，没有了语言的沟通（因为语言被认为是不能切中要害的空话、废话），角色显得孤独，举止荒诞怪异。台词被省略得不能再省，或者被念得磕磕巴巴、乏味地重复。写了《等待戈多》的著名剧作家贝克特 20 世纪 70 年代尝试将身体与声音分开，使幕后传来的台词与人物动作脱节（语言的本色就是结巴，言不由衷，所以总是与动作相冲突）。这的确暴露了人生的常态是无聊，另一个法国当代剧作家尤奈斯库则刻意暴露无聊，其表现就是让角色喋喋不休地说话（与其说这些话语是为了交流的目的，不如说是为了证明人还活着），以告诉观众这就是生活中人们对付无聊的办法。作为一种衬托，如果没有了这些长篇大套的"套话"，出现长时间的静场，生活中的无聊或荒谬性便更加暴露无遗。"文学戏剧"的衰落也表明，现代欧洲暨法国的文学情趣也经历着巨大的变革。

## 五、小说：HE WAR

19 世纪后叶至 20 世纪初是欧洲文艺界诞生大师的时代，奥地利

---

[①] 宫宝荣：《法国戏剧百年（1880—1980）》，生活·读书·新知三联书店 2000 年版，第 141 页。

音乐家汉斯立克,法国诗人波德莱尔和马拉美,法国印象派画家马奈、塞尚、莫奈,诗人戏剧家阿波利奈尔是其中的代表人物,是当时的"前卫艺术家"。在传统文学势力最强的小说界,我们选择那些对现代小说风格影响最大的文学家,包括英国唯美主义作家王尔德、法国的普鲁斯特、爱尔兰的乔伊斯。

王尔德是"唯美主义"作家,马拉美的同代人,他也是近现代欧洲小说史中反对"意识形态"统治的开路先锋。所谓"唯美主义"的重要含义,乃是强调小说创作中的新鲜感受,抛弃其中的道德和价值评价。这里所谓"新鲜感受",乃是启蒙时代思想家帕斯卡尔"微妙精神"的延伸,精神自由的体现。王尔德把"自由"延伸到18世纪启蒙时代未曾有过的高度,兹举例说明:

王尔德甚至反对"影响"他人,即使是来自优秀人物或者作品的影响。他的理由是:"一切影响都是不道德的——去影响一个人就是把自己的灵魂给了他,他便不会按天性去思考。"① 我们不知道王尔德是否受到过卢梭的影响,但他这里体现出的性情显然与卢梭并行不悖:语言,女性比男性更加注重形式。"女性是善于装饰的,她从来没有话要说,却可以说得非常动人。"② 但这里并不存在女性的道德缺陷,在王尔德的唯美主义字典里,没有"虚伪"一词的地位。他不说某种行为是道王尔德也强调"热情"本身,即使只是保留"热情"的形式——所谓"形式"。就是说,这里的"热情"不啻一种狄德罗诉诸的演员表演。"表演"是热情的幻象,它拥抱一个并不实际存在的对象,这样的对象非世俗可见,好像被赋予了新的生命。这样的美学感受放弃了传统欣赏习惯。依王尔德之见,一个只凭自己幻想活着的人是幸福的,他爱女人,即使女人不爱他,即使他的热情从来得不到回报;天下人都祝福有情人白头偕老,王尔德却作如此评价:"一生中只爱一次的人

---

① 《王尔德作品集》,人民文学出版社2000年版,第9页。
② 同上书,第38页。

是真正的浅薄者。他们自称为忠实的,我管它叫作习惯性的懒散,或是缺乏想象力,忠实之于感情生活,犹如一致性之于理性生活,纯粹是失败的自供状。什么忠实!里面包藏着一种贪财欲,要是不怕别人捡走,有很多东西我们准备扔掉。"①王尔德式的狡辩,见异思迁好!这不贪财(因为他随时准备放弃)!而且因其有进取心(追求新的感受)而成为生活的成功者。王尔德所谓"新的感受"绝对不仅限于"肉体"上的,它更是一种危险而复杂的精神生活,或者说,一种"反思"的内心生活,有些像象征主义:为自己情绪所摆布的人是生活在现实世界的人,利用、享受、征服情绪的人是有神秘精神生活的人,像波德莱尔和马拉美一样的人,又像王尔德笔下一个青年画家赋予自己的作品以生命,那生命能盯着画家,审判他。

普鲁斯特和王尔德的小说都详细刻画人物的心理生活,普鲁斯特更为当代哲学家和文艺批评家所看重,乃在于他描写了一种体验时间的新方式,"微妙精神"中的另类。普鲁斯特放弃了以"自主回忆"为标志的"深度时间"模式,而代之以表面的或形式的时间结构:它是一种"非自主"性质的回忆,因为人们不能在心目中原样不变地浮现一件过去的对象(事件、感情等),这"对象"一定变化了性质。换句话说,以往的时间是不能原样复活的,事实上"记忆"结构不过是一种不经意的时间插入,就像评论家们反复提到的例子,普鲁斯特在《追忆逝水年华》中把小甜点与似乎毫不相关的因素联系起来,比如威尼斯城的街道。真实记忆接触的不是"观念"而是物质性质的形象或形状,可以是任何瞬间发生的物质性质的刺激:一张老照片、似曾熟悉的声音、教堂的钟声、鲜花的味道……他们是一些具有特殊表达能力的象征符号。这些符号在小说中最显著的特点乃在于并不代表它表面上所"命名"的东西,而是一种暗指的"横向关系",这种暗指呈现

---

① 《王尔德作品集》,人民文学出版社 2000 年版,第 50 页。

为对时间因素的再发现。就其语言性质而言，暗指的"横向关系"不是解释性的，而类似于心灵感应——以小说中大量的爱情描写为例，它表现这样的对应：一方面，陷入爱情的主人公在很多情况下是一厢情愿，但他或她是幸福的，因为其所爱实际是一种会自动增生的幻觉；另一方面，那被爱者的眼睛（其作用类似于上例中的小甜点、照片等）好像能看见施爱者，能回返神秘的目光，使施爱者顷刻陷入暗指的"横向关系"，导致一个不熟悉却是可能的世界。男人能在一秒钟内就爱上一个女人，与其说爱她本身，不如说是因为她不在他所熟悉的世界，这里的"横向暗示"经常是片段连接且未曾见过的美丽风景（特别在马拉美象征主义诗词中，注意他对普鲁斯特的影响）。德勒兹在《普鲁斯特与象征符号》一书中说："爱的符号是谎言的符号，它只是在隐藏所表达的内容时，才对我们说话。"① 所以，面对爱情，以解释为特征的日常话语是无能为力的。爱的"谎言"，就是说，其表面的所指不能实现，"悄悄话"全部是谎言，这不仅指狭义上的恋爱关系，也是反思层次上的"爱"——拥有一种无条件意义上的感情：真正的爱是爱本身（就像德里达说的，真正的宽恕是对不能原谅的事情表示原谅，换句话说，真正的宽恕是宽恕本身）；爱不能以被爱为前提条件，爱是一种不图回报的更高境界，一种陌生的快乐和体验，它与对象本身的实际情形（比如美的还是丑的）无关。她，一个任意的女人，只是一个爱的象征，在感情上她永远挫败他，因为他永远没有拥抱一个实实在在的女人，但这不要紧，就像普鲁斯特笔下的小马塞尔并非真的盼望小甜点的味道，而是陶醉在那种味道激发的横向暗指意味中——一种变形的非自主回忆，一种从来未曾在其中活过的生活场景和精神状态，它可比拟为波德莱尔的"通感"和印象派画家的"印象"，其精神之振奋程度是俗人无法想象的，因为重新发现的时间是从来没有在

---

① Deleuze: *Proust et les signes*, PUF, 1996. p.16.

其中生活过的时间，异类时间，那里有另一精神层次的目光，叠加的目光，篡改或变化原来运行方向的目光。用德勒兹的话说，好像在拼音文字的痕迹上书写象形文字。在这样的意义上，我们又理解了为什么普鲁斯特说男人在粗俗平庸女人身上得到的比知识女性更多，粗俗女子的言行举止无法判断而更具诱惑和挑战性，我们和这样的女子在一起从来就不是为了交流中的方便，而是在交流的障碍中获得"通感"的乐趣。女人是阴性，她和象征（凹、暗、晦、源、渊）连接一起，男人耗尽一生猜她的"感情本身"却永远受挫。

用德里达的话说，乔伊斯小说的全部奥秘藏匿在他笔下的两个字母组成的表达式：HE WAR（如果是英文，则是"他战争"，但 war 也是德文动词形式）——它的要害是没有指称，它宣布了一场语言的战争，破坏语言的"巴别塔"。① 乔伊斯文字的神秘性就在于他使用向语言的巴别塔开战的文字。"巴别塔"不是一个真正的指称，因为在上帝的干预下巴别塔从来就没有真正建成。换句话说，乔伊斯的小说语言模棱两可、一词多义，语言之间相互冲突和战争，从而不能顺利通达其所指对象，从而使语言的对象成为一个"纯粹可能性"所组成的世界——它依赖语言周围的环境、前一个词和后一个词。"HE WAR"像是上帝有意制造的语言战争，因为我们对这个恩赐之物形不成任何完整统一的表象，它也是乔伊斯制造的语言"事件"（凡"事件"都是不可预料的，且"事件"之间互不交换）。他颠倒了人们通常的用词习惯，不是力图用词准确表达某个对象或精神状态，而是制造理解的障碍，"制造"词，融合或分裂本来没有联系或有紧密联系的词语，用这样的"事件"炸开保守的语法和逻辑。换句话说，乔伊斯的小说专事

---

① "巴别塔"（Babel）的含义取自圣经：创世之初，天下人都讲同样的语言，人们讨论建一个可以到达天堂的通天塔。上帝看见人类齐心协力建塔，不快地说，看啊，他们成为一样的人，讲同一种语言，如果这样，人类将会毫无限制地做任何想做的事。上帝感到自己的权力受到威胁，就把人类的语言搞乱，让人们居住在世界各地，使不同人种彼此难以沟通。从此，人类建造巴别塔的工作也就停止了。

发明"语言事件"。它中断了情节,使读者不得不在阅读中连接这些"事件"的碎片(文字好像神出鬼没),以至难以卒读,但倘若读者中断原来的阅读观,莫问表现"什么""含义""原来"与"现在"与"后来"的因果关系之类,而是像乔伊斯的文字一样懒懒散散地游离于精神的各种可能性,就会感到反映生活"实际"的作品索然寡味。又像德里达对乔伊斯的评论:"人们所谓写作,不过就是这种拓扑学的自相矛盾……在乔伊斯看来,在这种语言的战争中,人们能说的一切不过是极其精细的自我注释,这本著作(指乔伊斯的 *Finnegans Wake*)就是这样写成的。"① 在《尤利西斯》中,乔伊斯能用上千页的篇幅写都柏林几个市民从早 8 点到午夜共 18 小时发生的事件和心理活动(18 小时就是一生的缩影),其精细程度犹如把一个小蚂蚁洞看成疆域广阔的王国(参见本页注释),更为重要的是,乔伊斯极其真实地描画出人的活动和内心举止的情形,所谓"游离于精神的各种可能性",乃由于乔伊斯想把人的活动和内心举止的每一角落同时以并列形式展现出来,故显得东一句西一句、精神溜号、拼接"事件"且绝对漫无边际(这里也有拓扑学意义上的图形连续改变状态下的速度),像同时写(说)几种

---

① Derrida: *Ulysse gramophone, Deux mots pour Joyce*, Galilee, 1987, p.26. 拓扑学解释是语言之自我解释的极好例证,这里引用法国当代结构主义人类学家列维-斯特劳斯对画家德拉克洛瓦 1854 年 8 月 5 日日记中的一段话的评论,它说明拓扑学乃至结构主义原理,也对理解乔伊斯作品有重要参考价值:"我在海滨画岩石的碎块,其高低不平都成一定比例,以至画在纸上使人觉得是一片辽阔的悬崖峭壁,只缺一样可以表明大小规模的实物。此刻,我正在一个大蚁穴旁写东西,这蚁穴在树根边,一半是小块起伏的地面,另一半是蚂蚁慢慢地挖成的……忙碌的居民在那里往返,就像小人国的小人一般,我们的想象随时都能把它们想得很大……海浪也同样,自身分成小浪花,小浪花又分成更小的,并各自呈现出相同的光线的明暗和同样的图形。某些海洋巨浪,譬如在开普敦,据说有半法里之宽,这种巨浪由各种海浪构成,其中大多数的浪花同我们在花园水池里所见的浪花一样大小。我在画树时曾常常看到某个分叉自身就是一棵树,要把它当成一棵树,只要树叶在比例上相应地缩小就成'……德拉克洛瓦以明晰的笔调表述了极不规则物体的显著特性,正如我们所知,各种规模的极不规则形态都具有不变的结构;还有,不变的结构作为一个部分,不管所选的是大是小,都同整体具有相同的拓扑性。"参见列维-斯特劳斯《看·听·读》,顾嘉琛译,生活·读书·新知三联书店 1996 年版,第 78—80 页。

语言且让它们相互寄生（如上例中"He war"。德里达说他的《播撒》等代表作是对乔伊斯小说的一种间接阅读或可能的阅读效果之一），"巴别塔"的警示。HE WAR——改变它的发音，就可以是德语（像出自有意搞乱人类语言的上帝之手），所以它不可作为修建巴别塔的砖石。①

## 六、电影：画面语言非可述语言

为什么照片中一个安静的人物形象在电影中能像真人一样活动，电影的原理在于，将一个人在时间绵延中发生的连续动作"同时"展现在人们面前：我们在1秒钟"同时"看见了一个人24张不同姿态的照片，但是放映的效果却是这个人的"正常"活动，在这个意义上，看电影是眼睛受骗的过程，像一个魔法，让我们欣喜异常。电影的原理在于速度：拍摄速度与放映速度之间的不一致。视觉犯错误，是因为加进了意识。②我们并没有看准什么，而是我们相信看到了什么。我们心理上总是习惯于靠近更为熟悉的解释，这也说明了为什么文字校对是困难的（因为读者大都不能像一个好的校对员那样毫不顾及文字的讲述或描述，而一心想着字的正误）。应用到电影上，并不是画面在运动，而是我们的意识强加在静止的画面上，以为照片在动。同样道理，银幕只是一块平面的"白布"，是我们的意识给了它立体深度。因此，看电影是典型的让眼睛接受（错觉）暗示的过程，在这一点上，

---

① "'etre'（be, eb, baBEL, CEBab）"，参见 Derrida: *Ulysse gramophone, Deux mots pour Joyce*, Galilee, 1987, p.38. 这里也德里达表明对国内哲学界争论不休的 being 一词的态度，即忽视它的命名作用，它不"是"一个名词，也不是"是"或类似巴别塔（Babel）一样的东西。
② 站台上我们对面火车开动时，我们总产生是自己火车开动的错觉，这是因为我们相信我们看见的东西是静止不动的，而我们坐的火车则不是。

与波德莱尔所谓的"通感"是相通的。电影能让我们激动,并不在于它只用一个镜头无聊地放映一个人吃饭的全过程,而在于电影是剪接画面(蒙太奇)的艺术:在不同时间与地点发生的事件画面在银幕上是"同时"出现的(这又有些像普鲁斯特的小说),这些在现实生活中绝对看不见的画面令我们震惊。注意,这里令我们震惊的还是速度。电影令我们只注意它想让我们注意的画面并且快速变化。

法国印象派与先锋派电影与欧洲现代美学情趣的变化是一致的,即强调电影中的新感觉,它利用了电影与文字相比所具有的优势:在没有电影之前,思想更局限在语言的囚牢中,语言象征着一种广义上的听觉,灵魂就与这样的听觉交流;电影的画面(视觉)在速度上比语言更快,在广阔的空间上解放了思想。电影不借助语言却能够交流思想,电影像马拉美的诗一样借助于象征(表意、象形)的延伸。苏联电影理论大师爱森斯坦曾经用汉字表意功能解释什么是蒙太奇,比如水+目=泪,门+耳=闻,犬+口=吠,刃+心=忍,等等。它们是两个或者多个不同图像的冲突与拼接,以达到"叙述思想"的目的,因为这些象形图像的"表情"(色彩、姿态、情绪、个性等)各不相同。法国先锋派的导演们说,电影就是影像,没有声音和音乐什么事,以至于他们在一部电影中使影像、说话声音、音乐出现混乱的同时性。

电影的叙事方式的确不同于小说,即使是一部最普通、最传统的电影,如果用小说语言叙述出来,则完全像是现代派的,这是因为,电影镜头没有固定不变的叙述人称,或者说,电影的叙述角度(人称)总是处于急剧变化中。比如:(1)一位客人在门外按门铃(叙述人称:他);(2)女仆欲开门(叙述人称:她);(3)女仆开了门,通过客人眼睛看着女仆(叙述人称:你)。这些,是在时间和空间上各不相同的一系列场景迅速转换,写在纸上就显得乱,但放出电影后,观众并没有不舒服的感觉。这也表明了先锋派电影的一个基本立场:可见的与可述的从来就不是一回事。福柯和德勒兹也赞成这个观点,它也符合结构主义符号学的电影理论。这种理论把索绪尔的语言学应用于电影，认为电影的表意系统取决于影像之间的关系，而不是语词之间的关系。从一个空烟缸到堆满烟头，其含义是语言难以描述的（焦虑？时间流逝？等等）。在一部电影中，影像与语言的习惯性解释之间的冲突比比皆是。比如，电影中的角色背对着观众盯着女友的照片，似乎非常伤心，因为他的肩膀好像由于抽泣而剧烈抖动，这个几乎无人会弄错的习惯解释（可惜这个解释用的不是电影"语言"）欺骗了观众，原来当小伙子转过身来，他正在使劲摇动搅拌器掺兑鸡尾酒。换句话说，影像或形状的解释（空间的或画面的语言）比狭义的语言更加丰富，因为前者更具有象征意义。电影比戏剧更不依赖语言，或者说，更倾向于脱离文学。文学的本质在于不能离开语言，而语言是破坏画面的。人们之所以抛弃书本而爱看电影，是因为画面是人们更能读"懂"的语言。

# 第四章　不是一种语言

一

法国诗人阿波利奈尔（Apolinaire, 1880—1918）创新了一种古老的书画艺术，即不仅把字，而且把诗词设计为画的形状。毫不夸张地说，这是诗歌史上的一场具有伟大意义的革命，它与毕加索的立体派绘画一道开辟了 20 世纪西方文学艺术的新纪元：阿波利奈尔的诗画并不是为了使诗歌"好看"而发明的一种作诗技巧，而是对旧诗歌语言结构的消解，赋予诗歌全新的目光——一些更为复杂的视线，它们不是一种语言，而是多种语言，重叠的语言，有形的语言——新的目光使文字具有拼音文字原本不具有的形象，就像毕加索的创造的立体画看到了透视画法所见不到的形象一样。

阿波利奈尔生前只出版了两本诗集《烧酒与爱情》与《美丽的象形文字》[①]：尽管前者已经通过删掉标点符号和隐显形象的并列具有某些立体主义倾向，但是，仍旧保留了较多的传统诗歌因素；后者则名副其实地解构了传统诗体。

组成诗的字不同于一般叙述文体中的文字，因为诗的字是真正的文字精英，集浓缩、隐喻、力量、韵律等于一体。多少世纪以来，诗歌一直是文学的无冕之王，但是，自从人类文明激烈动荡的 20 世纪初以来，文字的表意能力受到前所未有的挑战。人类发明了一个又一个新的传播手段：留声机、电话、收音机、电影——它们虽然不用文字，却能保留语言。文字的局限性暴露无遗。阿波利奈尔的诗画动机是相

---

① 《烧酒与爱情》（Alcools）有中文译本，李玉民译，安徽文艺出版社 1992 年版。《美丽的象形文字》（Calligrammes）目前还没有中译本。

似的：他对诗的效果有了全新的考虑，即使是最善于使用文字技巧的诗人，也从来没有想到超出字的本意或引申含义之外——他想到的不是看不见的字义，而是诉诸视觉的形状。以马拉美为首的象征派诗人把字的隐晦性引入极端，而阿波利奈尔的意向朝着相反的方向，他试图使晦涩的字意具有看得见的外表，发明一种新的再现手段，就像留声机和电影。这是典型的现代文学意识：阿波利奈尔在后来那些令人眼花缭乱的科技发明的新传播手段之前，就敏锐地想到发明诗歌或文学的新途径，使之能与电影之类语言相媲美。

新途径首先来自对印刷符号的思考。一首诗映入眼帘，首先受制于它的印刷符号：千篇一律的字符，整齐的排行。这意味着，在欣赏诗歌时，我们只注意韵律和字义，至于文字本身的"物质性"或它的形状，几乎可以忽略不计，因为文字只被当作表意的"工具"（但中国欣赏文字美或书法传统源远流长）。这是人性注意力的弱点使然：在传统上，当我们出神于诗的境界时，目光绝不会朝向它的载体；阿波利奈尔的诗画恰恰相反，与具有视觉形象的文字本身相比，字义在诗中的地位退居其次。

字义是有形象的字符，这是象形文字或表意文字传统。只有这种文字才有真正称得上是艺术的书法，因为以形为基本特征的文字更适合于写或画出不同的模样，在打字或"录入"书写的方便上远不及拼音文字。但是，汉字有天然的优势，因为它本身就是艺术的，而由几十个乏味字母组成的拼音文字本身，无论怎样也看不出形状的变化。即使阿波利奈尔的天才，也不能从拼音文字自身的特点启迪创造的灵感，有幸的是，他从年轻起，就对象形文字感到兴趣。他的画诗亦是把"象形文字"嫁接在拼音文字之上：让字母排成不同的线条，让线条组成不同的形状：烟斗、领带、雨丝、花朵、波浪，如此等等。就像他说的，"我也是画家"。他像立体派画家一样，他写字的笔就是画笔，所使用的字就是颜色。

阿波利奈尔的创新始于在《烧酒与爱情》中省略标点符号：他把标

点符号看成一种外来的束缚。标点是要符合语法的，但诗不必如此。标点的断句功能是一门"学问"，它使句子有了一定如此的联系，从而失去了更多的联想或艺术价值（作为另一种联想，我们注意到标点的引进变革了汉字，无标点的汉字更模糊，却也更艺术）。阿波利奈尔的无标点诗，好处在于能使一个字在不同的语境下与不同的句子交流，造成多重感性形象，多样的声调选择可能性，因为我们不清楚一个诗句究竟在哪结束，于是，姑且把正常阅读中的所谓"结束"问题放置在括号中，不予理睬。结果，读诗的声音自动降低了，"诗句"变形为一个又一个线条道道，这"线道"不容忍法语句子发音的声调变化，都像似一个调。换句话说，因为无标点或诗歌构成中的形变，使得诗的（一种）朗诵风格不得不消失，即声音的作用消失。由于这些线条不同的连接，其构图的意义亦不同——这既是阿波利奈尔亦是毕加索的立体绘画方法。

  由于删除了韵脚的标点，"韵"本身也变得浪漫起来：押韵与不押韵的字搅在一起，重新排成一线；《烧酒与爱情》中的诗已经开始用形的变化引起读者注意，其具体方法是每一句的开头并不"对齐"：从诗句中伸出和收缩，有意造成一种视觉上的效果。

    米拉波桥下
    塞纳河流水悠悠
     我们的爱情
     怎堪回首
    欢乐总是继痛苦之后

     让夜幕降临钟声长鸣
     时光消失我独留

     相对无言手握着手

>     在
>     臂膀挽成的桥下
> 永恒的目光荡着涟漪
>     让夜幕降临钟声长鸣
>     时光消失我独留
>
> 爱情就像这流水逝去
>     爱情流逝
>     生命是多么漫长
> 希望又是多么强烈
>
>     让夜幕降临钟声长鸣
>     时光消失我独留
>
> 日子一天天一周周过去
>     昔日的时光一去不复返
>     还有那爱情
> 米拉波桥下塞纳河流水悠悠
>     让夜幕降临钟声长鸣
>     时光消失我独留

"相对无言手握着手在臂膀挽成的桥下永恒的目光荡着涟漪"（我们这里有意省略了标点，于是亦可读成"手在……"等），这样的节奏和连接会启发一种灵感，即手与桥之间的相互变形，组成一种没有原型的相似性：它既不是手，亦不是桥，而是一种新的立体图画，一种绝非出自透视，而是来自大脑的观念图画——从手中"看"出桥，从桥中"看"出手，它们是这幅立体画中不同的面。换句话说，它看出了原本看不到的东西。

故意中断按照标点诗句原有的联系，岔开它（其技巧是延伸或收缩）以便于新的连接，使读诗的声音变得结结巴巴（为了适应新的阅读，音调不但要变得平，还要更快，所以容易结巴）。这里的结巴缘于在新的连接中，诗隐藏着不仅一种语义。在不同的地方停顿，含义并不相同。这样的情形，在古典诗词中是不存在的，因为那里只强调对称和韵律：不但要押韵，且音节数量相同。

为了造成视觉效果更多的变化，阿波利奈尔有时间断地使用大写字母，特别是斜体字母。《烧酒与爱情》中一首4行9节诗"女人"中，把大写与斜体变化的技巧使用得淋漓尽致：这是让我们从字义中分神，尽量多注意文字的形状——斜体更有动感和倾向性，而标准的字体显得呆板或四平八稳；大写字母显得更有力量，更显眼或更有颜色感。这里的大、小、多、少、正、斜与措辞强度变化和情绪曲线相关，它们就好像能使诗歌放射出强弱不一的光线。

《美丽的象形文字》和《烧酒与爱情》最大的区别在于，前者进一步改变了由文字所组成的线条的方向，使它们成了真正的"图画"或"画诗"：文字组成的线条不仅可以是平列的或垂直的，而且可以有更多的方向：俯冲、交叉、波纹、降落，甚至直接交织以一幅真正的画。例如 *Fumeés*（烟）一诗中有烟斗形状：

Et je fu                    以及 *canonnier conducteur*
                            一诗中的埃弗尔铁塔形

（译文：我抽烟斗）        （因版面有限，下层画诗略）

于是，音节或声音因素让位于形状，或者说，字母的声音在形状中旋转：这里有立体画和超现实绘画那里的重要因素，即让本来并不相关的因素并列在一起，以造成一种令人震惊的奇效。在这里，所谓"并列"，是声音与字的线条同时出现：它们是两种完全不同的作诗因素，因为这里所谓"线条"是指不同线组成的关系——它几乎直接就是图画。对此，阿波利奈尔从古老的象形文字中推陈出新一种"画诗"的作诗方法，即一个新词"Galligramme"，意为"美丽的象形文字"，好像从诗的隐喻退回到古老的壁画形象。正是从这种新视觉中获得的灵感启发了兴盛于20世纪上叶的"超现实主义"文学艺术运动（阿波利奈尔最早使用了这个词，在相当程度上，它支配了同一时期西方文学艺术的"感受"），它与毕加索创立的立体绘画是异曲同工的。

　　西方诗歌传统不得不受制于拼音文字的特征，即一种线性阅读而"遗忘"了文字还是一种可视的形状，有立体性。换句话说，文字形状还可以是一门可以欣赏的艺术（就像中国的书法）：形状表现性格、气质、心胸、情绪，等等（又见笔迹学）。字的真迹是排版印刷望尘莫及的。阿波利奈尔的贡献在于试图使传统诗歌变形，拆解诗的界限；他使诗的理解目光专注于表意文字式的综合，而不是话语的分析。

## 二

　　阿波利奈尔的画诗是诗与画之间的对话，在隐蔽的意义上，他也是画家：他的画由抒情的表意文字构成。在这里，我们有意将阿波利奈尔的诗与毕加索的画进行比较：当我们称前者的诗是画时，亦可反过来称后者的画是由一些几何图形组成的"字"——这些"字"与被摹仿的自然不同，因为它的所指是一些"观念"或者"概念"性的东西，是看得见的概念。毕加索画得最多的是裸体女人，但那并不是一堆鲜活的肉体，而是一些方向不一的线条图形，就像是一个从未曾见过裸女的盲人在摸过她身体各部位之后画出来的——这幅画绝不符合传统的透视法则。这盲人按着自己心想的样子，把透视画法看不见的身体各个部位一起并列地画出来，于是，屁股可以倒着看，乳房长在胳肢下，以至于它们可以变形为赤裸裸的圆圈。甚至乳房的圆圈可以大过屁股的圆圈，因为盲人见不到大小比例，他把感受最深的东西画得最大，如此等等，它是一幅"心画"。在这样的意义上，毕加索的画相似于笛卡尔的形而上学。

阿波利奈尔与毕加索的近似性表现在：两人都要通过非传统的目光，实现一种新的真实，超现实，超自然。非摹仿的图形并没有一个外界的模特与之相似——在阿波利奈尔那里，诗句可以不理睬自然的发音和每个字的实际含义，只有暗然的图形就足够了；同时，作为"表意文字"的画诗，诗表达的主题又与画相一致。这里，我们有两个因素不一却可以相互重叠的景象或视线，一个是可见的，另一个不可见；在毕加索，他的画不符合透视效果，却像长着一双 X 光般的眼睛，看得清骨骼脉络。于是，他们认为，那 X 光一样的形状更真实，尽管这光线抹杀了脸蛋之美与丑的差别。于是，人们说毕加索有难以理解的画，就像说阿波利奈尔有难以理解的诗。究其原因，在于这里的"诗""画"因素，是在立体主义意义上的。立体是精神上的抽象，不是实物的具象。阿波利奈尔和毕加索，一个使用拼音文字，一个用画笔，但是他们的艺术语言有别于传统或习惯——传统的表现自然的语言。因此，他们觉察到传统语言的无用，就像现象学哲学所做的那样，把习惯的语言和目光放在括号里，使它们失去作用。阿波利奈尔在《胜利》一诗中这样说："这些旧的语言接近死亡／它只是循着习惯，绝不放肆。"① 相反，画诗是放肆的，就像它可以从（布满星状物的）线条中体会（星星的）悲伤。从纯粹的画线中而不是字义中欣赏画诗，这又与毕加索的见解吻合。

1914 年 7 月 4 日，在写给毕加索的信中，阿波利奈尔这样说：我还把诗歌作成了真正的表意文字，它们的形式并不是从某种韵律学中借来的，而是来自其（表达的）同一主题。而且……诗的形式总是更新的，我相信它是一场伟大的革新。这里是我为您作的一首小诗：

烟斗与画笔
（关于烟斗的美丽象形文字手稿）
我化为沉思 / 最终只留下
灰烬 / 浓烟飘落。
（关于画笔的美丽象形文字手稿）
而那执笔的手却拥有宇宙 / 生命
静止 / 然而 / 万事万物 / 形形色色的面孔 / 所有
景致 / 尽在眼前。②

烟斗的字义化为脑细胞的极度活跃，废墟中变形为烟雾的曲线：沉思后的消化；而那神奇的画笔，把各色嘴脸，像立方体的面一样，并列在眼前。在致毕加索的另一封信中，阿波利奈尔故意用段落中字里行间的空白组成一幅画：像是用看不见的暗影捕捉事物，使其升华；像是多管乐器产生冥想的和谐，激发灵感，使人愉悦。

以下，是毕加索关于立体绘画的经典性解释："一个无愧其称谓的艺术家，应该尽可能多地展示对象的可塑性。但愿人们这样再现一个苹果：如果人们画一个圈，就形成了这个模特最原初的塑造。但是，

---

① Apollinaire: *Calligrammes*, Gallimard, 1966, p.180.
② Picasso/Apollinaire: *Correspondance*, Gallimard, 1992, p.119.

一个艺术家却可能把自己的作品引导到最高级的可塑性，使这个对象的形状像是一个方形或立体，立体绝不是对（苹果）原来形状的否定。在艺术中，并不只有根据传统的透视法则再现对象。作品有许多尺度，有它的光明，我们在其中放置其可塑的概念。于是就有了一种立场，总是有多余的东西。我喜欢所有的光线。色彩只是象征的符号，实在的东西只存在于光线中。"①

这里的"光线"亦是组成上述立方体的线条，一些从透视画法中看不见的"光明"，所以，立体画也是抽象画或哲学画。它所"看见"的光明不是视觉的，视觉只从某一个基点出发，比如从正面看去，其侧面留下阴影，而背面则完全看不见；立体画却是理智的艺术，它可以在自由想象"视觉"落在"立方体"不同的侧面，而不局限在某一基点，从而能透视肉眼看不见的东西。或者说，画出过去不能画的东西。立体画想同时表现对象的各个方面，于是画面上显得不同画面的罗列和重叠。在欣赏这样的画时，应该克服习惯的心理，即不要想画面的对象是什么，而要品味它的"思想"：对象并不仅仅具有一种模样，而是有千变万化的形态，所以画面也应该是善变（嬗变）的。善变的根据是心而不是眼。毕加索的技巧是让相互不着边际的对象组成一个画面，或牛头马脸，或似人似牛，就像阿波利奈尔在诗句中让臂膀挽成一座桥。这里并不摹仿外界的某个东西，因为毕加索认为：对象总还有另外的模样，画没有界限。

## 三

阿波利奈尔的画诗不能不使我们联想到超现实主义绘画。对此，

---

① Picasso/Apollinaire: *Correspondance*, Gallimard, 1992, p.203.

法国哲学家福柯在《这个不是烟斗》的小册子中作了精彩的分析。特别是其中的第2章，标题是"被拆开了的美丽象形文字"——特指著名超现实主义画家马格利特一幅耐人寻味的画《这个不是烟斗》，它的画面简单得不能再简单了：一个逼真的烟斗，下面一行小字却是"这个不是烟斗"（"正确"的说法应该是：这是一个烟斗）。这是一个虚假的陈述，因为它的"所指"（显然是个烟斗）证明它是虚假陈述——但是福柯认为，所有这些指责都来自一种习惯的目光，这目光坚信画面上那交错线条组成的就是一个烟斗。但是超现实主义画家并不这样看，福柯摹仿马格利特的语气说："我的上帝，太简单了！这个陈述完全是真的，因为显而易见，这幅表现烟斗的画并不是烟斗本身。"①

这是传统与超现实主义两种绘画语言的冲突：前者的目光是辨认出画像（摹仿）画面外的某个东西（一个模特或原型），至于表现这个东西的工具或媒介是一张纸，或一个黑板，一支画笔或粉笔，是无关紧要的。这目光进一步把《这个不是烟斗》的画与字联系起来，认定它们的所指应该相同；后者却说，那个所谓的"烟斗"并不与它的所谓"模特"相似，它只是一个图形，一个形状——福柯认为，这是阿波利奈尔的画诗使用过的技巧，即"美丽的象形文字"：组成画诗的文字说了些什么并不重要，重要的是它们的形态。用马格利特的绘画语言就是：当我们只关注绘画的透视或摹仿性质时，看不见超现实主义的绘画形态，所以，要借助"这个不是烟斗"之类语言提示出后者，方使不可见的成为可见的。超现实主义绘画只关注形态本身。

对阿波利奈尔的画诗，福柯这样写道："美丽的象形文字有三重作用：延伸了字母表；不借助修辞重复某种东西；以双重密码捕捉事物。首先，它尽可能地使文本和形状聚在一起，它由一些这样的线条组成：

---

① Michel Foucault: *This is not a pipe*, University of California Press, 1984, p.19.

这些线拆解了对象形状的界限,它就这样安排字母的连续。它让陈述寄宿在形状的空间,让文本说画所表现的东西。一方面,美丽的象形文字使表意文字以字母的形式排列,使不间断的字母居住在表意文字的家中,询问这些沉默而连接的线条;但另一方面,它把文字分散在空间……迫使表意文字按着同时性形式安排自己。"[1]我们注意这段话与马格利特绘画的联系,又以《这个不是烟斗》为例,我们把画中的陈述也看成"美丽的象形文字",从而它的形状与画面就是和谐的。这里有双重密码,即显与隐的形状。既然拼音文字变形为象形文字,它就不再说原来的语言,说的功能变化为表形的功能(于是,它具体说了些什么就不再重要了)。所谓美丽的象形文字线条"拆解了对象形状的界限",对理解马格利特和毕加索的绘画特别重要,即所谓变化对象的形态。

这样的讨论,可能把表面上的诗与画的讨论引申到更为广阔的领域,它与20世纪著名语言学家索绪尔对拼音文字的基本判断有关:他认为符号是任意的,某一符号与一个对象的连接完全是出于习惯的约定(于是,"狗"的发音与狗的概念联系起来),但事实上,这样的约定只是任意的,对不同的语言来说,不具有任何约束性(所以在不同语言中,"狗"的发音和字形千差万别)。用索绪尔的专业语言:以上的分析适合于能指(即词的音响和形状)与所指(能指所表示的对象或概念)之间的关系。换句话说,词并不指向实在的对象本身,词只是具有意义。词义是由符号之间的排列或者形状的差异所决定的,比如,arbre(树)与barre(杆)的差别。全部语言就是这样的符号差异系统。这里的"差异"亦可理解为绘画或有形的大小多少之程度差异。于是,"狗"(无论它是何种语言音响或字形)并不是以某种方式指向一个真实的动物,而是指它在我们头脑中唤醒的观念或意义,后者不同

---

[1] Michel Foucault: *This is not a pipe*, University of California Press, 1984, pp.20–21.

于"猫""熊"……依次类推。按着这个思路，词与真实事物之间的关系不是接近（这种接近是最原始的约定，比如象形文字）而是越来越疏远（词的差异性使其意义越来越复杂），以至于在多数情况下人们的语言交流只是在交流意义本身，至于这些意义能否有一个相应的实在东西，是无关紧要的——正是在这样的意义上，一幅烟斗画不是烟斗本身，而是这幅画在我们心中唤醒的意义。它破坏了人们根深蒂固的字或画与实在事物相一致（相似）的习惯心理。

在上述意义上，超现实主义绘画没有一个来自画面之外的，可供摹仿的，唯一的来源、起源、模特，绝不与它们相似，推翻了哲学意义上的本体论。马格利特的名画《诠释》展示了一个啤酒瓶，它的一半已经变形为长条萝卜，所以它不是任何真实的萝卜或酒瓶——福柯在《词与物》中的一段话可算作对这情形的解释："语言与画之间的联系可以是无穷尽的……当我们说自己看见了什么时，经常是白费力气；我们所看见的东西绝不在我们所说的东西之中；同样的道理，当我们企图通过形象、隐喻或明喻展示我们正在说的事物时，也是白费力气的；绘画占据的绚丽空间并不是由我们的眼睛所能揭示的，而要借助于一系列文字说明，但在这种语境中，文字名称只是一个诡计：换句话说，它暗中伸出一个手指，偷偷摸摸地从说话的空间过渡到看的空间，即把其中的一个折叠在另一个之上，就好像它们相等似的。"[①] 于是，这个变了形的萝卜或酒瓶不能说，只能看，因为看到的永远比说到的更多，最有魅力的是画或文字本身，因为那里永远有我们尚未看到的东西。

但是，当"美丽的象形文字"用有声的字母编织形状时，设下了两个陷阱：它消除了拼音字母传统上声音与形态之间的势不两立（这情形在汉字中不存在），让音与像相互变形（就像变成萝卜的酒瓶，或

---

[①] 转引自 Michel Foucault: *This is not a pipe*, University of California Press, 1984, p.9.

变成酒瓶的萝卜。我们从汉字角度的例子则是给汉字注音"meili=美丽"），使声与形的因素同时出现。但是，福柯为什么称马格利特的画是"被拆解了的美丽象形文字"呢？我们仍然以那幅"变成萝卜的酒瓶"画为例，单从其一半来看，它或是萝卜，或是酒瓶，但这只是伪装，从整体看，其形象被拆解了，变形了，其模样不似阿波利奈尔的画诗所展示的烟斗或铁塔（见前面例子）。这"变成萝卜的酒瓶"相似于"被拆解了的美丽的象形文字"或"这个不是烟斗"的陈述——因为这些字是与烟斗无关的画，用福柯的话说，是"画着字的字"（一种遮盖或折叠的效果，汉语中也有"字画"之说），它只沉溺于字的形状表面，和那幅烟斗画出自同一只手或同一支笔。总之，福柯把"这个不是烟斗"的陈述当作阿波利奈尔的画诗意义上的"美丽象形文字"，尽管不如后者那样清晰可见：因为它说的方向（一种掩饰，即按着习惯目光去理解说话的含义）盖住了它"形"的方向。当我们注意它的"形"时，就不会读它，因为它只不过是构成"形"（比如在阿波利奈尔那里是烟斗或铁塔）的点线面，而绝不说话。当我们读"这个不是烟斗"时，就落入习惯目光的陷阱，因为"美丽的象形文字"顿时消失了。换句话说，我们不要去试图理解这些词义，就像法国立体派画家杜尚（Duchamp, 1887—1973）为了颠覆达·芬奇名画《蒙娜丽莎》所代表的价值体系，给蒙娜丽莎脸上画上胡须，其含义是她只是一个形态而已！胡须只是与她相对照的形态，又因为其相距遥远，在现实中绝不可能在一起，故其效果令人震惊，且妙不可言。

从"这个不是烟斗"或那幅"变成萝卜的酒瓶，或变成酒瓶的萝卜"的画中可以理解福柯理解的一个重要论断，即两种不同的"相似性"："在我看来，马格利特区别了相似（similitude）与相像（resemblance），并把前者带入抵抗后者的游戏。相像有一个'模特'，一个起源，它建立起的秩序和等级却是由越来越不忠实的副本组成的，那些副本登上一条新路。相像性以某个登录和划分的原始所指为前提；

相似性则是在一个系列中展开，这个系列既没有开始，也没有结束，循着一个方向和跑到另一个方向一样容易，不服从任何等级，只是从无数细小的差别中间繁殖自己；相像性用于再现，再现支配相像；相似性用于重做，重做在相似中漫游；相像按着一个模特陈述自己，它必须返回并揭示这个模特；相似则流通许多虚像，它们是不确定的，相似与相似之间的关系是可以翻转的。"这是一段绝妙的阐述：对阿波利奈尔、毕加索、马格利特的一切不理解都在于，我们的目光只注意语言和画面的相像性，而不知道它们其实只是内部元素或成分之间的自我变形或相似性，它既不是萝卜也不是酒瓶，既不是手也不是桥，而同时是它们两者，就像从内部因素生长出来的差异或变态——相似但不相像，就像无锚之船在茫茫大海游荡。无数相似因素之间，任谁也没有"模特"的特权地位。于是毕加索不断地破坏他已经完成的画，因为它们还可以变化为其他的形状。

## 四

关于阿波利奈尔的画诗或"美丽的象形文字"与中国文化传统的关系，是一个需要努力钻研且极有学术价值的话题，我们这里仅提出几点线索：

第一，对象形文字本身的艺术与哲学意义的研究；

第二，汉字中的字画，即成画的文字；

第三，谜语经常利用汉字字形上的差异或者相似，也是从可见的猜不可见的，所以也称隐语；

第四，汉字中"美丽的象形文字"的例子：其一是我们都熟悉的"藏头诗"，这也是隐语中的一种，比如把一首诗若干行中的第一个字竖着连接起来念，就读出了原诗所没有的意思；其二是所谓回文诗，古已有之，先特录今人周梦贤一首：秋窗满落叶，瘦影惊斜日。楼上怯深寒，愁怀更寂寂。寂寂更怀愁，寒深怯上楼。日斜惊影瘦，叶落满窗秋。

# 第五章　显隐之道：两种艺术传统

"裸",裸体也;"遮",害羞也。从羞耻之心观察"裸",或者以裸露目光看"遮",都在习惯的感受之外。我有一个不甚恰当的比喻:"裸"与"遮"的习惯目光,亦具有各自深奥的哲学内涵,象征着中西两种文明的冲突,可以引申出我们料想不到的无数差异。我,一个长期研究西方文化的中国人,早已习惯了一种固定的眼光,偶尔翻翻西方汉学家写的书,遭遇相反方向的注视,恍惚踏进了异域:我们自己的文化传统,本该相当熟悉,可一个洋人却写出了我没有看到的东西:我桌上这本《论本质或裸体》,出版于 2000 年,作者是法国当代资深汉学家、巴黎第七大学教授朱利安(F. Jullien,以下简称 J 教授)。我称他"资深",绝非戏谈。因种种限制,读过他作品的中国读者寥寥无几,所以我这里将他隆重推出:据上书封底介绍,从 1979 年至今,J 教授写了至少 11 本研究中国人智慧的专著,有《暗示的价值》《内向的姿态》《迂回与进入》(此书已由生活·读书·新知三联书店 1998 年出版,杜小真译)、《缔造道德:孟子与一个启蒙哲学家的对话》《没有观念的智慧或哲学的另一面》《平面之思》,等等。从这些书名上可以得到什么启示呢?一言以蔽之:"裸"与"遮"的智慧。

J 教授所谓"裸",有本义与引申之义两种。其本义就是裸体,一丝不挂;其引申之义暂且不表。但是,无论怎样,它们观看"裸"的目光,都不是色情的。古希腊罗马艺术中,"裸"是一种意愿,是一种习惯性的心理动作和举止行为。人们在欣赏维纳斯和大卫的裸体雕像时,并不掺杂猥亵:这里,女性身体线条与男性发达的肌肉,"她"与"他",就只是两个人体模特。人所有的一切都在这了:直来直去,赤露无牵挂，什么也没隐瞒。光明正大的裸，热辣的裸，没有扭捏和暗角，不必顺着暗示去想象什么（鲁迅曾经说过某些国人的想象力在"遮"方面特别发达，看见女人的裸臂——当然此刻她穿着衣服——能联想到裸胸、小腿，进而大腿、裸体，进而性交。这时，看裸体的目光就是色情的。把裸体与色情对等，是我们传统的心理习惯）。这就很不过瘾，用一个话粗理不输的比喻：游客们在酒吧里看脱衣舞表演，并不想直接看见结果，而是欣赏"脱"的过程，快活在"过程"中，因为那里有看不见的悬念，钩着你的欲望到下一步。这里的要害，是把"遮"掌握得恰到好处，就像时装的道理一样，该露的露，该遮的遮，这才是性感的衣服。

这个道理又是哲学的，也就是"裸"的引申含义：优雅美丽赤裸的维纳斯，她是简单的，因为我，作为观赏者无法超越她，不可能产生多余的念头。她就是存在（者）本身，这里没有暗或者无的地位。于是，神秘性没有了。裸体留给我们简单，而不是复杂。引申开去，我们将要解释，"裸"多科学功利，而少微妙的感情和艺术"味"。裸体维纳斯之美乃在于她为美的典型（模特）或理想美（符合科学的身体线条比例等），柏拉图称之为美的理念，亚里士多德叫它"形式"，也就是J教授这本书的名字"论本质或裸体"。裸体，鲜活的身体，生命的象征，可见的，有图像的。哲学从它的感性追溯到它的观念，倘若没有美的观念作为原型，美的质感就不可思议。

"裸"的传统，从古代希腊罗马、经过漫长的中世纪（黑暗年代贬低过"性"，但没有中断过"裸"），到文艺复兴启蒙，见于绘画雕塑建筑教堂等一切有形象的艺术门类，"裸"几乎成了西方艺术的主导图像。世代沧桑，后代模仿前代，积累着道道褶皱，但我透过它们，分明看出维纳斯的影子，一个裸体模特：全光着的，再也没什么可"脱"的了，再也没有什么可添加的了。没有想象力的"裸"的历史，不过是摹仿维纳斯的历史。裸体就是人本身，就像文艺复兴时期人文主义的口号:"我是人,人所具有的一切我无所不有。"用 J 教授的比喻:"欧洲艺术附着裸体,有如它的哲学依附于真实。裸体被当成艺术教育的组织者,有如逻辑是哲学的组织者一样。"(第 23 页)于是,欧洲艺术与哲学在"真"上达成共识:裸露的真理,灵统一于肉。我们要指出,在这个过程中,与人们通常的印象相反,由于"灵"或者"精神"只盯着真或裸体,并且在这个基础上叠加所谓艺术和理性的抽象,与东方"遮"的艺术传统相比,精神空间反而缩小了。

"裸"的目光又可以称作透过现象看本质,但是,结果可能是,本质被看到了,光怪陆离的"味"却没有了。这也是笛卡尔式沉思的过程:桌子上的蜡烛是黄色的,透着香味,靠在火炉边,蜡熔化了,见液体原形。于是,我们终于看到了"裸体"的蜡,但它不胜丑陋枯燥之至,像笛卡尔的形而上学一样无味。为何无"味"?因为它不会欣赏原先的蜡所穿的衣裳,一种遮蔽的效果。同样,我们也可以理解海德格尔:他在笛卡尔那样裸露而不变的"存在"(本体论的别名)一词上划叉,是想解开那些被遮盖的东西。

裸体或"存在"与"光明"在一起,没有什么要躲藏的,就无须暗示,不必展开暗的或看不见的东西。读者宽宏大量,因为我又想到脱衣舞,因为它像现象学还原一样,把快活建立在藏匿最深渐渐展示的东西。这是一个解蔽的过程,这里的"裸"不是"明"而是"暗",因为如上所述,先裸与后裸,效果截然不同。

由此可见,在西方,裸体是本来的艺术品,有天然的合法性,它为天真,而不太似我们眼光中的肉体或色情,能引起邪念。当 J 教授把目光对准东方艺术时,他认为,唯有中国是真正没有裸体艺术传统的民族。印度有裸体艺术,它在历史上与希腊艺术有交往,甚至日本的神道传统也不回避裸体。在非裸这点上,中国艺术传统在世界民族之林中是极其特殊的。换句话说,别的民族难以进入中国传统的艺术空间,它的丰富宝藏,至今和它的模样一样,被遮掩着。查遍中国的庙宇、书画、雕塑、建筑、古玩,有几丝"裸"的踪迹呢?就是大海捞针,见到几幅春宫画,那绝对是秘而不露的,好像大户人家的女儿长大了,母亲从箱底放上可以传世的男女云雨图,与其说这是出于让女儿幸福的热情,不如说是出于传宗接代的实用。如果说,文明是对自然的增补或遮盖,那么,至少在"非裸"的意义上,文明属于中国。而裸体之性,却出于不害羞的野蛮,为中国艺术传统所不齿。

这样的结果如何?答曰:回避直接性及其所带来的"性"福,没有能力或者从来没想过享受现象学的所谓"事物本身"。迂回、辗转、幽境、隐语、暗示、旁敲侧击、察言观色、明虚暗实,如此等等。所有这些,见于中国人习惯的心理动作,拥抱我们的艺术、政治、人生,养成我们的智慧和内向的性格。中国人内秀而非木讷,只有长时间接触才会知道,这与西方"裸"传统的直率绝不相同。

裸体的传统又源于西方哲学一个根深蒂固的心理偏见,"裸"即验明正身,回答人或事物是什么的问题。就是说,"是"(存在)在没有觉察中变成了关于"存在"的本体论问题。在古汉语中,"是"这个词并非西方人的being,不是一个有严格逻辑作用的系词。作为补偿,汉语往往代之以表示相似性的术语,即文学中常说的赋、比、兴。于是,间接性或迂回遮盖的效果置换了直接性或裸的效果。换句话说,中国历史上的智者通常并不习惯于用"是"或者"不是"判断事物,而代之以"有"与"无"。其效果不是科学认识论的,而是美学的或艺术的。究其原因,乃在于无论赋、比、兴还是有与无,都不等同于存在,或逻辑同一性意义上的系词。

质言之,中国艺术中没有裸体传统,乃因为没有西方式的科学本体论。裸体绘画雕塑表面上是艺术,其基础却是科学。学习素描的前提是懂得人体解剖学,艺术的基础是摹仿,即逼真的效果,这个信念从柏拉图以来是根深蒂固的。这样的情形并不存在于中国传统绘画中。无论画山水花鸟鱼虫,还是人物,中国画很少讲究透视效果,特别在人物画中，随意夸张想突出的部分，绝没有逼真性。

西方艺术的特色在"露"出实在，中国艺术的味道却在画（话）外，意犹未尽，言不尽意，讲究所谓意境。"境"者，模糊不清也，有些类似于现象学的术语"边缘域"（horizon）。其玄妙在暗淡处，那里靠展开的想象，或名之曰"悟"，而这一切，在一览无遗的艺术中是不可能的。这也是老庄的境界：万物生于有，有生于无。这里的"有"只是一个借口，其妙处则在其不可见、不可言者。情与景交融，即从可见的物象悟出不可见的情。离开情的景或象，只是科学中的实在，绝不是中国式的艺术。这里的可见者，就是中国艺术中所谓"形似"；不可见者，为"神似"。"神"，乃中国艺术的精神。以此观之，西洋裸体画的形似与中国艺术精神是南辕北辙的。

西方艺术常以浪漫自夸，但是，裸体并不浪漫。真的浪漫，并不是拥抱一个真实的女人，而是为她的增补物所激动：她的信物、情书、记忆中的眼神、体味、第一次约会的场景，如此等等。这一切，并没有她真实的在场，浪漫是面对"无"的感情。在"裸"与"遮"之差别的意义上，中国艺术更浪漫，它表现在中国古代无与伦比的诗歌艺术。

"遮"的艺术是害羞者的艺术，道家的哲学是害羞者的智慧，不齿于裸露或在场，犹抱琵琶半遮面。所谓玄、暗、虚、渊、谷、门、水、柔、无为、静、曲，这些老子《道德经》中的关键词恰到好处地揭示了中国艺术的要害：它有女性生理和心理的基本特征，它抵制名、实、有、盈、锐、光、刚、有为、直等功利性的字眼，与德里达坚持的反逻各斯中心论立场不谋而合。这里有雌与雄的冲突，这个比喻形象说明了中西艺术的差异：西方艺术中的"有为"使它雄性十足，甚至使它的女人赤裸，毫不害羞。歌剧中的朱丽叶向情人罗米欧表达爱情时，绝不扭扭捏捏，而是对着她的情人扯开嗓子唱。而中国艺术乃害羞的艺术，女人味十足，以至倡导男人扮女人，以女人腔为艺术中的极品。

戏曲中的祝英台宁可用 18 个比喻向梁山伯暗示自己的爱情，绝对不会直来直去，拥抱接吻。

可是，难道说中国艺术中就一点儿没有裸体画吗？比如春宫画？J 教授在书的前半部分，安插了 10 幅西方女人的裸体画（准确地说，是照片），精细描述她们身上某些片断，多涉及女人最敏感的生理部位：《生命之门》（我曾经在巴黎卢浮宫看过这幅画，整个人类都来于这个"门"，其生理描述极其生动准确，它给我强烈震撼，但绝不是色情意义上的）。这是一种暗示吗？这不仅在于老子哲学的玄机恰好也在于虚、渊、谷、门、水、柔等，其更有象征性意义的是，在第 63 页上，J 教授插入了一幅中国所谓春宫画。于是，我们看到了中西艺术中两种截然不同的裸体形象。它们有着强烈的对比，发生着激烈的冲突：这幅春宫画像似赤裸裸的色情，因为图案中央是做爱的场面。换句话说，这些匿名的中国画家笔下的裸体是色情的：裸体就是色情！做爱的身体姿态，图画中，两个赤条条的身子不是睡在床上，而是挤在同一把椅子上。男女身体接堆一处，形似口袋状。从肢态看，两人是"陶醉"的，可是，从目光看，却是害羞的，甚至是呆滞的。J 教授以西方人做爱的眼光，竟认为：

"这两人的身体外型是难看的，不讲究解剖学，其风格一点儿也不坦率：身体不暴露性部，肉体没有肉色。至于所谓的性爱，只是被平庸而生硬地展示。"（第 63 页）

所以，J 教授看得不过瘾。这暴露了中国艺术一旦涉及科学意义上的"真"，或者所谓"事物本身"，实在抵不上西方人 X 射线一样的目光。我把 J 教授上面所说的，由于缺乏解剖学知识而造成的所谓"身体难看"理解为"变形"，把做爱风格的不坦率解释为怕羞。变形、不露性部、生硬等皆源于害臊。这两个执拗的身子使看者发窘，它本身确实没什么好看的。可是，依照 J 教授的看法，这幅画对他的艺术感染力并不在于这两个生硬的身子，而是躲在背景角落里的东西：桌子上精美的小玩意、下方的盆景、堆放一边打着褶皱的衣物和鞋子、装饰家具的颜色——这些因素所形成的气氛，超越了位于画面中央那两个让人耳赤的身体，显得奢华安详。对比前面洋妞一览无遗的"门"，J教授说这幅中国春宫画表现出别样景观：一种"微妙的色情主义"，它不放过能使人产生淫荡联想的任何细节，一些迂回曲折的暗示效应，如窗外假山上微露的岩洞（虚），形状不一的树叶（门），摇摇欲灭的红蜡烛（夜）。如此看来，这幅画的要害在于周围这些细节，而不是中间那两个几乎看不出性别差异的身体。换句话说，虽然这幅画表面给人的印象是写人的，但实际上却是写景的：悟景中情。中国画的精髓之所以是山水画，其艺术成就之所以能远远超过中国的人物画，其道理正在于它不是"裸"而是"遮"的艺术，欣赏者得悟出画外境，画外音。

中国画与西洋画另一个容易被忽视的差别，是前者往往在画的边缘作诗写字，这是因为画的内容常具有诗意。诗与画用同一支笔，同样的墨和纸，都是划道道，都是象形，如此等等。

我此时想到了那个古老的埃及传说：斯芬克斯，东方神秘性的象征，她在象征希腊精神英雄的俄狄浦斯看来，不啻为一个怪物。斯芬克斯守着一个不能说破的秘密，一个谜语，答案就是人本身。传说的结局是谜底被俄狄浦斯揭穿，而人的真面孔袒露之时，就是斯芬克斯死亡之时。于是，西方精神战胜了东方，科学战胜了神秘。我想，也是战胜了中国——因为斯芬克斯精神中也有中国艺术的幽灵："女巫"斯芬克斯的面纱是不可戳穿的，否则世界末日将降临。中国艺术绝不想回答"人是什么"这个谜语，而宁可沉醉于谜本身：早晨走路用四条腿，中午两条腿，晚上三条腿——比喻人从生到死走路方式的变化过程。换句话说，中国智慧重视"怎么"而回避直面"什么"或者"真"，没有本体论的形而上学传统。它是"害羞"的智慧、"装饰"的智慧。如果西方艺术的中心是对"真"的摹仿和叠加，那么，中国绝不是这样的表现主义，矫饰不可言说，故它不是"表现"。

中国画很少只画人物，人多被画在景色中，而且多处于边缘。J教授认为，在这里，人回答"景"向人"提出"的问题，即情与景交融。不信，有画面上的诗词为证。画面上，有人与景两种目光，不是一种语言：弹琴的人啊，倾听月亮；人与月亮说话。为什么古诗很少歌颂太阳呢？因为月更幽静，光更柔和，还是她本身不发光？但无论怎样，它不是简单的、实在的月亮，就像画中的山不是单纯的山，人不是单纯的人一样。这些因素相互糅合在一起，绝非直接同一，只是比喻中的相似；不是对"真"的摹仿，不是形似而是神似。这过程，是克服习惯性实在心理的艺术想象过程。可是洋人的裸体画啊，走出来的只是一个光屁股的女人：因为中国的智慧类型不是观念性或抽象的，很难从她的"裸"联想起所谓美的理想。于是，对她的形容通常是色情的，贬义的：下流！不知廉耻！千万别看！

其实，"裸"与"遮"只是风俗或者心理欣赏习惯，是情趣之别，与道德之类无关。它们之间的差别，是"可见的"与"不可见的"之别。在西方，可见的是裸或真，不可见的是以这个实在为基础的观念，其艺术的性质是观念性的哲学；在中国，"可见的"真实与否并不重要，因为它只是导致不可见的艺术境界之诱因，其艺术的性质不是观念性的哲学，而是另外一种智慧——"明道若昧，进道若退……上德若谷，大白若辱（辱：黑色）……大方无隅（隅：棱角），大器晚成，大音希声，大象无形，道隐无名……"（参见《老子》，第四十一章）："道"为"大"，像昧、隐、谷、暗之类，只可意会，不可言传（它不是观念或概念，因为西方哲学的观念附属于逻辑，或笛卡尔意义上的清楚明白，可以推导出来），又称作"味儿"或"有味儿"。能创作和品尝出"味儿"才是艺术高手，琴棋书画、美食、功夫的真谛，都在于"味儿"。甚至行为举止，也要有中国人的人情味儿，说话要有家乡味儿。这些是洋人几乎终生进不去的境界，他们顶多只学点儿皮毛。但一定较起真儿来，问"味儿"是什么，有"味儿"的人是答不上来的。

我们的古人喜欢画一些洋人根本想不到的东西，比如说极普通的石头。J教授在《论本质或裸体》第89页上向我们展示了4块这样的石头，上面还有古人200多字的题铭：上书画石者必须懂得"气骨"。石头里有气与骨？我不知"骨气"一词是否源于此。又曰：

石乃天地之骨，而气亦寓焉。故谓之曰云根。无气之石则为顽石，犹无气之骨则为朽骨。岂有朽骨而可施于骚人笔下乎？是画无气之石固不可，而画有气之石即觅气于无可捉摸之中，尤难乎其难。

画有骨或有气之石之所以难，难在不可能临摹。达·芬奇之辈的解剖学画法在此毫无作用。中国画不在技巧，而在气韵，画之优劣全看艺术家的境界。所谓"气"与"骨"，为"神"或"精神"。举一反三，不仅石头，古人画的树根、山崖、垂柳、紫竹，看上去有精神，道理亦在于此。这些景色，往往配之以风、雾、雨、浪，其效果是模糊的，绝不似一个裸体。其绝妙，似道家所谓的无象之象，在有与无之间变换。

中国艺术又讲究"传神"。精神是画不出来的，怎么传神？靠缄默的语言，比如眼神，在戏曲演员那里就非常重要，虽不可说出，但含义多多，引申为肢体语言，念白和唱腔只是肢体动作的补充。所有这些，也就是我们前面提到的"味儿"。

中国艺术讲究"隐"的过程，而不似镜子里的"象"。"隐"为"迹"，"迹象"并不是"象"：书法是一串墨迹，乃点点划划的过程，是不可回溯或者重描的；戏曲演员的一串眼神也是隐，不是象。墨迹和眼神又都是"味儿"，"味"不是"象"。暗示在中国文化氛围中无处不在。心领神会，却说不出；其光在晦处，不可见。这也是孔子传授弟子的境界和难点：举一而反三，要害不在一，而在三。以此分高下，因为"三"为无象之迹，无法言传，是模糊的。又有如中医问诊，不用X照片，而是号脉察迹；易经和算命中的卦象、八卦图、太极拳之类，其要害也是迹（划道道或变的过程）而不是明白的象。引申开来，迹不是象征，不向外使劲，而是归隐。这也是中国古诗词的境界。读诗时能否在心理成"象"，是西方诗与中国古诗的重要区别。前者受某种观念引导（如古典的、浪漫的、象征的之区别），后者则多暗示难言之隐，并非属于哪个"主义"。

# 第六章　从精神分析到精神分裂

一

两个法国人，两个"精神分裂者"，一个是著名的哲学家德勒兹，另一个，是精神分析学家费利克斯－加达里（Felix Guattari）。他俩于1980年合写了一部645页的巨著《千座平台》①。这是一部非常重要却并非哲学的"哲学"著作。我们说不出这部书的学科性质究竟是什么，它给了我们很多念头，这些念头从以前的哲学中一点儿也推不出来。为什么呢？一言以蔽之：从前的所有哲学派别，即使把哲学味儿很浓的弗洛伊德的精神分析包括在内，其分析的结果，都在正常人头脑的正常精神状态范围内，而《千座平台》描述的，是绝对的精神分裂状态，我把它形象地称为"横穿的精神"，这是我最大的好奇点。

这本书也是德勒兹与费利克斯－加达里合作的多卷本《资本主义与精神分裂》中的结束卷，其第一卷是《反俄狄浦斯》。为什么要反对"俄狄浦斯"心理情结？这种心理情结强调人不能战胜自己的命运，人这一辈子能享多大的福，遭多大的罪，早就在天上写好了。但是，《千座平台》的作者说，一个人的身份或名字，不仅代表它自己，还代表某些别的东西。一个人不仅拥有一个世界，他同时拥有很多世界。在习惯上，我们只熟悉以非精神分裂的名义说话：我们以拼命捍卫自己或团体的冠名权，并且不引起旁人的误解为快事。什么叫作"精神分裂"状态呢？在这种状态中，我们不再说"我"！因为"我"已经变得十分陌生，我与"我"同时最邻近和最遥远。没有了"我"的精神从

---

① Gilles Deleuze, Felix Guattari: *Mille Plateaux*, Minuit, 1980, p.11.

此再也不会像别人那样正常地讲话，以说不说"我"都无关紧要的方式讲话。我们也不是我们自己。就这样，《千座平台》成了一本没有对象或主题的书，它的素材多种多样，乱七八糟。被描述的时间（时期或日子）也是混乱地组合一起（被说成有不同的"速度"）。重要的不是主题，而是这些素材以及它们之间的外部关系。换句话说，组成这本书的，不是概念，而是"一些领土化了的地层"——但是，这究竟是什么意思呢？是"一些逃脱的线"——这又究竟是什么意思呢？是"逃离这些领土或者地层的运动"——这又究竟是什么意思呢？是"专门用来拆散一切组织的'无器官体'"——这又究竟是什么意思呢？由此形成的追问可以是无限的。没有回答的回答，就是精神分裂的回答吗？可以说"所答非所问"也是一种没有回答的回答吗？不行，强迫性神经官能症还是迫使我们继续追问下去：究竟什么是"无器官体"？答：这里发生的，是一种"没有意味活动"的活动……联系这本书的实际，我们不能"想"要求这本书说（意味、指称）什么，因为它们是由一堆不断离开此地到异域去的文字组成的。这是一本关于空间的书，关于"外"与"内"的书，一部由很多文字组成的机器。但是，在这里，没有意识形态什么事。

对精神作"非意识形态化"的处理，这等于给智慧以形状。《千座平台》的说法是，有很多线条、地层、平台。写作，就像在画地图，像地图测绘术。"书写，一点儿也不用意味活动，而是丈量、测绘那些要来的地方。"[①] 世界的形状就像地图，地图的形状就像一棵树，树的形状就像根状物。但是，古老的哲学习俗认为，书是对世界的模仿，就像艺术是对自然的模仿。书写是一种"反思"活动，它遵循"一分为二"的规律[②]：好像整个世界就是这种不断地在对立统一中分化的结果。

---

[①] Gilles Deleuze, Felix Guattari: *Mille Plateaux*, Minuit, 1980, p.11.
[②] 在这里，提到了毛泽东的名字，参见 Gilles Deleuze, Felix Guattari: *Mille Plateaux*, Minuit, 1980, p.11.

可是，自然和世界也许根本不是这样活动的，因为它可能是一张网，精神的分化也许不能重新统一，因为在精神这张网中，线索可以从任一线头开始。所以，它不应该是一棵仅仅以一分为二的方式分岔的树。

然而，传统哲学，甚至精神分析这棵谵妄之树，甚至结构主义性质的语言学，都是"一分为二"的。真正的根状茎是由杂多的岔路组成的，就像尼采的道德谱系以"永世轮回"折断了知识与道德的一元化家谱嫡传，因为"永世轮回"中没有一次是重复。世界不再是黑白分明的简单体，世界是混乱的，那么模仿世界的书为什么还固执于简单呢？书，不就是世界图像吗？根状茎是一种具有精神分裂性质的植物。这是一种微观观察，微观的感情与微观的政治。世界上的一切都因为不再像从前那样简单而丧失了统一性，在这方面，语言是一个标本性的例子：说者与听者之间的对话从来就不曾发生，更不要说是很好地发生过。因为真正发生的，不是一种语言。并没有什么母语，语言的结构总是处于分解过程中。

按照多样性的世界图画，传统哲学习俗中所谓的主体或客体，只是一个"一"，实在太简单了。实际的情形也许是根本没有什么主体与客体，说其有，只是因为我们曾经约定它。现在，我们使用显微镜，发现普遍性之线是由点状物组成的，点状物不再与"一"连接，而是杂多。越来越多的触角，建立起越来越多的连接方式，从而也改变着事物的本性，在这个意义上，根状茎与按照一分为二原则分岔的树一点儿也不像。位置和关系变得比实体本身更为重要。是多边关系或逻辑，而不是单边、双边关系或逻辑。"关系"虚位以待，时刻准备增补新的关系。这是一种真正的超越性，总是向外逃脱，没有"外"就没有杂多性。逃离或者"背叛"自己的国土、亲人、家庭、恩人、母语，总之，跑到"圈子"之外，和一些他者，也就是说，和别人的领土、朋友、家庭、语言结缘。这样的逃离，实现了一种不可能性，同时遭受着痛苦和欢乐。总喜欢建立"外"的关系，就像愿意与陌生人打交道，扩大关系网。这样的文本，与集中于一个主体内部的传统书写方法一点儿也不像。多触角与多线头，非主体化与非意味是连接一起的。

所有这些，要制造怎样的情景啊？消解与嫁接同时发生着，同时总在发生着别的事情，与当下的事情无关。别的事情，就是与模仿无关，有很多剩余价值。生成不是自己的东西，不是一个种类的词语。就这样，不规则图形串联在一起，它们之间既不模仿，也不相像。就像进化过程除了能以达尔文的衍化形式发生，也能以并列的形式发生，就像人和黑猩猩之间的情形。当然，也有其他的非达尔文方式的进化：只需要一个偶然发生的病毒，钻进正在生长发育的细胞，就能改变一个物种的基因，使之变成别的东西，因为其携带了不同的信息。病毒携带着一些错误的信息，使被感染了的细胞变成了新细胞。"这是基于人们所说的基因工程，它的结果，就是由于病毒的作用，属于一种组织的信息可以被转移到另外一个组织上。如果我们对某些极端的情形感兴趣，我们甚至可以想象这种信息的转移，可能是一种已经充分进化了的物种对没有完全进化的物种或从前的基因的影响。"[1]这里发生了怎样的情形呢？没有原型，或者说 A 与 B，彼此互不模仿。换句话，真与假的概念似乎显得多余。上述情形，不啻用病毒制造精神分裂，病毒使我们的精神成为嫁接到另一个头脑的"根状茎"，因为病毒转移了基因材料，细胞的分裂是通过另一物种进行的。这是一种"横向交往"对进化谱系之树的挑战，是在分子乃至基本粒子基础上的新的联盟，是同时性对历史性的挑战。

所有这些，也改变了书。书并不反映一个根本性的信念，因为世界的场景与信念一起，是四分五裂的。甚至书是书，世界是世界，谁也不理谁；书在逃离世界之后，世界重新写在书上。"模仿论是一个糟糕的概念，它依赖于二值逻辑。"[2]不再是模仿的出生，再生，是创造。

---

[1] 摘自 1975 年第 54 期《探索》(*La Recherche*) 杂志，转引自《千座平台》，第 17 页注释 4。
[2] Gilles Deleuze, Felix Guattari: *Mille Plateaux*, Minuit, 1980, p.18.

给世界涂上不同的颜色，在基因的水平上，形成新的世界，就像是没有意味的，因为是不可感觉的。基因象征着总有新的生成之可能性。延伸，使之改变。书写，在脱离原来的领域时扩展自己的领域。音乐不也是这样吗？音乐不停顿地经历着一条逃脱的线，想时时改变自己形状的繁多性。音符在颠倒着，结构被赋予任意性的特点，总是把触角伸向别处。"代表"成为一个过时了的概念。没有代表，不意味着什么，一切都齐聚在平面之上，临近有大小不等的空间小块连接在一起，像一个个平台，又像是版图或地图。一张开放的世界版图，无论在哪个角落，都通过某一条逃脱的线曲曲折折地连接过去。把它挂在墙上，就像是一幅艺术作品。这是精神分裂分析，不是精神分析，区别仅在于，精神分裂分析是建立在精神分子甚至精神基因水平上的。

离开意向，因为从来的意向都固执于模仿，组成具有"代表"性质的结构，当它相信产生了什么东西时，其实只有重复，没有生产。这种"代表"理论，因为它的简单性，反而对思维非常危险。传统哲学又是一种对称性质的思维：意向活动要落实到意向对象，"代表"要落实到"被代表"。最为典型的，是所谓辩证法："对立"要落实在"统一"之上。虽然康德和胡塞尔都讨论了"空的意向"，但都是在"不完满"的意义上，因为只有在直观中的"落实"，才算得上认识之完满。思维从来就没有逃离自私的巢穴，这就是要实在地拥抱想要的对象。当代哲学的发展趋势，在于"宏大叙事"越来越让位于不对称的"显微（纤维，一个恰到好处的谐音）事件"。换句话，故事已经发生在基因水平上了，读起来有些不太舒服，就像卡夫卡的《变形记》那个动物外形的人。信息的跳跃，是因为精神是由一个又一个非连续的"房间"组成的，相互之间没有可供出入的正门，只能破窗而入。为什么一定要有一个中心呢？就像在问，凭什么我非得由你来代表，在我毫不知觉的情况下，在我被剥夺了选择权的情况下，我窝窝囊囊地被人家代表了多少次啊？这种关于"代表"的神话，是一种多么悲惨的思想啊！

根状茎状态与性解放有什么关系呢？与基因有什么关系呢？《千座平台》为什么援引说中国是"有病的草地（la mauvaise herbe）"呢？这并不是贬义的，因为它同时说"有病的草地"导致最智慧的生命。但是你为什么同时又说这块草地不结果实呢？是因为中国这块土地上生存的民族"没有可供出入的窗子"（原义来自莱布尼茨）吗？可是，你终于说了心里话："这块有病的草地处于未被开发的伟大空间。"① 未被开发的伟大空间，没有开化的，古老而又年轻的，什么都不懂的，处女状态且尚没有被书写的，陌生而测不准会出什么事的，也许并不伟大而只是大。因为不开化只会年复一年地庸俗地快乐着而不懂得大餐之外的快乐——当我们援引拿破仑"中国是一只沉睡的雄狮"时，会有多少人作出我如上的解释呢？这都是因为其他解释都没有从基因水平上考虑问题，不懂得改变精神基因对改良人种的重要性。一个大却不伟大的精神，从整个世界的水平上看，却是小小的，因为我们这里的精神状态从来就是齐步走的，在这样的长期训练下，当有一天让我们随便走时，就变得不会走路了。1984年美国洛杉矶奥运会上中国队的入场仪式，就非常像国内运动会的入场式。中国是"千座平台"中的哪一座呢？

什么是基因水平的精神状态呢？就是心理结构时时遭受着破坏，承受力非常强大。所有的抑郁症都是基因水平上的不通畅，在偶然事件上（这已经是基因水平上的了）让时间停滞，在这个基础上设想各种不可能的可能性。所有的忧郁型患者在精神上只活了很短的时间，因为他们终其一生只想几件事，只转移几次注意力，尽管他们的生理时间非常漫长。他们是对痛苦感觉异常敏锐的人，即使世界上根本没有什么痛苦，也要制造出痛苦来痛苦自己。基因水平的精神状态是医疗抑郁的良药，因为它走出忘记痛苦的道路，这就是由于精神触角是

---

① Gilles Deleuze, Felix Guattari: *Mille Plateaux*, Minuit, 1980, p.29.

在基因水平上的从而愈来愈多，多得相比之下普通人就像个傻子，精神变化频率愈来愈快，尽管这个世界上实际没有发生任何物理变化。"方向决定价值"——在中国沈阳中街商业区的十字路口，我十分惊讶地看见了这个基因水平上的广告词，就像一群娇嫩的少女在电视里喊着："年轻，没有什么不可以！"总是在路途中，不管是遇到谁遇到什么事情，在性格和容貌上改变自己。"方向决定价值"就是强调线而不是点；总是在路途中，强调短期而不是长期记忆，或者是反记忆。丧失了记忆的精神在变化着、扩张着、捕捉着，不由自主。没有记忆的精神，是分裂的精神，这很像地图绘制术，地图上一块又一块版图是连接，就是典型的根状茎，有不同的相貌。

但是，《千座平台》为什么强调根状茎是由平台做成的？只强调平台是抽象的"强度"，而不是它的组织？这是为了反抗西方的精神。因为西方精神一向只是使表达和行为适应于某一外在的目的，而平台却只是一个"内在的平面"。价值的方向不再指向一个超越的目的。这有什么应用价值呢？例如，一本书不再区别它的章节，就像一本小说不再区别高潮和结尾，发生的或交往的，只是彼此没有甚么关系的、基因水平上的平台连接，像大脑的神经一样纵横交错。《千座平台》是一座根状茎的书，一座由很多平台组成的书，离开一座平台，是为了踏上另一座平台。一切都是在微观水平上或基因水平上的，把概念变成线，也就是平添了很多新的触角。一切表面上的断裂，都是因为连接只是在分子水平上的，难以察觉的分裂，《千座平台》不再是一本坚持二分法的书，事件和念头一样只在旅途中，由一些什么也不模仿的单子组成，一本总是由"外来的词"组成的书，不是一种语言。过去、现在、要来的世界，不是一个世界。一分为二强调的是系词"是"，"但是，根状茎强调的是'和……和……和'的连接"①。这是一种怎样

---

① Gilles Deleuze, Felix Guattari: *Mille Plateaux*, Minuit, 1980, p.36.

的力量呢？它怎样改变并拯救了"是"呢？它彻底改变了"什么"和"在哪里"的提问方式。就像狄德罗在他著名小说《宿命论者雅克和他的主人》中开头说的几句话：我们从哪里来？要到哪里去？可是这关你什么事呢？因为这不是单子、分子、基因水平的提问方式。从完全陌生的角度、零度的提问，只想着在旅途上发生了什么。发生了什么呢？进去和出来，而不是开始和结束。进来并不意味着开始，出去也不意味着结束。是的，是插入，就像遭遇了一个杂种病毒。用这样许多"和"的增补方式书写，以便推翻"是"的本体论，取消"结束"与"开始"之类的问题。

## 二

### （一）

茫茫雪地上，有一片狼的脚印，但那不是真狼，而是狼人留下的。弗洛伊德从这个迹象中发现了非同寻常的东西。1915年，他写了《无意识》，他说歇斯底里状态是因为一个人没有别人拥有的东西，丧失了拥抱美人的能力。对象变成了一块疮疤、一个又一个黑洞，就像是狼迹，就像一个少女因为自己身体上只有阴道缺少阴茎而歇斯底里，因为她永远丧失了主动进攻的能力，她要寻找替代品，这是疯狂的开始。为什么说无意识由许多散乱的分子状态组成的呢？弗洛伊德为什么要区分出物的替换与词语的替换呢？因为词可以在事物不存在的情况下而存在，可以在所指事物并不存在的情况下发明一个词。一个声音高叫着，你要成为一只狼吗？回答，你这个白痴，人不可能是狼。但是讲述者说了一个梦：在浩瀚的沙漠中，甚至不能说我在沙漠里，那里剩余的只是炎热、阳光，没有任何影子，无水，但是奇怪的是，那里有一片脚印。是谁的脚呢？一片不规则的印记，可以说是乱七八糟，在方位上既无规律亦无节奏，变化是偶然与突然的，这给人以一种昏厥的幸福感，像似一个精神分裂者的梦，故事因为是在分子水平上的而显得恐怖，想说而说不出话来。因为做梦的身体是无器官体，就像在沙漠上，谁知道人-狼做什么梦呢？无器官体并不是一个空无的和没有任何器官的身体，而是"分子器官"水平上的身体，是活的而不是死的身体。这些分子元素不停顿地改变着与其他元素之间的距离。俄狄浦斯就是在分子程度上成为非人，一种无意识的性欲，在精神分裂性质上的乱伦，碰上了近而遥远的基因，就像是狼-人。愿望的沙漠，没有愿望的乱伦。

## （二）

在分子和基因程度上改变微观世界，这是什么意思呢？变化语词或代码的排列组合，形成新的连接。从前的连接与现在的连接无关。从一个代码翻译成另外一个代码，中间有病毒的干扰，形成了错误的翻译。每次解码都不是彻底的翻译，遗留下很多剩余价值，言不尽意吗？于是，词语或代码的队伍日益庞大。一切都成了代码，比如一只手，当手成为代码时，就不再是一个器官，这也是一个平台转换的过程，或者叫作踏上异域，就像手在远古时代是某种特殊动物的爪子。所有器官都经历了这样的解放过程。翻译，就是从一个平台向另外一个平台跳跃的过程，也就是"不是一种语言"之间的相互指代：语言距离语言、词语距离词语越来越远，形成了多触角的语言，与单向的语言形成了鲜明的对照。福柯写了一本著名的书《词与物》。词，就是"意味"，也称为"能指"；"物"，是与词符合的事件，也叫作"所指"。其实，这都属于语言内部领域。但是福柯又说，形式也是某种"物"，比如一座监狱就是一种"物",但监狱是一种形式,和其他一切有内容的形式并列在一起,比如学校、医院、工厂,等等——这些"物"或形式并不与"监狱"一词挂钩,而是连接起"犯人""犯罪"等等,这些词语表达了一种新的分类方式。总之,词是词,物是物。词从来就不能被还原为物。词,就像是复杂事物的状态,这种状态被叫作"形式"(比如像一座建筑物),而词与物从来就不是相互适应的,我们甚至可以从微观的角度都把它们看成是大小不等的形式。就像福柯说的:人们总说看见了什么,但是人们看见的不住在人们说的东西里。换句话说,重要的不是意味与被意味,而是分层,了解是在哪个层次上说话。在不同的层次上,原来的内容就变成了形式。问题真正的复杂性在于,这一切可都是词语啊?是词语给词语分层!总之,层次、形式、词语,在这里都是同义词。重要的问题在于,"符号(signes)并不是某样东西的符号,它们是离开领土(deterritorialisation)和重新占领一块领土(reterritorialisation)的符号。这里,发生了一场符号制度的革命,就是符号不再"意味",因为"意味"总设定了某种必然连接。但是根据《千座平台》的说法,符号的特点是横向的"和……和……和",而"和"之间的连接可以是任意的。再说,如果一定在"意味"的立场上说话,务必要知道是在哪个词语层次上说话,在某一个层次上不说话或没有符号,并不意味着在另外一个层次上也不说话或没有符号,这叫作"非意指的意指制度"。有结构之层,或者像马克思说的,"经济基础"结构与"上层建筑"结构。就一个层次本身而言,也可以说"表达"不仅是形式而且也是内容。同时又可以说,有内容的形式与表达的形式,这是两种不同的形式,是就不同的层次而言,在彼层次为内容,在此层次为形式。同时又可以说,上述情形就像埃及的金字塔,金字塔的内容就是它的形式。现在,《千座平台》用"层次"代替所有其他概念,在同一个层次上,词与物、表达与被表达、形式与内容是一回事。那么,还剩下什么呢?迅速逃离某一层次的速度，分离和对接的任意性，如上所述，这是发生在基因水平上的。

（三）

"层"在本质上是一个空间概念，福柯在《异托邦》一文中就曾经细致划分了空间形式的六种非常规类型，也可以说是不同空间小块的连接方式，是从不同的空间结构出发，所以也与空间层次有关。值得特别注意的是，这里又是"和"的连接问题，而不是能指与所指（或任何一种对立统一关系）的关系问题。不同的空间小块或层次之间如何"和"呢？就靠来自别一层次或基因水平上的那个神秘的病毒，它以不可预料的形式突然发生。什么物质和精神的哪个第一性啊，谁派生出谁啊——根本就不存在这样的问题。结果，一个从来未曾听见的、分子水平上的声音就开始说话了。你听见了吗？那是一个神的声音，抑或是一个动物的声音，反正不是人的语言。对立统一问题变成了众多的"彼"与"此"之间并列的问题，其间的连接靠任意、偶然、陌生的跳跃。总是面对他者的层次，面对怎样的他者，其中有一个速度问题。精神分裂处，开启了晦涩之门。

当一个学校老师向学生传授语法或计算规则的时候，并不是在交流信息，而是强迫学生接受某些命令、语言要素的秩序。语言本身不是为了让人们相信的，而是让人服从的。一个重要的"理解拐点"在于，语言并不是在被看见或被感觉的东西与被说到的东西之间建立起来的某种联系，以及总是对说话的说话。"就此而言，我们不相信叙述在于交流人们曾看见的东西，不是的，叙事只在于传达人们听到的东西，传达别人对你说的东西。"① 对说话说 yes。《千座平台》向卢梭在

---

① Gilles Deleuze, Felix Guattari: *Mille Plateaux*, Minuit, 1980, p.97.

《论语言的起源》中的观点挑战，因为卢梭曾经说最原始的语言来自热情。但是，依照《千座平台》作者的观点，热情的着眼点还是被唤醒的景象，并使用了各种各样的比喻性语言，然而，"'最初的语言'，或填充语言的最初的规定性，不是比喻或隐喻，而是间接的说话"。① 也就是在说话的基础上重新说话，说话的多少或速度与离开最初说话的距离成正比，也就是话语越多，含义越间接。至于比喻，只是说话的效果，各种比喻都不过是间接地说话。在各种间接说话中还有间接地说话，就像在热情中还有热情，在声音中还有声音（这也可以称作"话里有话"），所有这些分析，都是在分子水平上的。因此，"这就是为什么说所有话语都是间接的话语，最贴近语言的翻译就是间接话语的翻译。"②我们不能传达给别人我们感受到的东西，当我们误以为这种传达可以实现时，第一次传达就已经被我们误解了。事实是，第一个看见了但缺少传达能力的人传达给了第二个什么也没有看见的人，然后是传达给了第三个更是什么也没有看见的人。"正是在这个意义上，语言作为词语的传达，其作用在于作为词的次序，而不是作为信息符号的交流。"③也是在这种"不传达"的意义上，语言相当于地图，书写是绘制地图。

奥斯丁把说话与做事直接联系起来，因为说话是一种承诺，是"说话行为"。我们看不见说话行为，但说的时候就已经相当于做了。语言就在于转变词序。《千座平台》的作者甚至发明了"语言政治学"，与斯大林的论述相反，语言是"有阶级性"的。列宁主义和苏联，有一些语言的团体：从群众中提炼出无产阶级。"马克思主义第一国际的天才组织，'发明'了一种新型阶级：全世界无产者联合起来！"④这是一种语言组织，并且与另一个语言组织"社会民主党"区别开来。列宁则发明了另一个组织，他从无产阶级中提炼出一个先锋队——共产

---

①②③　Gilles Deleuze, Felix Guattari: *Mille Plateaux*, Minuit, 1980, p.97.
④　同上书，第 105 页。

党,以作为一个陈述的平台。与其说这个先锋队的语言是为了交流,不如说是为了下命令,诸如:"一切权力归苏维埃!"在此之前,没有任何一个资产阶级政党像列宁的党这样把政治问题变成了语言问题,把政治操作变成了语言操作,一种说话的制度。不仅是措辞的变化,而且是句子所有要素结构的变化,它有自己的符号制度,像一个符号帝国。精通这种语言制度对政治纯洁的重要性是不言而喻的。

现在,我们返回到"间接话语"的话题,"全部语言都是间接话语"。[1] 间接话语也是在分子水平上说话的一个标志。说出不是我能说出来的话,不是我想说的话。把不同说话制度中的语言连接起来。有一个精神分裂的"我思",因为所有话语都是间接的或分子水平上的,所以,我说话,等于不是我说话。为什么《千座平台》在"间接话语"前面加上"自由"这两个字呢?因为方向和速度的灵活性。这种自由在于"横穿",也就是"和"—"和"—"和",不是"和"什么,而是"怎么和",也就是把书写中的时间问题在分子水平上变成了空间问题。

什么是符号制度呢?就是符号只与符号相联系,是符号之间的形式关系,而不是与符号所代表的事物状态相联系。不是停留在此一符号意味着什么,而是传达到另外一个符号,形成一个无始无终的网络。"所指"不停顿地在"能指"下面滑动着。解释是一个无止境的过程,我们到达不了这样一种解释,即这种解释本身不再需要解释,所以,在这个意义上,符号制度就是逃脱制度,一条逃脱意指的线无处不在,从一个圈子(窗口)跳到另外一个圈子(窗口),风光无处不在;从一个面孔到另外一个面孔,肤色与眼睛的颜色在变化着,在屁股与上帝的脸之间滑动着,两种绝对不同的符号制度混杂在一起,从这里诞生了现代悲剧。一条逃脱的线,如果它不再把能指与所指连接起来,那么它连接什么呢?

---

[1] Gilles Deleuze, Felix Guattari: *Mille Plateaux*, Minuit, 1980, p.105.

## (四)

　　什么是无器官体？我们再一次这样问。它首先引入了死亡，然后，灭绝了欲望，或者说，它像是一种没有欲望的欲望，它不是概念，它活动着。没有器官的身体，是一个精神分裂的身体，一个快乐的、沉醉着的身体，它的所有原来的功能失去了作用，是为了让自己永远处于不满足状态。这里究竟发生了什么呢？这是悲伤而危险的陶醉：因为"看见"不再用眼睛，吞咽不再用喉咙，生育不再用性器官，说话不再用舌头，思考不再用大脑。重新发现的"我"，不再是因为"我思"才存在的走得更远的我。"无器官体"拥有不用思考和器官的体验。精神分裂者的快乐犹如受虐待狂的快乐，就是说，享受着的快乐与遭受的痛苦成正比，不是寻找痛苦而是痛苦经过隔离或转移变成了快乐。一种微妙精神，非常细微的体验，或者叫作实验。因为失败而获得的快感。是的，"强度"，是一个关键词。在看不见的场合，有强度发生，没有发生的发生，是最为强烈的发生。甭说解释，连想象都想象不到的"发生"，是最为强烈的发生。无器官体的活动，就是以这样的强度发生，它发生在福柯式的以多维空间形式存在的"异托邦"，而不是莫尔式的不存在的乌托邦。换句话说，无器官体占有我们看不见的空间，但这个空间却是实在的。因为无器官体没有习惯上看得见的形状，所以是无形式的，它是从零开始的、模模糊糊的、有强度或力量的质料，就像现代英国画家培根那些表现现代人体力量的绘画。

　　令我惊奇的是，《千座平台》的作者在第 194 页上谈到了中国古代哲学家老子，并且把道家称为阴性的力量，一种控制或限制强度的哲学，在任何情况下都不能为所欲为，不把快乐释放干净，保存快乐的实力，以便于获得更长久的快乐。所以和尚有一张平静的面孔、看不出喜怒哀乐的面孔。不体验欲望的欲望，这种状态，也就是"道"，竟然被说成是"无器官体"的"强度",与一切外在欲望无关的内欲望。就在出现极乐世界的那一刻,想射出的欲望戛然而止。① 能遏制最大能量的能量,是绝对的能量,是无器官体的能量。难道不是吗?老子的面孔不就像是一具无器官体吗?

偷偷向别的事情转移,所谓面向他者,实际上也是分子形成的实验,是一种别的东西的形式。分子性质的微妙世界取代了形而上学的主体世界,代替所有心理因素的,是花样翻新的色彩和声音。无器官体,就是以无组织无纪律形式编织他者的自由分子。但它和现象学状态有什么关系呢?这种关系就在于,无器官体也是一个零度空间,没有一切外部强度的强度,不成熟的童贞状态,和以往的一切,和痛苦、快活、记忆、荣辱等一刀两断,脱离朋友、单位关系,脱离组织关系,脱离婚姻、人伦、家庭关系,脱离领土、祖国,使人不再像是人,民族不像是民族。脱离孩子和父母、责任和义务,不代表别人也不被别人代表。无器官体是无欲之欲,是对所有我们原来所习惯的欲望的悬置,以此来获取一切从前未曾有过的欲望。

那么,有"零年"吗?有的,理论上的纪元"零年",耶稣诞生了,他有什么面貌?又是一个无器官体,因为耶稣的面貌像一座无底深渊,像没有面孔的面孔,像一个平面。《千座平台》的作者说,面孔是抽象的,无意识的,梦中的面孔,还有"手、乳房、肚子、阴茎、阴道、胳膊都被面貌化了"。② 身体的所有部位都与面孔相似,就像身体的每一部位,都可以看作某一特殊味道的性的诱惑。一切都贴在皮肤的表面,没有影子。它们是面孔中某些非人的东西,人中非人的东西,从面孔开始,它是一个展示分子水平面孔的大舞台,它的虚无状像无底深渊,成为无法感觉到的。人在分子水平上重新变成动物,一

---

① 参见 Van Gulik: *la vie sexulle dans la Chine ancienne*(《中国古人的性生活》), Gallimard, 转引自 Gilles Deleuze, Felix Guattari: *Mille Plateaux*, Minuit, 1980, p.194, 注释 8。
② Gilles Deleuze, Felix Guattari: *Mille Plateaux*, Minuit, 1980, p.209.

些奇怪的事情从深渊里止不住地冒出来，都是一些摆脱了组织的容貌，不是容貌的容貌。如果视觉不来自眼睛而来于身体的其他部位，目光就延伸到未曾探索过的世界，一个未来世界、一个还不曾存在的逻辑的世界。我们有眼无珠，因为这些眼睛只认识熟悉的影像。但是，让我们假定身体所有部位都能"看见"，就像它们都能"做爱"，这里发生的，是解构而不是结构，是朝向一个无意味的意味世界，这又像是现象学。我们还没有探索任何我们可能已经感觉到了的东西，或者说，未曾说出它们。在这里，萨特和拉康都说错了，因为说到底，目光和主体没有什么关系，和镜子也没有什么关系，而只是和非眼睛的东西有关，和放射不出目光的黑洞有关。

　　什么是无器官体性质的小说呢？停止以人物为中心，不再需要用人物讲故事，不要角色去历险。如果实在脱离不了人物，最好不要再给他们起名字。忘记他们还需要一个名字，他们做了些什么，说了些什么，从哪里来，要到哪里去，都无关紧要，就像狄德罗说的，这关我什么事？小说，也应该有一条绝对逃离的线，也就是由"没有关系"的文字句子段落组成的故事，一群没有脚印的足迹，一条无路之路，每一笔都坠入深渊，都是文字所遭遇的冒险的快活：描述一幅分子水平上的风景。如何走出文字的深渊呢？就像普鲁斯特非自主的回忆那样，这是一种真正的艺术。拆散实物的面孔，他从深渊中源源不断地掏出令人快活的事情，逃离意识和记忆，甚至逃离时间，躺在瞬间上休息，生成感觉不到的东西。虽然时间被冻结了，但是在这里，非自主回忆的速度，却是至关重要的。这些速度变化着生命和生活里的声音和色彩。这速度，像是一种不可能的横向穿插，不同方向与方位的跳跃。总是遭遇一些不可能之事，总是在死胡同中摸索，总是在黑洞中窃得光亮。这里没有任何原始的记忆，也就没有任何习惯的感觉，习惯的意味，总是在非自主的平面上面浮现出别的东西。走神，你走神不如我走神。发生了什么事情呢？发生了从来未曾发生的事情，发生了不是眼睛能看见的事情。一本优秀的小说就是要不停地问,将会发生什么。或者,已经发生了,但不知道发生的是什么。

什么是传统的小说呢?传统小说,就像是一串自主的回忆,一种血亲关系的记忆,就像是子孙后代虽然繁衍不息,仍旧是猴子变人的衍变,这样一种家谱学或者谱系学忌讳不能被解释的问题,"自然的历史只能按照 A 与 B 的关系思考,而从不按从 A 到 x 的关系发生。"[①]可是,正是在 x 那里,发生了重要的事情。当我说 A 与 B 相似,B 与 C 相似的时候,我确定了一种单线条的连接。当我说 A 与 x 相似时,我肯定的是一种与他者之间的关系,是完全不同系列的连接,它更需要想象去填补表面上并不存在的现象,这肯定是一种不对称的关系,因为这里没有任何模仿之镜。外表上不相似的事情,却可以内在同源,列维-斯特劳斯正是根据这个原理描述了人类的图腾制度,这里建立的,不仅是依据想象建立起来的系列组织,而是一种象征性的理解结构,而"象征",并不意味着相像。人与兽之间就这样建立起神秘的同源关系,表面上完全不同的东西之间具有相似性,这是一种不平等的相似,想象中的变形,同时是自然与文化的现象。迅速地成为别的东西,与别的东西建立联系,这是因为在它们之间有一种相似而具体的感情吗?两个平行或永远不会在行进中相交的系列之间的碰撞,会产生极其微妙的灵感,会生出一条逃脱的线,在"彼"中表达"此"。总是为另外一种性质的东西留出位置,就像是魔法。魔法总是与模仿、同一性之类相冲突的。这几乎是一个生存的法则,犹如柏格森所说,是不同元素在绵延中的共存。

(五)

"变成",这完全是一个中性的字眼,它不意味着进步或退步,因

---

[①] Gilles Deleuze, Felix Guattari: *Mille Plateaux*, Minuit, 1980, p.286.

为在崭新的形式下,"生成"不是父母所生,它是自己所不相像的东西生出来的,因为有基因工程,生出一些"精神分裂者",是"各个种群"之间的横向交往,是同时性的行为。这些现象,不再是达尔文发明的进化之树,不再是以一分为二为基础的所谓"历史辩证法",因为从此以后,"生成"不再模仿什么模特,不再能辨明自己的身份,不用再去适应或对应什么原来的东西,所以,《千座平台》的作者不喜欢用"显现""存在""是""等值""再生产"这样的字眼,因为所谓"生成",就是创造新的关系。如果写作就是这样的"生成",写作也就成为一种"巫术",就是在陌生的被生成者之间横穿,成为来自别的世界的东西,让远的变成近的。在这样的意义上,巫术是分子水平上的魔术,类似于基因工程,是"生成"路途上的中转站,时间-空间都发生了巨变。从一座门来到另外一座门,只有变化本性才能增加角度。一本充满巫术的小说,像博尔赫兹的作品。像魔术一样的写作与阅读,因为有不确定性,作者和读者都不可能事先知道突破口是在哪个环节断裂的,意识不到面临着何种危险,就像时刻与魔鬼打交道。

  分子运动水平上的快与慢,对事物的生成有什么影响呢?这实际上是分子关系组合的远与近,简单与复杂性的问题。关系的速度决定事物的性质与价值,运动,就是关系的连接与断开。相似的组织,有相似的关系。实际上起作用的,是关系网的性质是怎样的。两个毫不相关的分子之间的偶然碰撞,就显示出事物生成过程中的突变,也就是速度。从一座平台跳跃到另外一座平台。对撒尿现象可以作斯宾诺莎式的分析吗?撒尿不是一种组织,而是构成它的物质元素运动的速度。女孩也撒尿吗?当男孩作出肯定回答时,这并不是通过类比。简单地说,同样都是尿,同样是撒尿的速度,但是连接的器官不同(女孩不能站着尿尿,而且也尿不远)。火车头也撒尿吗?是的,但那是在另外一种器官的基础之上。椅子不撒尿,这是因为椅子在分子水平的构成元素上不具有这样的能力,它没有撒尿的关系而有其他的关系。

所有这些，都像是由孩子生成的哲学问题，而孩子的哲学对已经形成固定感觉习惯的大人来说，是难以理解的。在精神分子结构上的拆解和变化，可以生成不同的感情，因为有不同的范围、广度、厚度、增补、延伸，如此等等。《千座平台》的作者把这些现象称作"强度"，或者叫作"能力"。这实际上也是一种在表面上没有关系的事物之间，建立起关系的能力。

　　所有以上分析，说明我们习惯于根据现成的形式、组织、宏大叙事等，来解释这个事物本身的做法，在当代科技水平或基因时代，已经过时了。它的表面上的器官，只是一个摆设，因为它在基因水平上的作用不是这样的。换句话说，附属于达尔文进化论或历史观的种属概念已经过时了。也是在这个意义上说，技术的效果改变了人的感情方式。换一个角度，基因水平上的感情，将从根本上改变人类的道德观念，用悲观与乐观的术语，已经不足以解释这种新的伦理学。比如，如果"我"不再是我，那么，建立在"我"的基础上对他人的同情心就不再存在了。我有我当下还不知道的就要来的感情，这样的情感是我以前从来未曾有过的，因为我还不知道这样的感情在未来分子水平上的方向，而正是这些微妙而变幻无穷的方向，决定我的幸福或痛苦的价值。感情的差异或者变化的速度，将一次又一次使我成为新人。就像同样性质的词语或语句变化的速度，将在我的笔下写出不同的作品。精神要素之间的"横穿"，诞生了新的伦理学。比如性爱之间的横穿，诞生了新的性伦理学，为什么不能爱一条狗胜过爱一个男人或者女人呢？这就横穿了人的想象力，而不是把视觉停止在目光的地平线上。人与动物之间的爱是让彼此获得解放，在这种交接中，人变成了动物而动物变成了人。因为人与动物在一瞬间都成为了无器官体而彼此沟通。就像天空中的云彩形成了我头脑中的影像，就像吹拂的微风成就了我的呼吸，就像天穹同时跨越了两条时间地平线，一切都变得混沌而不确定，就像无处不在的幽灵（它能看见你，而你看不见它）

会随时从各个角落或者方向降临。这也是一种令人震惊的浑浊，就像变脸的魔法。普鲁斯特说福楼拜小说成功的一个秘诀，是大量使用了未完成时态，这是因为可以有任意方向的增补吗？是因为有不确定的生成吗？抓不住"我"，"我"突然想到了中国古代诗人的做诗方法，那是在另一座平台上，这与普鲁斯特的小说做法是否有异曲同工之处呢？他笔下的一个姑娘，总是因为"速度"的原因而推迟到场。为什么呢？因为叙事发生在时间的"同时"水平上。思念的同时，她通过这样的"同时"横穿了太多的空间、做了太多的事情。这是快镜头中的慢镜头，是蒙太奇中的时间停滞。普鲁斯特以极快的速度描述了不在一个平台上的事情。换句话说，人物角色总是不停地超出"我"的范围之外，总是溜号，逃跑，在一群少女之间穿来穿去。一件眼前的事情总是唤起并不相干的另外一件事情，突然转向别的什么，是对别的东西（形式、风景、面貌）的反响，也就是《千座平台》的作者所谓"一条逃脱的线"。迅速扫过一个又一个平台，就像在奔驰的列车上通过一个又一个车窗极其模糊地观看外面的风景。在单位时间里经历的事情越多，叙事就越快，也就越是分子水平上的。这是不同基因之间的交配或重新组合，是在分子水平上跨越大的距离。邻近的东西总是遥远的东西，总是喜欢陌生状态，不是我圈子内部的人，就不是我的囚徒。众多的、总在逃跑的感情，喜怒无常，三十六计走为上，因为眼不见心不烦，因为逃跑的感情总会遭遇突然而陌生的激动。修改一下上面的广告词吧："（只要有）速度，没有什么不可以！"因为时间将改变一切，改变心情和风景。问题的关键是战胜牢狱的看守，挑战心思和目光的极限，成为速度的主人。要研究监狱的形状是什么样子的，就像想不开的重症忧郁症患者有形形色色的"心锁"，生鸡蛋在桌子上是站立不稳的，发现美洲新大陆的世界第一探险家哥伦布的办法十分简单：把鸡蛋在桌子上破碎，鸡蛋不就立起来了吗？这是办法之外的办法！没有办法的办法，它改变了鸡蛋的形状。不同人种眼睛的颜色不是一样的，就像不同民族的嫉妒行为不是一样的。肤色和行为之间，有分子水平上的连接。人的一辈子决不能只做一种人，就像事实上绝不可能只爱一个男人或女人。灵活，就是不拘泥于形式，一切真正的创造，都是从打破僵化的形式（制度）开始的。人的一生，是一场逃脱的戏剧，也就是憧憬着失望，对得不到想要的东西充满信心。情绪的节奏，膨胀和收缩着时间、幸福、痛苦，新的未曾发现的感情总是可能的。

可以把速度理解为一种横穿，当代艺术，无论是音乐、绘画、写作，都贯穿着"横穿"的精神，所有旧的学科，都处于分化与重组的过程之中，拆解就是生成，编织着新的知识之网，精神分裂之网。也正是在这样的精神分裂中，汉语迅速地生成一个外文单词，外文著作顷刻间在我的内心独白中换算为汉语，翻译就是这样的精神分裂过程，我的精神已经而且必将继续为此付出沉重的代价，因为汉字被嫁接在别的语言上，滋生出精神的杂种。一种东西丧失了它的使用价值时，就变成了别的东西，甚至是别的东西的别的东西。电影显示出螃蟹走路形状的影像时，就像是精神分裂者生成的表达。"一切生成都是分子水平的。"[①] 换句话，一个男人成为女人，并不是看得见的器官的变化，而是看不见的精神分子程度上的变化。一切真正的差异，都是精神分子排列组合的差异，就像不同的词语排列形成不同的文体。某种霸权话语被微妙的精神分子病毒渐渐侵袭，它的结构迟早将会消解。这又是一种横穿性质的转移，也就是靠彼事物解释此事物。浪漫主义之父卢梭，是一个精神分子上的女人，就像一个熟睡的美女，她的肌肤在显微镜下变成一朵花。一种新的学科，微观政治学，甚至就是在基因水平上探讨权力与权利是如何运作的，描述办成一件事情的细节。重新构造政治的身体，政治上的无器官体，就是一种没有主义的"主义"，没有颜色的"颜色"，这也是对一切建立在西方政治哲学基础上

---

① Gilles Deleuze, Felix Guattari: *Mille Plateaux*, Minuit, 1980, p.337.

的政治制度的解构。

感觉不到的"横穿",从一座平台跳到另一座平台,《千座平台》的作者说,这也是克尔凯郭尔的风格。也就是说,这种感受,不再重新建立主体—对象之间的关系,而是逃脱这样的连接。逃脱,就是承认出生和死亡,承认限度,比如,在颜色的极限,出现了声音;在声音的极限,出现了影像。情感世界就是这样横穿和变化着,因为它陷入瘫痪状态,或分裂状态,也就是念头闪耀的速度极快。是的,有加速度。基因的重组是慢中的快,因为它同时跳跃过千座平台;是的,是感觉不到的横穿。大脑的麻醉状态,同时也就是精神在分子水平上的状态。在这样的状态中,能把一个男人看成女人,这是否为同性恋的一个精神根源呢?是梦的根源,所有的同性恋者都在做梦。梦,就是"夜晚"的大脑在休息或麻痹状态下,建立复杂印象之间在大白天所建立不起来的连接。是的,重新连接。梦,就像是诸印象之间的加速度,而连接速度极快的印象,与确定的形状或形式(面孔或主体)总是冲突的——这就是我对"无器官体"的解释。无形状的"东西"怎么活动呢?是看不见的或微观的活动现象。没有因果关系,因为"原因"就是一个他者。是的,一个超越的或无意识的平台。用体验代替解释(精神在分子程度上的感觉"横穿"更邻近体验,而不是解释),福柯也是这样说的。就像用实践代替理论,就像权力从来就不理睬知识分子怎样说。在这些意义上,一切理论都处在危机之中。后现代理论,是一种没有理论的理论吗?"说",从来就无法与"做"较量,但是,如果把"说"也当成一种特殊的"做"呢?比如"脏话"能把人骂死,"情话"能激动身体。是的,这就是所谓后现代的、广义上的文本。

以各种新花样麻醉自己,可能是新世纪新人类生命的活法,是抵制疲劳、死亡、失恋等各种痛苦以至陶醉自己的方法,是积极遗忘的方法。精神和身体在"中间"分出千百条岔,这会导致多少奇妙的组合啊！是的，要善于转移你自己的注意力！有在我的能力之外的更微妙的感觉，我的基因的感觉，我永远不会知道。我永远不会知道鸟儿为什么歌唱，也不知道你在我面前为什么沉默不语。分子水平上的记忆，是反记忆，一种违反习惯的记忆，是在记忆的地平线之外的记忆，一种横穿的记忆，就像音乐的旋律一样，每次都有所不同，脱离记忆的平台。在记忆的黑洞中，不再输出时间，时间就像断了线的风筝一样随风飘荡。网络的连接，就像代替不同事件的脑细胞之间的连接，就像微生物繁殖一样迅速。是的，我们不要记忆，我们要生成，生成崭新的东西，就像多音道音乐，就像环绕立体声。

# 第七章　结构主义与后现代视野下的马克思主义

## 一、福柯与马克思

### （一）社会批判理论

1. 福柯所针对的科学社会主义理论问题

马克思于 1883 年去世，马克思不可能知道在他身后世界上发生了什么事情，特别是 21 世纪信息时代的事情。所以马克思对身后的事不可能说，或者说，不可能都说到点子上。马克思的学说对 20 世纪的人类影响巨大，以苏联为代表的社会主义阵营曾经是人类历史上的一大奇观。但是，这个阵营已经不复存在。凡是存在的都是合理的，凡是合理的，都应该存在。社会主义阵营从存在，到不存在，说明它曾经的辉煌与经历的深刻危机。

马克思主义已经成为经典，它影响到了整个 20 世纪人类社会几乎一半的人口，甚至可以说，一半儿的人类社会在 20 世纪成为马克思主义理论的实验场。但是，很可惜，这场实验的结果是悲壮的，具有戏剧性。简单而直率地说，照搬诞生于 19 世纪的马克思主义操作 20 世纪人类事务的实验在很大程度上失败了，斯大林在列宁的追悼会上庄严宣誓——我们共产党人是由特殊材料制成的人，斯大林说的这个"特殊材料"，显然指的是由乌托邦式的理想而激励出来的钢铁般的意志，相信人类解放的真理就掌握在自己手里，从而"无坚不摧，无往不胜"。

无产阶级的革命导师马克思和恩格斯，在本质上来说是从 19 世纪资产阶级阵营中诞生的知识分子，也就是书生。书生的最大特点，就是在天性上，他们是被文字激动起来的。这个文字本身就是乌托邦式的东西，用马克思的话说，是一种"批判的武器"，当这种"批判的武器"被更多的人掌握（首先用它武装起来一个政党，一个充满热情，敌我分明的政党），用来改造现实社会时，就变成了一种"武器的批判"。

对马克思主义，有各种各样的理解，有苏联式的理解，这是经历了70年社会制度实验的"马克思主义"，但是，它终于以失败告终。由于种种原因，这种马克思主义始终没有脱离把马克思主义当成教条，是一种思想羁绊；还有现代与当代西方知识分子理解的马克思主义，作为学术研究而不是官方意识形态的马克思主义，由于这种"马克思主义"没有人为地"拔高"马克思主义的位置，让马克思主义与各种其他西方思潮平等地进行理论的较量，可称作一种开放的马克思主义。在这样的意义上，福柯的社会批判理论，是对马克思主义的一种扩张性质的补充，一种异化形态——就福柯关心的主要学术领域而论，也是权利、社会制度的更替、意识形态、暴力等，这与马克思主义的论题在很大程度上是重合的。但是，这种重合，只是一种表面现象，就是说，在一系列基本理论上，福柯对这些问题的回答，与马克思主义的回答是南辕北辙的。因此，我们以下的分析一直注意两点：首先，是福柯对马克思主义的尊敬，他这一代的法国知识分子，包括德里达等人，从他们老师辈的法国哲学家那里（比如萨特和阿尔杜塞）继承了对马克思主义的热情，他们早就有马克思主义的精神情结。这里应该简单地追溯一下历史，马克思主义的理论来源之一，就是诞生在法国的以傅利叶等人为代表的空想社会主义。现在，马克思主义回到它的一个精神故乡，作为故乡的知识分子，福柯等人不但不会感到陌生，而且还有一种天然的亲近感。这种亲近感觉，还源于法国知识分子的一个重要传统，那就是社会批判的传统。从启蒙时代起，以伏尔泰和卢梭作为杰出代表的法国知识分子，就高举自由、平等、博爱的大旗。其次，事实上，我们是对福柯的社会批判理论与马克思主义进行一种比较性的分析。这种分析假定我们的读者是熟悉马克思主义理论的，就是说，我们不再重复阐述马克思主义的经典内容是什么，而只需要指出，在哪些主要问题上，福柯所说的内容，是马克思主义创始人忽略了的，极少触及的，而福柯是如何从这些空白处找到他的理论生长点的，我们正是把这个过程，看作比较的过程。

在20世纪的法国思想界，有各种各样的马克思主义，也就是把马克思主义与现代西方不同的哲学流派结合起来的产物，比如有以萨特为代表的"存在主义或人道主义的马克思主义"，还有以阿尔杜塞为代表的"结构主义的马克思主义"。所有这些，都是一种理论上的嫁接。这些嫁接的结果，很难说在本来的面目上保存或坚持了马克思主义的立场，这些新一代思想家只是对马克思主义的某些论断有兴趣，就像他们同时对现象学和结构主义感兴趣一样。

马克思主义在20世纪60年代所经历的危机，主要表现在当时存在的社会主义国家的状况不尽如人意，特别是在苏联共产党第二十次代表大会上，赫鲁晓夫的"秘密报告"揭露了斯大林当政时期发生的种种为社会主义制度抹黑的事件，令整个西方世界十分震惊，这种情形直接导致法国知识分子中的所谓左派重新反思马克思主义，进而讨论在斯大林式的社会主义模式之外的社会主义道路的可能性。这个问题，也是马克思主义的一个核心问题，即理论与实践的关系问题。马克思主义的理论在实践中的表现，一定就是斯大林模式吗？后来的马克思主义者们，是否真的搞清楚了理论与实践的关系问题？进一步说，马克思主义本身关于理论与实践的关系问题是否存在着模糊性？1968年，在东欧社会主义国家发生了民众反对"社会主义制度"的骚乱。同年，在西方资本主义的心脏地带法国发生了声势浩大的反对资本主义制度的群众事件——所有这一切应该如何解释呢？它既不是社会主义的胜利，也不是资本主义的胜利，一定发生了用冷战传统意识形态，也就是阶级斗争理论所不能解释的情形。但是，我们知道，马克思主义从诞生之日起，就是一种批判资本主义并诉诸社会主义的理论。换句话说，用传统的马克思主义理论已经难以解释清楚在社会主义国家和资本主义国家正在发生的政治事件。

作为一个注解，我们说，发生在1968年巴黎的所谓"5月风暴"即学生造反运动，至少在表面上，是用革命的理论，也就是马克思列宁主义，批判资本主义制度暴露出来的种种弊端，值得深思的是，在革命的最富有热情阶段，萨特和福柯同时上街参加了群众集会，但是，当时萨特在法国知识界已经老态龙钟。这场运动也是检验理论的试金石。就是说，萨特和福柯究竟谁的理论更受到青年学生的欢迎。当时，萨特是唯一获准在学生起义中心地带的索邦大学发表演讲的知识分子。毫无疑义，萨特是站在学生一边的。这些青年学生正在以自己的行动创造历史。这场运动的背后，有着错综复杂、相互排斥的理论较量：萨特的或左派马克思主义，弗洛伊德的性本能学说（当时学生们提出的最时髦口号之一，就是："我越是谈恋爱，就越是要造反！"），列维-斯特劳斯—拉康—福柯作为代表的结构主义，最后，还有最新潮的德里达的解构理论。在表面上，学生造反运动似乎并不是结构主义的胜利。至少从各种理论内部的冲突结果来看，在20世纪50年代末和60年代，结构主义在与萨特的"人道主义的马克思主义"斗争中占了上风，到1966年福柯的《词与物》发表那一年，结构主义理论在法国知识界的地位更是达到了登峰造极，就像当年康德的《纯粹理性批判》一样，在当时的法国，甚至追逐时髦的女性也以拥有一本福柯的《词与物》为荣耀。但是，仅仅过去了2年，1968年的革命爆发了。

现在的问题在于，这场革命是哪一种理论的胜利？萨特认为结构主义是保守的，它使制度正当化，从而使改变资本主义制度变得不可能。那么，是否可以说，结构主义已经被5月学生运动证明是一种失败了的理论？问题的关键在于，结构主义是否排斥这样重大的历史事件？它如何解释事件？一个说法是，"结构不会上街"，阿尔杜塞陷入了尴尬境地，因为面对现实的斗争，他对马克思《资本论》的结构主义解读显得没有多大用处。但是，拉康和福柯都不这样看，他们从这场群众运动中得出相反的结论：5月发生的事件表明，"结构"上街了，因为就学生运动的直接起因是反对传统学科（特别是文学、历史、哲学诸人文学科）和传统的教学制度及其教学方法而言，这一切都是结构主义所赞成的。这不是宣布了结构主义的死亡，而是它的胜利。福柯认为，革命的结果，是把人文与社会科学从哲学或意识形态的统治中解放出来。我们有兴趣看到这里与马克思对意识形态的批评是吻合的，两人的兴趣点有异曲同工之妙，因为福柯批判的不是以德国古典哲学为代表的德意志意识形态，而是象征着人、人道主义概念的"作者"概念。福柯在《什么是作者？》中写道：马克思和弗洛伊德"为话语的可能性提供了无限的可能性。"① 这里福柯强调"可能性"，而作者或意识形态的概念，是约束可能性的。当然，福柯式的批判还暗示着一个潜台词，那就是这个需要被解构的"主体"，就是斯大林式的意识形态。过去马克思针对的是资产阶级意识形态，现在福柯用同样理论的武器批判教条式的马克思主义意识形态本身，而按照福柯的理解，这种态度本身已经违背了马克思主义。

直到1956年，赫鲁晓夫的"秘密报告"曝光之前，法国左派知识分子们一直把苏联革命视为法国大革命的继续，但是现在，在福柯眼里，不仅苏联革命，而且发生在18世纪那场影响了整个世界历史进程的法国思想启蒙运动，都有重新评价的必要。在这方面，他与马克思相同的方面，在于两人都批判资本主义的民主价值观念（就此而言，福柯在思想感情上与第三世界的国家和人民是站在一起的，后面我们还要分析福柯关于发生在20世纪80年代初期的伊朗革命的立场），也就是对自由平等博爱这些概念进行重新的解读——如果说这些原则的目的是树立起总体性或主体性的优先权利的话，那么这些概念就是不

---

① 弗朗索瓦·多斯：《从结构到解构》，季广茂译，中央编译出版社2004年版，第171页。

可信的。在某种意义上，以阿尔杜塞和福柯为代表的"结构主义的马克思主义"是20世纪60年代苏联式的马克思主义危机的产物。或者换句话说，福柯没有选择黑格尔式的马克思主义。要为马克思主义引进新事物，而这个新事物，就是"结构"或者叫作"无意识的结构"，它在苏联式的马克思主义的空缺之处重新解释马克思主义。

究竟如何重新解释呢？我们可以把福柯的《词与物》的副标题作为理解的突破口，这个副标题是"人文科学考古学"。那么，究竟什么是这里的所谓"考古学"呢？它与我们普通人习惯理解的，考察文物的价值意义上的"考古学"没有任何关系，恰恰相反，福柯所谓的"考古学"，其实是一种对以历史溯源为特点的传统哲学与人文科学的一次大反动，也就是说，从此他要以非历史的态度看待这些学科，从而赋予它们以崭新的内容。这当然与传统的马克思主义大相径庭，因为历史唯物主义强调的是历史的连续性，结构主义强调的却是历史的断裂性或者非连续性，以便暴露出按照历史唯物主义的方法所看不见的历史内容。

但是，福柯的理论毕竟与马克思主义存在着众多的可资比较之处，因为综观福柯的全部理论，其中谈到了权利、话语、性、惩戒、监禁、精神病等，这些属于什么范围呢？与文绉绉的结构主义之父列维-斯特劳斯的人类学理论比较，福柯的全部学说都带有浓重的政治气息；又是与马克思的方向相同，福柯也致力于把政治科学化，只是两人对这条道路的理解很不相同。还是与马克思的见解相同，科学的政治还没有开始，要有真正的开始，就要抛弃现在既定的传统政治科学的传统态度。当然，福柯与马克思关于政治科学的一系列更详细的看法都不相同。

这种不同，最关键的，还是关于人的看法——马克思继承了启蒙时代的历史遗产，认为一切社会革命，都是为了解放人本身的，人是核心。但是，福柯与马克思的区别在于，在马克思看见"理论的批判"

或精神的力量的地方，福柯却看见了无意识的力量，在这方面，他与尼采和弗洛伊德站在一起，认为人无法理解自己，因为人的行为取决于无意识。马克思所继承的启蒙理想恰恰赋予了主体或整体性原则至高无上的地位，福柯说，人的这种至高无上的地位，只是一种幻觉。而现代与当代的哲学，在尼采、海德格尔、弗洛伊德、列维－斯特劳斯这条思想线索中，人都是被边缘化了的。福柯说，人只是处于事物秩序中的夹缝，关系中的夹缝。对于古代希腊人而言，只有诸神、自然和宇宙才存在。人的中心地位，是在近代启蒙时代才最终确立的。

如果说，理论联系实际是马克思主义的一个基本原则，那么，如果制定的理论在现实世界面前落空该如何解释呢？实际发生的总不是我们期待的，马克思主义在现实生活中能否变成一种保守的力量呢？就是说，是否可能发生一种这样的"社会实践"，它是一种未曾有过的"新的政治形式"，没有什么人去鼓动，没有组织，完全是一种自发的行为。这种行为很可能在不同人群中有共同的动机，却是各自独立形成的。总而言之，我们这里还是在说 1968 年 5 月发生在巴黎的大规模的政治上街事件——不可以用传统的阶级斗争理论加以概括，因为好像这里并没有传统意义上的所谓"阶级敌人"。奉行马克思主义理论的法国共产党在这样同时有学生和工人参加的大规模群众上街事件上，似乎也显得手足无措。换句话说，对实际生活中正在发生的重大事件，理论好像丧失了判断能力。事情发生了，任何解释都显得多余，因为还没有来得及理解，事情就结束了。对立统一性质的或划分敌我的政治哲学模式，可能已经在新的政治事件面前丧失了判断能力。因为没有明显的敌人与朋友，就像并没有明显的痛苦与悲伤一样，但是成千上万的人还是上街了，为什么呢？学生们说得很直率：我越是谈恋爱，就越是想造反。法国共产党怎么能根据马克思主义的传统理论解释这样的对资产阶级说造反有理的精神动机呢？造反的动因不是因为太穷了，而是因为"太无聊"了!？在事情发生之前，几乎没有任何先兆。

事情可以突然发生和突然结束。对此，任何事先拟定好了的政治框架都不好使了，因为都没有说到点子上。同样我们联系到苏联共产党几乎就在一夜之间"销声匿迹"的事实，说明在日常生活中只是靠权力勉强维持的"政治生活"是多么虚弱。貌似强大但人民不需要的，肯定是没有生命力的。

　　被表达的政治意愿也出现了新的变化，这里并不局限于5月事件，而涉及在它之后欧美发达社会人们上街的各种各样的原因：请求保护同性恋者的权利、动物的权利、妓女和监狱犯人的权利等。对于这些，传统马克思主义的理论几乎没有涉及。按照阶级斗争的理论，这些应该如何分析呢？同性恋者究竟属于哪个阶级呢？我们难道要划分出资产阶级的同性恋者与无产阶级的同性恋者吗？然后再煞有介事地说是资产阶级的同性恋者压迫了无产阶级的同性恋者？这样的说法显然是荒谬可笑的。当然，马克思主义更没有说到福柯作了详细分析的同性恋者的话语权利。所有这些，都是一种更加细微的权利，它们与传统"说大话"的启蒙政治理想比起来，是一种专注小字眼和有着小心眼的"微观政治学"。或者说，是一些"微不足道"的权利。它与当代欧洲大陆哲学家们更关注那些"微不足道"的精神世界（站在传统哲学立场上，是一些无意义的、荒谬无聊的问题，比如废除死刑与安乐死问题，就是在人道问题上钻牛角尖，摆脱杀人偿命的传统政治哲学和法律的羁绊，这种"没有道理"的道理与其说取决于事实，不如说来自信念）是一致的——但是，我们不能说这些问题不是政治问题，或者说，有着在阶级之外的政治问题。更具体说，有马克思主义没有提到的权利与权力概念。人们在为"微不足道"的权利而斗争，因为它造成的痛苦与幸福甚至超过了传统马克思主义谈到的政治理想。

　　但是，还没有传统的政治组织能够代表这些"微不足道"的权利，甚至这些传统的组织也没有对这些"微不足道"的权利的理解能力。这就可能是这些"乌合之众"自发上街的理由。于是，就有了一些新的自发组织，捍卫这些微不足道的权利，这些组织的性质当然是政治的，它不是缩小了而是扩大了政治的疆域。一个事件发生了，这就已经是成功，而不要只看表面上的成功与失败。这种想法，也属于"小心眼"的范围之内。微观政治学意义上的革命，就是在细微之处爆发的革命，是在这些方面与已经建立起来的社会规则、习惯、信念的冲突。

无论福柯是否同意自己是一个结构主义者，他事实上推动了20世纪50年代后渐渐兴盛起来的法国结构主义运动，因而算得上其中的一员主要干将。结构主义运动是"消灭主体"的运动，这场运动的轨迹，就是摆脱主体而诉诸结构。"消灭"主观能动性，因为按照结构主义的见解，人不是世界的创造者，而是他们自己所属的结构的产物，而这样的结构是无意识的，这就是结构主义声称的科学性。阿尔杜塞正是这样用结构主义改造马克思主义的，他以这样的方式，试图把马克思主义的科学性与马克思主义的意识形态分开。

马克思和恩格斯在著作中，也一直把自己的学说称为科学社会主义。他们两人在确立自己学说的时候，就致力于与以前种种社会主义理论区别开来。这种区分的一个重要标志，就是从前的各种社会主义理论是建立在形形色色的道德乌托邦基础上的，任何依靠意识形态自身的力量，靠道德的说教建立起来的制度，都不免陷入空想，其中设计的美德越是细致完善，就越是容易脱离实际，导致空想。马克思主义的科学社会主义与这些空想社会主义之所以不同，就在于前者研究社会本身的经济与政治权力之间的关系。总之，人们并不能随心所欲地建立一个社会，因为世界改变的可能性取决于人们周围的物质环境。所以，为了改变社会，首先就要了解社会的物质环境究竟是怎样的。也就是说，要先有学问。这个学问，就是关于社会本身发展的规律或规则。马克思批判资本主义，认为当时社会中深刻的内部矛盾使社会本身的性质要发生深刻的变革。换句话说，根据马克思的学问，要建立一种新的社会秩序代替旧的，这就是社会革命的过程。在这个过程中，工人阶级是革命的动力，因为他们希望社会变化，而资产阶级是保守的力量，因为他们害怕改变。

不是主观地设定而是实际地研究社会本身的情形，这是科学社会主义的应有之义。但是，任何判断，都是由人做出来的，而判断本身，属于理论。既然属于理论，就避免不了假设。有时候，我们并不能清晰地区分科学与科学假设。在马克思主义的核心地带，一直有一种基本的假设，即社会的发展有规律可循，而这种社会变化规律的知识本身就是科学。这就导致了我们都非常熟悉的从猴子到人，从原始社会到共产主义社会的发展公式，而这个公式本身，一方面含有假设的成分，另一方面，也具有某种简单化的倾向。比如，它假定社会是越来越完美的，人类的发展史也就像从幼年到成年、老年一样，堕落只属于不懂事的从前。它假定资本主义社会必定是堕落和道德低下的，而社会主义制度下生活的人们必然道德高尚，人类必须经历从前者到后者的过渡阶段。过渡时期的理论，是马克思主义的一个基本理论。这种社会美妙程度从低级到高级的理论，非常明显地受到黑格尔哲学的影响，因为正是黑格尔试图建立一个受制于绝对精神的庞大的，思辨辩证法的哲学体制，其中精神在自己发展的各个阶段都经历了对立面的斗争，并且每一次都过渡到高一级的精神阶段，最后在返回自身时，精神则达到了至善。就像马克思在《资本论》第二版序言中所言，他是黑格尔的学生，他与老师的区别，就在于他主张人不应该用头（精神）走路而应该使用脚（社会存在本身）。由此看来，马克思的社会发展理论具有潜在而浓厚的思辨色彩，但是他的面貌却是实践的唯物主义。

依照马克思主义理论而到来的社会实践，一种被实践了的科学社会主义，这第一次就是列宁领导的十月革命，它成为马克思主义政治发展史上最有意义的事件，因为它按照马克思的理论重新建立起人类新的社会秩序。这个理论，就是从资本主义到社会主义过渡时期的理论。但是，在列宁建立起来的苏联社会主义制度之前，马克思主义只有理论。也就是说，正是列宁把马克思的理论变成了现实。这应该是人类20世纪马克思主义"社会制度大实验"的开场白。简单说，十月革命为这样的实验提供了一个标本，一个模式。

但是，有一个重要问题也许被人们忽视了，马克思在世时，并没有对只有在将来才有可能实现的社会主义和共产主义做详尽的描述。具体应该怎么建立社会主义，除了简单的大框架（公有制或剥夺剥夺者，无产阶级专政）之外，列宁在马克思那里是找不到现成答案的。而各国的马克思主义者正是在这样的情形下，把列宁缔造的苏联当成社会主义本身，这是无法责怪这些马克思主义者的，因为世界上并不存在其他的社会主义制度。所以一个重要的学术问题是，列宁建立的社会主义，与马克思心目中的社会主义，是否是一样的社会主义？但即使不太一样，在基本道理或基本道路上，列宁是马克思的继承人，却是无可置疑的。

后来发生的一系列政治事件，特别是1968年发生在东欧社会主义国家的"布拉格之春"等，到了20世纪90年代初，终于导致了苏联和"社会主义阵营"的解体，苏联模式的社会主义宣告失败。这应该是一种人民的选择。

但是，正如我们以上所分析的，列宁式的和斯大林式的社会主义与作为学者的革命家马克思本人的精神世界之间，不能画等号。特别是，不能从苏联式的社会主义的失败出发，简单地说马克思主义本身丧失了价值。恰恰相反，马克思主义有巨大的研究价值，全世界都在研究而不仅仅只有苏联式的研究。

在马克思身后的马克思主义可以大致划分为两种：一种是官方的马克思主义，也就是以苏联作为模式的官方意识形态，它使马克思主义成为马克思本人也反对的教条（马克思曾说，如果这样，他就不是一个马克思主义者），丧失了马克思主义从产生之日起就有的社会批判价值；另一种，就是非官方的马克思主义研究者，它主要指西方马克思主义，就广义而言，它应该包括哈贝马斯、阿尔杜塞的研究成果，甚至也包括福柯对马克思的赞扬和批判，因为正是福柯的社会批判理论，展开了马克思在自己的时代没有预见到的一系列社会权利和权力问题。也就是说，存在着一种对其他一切学说开放的马克思主义。对马克思主义的开放态度，可以填充马克思本人都没有详加讨论的问题——这些问题是微观层面上的，比如权力的结构与比较；也有宏观上的，比如一个社会主义国家内部的发展变化与国际社会的关系，民族文化与马克思主义的关系。这一系列问题都与比较有关，也就是处理"关系"。

福柯的研究与列宁的研究有诸多可以比较的领域，比如权力领域。列宁没有解决好的一个问题，在于他没有在理论和实践上处理好苏维埃的立法权力与党的权力之间的关系，也就是究竟"党大"还是"法大"？党要不要受到法律的监督，如何才能有效地监督。在所有这些问题上的说法，在列宁的著作中不乏自相矛盾之处。也就是说，苏维埃的民主与党的"专政"之间存在着矛盾，其中究竟哪一个才是无产阶级权力的代表？事实上，导致后来苏联解体的一个直接原因，就是党成为清一色的官僚机构，一手遮天。总是，这里存在的理论问题核心，就是为了社会主义的民主和正义，如何使对党的解释与对苏维埃的解释能够一致起来，其中哪一个有最终的发言权或解释权。这就是列宁在政治权力问题上的缺位。

在微观政治领域中的缺位，也就是说，经典马克思主义的权力理论，讨论的主要是国家权力问题。就像毛泽东曾经说过的："革命的根本问题是政权问题，有了政权，就有了一切，没有政权，就丧失一切"，因而这是一种绝对的权力。但是，福柯所分析的微观政治学几乎处处都是对绝对权力的解构，把绝对权力肢解得七零八落。这是从不同角度接近权力问题的两种不同的话语系统。甚至我们认为，并不存在一种似是而非的说法，即所谓马克思的理论适合于近代工业社会，而福柯的"知识考古学"是一种后现代的理论。不是的，他们的差别只是解释社会的角度不一样，从而导致精神状态的差异。毫无疑义，在当今同样存在教条式的马克思主义，而当我们以福柯的理论看待古代和近代社会时，甚至也可以说那样的社会很有"后现代"的味道。社会本身是一回事，而人们的精神时尚，则又是另外一回事。凭借"国家""生产方式"等大字眼的宏大叙事而出现的"国家"，与在放大镜或显微镜下看见的"权力"，有着不一样的"权力"。

或者说，传统的马克思主义，忽视了或不太熟悉除了国家权力之外的其他权力形式。这个问题很重要，就是说，如何从马克思主义关于"无产阶级专政"（或阶级专政或党专政）的国家理论过渡到社会主义的民主（或者民主的社会主义制度）？这同样是上述问题的另外一种说法，也就是民主与专政的关系是苏联一直没有解决好的大问题，它最终导致了苏联的解体。但是，"无产阶级专政"的问题，正是晚年马克思自述自己对社会主义理论的新贡献。"专政"这个字眼究竟是否适用于社会主义制度？如果适合，那么如何理解在社会主义制度下，"专政"与"民主"的关系？

总而言之，当我们听到"民主"这个词时，几乎还不能对它作出任何准确的判断，因为在它下面隐藏的，是根本不同的社会。就像"社会主义"这个词一样，当年希特勒的纳粹党的名字就叫作"德国国家社会主义工人党"。也就是说，类似"民主"这样的大字眼，在福柯这样的后现代政治哲学家的眼里，也应该是被解构的对象。同样被福柯解构的对象，还包括"党"这个概念，总之，一切绝对的权力在福柯这里都遭到了质疑，用于替换而不是补充的，是种种微观层面上的权力分析，或者说，是微观的政治运动——微观的力量和微观的利益，所有这些对传统的马克思主义理论而言，都是陌生的。与其说在福柯这里强调的是性质关系或关系性质的单一性，不如说是强调数量关系或者数量关系的多样性。

所以,问题的关键并不在于要不要放弃"社会主义"这个名字,而在于在这个名字下社会实际上是怎样处理权力关系的。在这方面,像福柯这样的后现代哲学家们放弃了马克思主义的宏大话语,也就是以总体性为特征的类似"基础"与"上层建筑"关系这样的"套话"。当然,随之放弃的还有社会与经济发展的规律,等等。这些新理论家的"理论"被标榜为以各种"后"开头的学说:后资本主义、后工业社会、后现代主义、后马克思主义,等等。这里所谓"后",其实就是"非",与后面的名词是一种断裂关系。在理论上,各种可能性的分析代替了必然性。马克思与恩格斯的《共产党宣言》中的革命性是以各种"废除"作为标志的,这种与传统"最彻底的决裂"在效果上成了与文明传统的最彻底决裂。例如废除资产阶级所有权或私有制,以至于废除传统的劳动分工、废除市场和商品、国家消亡……越到最后,我们越是难以辨别假设与科学。社会主义国家的实践表明,废除了私有财产反而成为滋生新的社会腐败和社会不公的温床,因为真正的劳动者只是表面上拥有而实际上并没有真正拥有资产者让出的财富,而那些个国家公职人员或临时的财富管理者也因为这种临时性而擅自贪污挥霍。这种情形,肯定是马克思所不愿意看见的。虽然,这种高度集中的社会主义体制在成立之初还因为人民朴素的热情而显示出它的"夜不闭户、路不拾遗",但人的趋利避害本性使道德乌托邦状态终究不能持久。

应该如何解释马克思的理论与社会主义国家的实际情形之间的差别?按照西方马克思主义者的观点,这表明马克思主义的危机。马克思本人在《关于费尔巴哈的提纲》中第11条指出,重要的问题不在于解释世界,而是要改变世界。就是说,要有变化,要做而不是说。世界的变化和人的行为对于人的重要性,远远胜过冥思苦想。但是,如何解决"想的"与"实际生活"之间的一致性?或者说它们之间不应该一致，一致是偶然的？所有这些，也是福柯努力探讨的问题。用马克思主义的术语，就是理论联系实际。但是，就像以上我们提到的"民主"与"社会主义"概念一样，究竟什么是"理论联系实际"也可以有各种不同的解释。马克思主义者对这句口号有一种理解的模式，就是一种理想可以在将来实现，我们现在所做的一切，都是为了这个远大的目标而奋斗。为此，我们可以忍受和克服这个征途中的任何艰难困苦。

## 2. 福柯的社会批判理论

无论从基本立场还是从阐述的角度来看，福柯与马克思都非常不一样。但是，这并不妨碍我们从福柯的著作中寻找到他对马克思主义理论与实践的兴趣。问题在于，我们要寻找到一个合适的阐述点，从这一点出发，来比较福柯和马克思的思想。他们两人共同的兴趣点，在于政治问题。

福柯把"理论"和"实践"的含义改变了，他不同意马克思主义所主张的理论与实践之间的关系，他批评马克思主义。但是，他同时这样说："在当今时代，从事历史写作，如果不直接或间接地使用与马克思的思想有关联的一套范畴，如果不让自己置于由马克思所曾经阐述的思想前景之中，简直就是不可能的。"[1] 福柯以这样的方式表达了他对马克思的尊重，他认为马克思的著作是有价值的，他承认在当代历史研究领域马克思著作的重大影响。可是，福柯与他的老师阿尔杜塞不同，他从来就没有打算拯救或刷新马克思主义，因为他想在历史研究领域另外开辟一条道路。研究福柯与马克思的关系，从福柯与阿尔杜塞的差异，看待他们两人对待马克思主义的不同态度，这是一个很好的研究切入口。福柯与阿尔杜塞都是具有结构主义倾向的思

---

[1] Foucault M: *Power / Knowledge: Selected Interviews and Other Writing 1972-1977*, ed. C. Gordon, Brighton, Harvester Press, 1980, p.53.

想家，都质疑传统哲学对事物的分类方式，都倾向于结构主义的分类方法。从这个意义上说，他们都批评萨特的存在主义的人道主义，都不满意主体性或总体性概念，都质疑历史发展的持续性或从低级到高级的发展阶段，甚至怀疑生产方式或经济基础的决定作用，怀疑阶级斗争的作用。但是，在评价马克思的历史著作的贡献方面，福柯与阿尔杜塞的立场有重大差别：阿尔杜塞认为，马克思的贡献在于为整个历史研究开辟了一个科学研究的方向；而福柯却认为，马克思的贡献在于为历史研究破天荒地提供了一套新的话语体系，而不在于奠定了一门新的历史科学的出发点。同时，福柯把话语本身就理解为实践，也就是说，福柯认为马克思的贡献在于提供了一套新的话语实践。

在思想来源方面，马克思受黑格尔的影响，福柯则是受尼采的影响。像马克思一样，福柯也把历史领域作为研究的一个出发点。在这方面，福柯受尼采的"道德与知识系谱学"的影响。在以下方面，"系谱学"方法的历史研究与历史研究中以往的方法不同：以往的方法是"总体性"的，就是说，把某一事件插入一种更大的解释系统，而这些解释系统往往把历史说成一种类似"线状"的历史，比如从简单到复杂，从蒙昧到进步——在这个过程中，历史学家呼唤伟大的历史时刻、激动人心的历史事件、某一主导的历史力量和英雄人物的产生，特别是致力于寻找历史的源头，从那里寻找后来发生的一系列历史事件的原因；但是，系谱学的方法强调"效果的"或"发生学"意义上的历史，它对研究个别历史事件有着浓厚兴趣，避开宏大的思辨性解释，而重视那些被蔑视的或可说是不被人们关注的历史现象。系谱学的方法也不去寻找历史的起源作为解释的出发点。

在福柯看来，历史系谱学之"系谱"一方面应该强调"遗传"，另一方面应该强调"出现"。"遗传"的特殊性在于，对后来事件的解释并不期盼"没有中断的历史延续性"。恰恰相反，在某一事件背后并不像线性历史观的解释那样，只有某一因素起着主导作用，而是同时存在很多复杂的因素。要同时追踪这些不同因素的行踪，要辨认这些细微的偶然性，要观察它们如何脱离了历史正路，要重视这些细微而偶然的"错误"的价值，因为与"一贯正确"的线性历史观的印象相反，这些"错误"中含有珍贵的历史遗传密码。从这样的观察角度来看，"出现"的历史，显然是不一样的历史。就像福柯赞扬马克思对历史科学的贡献在于使用了一套新的话语体系一样，福柯自己在这里也放弃了黑格尔和马克思的历史概念——简单说，黑格尔和马克思使用的概念都暗含着"延续性"，而福柯的概念只适合于某一历史断代。当福柯把自己的作品冠以"知识系谱学"的名字，并在这样的意义上讨论知识与权力的关系时，他所谓"历史知识"中的"知识"，颠覆了人们在习惯中理解的知识概念，动摇了历史解释的基础。福柯并不想用一种"安全可靠"的历史解释代替另外一种"安全可靠"的历史解释，他解构了"安全可靠"这样的归属感。在福柯的各种具有历史性质的著作中，他都寻找历史背后复杂的偶然性，因为一切"稳定"的因素和这些偶然性相比都是脆弱的。例如人的身体，福柯说："身体是被许多细微的制度性因素铸造而成的。身体是这样被分解的：被节奏、被休息、被节日；通过饮食习惯或道德法则，身体被食物或价值观念所毒害。"[①]这里的身体，没有经常性，没有不变性，没有本质。当然不独身体，身体只是参与历史过程的一个因素，还有很多要素，但是这些要素都像身体一样，是可以被分解的。在福柯看来，只用一种固定的结构或者习惯解释所有的历史，就是在曲解历史。如果我们多年来已经习惯于这样的解释，那历史就留给我们很多空白，这就给了福柯这样的历史学家重新解释历史的机会。同样，历史的发展也不是从前所有历史阶段和历史意向的积累，历史总是暴露出新的因素，那些从前被压抑

---

① Foucault M: *Language, Counter-Memory, Practice: Selected Essays and Interviews*, ed. D.F. Bouchard, Oxford. Blackwell, 1977, p.153.

的因素，而这些因素是主体意识难以控制的。

于是，历史系谱学就可以把很多从前被认为是"非历史"的因素写入历史，比如感情与身体（事实上中国第一个历史学家司马迁早就这样写历史了），还有那些琐碎低卑的事情，而且就像用放大镜那样贴近了看。所有这些，显然是一些不同的知识角度。"事情并不像人们所说的那样是必然的。疯子们被视为一群精神病也不是理所当然的；同样不是理所当然的事情还有，把罪犯关押起来，或者通过检查这些精神病人的身体来追溯他们患病的原因。"① 按照正统历史学家的观点，能写出这样句子的历史学家本人，就应该算作一个精神有病的……这是否应该算作对福柯的《疯癫与文明》一书的注解呢？他在那里说要写出一部精神病人的思想史，那么，如果写作者本人不患有这种病，他如何写得出来呢？历史写作中的创新，也就是要有精神中的不同连线，让精神过程有不同的轨迹，并且不用其中的一个排斥另外一个。

就一般的情形而言，黑格尔所代表的传统哲学、按照启蒙思想构建起来的现代社会，在规则和理性的旗帜下，隐含着精神或者知识上的等级体系。福柯的知识系谱学致力于打破这样的等级体系。在这方面，福柯的著作与马克思的著作有什么关系呢？两人都声称致力于哲学与社会科学的"科学性"。福柯从两个方面对马克思主义的科学性提出质疑：

（1）马克思主义的认识论背景，它决定了马克思主义所说的社会科学与人文科学的方向性。福柯在他的《词与物》中，提出了他自己的"认识理论"："马克思并没有与西方知识论产生最深的层次断裂，在那里可以毫无困难地找到马克思的位置。"② 也就是说，福柯对我们国内马克思主义哲学史教科书经常谈论的马克思成熟时期的哲学认识

---

① Foucault M: *Questions of Method: An Interview with Michel Foucault*, Oxford Literary Review, 1981, vol. 4 no. 8, p.6.
② Foucault M: *The Order of Things: An Archaeology of Human Sciences*, New York, Vintage Books, 1973, p.261.

论（辩证唯物主义）的革命性质表示怀疑，他认为马克思的思想没有脱离19世纪西方哲学整体上的精神羁绊。福柯承认，马克思在他的政治经济学著作中，使用了一套新的具有实践意义的话语，但是这些话语并不足以构成对19世纪认识论模式的根本背叛。福柯在他的《词与物》中正是把马克思主义归属为19世纪的认识范式，简单而实在地说就是，他不认为马克思建立了一门新的科学。与其说福柯在他的著作中更注意使用"科学"这个字眼，不如说他更注意"话语"——在不同的历史时代，有不同的话语。这些不同的话语遵循不同的规则，要紧的是找出这些规则。整个19世纪西方思想家笔下的知识和马克思所说的"实践"，在福柯眼里只是不同类型的话语："考古学的领域可以延伸到'文学的'或者'哲学的'以及科学的文本。不仅可以在推论中，而且也可以在虚构中、在反思中、在叙事中、在制度规则中、在政治选择中发现知识。"① 所以，"考古学试图描述的不是某种特殊的科学结构，而是不同的知识领域"。② 我们凭什么知道历史呢？依靠历史文献。什么是历史文献呢？一切文献都是以"某种方式"被说出来的话语，这里所谓"某种方式"，就是文献或话语起作用的条件，这才是福柯所致力分析的问题——正是从这里出发，福柯进一步提到了"权力"和"知识"以及这二者之间的关系问题。

（2）福柯指出了马克思主义权力理论与知识系谱学的区别。福柯所谓的"权力"，既不是政治的权力也不是经济的权力，而是话语的权力。话语是一种权力与话语是一种知识，是同一件事情的不同说法。换句话说，知识是一种权力。就知识只有在权力关系的意义上才有存在的可能性而言，知识具有政治的性质——这是福柯在《规训与惩罚》和《性史》中重点阐述的问题。

知识系谱学与马克思主义权力理论争论的焦点在于：是否要从经

---

① Foucault M: *The Archaeology of Knowledge*, London, Tavistock, 1977, pp.183–184.
② 同上书，第195页。

济领域寻找权力的最终原因。福柯说，在马克思那里，从经济角度来说，权力也被当成了权利，拥有一件商品的权利，也是支配他人的权力，这种权力是可以转移的，经历了异化。权力的角色同时在生产关系和阶级统治中发挥作用。权力物化为商品，而权力则是商品的概念形式。与马克思的志向不同，福柯不从经济领域寻找权力的最终原因，他认为脱离经济根源的权力分析是完全可能的。换句话说，脱离经济的政治是可能的。权力关系不是一种交换关系，权力关系是一种力的关系，但这种力的关系不是生产关系的代名词。

在分析与权力有关的因素时，福柯没有像传统理论那样把权力与服从和统治联系起来，他认为分析权力的方法论规则有五个——形式的、层次的、效果的、方向的、知识形态的。

第一个规则：为了避免用"服从"和"统治"这样的词语分析权力，福柯对权力的那些已经过时的形式加上了具有现象学性质的括号，这里专指那些曾经是合法的起规范作用的权力形式。福柯诉诸的，是一些细微的、"不太合法"的权力。

第二个规则：权力涉及的不仅有意识的意向，而且还有权力的应用，即被实施权力的对象。传统分析权力的方法以这样的方式提出问题："谁拥有权力？""有权力的人意欲如何？"福柯建议我们要转移对权力问题的兴趣，在别一个方向上这样提出问题："事情是属于哪一个层次的或者是在哪一个层次上发挥作用的。"为什么要着重提出"层次"问题呢？因为各个不同层次之间，是一种非持续的关系，或者说是一种断裂的关系。这些不同层次非常重要，因为它们决定着不同时代人们的身体举止、性的合法与非法，等等。如果不同层次或不同时代的人们，在比如性的方面身体如何举止才算合法的问题上，有不一样的回答，而这些回答只具有相对的真理性，那么，这种"结构主义"的权力理论显然对马克思主义的权力理论构成挑战，因为后者认为无论在任何时代，人们做事情的最终动因好像都是一个样子的，都是为了发财——或者解决自己的吃穿住行等生存问题——进一步说，是为了某一个特殊的，自己所属的阶级的利益，以至于"任何时代的思想，都是统治阶级的思想"。福柯不这样看，他更关心一个人的举止是如何被权力关系构成的，权力的效果是如何在人身上发挥作用的。

第三个规则：不应该像马克思主义那样，把权力物化或概念化为商品这样的个人财产或统治权这样的"阶级财产"。福柯说，拥有权力不像拥有一枚硬币或具有使用价值的商品，因为权力呈现为一种网状的结构，是一种关系网。编织权力关系网的线头，可以延伸到任何一个方向、任何一个地方。所以，不能说拥有权力的是任何个人，任何个人都是作为关系网的权力所降临的一个效果，正是这些关系网制约着个人去思考和关心应该怎样做才是合理的。

第四个规则：对权力的分析应该是一种微观层面上的分析，我们应该把福柯使用的术语理解为这种微观层面上的，具有可操作性的。这是一些更为细小的"统治形式"，大的话语应该受制于这些小的话语。换句话说，要详细观察作为权力的技术和程序，是如何在日常生活层面上被操作的？那些程序化的规则有哪些合理与不合理之处？这些可能是躲在人们经济诱因背后的更为根本的东西。作为一种比喻，马克思的方法是一种"下降"的方法，因为他从上层建筑追溯到经济基础，而福柯的方法则是一种"上升"的方法，即不再从"经济基础"中寻找社会规则的成因。福柯说："只有当我们掌握了这些权力技术，出于一些特殊的理由在一种给定的关系网中，揭示出那些源自这些权力技术的经济与政治上的好处，我们才能够理解机械论如何有效地融进了整个社会。"[①] 于是，经济和政治都不再是"基础"，而成了一些效果。总之，福柯想切断权力与经济之间的关系。

最后一个规则，也就是权力与知识的关系。权力是如何发挥作用

---

① Foucault M: *Power / Knowledge: Selected Interviews and Other Writing 1972–1977*, ed. C. Gordon, Brighton, Harvester Press, 1980, p.101.

的呢？权力是知识的产物。福柯在分析历史上出现的任何一种特殊的权力现象时，都指出它们与当时的"科学知识"密切相关。

福柯正是把这五个规则本身理解为"实践"，他认为这样的分析使"权力"摆脱了"合法的"或"正规的"概念之统治。换句话说，他认为马克思主义对权力的分析还受制于这样的概念统治。也就是意志的统治，好像是一个意志坚强的主体，随时准备去支配和战胜自己的敌人，实现自己的统治。这个传统，是启蒙时代遗传下来的，卢梭曾经建立了"主权在民"的思想，成为近代以来资产阶级民主政治的理论基础。福柯则以他的形式向"主权"概念挑战，他视其为一种"机械论"。这个"主权"就好像"权力"的最终解释者与判官，好像除了这种意志的权力再无其他的权力形式。即使资产阶级把这种政治说成是一种"自由民主政治"，但在福柯看来不啻一种以议会形式出现的"君主专制"。"存在着不按照主权之类的术语建立起来的权力……主权是构成工业资本主义类型社会的工具。非主权的权力处于主权形式之外，它是一种规训的权力。"[①] 以下我们还要讨论福柯如何通过监狱的诞生分析"规训的权力"。

在福柯看来，任何权力都是通过"规训"的方式实施的，而不同时代有不同的"规训"，它们之间并不存在继承的关系。这些不同的"规训"起着社会行为规范的作用，以话语的形式表现出来。说话不仅要符合语法，还要符合社会规范。那么这些"规范"或者"规训"是更重要的"语法"吗？福柯和拉康一样，把其他领域的知识比拟为具有语言规则一样的东西。所以，当我们说到"主权"时，还没有说到点子上，还要说"主权"有一种"合法"的规则，而这个规则来自"规训"的方式。所以，这里有一种微观意义上的行为"密码"，凡是在规训发挥作用的地方，这些"密码"也同时发挥作用。"规训"就像

---

① Foucault M: *Power / Knowledge: Selected Interviews and Other Writing 1972–1977*, ed. C. Gordon, Brighton, Harvester Press, 1980, p.105.

是一些行为规范，但不是放之四海而皆准的真理或规律之类。

"规训"在不同时代是不同的，也就是说，不同时代的话语"密码"是不同的，以某种话语密码作为说话理直气壮的依据，好像是一种以某种方式说话的权利，而以其他话语排列方式说话则备受压抑。

1975年，福柯出版了《规训与惩罚》。在这部著作中，他认为权力只是一种策略。人的身体之所以不仅仅是赤裸裸的肉体，不同于动物的身体，就在于其中渗透着权力关系。人类在自己的身体上打下了历史文化的深刻烙印。身体受制于某种时代的政治，具体说，附属于权力关系，这种权力关系规训着身体举止行为——约束身体、培训身体、折磨身体，强迫身体去完成某些事情，比如一些习俗的仪式，做一些具有文化象征意义的动作。那么，关于身体的知识，也就是关于身体在某一时代人们可能知道什么，受到那个时代以规训作为标志的权力关系的约束。福柯又认为，与其说这样的权力是一种抽象的特权或拥有事物的手段，不如说是一种安排、操纵、谋略、技术。权力关系所面对的，并不是社会不同阶级之间的对立关系或者公民与国家的关系。权力关系是沉淀在最细微的社会层面上的最微妙的要素之间的关系。这也是一种"还原主义"的分析。权力在哪里发源的呢？权力处于某些结构关系中，是这些关系所约定俗成的效果，并且以创制的形式体现出来。

为什么说权力关系微妙呢？因为它就像一个大的蜘蛛网，其中有数不清的连接，任何一点的细微变动，都能导致整个网络的动荡不安。每个点都是一个事件，作为事件它就是自己自身，不可以用一个更大的概念概括之。福柯所感兴趣的，正是这样微小而微妙的"政治事件"，因为这些"蚁穴"一样小的窟窿最后将倾倒整个权力大厦。终止一种过时了的，旧的权力或规则，是从制定"革命的政治策略"开始的。

在《性史》中，福柯也是从分析性话语与身体之间的权力关系入手的。不同时代性话语的合法性都有自己的界限。他认为，有两种解释系统概括了对人的性关系的"表达"：一种是压抑说，认为人的性愿望总是应该受到压制或禁止；另外一种则批评这样的压制态度，反抗的方式是通过语言，或者说，是话语的行为，当然这样的性话语也不是随便乱说，而是受到某些规则的约束。也就是说，性的愿望状态是受到权力关系制约的，这也是一种政治性质的权力关系。性解放首先是解放这样的权力关系。

与马克思主义建立在商品经济理论基础上的权力分析不同，福柯不赞成把权力当成一样可以获得的"财产"或者"东西"，因为如上所言，权力被向上追溯而不是向下追溯。福柯也质疑阶级斗争之"对立统一"的二分法的概念。究竟什么是微小而微妙的，具有政治性质的"权力关系"之例子呢？比如在家庭中和日常工作中，对一些矛盾现象不适合使用"对立统一"的二分法的概念，因为权力"关系网"的方向是多种多样的。

福柯也试图消解权力关系中"企图""目标""理想""理念"之类的精神因素的作用，毫无疑义，这些因素在传统政治哲学中具有非常重要的意义。他认为人的意志固然重要，但是权力不是人的意志的产物。另外，我们不知道福柯的权力理论是否曾经受到毛泽东的影响，但在以下方面至少在字面上，福柯与毛泽东的说法是一致的——福柯说在权力关系自身中就已经包含着抵制，对关系的抵制是权力关系的内在成分，因为这种抵制不是"外在的"抵制，而是"内在的"抵制。（毛泽东说得更简洁深刻："哪里有压迫，哪里就有反抗。"）如果权力在它的网络中无所不在，那么，抵制或者反抗也就无所不在。但是，这并不是阶级的反抗，不是单一性质的反抗。反抗或抵制是多样的，反抗与反抗之间，也是反抗的关系。反抗的关系或者方向性，经常发生转移。

身体上有"政治的割据"，需要政治的解剖术。把政治理解为网状的，技术性质的，这更接近中国文化传统——谋略的传统。

几乎在福柯的所有著作中，都可以看出直接或间接地对马克思主义的批评，因为福柯对历史和政治的观察方法与马克思的完全不同，他研究话语及其在制度上的效果，这与人们通常习惯的马克思主义理论与实践的关系，有性质上的区别。在福柯看来，看见的和能说出来的之间，从来就不是一致的，这并不是道德问题。也就是说，话语的序列、社会与制度上的实践序列、话语效果的序列之间，并非对称的关系。也就是说，说话与实际的社会，从来就不是一回事，这二者之间的"翻译"是不可能实现的。实际生活中起作用的并不是什么理论，而是以可操作的"技术"为基本特征的实践。甚至可以说，存在着两种完全不一样的"实践"，话语（也就是通常所谓的"理论"）也是一种特殊的实践，但它与日常生活的现实，不是一回事。

福柯是这么说的："我们的世界并不跟着某一方案走，但是可惜，我们却生活在某一个方案的世界之中。换句话说，我们生活在一个被说话的效果浸透着的世界。话语的对象就是词的意义，词语的意义向我们提供着现实世界的合理的，透明的方案。"[①]

福柯在他的著作中寻找话语形成的规则（即一个有关世界的陈述是怎样形成的），分析它们与非话语的实践之间的非对称关系。显然，这种关系不同于马克思主义关于经济基础与上层建筑之间关系的阐述。

## （二）内与外的思想：理论与实践

### 1. 外的思想

对话语的分析几乎散见于福柯所有的著作，他把这个问题一直追溯到古希腊时代。话语本身就带有悖谬，悖谬是话语的天性之一。一

---

① Foucault M: *Power / Knowledge: Selected Interviews and Other Writing 1972–1977*, ed. C. Gordon, Brighton, Harvester Press. 1980, p.245.

个古老的语言悖论说,一个人以异常肯定的口吻说,"我在说谎"。那么,这句话到底是真话还是假话?这句话揭示了语言的表演本色,也就是虚构性。关于这句话的真假难题,有很多解决方案,其中一种,是认为语言其实划分为不同的层次,有简单的层次,有叠加的层次。所谓"叠加"就是说,话所针对的是话本身,而不是话所指称的词语外面的世界或物件,这就是语言的虚构功能,也就是语义的自我繁殖现象。其实,任何以话语形式出现的现象莫不如此,一句话接着一句话,在文字就叫写作,在声音就叫说话。这个过程,用福柯的话说,就是"外的思想",因为第一句话是第二句话的对象,说话的过程,很像是一个不断溜号走神的过程,也就是没有接触到原来的内容。这又很像是一个人倒退着走路,发生过的事情越来越模糊,因为它们距离我们越来越远。这也很像是一个人的一生。

总要把语言划分为"说"和"被说到的东西",这就是语言的"二元论"。问题的关键在于,这个语言或者说话的链条是横向的还是纵向的?任何说话都要有所说,这就是我们所谓的"纵向",比如按照我们以上的分析,有"撒谎",接着说,那就是关于撒谎的撒谎。在这个表面"纵向"的过程之中,发生了德里达所谓的"延异"现象,也就是语言的链条实际上从纵向变成了横向。

"说话的人"在说的过程中成为"被说的人",这就是语言层次现象。在不同层次上的语言,在说到不同事情的同时,也显露了不同的语言含义。用直观的语言表达,可以说"我在说话"与"我说'我正在说话'"之间的区别。这也是把直接语言变成间接语言的过程。"倒退着说"或者"倒退着走路",就是经历一个又一个间接性。

但是,当我说"我正在说"的时候,难道我不是在说吗?的确如此。可是,事情似乎并不这样简单。"我说"的意义是开放的,即它的可能性并没有受到限制,即它的可能性并不像"我说"这个表达式表面上这样清楚,因为这里的"我"完全是悬而未决的——这里发生了交流中的中断，意义不再流畅，不再畅通无阻，就好像回到了语言的原始状态。这与独白有什么关系吗？独白是语言的某种原始状态吗？但福柯的说法是，这样的语言敞开了"纯粹的外在性"。那么被交流的意义就是内在的语言啦！这个"我正在说"中的"我"因为其悬而未决性从而无法为自己说的话负责。这正是现代文学的特点，非现实主义！

　　语言"纯粹的外在性"又是语言自指现象：语言说到底只是语言本身而已，与外面的世界一点儿关系都没有。也就是德里达曾经说过的，"在文本之外一无所有"。这不仅是文学而且也是哲学。20世纪的欧洲文学和哲学都逃避模仿或表现，说话不再代表在话语之外的另外一样东西。"文学的话语自我繁殖，形成了一个网络。在这样的网络中，每个连接点都是不同的，甚至距离最近的词语同时也是距离最远的词语。点与点的区别关系，就空间关系而言，是一种同时性。"① 语词越是这样远距离地拉扯，就越是接近现代文学。这种以"外"作为特征的语言，就是总也说不到点子上的语言，因为每句话或每一步都在层次上错位，也就是词语的叠加现象。

　　因此，"我说"等于什么都没有说，语言倾向于丧失自己的使用价值。这从理论上说明了为什么20世纪欧洲小说再也不热衷于讲故事。现代文学就是隔离了"故事"之后留出的文字空间。

　　"我说"是对抗"我思"的，因为就像笛卡尔已经证明了的，"我思"朝着证明"我在"的方向。但是，"'我说'却是隔离、驱散、抹去我的存在，使'我'呈现为一个空位。对思想的思想，这一比哲学还宽广的精神传统，它告诉我们思想将把我们引向最深的内在性。但是，通过文学或其他途径，关于说话的说话却引导我们来到一个外在的异域。在这个异域中，说话者不再存在。毫无疑问，这也说明了西

---

① Foucault M: *Maurice Blanche: The Thought from Outside*, Zone Books, New York. 1990, p.12.

方思想为什么用这么久的时间去思考语言的 being：它预示着这样的危险，即为'我思'的自明性给出语言之赤裸裸的经验"。①

笛卡尔式的沉思像是外的思想，但终于还归结为内的思想，一个不可动摇的自我意识。那么，究竟什么是福柯所谓"外的经验"呢？突破口在于排除主体。这将捣毁西方文化的出生地，逻各斯的家园。主体性之外的思想？赤裸裸的思想？是没有疆界的思想吗？没有疆界的思想有点像是从无中产生的思想吗？很像是精神在与逻各斯分离之后，坠入了无底深渊吗？敞开带着围墙的精神。这种"外的思想"，不再是"哲学"思想。关于"外的思想"类型，福柯提到了萨德和荷尔德林：或者通过喃喃不清的自语，或者让语言失去根基和重量。抓不住的思想，是外的思想；不需要一面镜子反射自己的思想，是外的思想；总是朝着边缘走的思想，是外的思想；这个过程，并不是黑格尔辩证法式的否定过程，因为后者除了把我们带入双重的精神内在性之外，并没有新的东西。外的思想不是否定而是重新开始。

外的语言，是拆除前面形象的语言，是写在不可想象处的语言，是形象之变形。没有中心的语言，一个词语接着另一个词语，最临近的词同时是最遥远的词。这也是空间问题，这很像是福柯说的"异托邦"。如果说传统哲学思想与语言像是线性的，那么，福柯所谓外的思想或语言，就是空间性的。不断走出界限的思想，不但很像是没有思想的思想，也像没有场所的场所。去见那难以忍受的，去那禁止入内的地方。

这样"外的叙事"，特征是极其精确地注意细节之间的区分，很像是德勒兹说的"精神分裂分析""基本粒子"水平上的精神。另一方面，则是模糊：凡是用得着语言的地方，要模糊人为设定的界限，不必说这是小说，那是艺术评论，这是如实报道，那是玄思，如此等等。

---

① Foucault M: *Maurice Blanche: The Thought from Outside*, Zone Books, New York. 1990, p.13.

## 2. 理论与实践：分析伊朗革命

以下我们简单分析 2005 年出版的一本英文著作《福柯与伊朗革命》的片段。

内的思想，核心是形而上学的沉思，一个大写的"我思"。就像福柯说的，"作者"是意识形态的产物。外的思想和语言，展示了悖谬的思想、语言、世界。1978 年福柯甚至说："西方哲学的时代结束了，如果未来的哲学还存在，它一定产生在欧洲之外，产生于欧洲与非欧洲之间的碰撞。"① 又说："世界上有比知识分子想到的念头更多的念头，它们是一些比'政治家'的思想更活跃、更强大、更有反抗性的念头。我们必须去这些念头的发祥地……不是在表达这些观念的书本中，而是在展示这些力量的事件中，在围绕这些念头的斗争中……"② 这样，福柯努力在西方思想之外寻找"外的思想"的实验场，于是他找到了发生于 20 世纪 70 年代来的"伊朗革命"，他为其中体现的"政治精神"而欢呼，因为它既不同于苏联的也不同于中国的革命。

1978—1979 年，福柯先后两次去伊朗，写下了他对伊朗革命的感想。福柯在著作中对启蒙传统的挑战，也是对正统的马克思主义的挑战，这主要表现在福柯批评启蒙式的"人权解放"。在福柯看来，近代以来，西方社会的统治阶级渐渐放弃了更激烈的传统暴力统治形式，并不是因为它符合更文明的所谓"公民社会"，而是因为新的统治形式把不同人变为"更为精致的技术附庸"，与野蛮的惩罚制度比较更有生产效率。启蒙在发现了"自由"的同时也发明了惩戒。社会的法制与工厂、机关、学校、军队、监狱中的纪律或控制制度，并行不悖。日常生活中的，也就是微观层面上的控制系统无处不在。福柯认定启蒙

---

① 转引自 Janet Afary: *Foucault and the Iranian Revolution*, The university of Chicago Press. 2005, p.2.
② 同上书，第 3 页。

的现代性就是主体性，这与海德格尔的思想是一致的。福柯说伊朗革命试图在马克思主义的梦想之外，在19世纪的社会理想之外，在以总体性为特征的共产主义思想之外，建立另外一种类型的社会。他去伊朗，是想重新思考哲学与政治的原则，因为伊朗给出了一个新的希望，那是一个与现代西方完全不同的社会，一点也不遵循西方哲学的观念，只遵守伊斯兰的教义。福柯还引述了伊朗人对他说的话：马克思在1843年关于"宗教是人民的鸦片"的著名论断是错误的，因为它不符合伊朗的事实。总之，福柯对伊朗1970年代末的宗教革命感兴趣，因为它要建立一个既不同于西方的现代化，也不同于现行的社会主义的现代化。他对宗教的"法律"非常有兴趣，因为那不是"现代意识形态"。

福柯把伊朗说成是一个"没有精神的精神世界"。对伊朗革命，有一些极"左"的马克思列宁主义团体表示支持，理由是有各种各样的造反，宗教造反也是造反，是反对帝国主义的斗争，在这个意义上，霍梅尼也是一个马克思主义者。福柯把这种态度归结为古典意义上的意识形态的反抗。西方人的"革命"观念，在习惯上总是与"进步"的观念连接一起。那么，该如何理解宗教革命？这是一种倒退吗？因为西方历史上的宗教革命早在启蒙运动之前就发生了。福柯分析说，革命的真正原因不是经济贫困，这也许与马克思主义的经典理论不同，革命时期的伊朗人说："我们要改变我们自己，改变我们的生存方式，改变我们与他人的关系、改变与事物的关系，改变与上帝的关系。一定要完全改变。如果这样的变化在我们的经验中发生了，那就是真正的革命。"① 这时，伊斯兰教就成为革命的力量。用一种精神的生活代替全部生活。"人们总是引用马克思的话，说宗教是人民的鸦片，但这句话前面的句子是，宗教是没有精神的世界精神。让我们说，就在1978年，伊斯兰教就不是人民的鸦片，因为它是没有精神的世界精神。"②

---

①② 转引自 Janet Afary: *Foucault and the Iranian Revolution*, The university of Chicago Press. 2005, p.255.

我们对福柯关于伊朗革命的言论，并不想指摘他的对与错，而是想说：福柯对伊朗革命的兴趣，来自他终于有了一个机会把他关于权力的理论应用到实际的政治生活，而且是西方社会之外的政治生活，他几乎抱定一个念头，就是要在西方传统的政治理念之外，寻找革命的例子，而且他认为自己找到了。他把自己的思想当成一种实验，如果用他关于"外的思想"分析，那伊朗革命也发生在"异域"，一个货真价实的"异托邦"。

## 二、利奥塔尔的后现代主义与马克思主义

### （一）

著有《社会学的想象力》的美国社会学家赖特·米尔斯（C. Wright Mills）早在1959年就这样向世人宣告："我们已经到了一个时代的尾声，这个时代，就是所谓的'现代'。就像'现代'取代了西方人称之为黑暗时代的、东方人追随了很多世纪的古代，在'现代'之后，是后现代时代。"[①] 赖特·米尔斯声称，不可以把后现代性与自由主义和社会主义这两种主要的现代政治意识形态混为一谈，因为它们都导致一种现代病，也就是过度的理性化，其主要标志，就是已经失去控制的庞大官僚制度。这种制度，把人变成了一个"快乐的机器人"。从字里行间，我们看得出，赖特·米尔斯认为他所诉诸的后现代社会，有一种更加广泛的自由与民主。

利奥塔尔的政治见解，与赖特·米尔斯如出一辙，他是这样说

---

① Wright Mills C: *The Sociological Imagination*, Oxford: Oxford University press. 1959, p.184.

的:"很清楚,在我们的时代,理性的政治学已经不再可能。我的意思是说,必须放弃政治科学。政治不再是科学的事情。那么,我们唯一能守得住的立场,就是把政治称为'判断的政治',是对政治判断的某种'批判'。换句话说,政治只承认自己存在于意见的领域……我同意或反对,这是一种判断,但它是由政治判断所实施的游戏。"[1] 从字里行间,我们看得出,利奥塔尔否认政治科学中的真理性,也就是是非标准的唯一性。也就是说,这里隐含着这样的"逻辑":判断的非真理性或者说是判断的错误,不是偶然而是常态。在后现代政治中,所谓政治见解完全可以是一件个人的"私事",因为每个人的判断都不相同。又由于没有一以贯之的标准,经常改变立场就是不可避免的了。利奥塔尔承认,在后现代政治中,个人完全可以以"另类"的方式生活,而在这些另类的政治生活中,与其说判断是出于理智,不如说是出于情感。不再有可以通约的信仰和价值,在每种相信背后真正起作用的,只是某种说话制度或说话方式。

同样显而易见的是,如果政治的立场或标准是唯一的,那我们就只能有一种说话制度或说话方式。如果标准是多样的,就有很多不一样的说话方式。我们可以把这里的"唯一"理解为一种宏大的说话方式,而把很多不一样的说话方式,理解为一种被割裂了的或破碎的说话方式,一种微观层面上的政治哲学。

阅读利奥塔尔的著作,会使我们不由自主地想到贝克特的剧本。这是两个作家之间的相似,因为他们以各自的语言风格,表示了对形而上学意义上的可沟通性的强烈抵触,都不相信被组织得井井有条的政治理论,都对未来抱有乐观主义态度。要往前走,别停下来,都质疑人称代词"我们"的作用,都认为语言中所谓共享的"意义"是虚假的。利奥塔尔对形而上学"宏大叙事"的批评,在贝克特的剧本里

---

[1] Lyotard J-F, Thebaud J-l: *Just Gaming*, Manchester: Manchester Universty Press. 1985, pp.81–82.

则表现为角色之间无法真正沟通的尴尬情态。在理论上，就是利奥塔尔所说的，有完全不一样的语言规则，所以就有各种各样的语言游戏，不可以还原为一种基础的或共同的规则。这个说法的意义也是政治上的，因为"宏大叙事"的态度使人们不屑于尊敬别一种文化和他人，并且由于这样的政治态度导致各种本来可以避免的冲突。在这个意义上，利奥塔尔认为近代启蒙的话语模式已经完成了它的历史使命，正在走向死亡。马克思和孔德的时代已经过去了，一种单一和单调的实证样式的社会已经落伍了，以大写的"科学"作为判断是非的最终权威的时代已经过去了。

多元性或多样性，不是"民主集中制"意义上的多样性，而是去掉"集中"意义上的多样性，利奥塔尔这样的见解当然不同于列宁主义，因为在他看来，马克思主义的话语体系是一种典型的大话语，一种以总体性为基本特征的概念叙事、宏大叙事。利奥塔尔与西方马克思主义理论家不太相同的是，他是从语言出发批评马克思主义的，这与他批评传统形而上学意识形态，密不可分。马克思本人建立起马克思主义哲学即辩证唯物主义与历史唯物主义，正是从批判德国古典哲学的意识形态开始的，进而批判一直作为意识形态的哲学史，进而批评一般哲学本身。但值得玩味的是，批判意识形态的理论本身，成为或者被当成了一种崭新的意识形态，这在十月革命后建立起来的社会主义国家中，也是不争的事实。从理论上说，对作为意识形态的哲学最有力的批评，来自兴起于20世纪五六十年代的结构主义。利奥塔尔从语言和叙事角度对宏大叙事进行分析，这与他的结构主义态度有密切关系，但不是严格意义上的结构主义，而是所谓"后结构主义"，这个称谓强调了"后现代主义"的理论来源，二者是同义词。属于这个阵营的思想家很像维特根斯坦说的，是一种"家族相似"：每个思想家看似不同，但是游戏规则在他们那里是一样的，包括福柯、德里达、德勒兹、列维那斯、波德里亚，当然，还有利奥塔尔。把这些思想家连接在一起的"共同信念",是相信无法统一的差异。我们可以给它取一个名字,"微观政治学"。它与"宏大叙事"的"宏观政治学"之间有巨大的鸿沟。在法国知识分子圈子里,这些被称作"后学"的一代人,伴随着1968年著名的"巴黎5月风暴"而声名大作。

1968年5月那场短暂的巴黎学生造反运动,对马克思主义产生的却是负面影响,因为我们以上提到的这些法国先锋思想家们,几乎都亲身参加了这场政治运动,而且在这个政治事件之后,对马克思主义的态度,用"背离"描述实不为过。作为这些思想家中的一员,利奥塔尔在年轻时也曾信仰马克思主义,1968年事件之后,他认为这场革命证明马克思主义理论过时了,失败了。一个"放之四海皆准"的真理标准,是不存在的,因为它是一个一般性的范畴。对"社会主义"的怀疑,来自对"社会"这个概念本身的怀疑,来自对"社会学"作为一门"社会科学"的怀疑,因为这些"总体性"概念已经远离了人们的现实生活,作为解释的工具出了问题,"社会学"里没"社会"。

利奥塔尔的批评又是从语言入手的,他认为语言并不是交往的工具,因为"因为"是由非常复杂的各种使用方式构成的。哈贝马斯认为语言的基本特征是一种普遍的交往工具,利奥塔尔不这样看,他认为语言是不透明的,因为并没有一个统一的,一致同意的判断语义的标准。例如"合法性"问题,就无法用非此即彼的态度粗暴地认为只有自己的立场是唯一正确的。

## (二)

利奥塔尔主张彻底的多元论,放弃任何总体性的理论。他的这个主张有一个更一般的倾向,就是把他的主张应用到整个人类社会生活,用于推翻之前的全部与总体性思想挂钩的理论。他也放弃了任何"社会主义"的理论,他的后现代主义理论宁可与结构主义结盟。在他看来，马克思主义理论在 20 世纪人类社会实践中已经失败了。

利奥塔尔的主张，是对马克思主义经典理论的挑战。在他看来，马克思主义的一个现成的分析工具，就是"社会"这个概念。马克思主义的危机，是这个分析工具的危机，因为作为分析工具，"社会"已经远远不适应人类生活的实际状态。得出这个结论，与对语言的态度有关。产生于欧洲 19 世纪中叶的马克思主义对语言的态度是工具主义的，认为语言是社会交往的工具，这一主张恰恰是 20 世纪以现象学和结构主义为代表的欧洲大陆哲学家所反对的。无论这些哲学家的具体观点如何冲突，他们几乎异口同声地说，语言在交往过程中具有不透明性，从而作为社会交往的语言也不再能很好地执行马克思主义所主张的社会交往的工具的作用，进而，语言可能无法肩负起社会交往的重担。

以上讨论的问题，表面上是语言问题，实际上是哲学问题，而且是极其复杂的哲学问题。与语言的工具主义态度相一致的，是世界大同的思想，也就是消解差异，把人类社会归结为同一。这也就是利奥塔尔所批评的"宏大叙事"，一种抽象的普遍主义，要有一种放之四海而皆准的真理，而这个真理具有绝对的权威。利奥塔尔认为，这个权威是不存在的，存在的是纷争，没有统一的标准。提出最高标准的权威的"权威性"受到质疑，不但存在不同的观点，而且这些不同的观点之间没有由此及彼的桥梁。丧失了绝对的选择标准，这不啻为对判断本身的怀疑和挑战。"我判断，但是如果人们问我的判断所依据的标准是什么，我将无言以对。"[1] 这也是对"相信"本身的质疑，这样思考的结果，是非常耐人寻味的。那么，到底凭什么判断呢？利奥塔尔和康德一样求助于非概念的"感觉"，不把生动的感性附属于某个概念思考。也就是说——有某种不能被说出来的东西。说不出来，却有

---

[1] Lyotard J-F, Thebaud J-I: *Just Gaming*, Manchester: Manchester Universty Press. 1985, p.6.

感受的触角，那里有天生的好恶。"我们西方人应该在非中心主义、非目的论、非真理性的基础上，重新对待我们的时间空间和我们全部的逻辑。"①

利奥塔尔对马克思主义的怀疑在 1958 年就已露出端倪，当时他就认为用马克思主义的范畴难以解释阿尔及利亚的民族主义问题。在 20 世纪 60 年代，他又尖锐地批评在斯大林主义影响下的东欧社会主义制度。但是，就像他这一代其他法国知识分子一样，利奥塔尔也深受马克思主义的影响，直到 60 年代早期，他还坚持相信马克思主义的核心理论。但是，在 1968 年 5 月巴黎学生运动后，利奥塔尔认为马克思主义的阶级分析方法已经失效了，因为马克思主义也是一种整体主义，是众多整体主义形式中的一种。不但如此，利奥塔尔还把他的观点渗透到日常生活批评领域，认为政治上的整体主义已经高度精密化了，表现为技术、语言、商业等方面对人的压抑。为了改变人被异化的现象，就必须发明新的思想。对于利奥塔尔来说，这种整体划一的"共同感觉"和"日常语言"是难以容忍的，就社会严酷的现实而言，也在向传统的启蒙话语提出挑战，比如第二次世界大战中屠杀了几百万犹太人的纳粹集中营，也是在一种变相的整体主义政治口号下实施的屠杀，因为在希特勒眼里，杀戮作为一种"劣等民族"的犹太人，几乎等于划掉一种没有价值的符号。这是一种对立统一模式的思维，对敌我双方都是一样的。对利奥塔尔来说，只有那些被启蒙的大话和附属于这些大话的政治大事件所遗漏的事情，才是值得认真加以研究的。于是，要反抗那些过于简单化的启蒙口号。口号政治中的"口号"都附属于某种以概念为中心的学说，而概念本身就是值得怀疑的。真正应该注意的，是那些本身还无法解释的现象，这主要是以各种体验的方式表现出来的。

---

① 转引自 Benjamin A: *The Lyotard Reader*, Oxford: Blackwell, p.118.

## （三）

利奥塔尔早年接受的是哲学训练，他发表的第一本著作，是于1954年出版的《现象学》。但是，直到1971年，他才出版了他的第二本著作《话语、形状》。但是，从此他的创作欲望一发而不可收，他出版了一系列著作，内容涉及艺术理论、精神分析、哲学、政治，等等。他在自己的著作中叙述了他的两个发现：第一，他认为所谓"真理"不过是对道德理想的一种表达，所以也可以说根本就没有真理，所谓"真理"只是表达了一种向往真理的愿望；第二，马克思主义所说的真理也随之倒塌了。

显而易见，利奥塔尔这里隐含着对苏联式的马克思主义的批判。这也表明了马克思主义理论在一次最大规模的政治实践中的失败：马克思主义本来是要消灭剥削阶级的，但是革命的结果却是产生新的资产阶级，新的统治阶级。同时，在社会主义制度下的"意识形态"问题竟然变得比在资本主义制度下还要突出。

有一种特别值得分析的现象，按照利奥塔尔的观点，在依照总体性原则建立起来的社会中，文学艺术是难以繁荣的，因为这样的社会在本质上是压制真正的文学创作的。而所谓"后现代"社会中，文学艺术不但受到鼓励，而且其作用甚至超过了哲学。在利奥塔尔的语言中，理性与权力是同义词。为了超越理性，就得有比想还多的想，神秘性质的想，超越的想。为什么要有批评标准呢？为什么要超越界限呢？因为标准和界限都不能概括全部事实，重要的是事实本身以各种偶然事件的方式突然展现在人们面前，而理论却往往对此无能为力。利奥塔尔这样写道：

"对康德来说，法国革命所唤醒的热情表现了尚未被看见的前景的一个典型事例，正是这个事件向我们保证了未来。康德在法国革命中发现了仁慈之道德分配的'历史符号',以及朝向人类最终目标进步的征兆。如果我们现在的感情与康德不一样,那是因为我们面临着更多的历史符号——其中有奥斯威辛集中营、1956年布达佩斯事件、1968年巴黎学生运动等。这些事件的发生是相互异类的——其中每一个都消失于自己的目的。启蒙所建立起来的观念已经衰老了。"[1]

因此利奥塔尔倡导回到日常生活本身,分析日常琐碎的小事件。与传统启蒙的话语比较,他更重视日常生活里的革命。为了说明这种距离我们更近的革命,利奥塔尔在1974年发表了《性欲经济学》。这本书试图把弗洛伊德的性冲动理论与马克思主义政治经济学加以融合,它们都是一些充满欲望的文本。

利奥塔尔把"欲望分析"与马克思主义连接起来,试图以此改造马克思主义。他在研究弗洛伊德学说和艺术的关联时,提出有某种"经济心理作用":就心理表现结构的研究方面,弗洛伊德在早期与晚期有不同的观点。利奥塔尔更欣赏晚年的弗洛伊德,也就是说,用换喻代替隐喻。在这方面又与索绪尔的符号学理论有关,符号的意义是在语言符号之间横向的差异过程中实现的。利奥塔尔分析说,这种替换实际就是换喻。这个过程中,并没有一个事先存在的屏幕,人的意愿就投射或消失在这块幕布上面。这幕布象征着交往中的理想状态,也就是意向的完满实现。符号从来不是直接实现出来的,而是经历了一个间接的过程,这个过程就是替换或换喻。值得注意的是,符号交换过程就是意指关系被推迟的过程,也就是原来的意向性还没有充分实现,就被置换掉了,这个过程也叫换喻。这也是一个无止无休的过程。意义从来没有以原样的方式展现在屏幕上,对起源的追溯是无意义的。利奥塔尔称其为"祛起源化"。这也可以理解为只是过程,目的算不了什么——用理论的话语,就是说除了符号之间的关系,一无所

---

[1] J-F. Lyotard, Jacob Rogozinski: *La Police de la Penseé*, l'Autre Journal 10, December 1985, p.34.

有。这样的立场，与柏拉图代表的西方形而上学的理念传统格格不入。如果把利奥塔尔的立场应用于欲望，也就是说，欲望在实现自己的过程中被推迟为"欲望关系"，也就是所谓原始欲望在实现自己的过程中，被不断地编织出新的欲望之网。

在《精神分析与绘画》中，利奥塔尔继续讨论弗洛伊德的美学理论。绘画形状的痕迹是与原型不断疏远的过程，因此绘画的表现等于没有表现。这当然具有解放绘画的巨大作用，它同时也把美学研究的"对象"从柏拉图的理念中解放出来。艺术表现的欲望和性欲一样，都经历了以推迟或"延异"为特征的差异过程，这不是例外而是常态。换句话说，事物是以别的样子出场的，而从来就不曾存在一个原样的世界。

这样获得的研究马克思主义的最新启示，就是要分析马克思著作中显示的"欲望"。如果马克思最初的愿望被证明是无法实现的，那么马克思的文本是否可以有一种崭新的排列方式，从而解放马克思主义。当然，这样的说法具有更一般的意义，也就是说，打破一切模仿性质的语言，消解意识形态，从而解放语言、解放意识形态。在最普遍的意义上，这也对一切对象提出质疑，因为关于对象的思想，可能是一种彻头彻尾的幻觉。

利奥塔尔分析说，马克思主义研究中的一个误区，就是把马克思各种文本的欲望简单化，统一化。正确的做法是，应该唤醒马克思文本中暗含的愿望，就像拉康曾经分析过的，马克思的大胡子可以替换为力比多的能量，那里在马克思的文本中有特殊的出场方式。大胡子马克思有多方面的创造形态，其中有自相冲突的欲望冲突，两性的冲突："年轻而女性化的马克思"迷恋资本的身体。她就是伊壁鸠鲁式的马克思、美学意义上的马克思，她宣称挚爱有思想的男人，因为这个男人以精神的威力控告资本的罪行，而她还是无产阶级的化身。所以，马克思是"雌雄两性"的，在他身上有异性或异化的强大力量。也就是说，对事物的分析不应该是直线的或线状的，不是在时间之内，而应该是立体的，划分为不同的空间要素。作为"她"的马克思是一个贞洁的做梦者，要与自己所爱的那个化身为思想的男人结为一体，而这个男人的思想却是异常暴躁的。对利奥塔尔来说，这也是一个换喻的过程。马克思可以变形为他者，比如变为弗洛伊德。利奥塔尔把马克思的文本说成是以上的换喻过程，哪样的句子组成段落、哪样的段落组成章。于是马克思的著作不仅是科学著作，也是艺术和精神分析的著作。

作为"她"的马克思处于忐忑不安之中，她想不到作为"他"的马克思竟然花费了那样多的时间研究资本，这个智慧的头脑不肯停下来，只是为了无休止的沉醉，一种在差异中享受的沉醉，这也是一种力比多式的换喻，过度的使用。资本不可能生育出一个健康的孩子——社会主义，因为资本的身体是不结果实的，钱生钱的道理，最终的结果，并非社会财富的增加。所以，社会主义是一个死胎。

为了证明自己的观点，利奥塔尔引用了马克思的一段话，马克思说当社会生活实践出现重大事件时，对他来说，理论研究就不再有吸引力了。利奥塔尔把这解释为一种力比多的变化，就好像是有一个"年轻的无产阶级的美丽身体"把目光瞄准在资本身上，资本对无产阶级的头脑有沉醉作用，因为资本的本质，就是被过度使用、滥用，也就是卖淫，因为资本是不能闲下来的，否则就无法体现其价值。就是要用自己的宝贝吸引世人的注意。

体现在文本上，就是符号之间的交换所带来的快乐。利奥塔尔指出，劳动与资本之间的关系，也类似于"卖淫关系"，也就是其中一方拼命地索取，另外一方被高强度地滥用，这就是力比多释放能量的过程。在这个过程中，资本也离开自己本来的土壤，释放出剩余价值。这也是一个异化过程，生产就是疏远，也就是异化，是资本身体的过度想象。

(四)

利奥塔尔是从语言入手阐述他的哲学立场的。有两种不同的陈述形式：科学语言与日常语言。科学语言是一种按照逻辑自我解释的语言，有些像同义反复，可以预知。日常语言则丰富复杂得多。比如它是有不同层次的。比如我们要把故事和故事的叙述区别开，也就是要细致区别话语是在什么情况下发生的。虽然都是陈述，科学陈述与日常语言的陈述不同。自从启蒙以来，科学陈述被赋予了特权，好像具有天然的真理性和合法性。但是，科学语言在应用到人文领域时，则未必就具有真理性。

1744年，维科在他的《新科学》中指出，他所处时代的语法学家喜欢把语言的专有用法与非专有用法加以区别，维科认为这很可能是一个错误。这很像近代启蒙以来把科学语言与非科学语言加以区别的做法。科学语言是"好"的语言，而非科学语言是"坏"的或"不精确"的语言。利奥塔尔在他著名的长文《后现代的条件》中，对陈述作了详尽分析。

让我们分析一下两个陈述："国王死了，皇后也死了。"对比一下："国王死了，皇后也悲痛过度而死。"前一个陈述与科学规律有关，后一个陈述联系到一个或多个事件，并且把这些事件按照顺序排列起来。显然，后一个陈述与科学规律无关。利奥塔尔写道："当我们寻求例如人的本性、文化、社会、历史等问题的意义时，不可能准确地说我们想要说的。我们的话语总会从我们的感觉材料进到某种意识结构，我们是通过某种意识结构把握感觉材料。或者这样说也一样：感觉材料本身总是抵制我们企图强加给它们的统一形象。"[①] 人文领域的陈述具有隐喻性与换喻性，也就是某些修辞结构，词语原来的含义在这里是寻

---

① Edited. Robbins: *Jean-Francois Lyotard*, Volume III. Sage Publications, pp.296-297.

找不到的。这里有本来没有关系的词语的拼接。在这个意义上，马克思也是作家，他有自己的陈述方式。利奥塔尔争辩说，科学知识也是语言构成的，是用语言陈述的，既然我们是生活在后现代时代，具有后现代的知识，那么，我们使用的语言，也必然不同于以往的陈述形式。有各种各样的话语形式，在它们之间是不兼容的。启蒙以来的所谓科学话语，连同哲学话语一起，是"元话语"或"元陈述"，这些话语和陈述现在已经开始死亡。

更有甚者，利奥塔尔认为语言的本职工作，就是"讲故事"。我们周围的世界及其历史，就是由这些种类不一的故事告诉我们的。这些故事活在不同的陈述方式中，活在不同的语言里。不但神话和民间传说是故事，就连政治学说也是讲故事，讲一个理想的政府应该如何构成的故事。这些故事是真实的虚构，讲故事的人和听故事的人都坚信故事的内容是真实的。这样真实的故事套着真实的故事，就构成了各个不同领域的历史。换句话说，元陈述也就是一种讲故事的方法。那么，近代启蒙理性的危机，就应该理解为与讲故事有关的危机了？人们已经听厌了这种性质的故事，于是，想听新故事。

正是在这样的背景之下，利奥塔尔提出了"语言游戏"的学说。在他看来，"现代性"与"后现代性"就是两种不同的语言游戏。"我用现代性这个术语指赋予自身以合法性的任何科学，所有这些科学都与某种元话语有关，是用某种宏大叙事得以解释的，例如精神辩证法、意义的解释学……"[①] 利奥塔尔声称，所有的元话语只是具有外在的合法性，但在任何日常生活话语中都难以找到这种"宏大叙事"的踪影，因为实际存在的是语言游戏。利奥塔尔用"知识"换喻"科学"，再用"语言游戏"换喻"知识"，从而以特定的方式消解"科学"。于是，后现代性"……就是不相信元陈述，这种不相信无疑是科学进步的成果：

---

① Edited. Robbins: *Jean-Francois Lyotard*, Volume III. Sage Publications, p.302.

但是，科学的进步反过来以不相信为前提"。① 他的《后现代的条件》一书一直在划分着现代性与后现代性。这里暗含着对非此即彼的选择方式提出质疑，进而对一切选择方式的正当性表示怀疑。启蒙的话语，近代以来西方社会中的政治一直假设了一个前提：不是向左走，就是向右走——不是走错误的道路，就是走正确的道路。这也是近代以来选择各种不同政治道路的政党出现的主要含义，因为政党既意味着选择，也意味着政治目标，正文党的策略不过是实现某一政治目标的途径。所有这些，都是宏大叙事，都是即将过时的政治思维形式。马克思并没有对这种思维方式做实质上的改动，因为他只不过是换了一个说法，称作无产阶级与资产阶级两个阶级的斗争。这些理论再也不能有效地解释当代社会，因为当代社会是一个后现代的社会，后现代的景观远不是简单的"非此即彼"就可以概括的。在后现代社会，任何知识都只是以各种各样话语的方式出现，而话语不过是游戏。

  利奥塔尔是在暗示我们，社会就是一个无限大的语言之网，任何人，不分性别、国别、出身、财富，都是这网络上的某个环节。所有语言游戏都是合法的，所以可以一会这样说，一会那样说，并不求助于一个外在的标准，也就是所谓"元陈述"。

---

①  Edited. Robbins: *Jean-Francois Lyotard*, Volume III. Sage Publications, p.303.

# 第八章　索绪尔与结构主义

由于历史的原因，当 20 世纪 80 年代中国开始介绍法国结构主义时，在法国，这种哲学方法已经渐渐被后结构主义或解构主义所取代。令人遗憾的是，几十年来结构主义在中国其实基本上只限于翻译引进和一般性介绍，其对西方哲学乃至文明的颠覆作用一直缺少真正意义上的理解。这种偏差源于一种与象形文字并不一致的索绪尔语言学理论，使我们从汉字角度理解它非常困难。事实上，如果缺乏对结构主义的深入理解，就很难产生对现代，特别是当代欧洲人文科学领域的中肯分析。从学理上探讨结构主义的来龙去脉，对开阔我们人文学科的眼界是极有意义的。

在索绪尔的《普通语言学教程》中，影响结构主义的最基本思想可以表述如下：

符号是任意的，某一符号与一个对象的连接完全是出于习惯的约定（比如，"狗"的发音与狗的概念联系起来），但事实上，这样的约定只是任意的，对不同的语言来说，不具有任何约束性（所以在不同语言中，"狗"的发音和字形千差万别）。用索绪尔的专业语言说来就是：以上的分析适合于能指（即词的音响和形状）与所指（能指所表示的对象或概念）之间的关系。换句话说，词并不指向实在的对象本身，词只是具有意义。词义是由符号之间的排列或者形状的差异所决定的，比如，arbre（树）与 barre（杆）的差别。全部语言就是这样的符号差异系统。这里的"差异"亦可理解为绘画或有形的大小多少之程度差异。于是，"狗"（无论它是何种语言音响或字形）并不是以某种方式指向一个真实的动物，而是指它在我们头脑中唤醒的观念或意义，后者不同于"猫""熊"……依次类推。按这个思路,词与真实事物之间的关系不是接近(这种接近是最原始的约定,比如象形文字),而是越来越疏远(词的差异性使其意义越来越复杂),以至于在多数情况下,人们的语言交流只是在交流意义本身,至于这些意义能否有一个相应的实在东西,是无关紧要的。

对结构主义来说,最重要的恰恰也是符号差异中的关系(能指),而不是外部实在的对象,甚至不是观念性的意义;或者换句话说,结构主义的意义不超出语言之外,它"没有深度",就此而言,结构主义与意识形态传统相悖。然而,这种被攻击为纯粹形式主义的理论却源于最实在的野外人类学考察,这就是列维-斯特劳斯对乱伦禁忌的描述性分析:这来自他 1948 年完成的《亲缘的基本结构》,它日后被结构主义者尊为经典之作。列维-斯特劳斯的初衷是非常科学化的,即探讨组成原始部落亲缘关系的普遍规则,而这个规则实际上验证了索绪尔语言学的研究成果,因为亲缘关系看上去就像是一种语法结构(能指与所指的关系):无论亲缘关系如何变化,总是按照一定的结构规则进行分配,这个基本规则就是乱伦禁忌——它超出了自然与文化对立的界限。或者也可以说,结构主义视之为精神源泉的探讨,超出了西方传统精神文明的界限(自然与文化的对立),因为乱伦禁忌是自然与文化的缝合,同时是这两者消解了虚假的对立状态,走到西方传统文明之外的一条岔路。像一切其他科学探索一样,列维-斯特劳斯的理论也开始于探讨亲缘结构中的不变性,这就是乱伦禁忌:它超越时间与空间,是不同人类社会普遍遵循的一条最基本的血亲原则。"我们把亲缘的基本结构理解为一些系统……这些系统规定婚姻具有某种姻缘关系类型,或者如果人们愿意的话,可以说,在这里这些系统区别了两种范畴:可能的夫妻关系与不可能的夫妻关系,从而也就完全确定了亲缘家族的成员。"[①] 在这种结构中,婚姻可以交叉式地(或者间接式

---

① Levi-Strauss: *Les Structures elementaire de la parente*, Mouton, 1967(1949), p.IX.

的、外部的、横向的）发生在表兄妹之间，而不可以垂直或直接地发生在亲兄妹之间或者父母与子女之间。在列维－斯特劳斯看来，这是社会形成的交换原则。按照这样的原则把社会分成两组：可以联姻的一组和禁止联姻的一组。"对称面的结亲系统可以与两个谱系发生作用，每一侧面的联姻系统至少要有 3 个因素：如果 A 谱系要从 B 谱系得到配偶，A 谱系就应该为 C 谱系贡献女子，而 C 谱系最后把自己的女人给 B 谱系并封闭了这个循环的圆圈。"① 在配偶关系的基础上，派生出亲缘关系，扩大并使亲缘关系走向复杂化。在这里，性关系成为按照乱伦禁忌规则进行"交易"的对象，这个规则既是自然的，也是社会的或文化的。作为一个社会事实，这个禁忌不是否定的而是肯定的。随着社会的发展，大的部落被小的家庭所取代，在现代社会中，虽然乱伦禁忌还像在古代时一样发挥作用，但是亲缘结构实际上遵循着索绪尔关于符号的任意性原则，即在乱伦禁忌的基础上，亲缘关系中的能指与所指关系的搭配完全是任意的，或者是"不讲道理"的，没有任何约束力的"约定"。

"乱伦禁忌"诞生了社会的秩序，它是自发而普遍的，但它也是以某种规范为特征的文化现象，一种有约束力的法则，所以"乱伦禁忌"同时属于自然与文化两个领域，是这二者的缝合（或者解构）。需要特别注意的是，"乱伦禁忌"成为社会得以建立的一个密码系统，并使人最终得以脱离或者取代动物界，即脱离或者取代原始混乱交配的自然事实。列维－斯特劳斯在这里强调，"乱伦禁忌同时是文化的黎明，在文化之中，在某种意义上，是文化本身"。② 从此，由这个禁忌导致的亲缘或社会的基本结构不再考虑群交的"自然事实"和自然的世界，而是升华为一个需要破译的密码图式，一个通过词语或范畴关系起实

---

① D. Sperber: *Qu'est-ce que le structuralisme?* Poitnts-Seuil, 1968, p.26.
② Levi-Strauss: *Les Structures elementaire de la parente*, Mouton, 1967(1949), p.14.

际作用的操作方式。①

列维-斯特劳斯的方法实际上就是索绪尔结构语言学的方法。随着后者诞生的布拉格音位学派把索绪尔称作"精神之父",音位学是从同时(或者共时)研究音位关系的语言学理论,在结构主义发展史上有重要作用。音位学不是从意识出发追溯语言现象,而是从词语内部关系中理解词语。列维-斯特劳斯这样描述他与音位学派重要代表亚克布森(Jakobson)的关系:"我那时是一个朴素的结构主义者,我创造了结构主义却并不知道,是亚克布森向我揭示已经在某一学科建立起这样的学说,即我从未曾涉及的语言学,它使我茅塞顿开。"② 列维-斯特劳斯把音位学方法融入他自己的方法中,他称之为社会科学领域一场"哥白尼-伽利略式的真正革命":"像一些音素一样,表示亲缘关系的那些术语也是意指关系(signfication)的因素;像那些音素一样,亲缘关系的因素只有在融合为一个系统的条件下才能获得这种意指关系。"③ 也就是说,人类学研究与类似于语言学领域的音位研究,而不求助于说话者自己的意识,这种研究隔离出一个无意识的结构,这种"结构主义"理论同时适用于人类学和音位学,乃至其他人文科学。在列维-斯特劳斯看来,对社会的解释有赖于结构主义这样的"交往理论",它可以划分为不同的方向,比如,按照乱伦禁忌的规则交换妻子;按照语言的规则(语法)交换信息,于是"亲缘系统也是一种语言……在语言结构和亲缘结构之间存在着某种形式上的对应"。④

结构主义人类学与弗洛伊德的精神分析也有联系,它们都不研究人的意识形态,都追溯到一种无意识的"思想",甚至都追溯到语言(弗洛伊德在解析梦的无意识痕迹时,曾经把它比拟为一种类似象形文

---

① 注意,康德曾经设计了一个类似的图式范畴表,按照他的理解,思维不能直接从经验观察中获得理解,而是通过这个先验的理解框架。
② Levi-Strauss: *Anthropologie structurale*, Denoel, 1980, p.63.
③ 同上书,第40—41页。
④ 同上书,第58页。

字的语言）。这是一种陌生状态，与我们所熟悉的人类状态格格不入，正如列维-斯特劳斯所言："在精神分析中也有同样风格的活动，即允许我们自己重新获得最陌生的我。在人种学研究中，我们也来到了最奇怪的他者，如同别一种我们。"① 同样，人类学和精神分析学都从别一种科学即语言学领域获得自己的灵感。这也是精神向语言转向，一切现象都可比拟为语言，无论社会还是人，都可以归结为类似语言系统的结构，文化或文明不超出语言之外。"符号比符号所表示的内容更加真实，因为能指先于并且规定所指。"② 一个新学科，结构主义意义上的符号学诞生了，它消解不同学科之间的界限，因为这些不同学科都离不开语言。那么结构主义一词中的"结构"究竟是什么意思呢？另一个结构主义者作了这样精彩的解释："对一个信号的说明是在另一个信号中得到传达的，我们把所阐述的这种性质称作结构。"③ 注意，这里所谓"另一个信号"，即另一个能指，即这里实际上说的是"能指"与"能指"之间的关系，这就叫"结构"关系，它是"横"的关系而不是"垂直"的与一个所指或意义之间的关系。理解这一点对我们以下的分析是十分重要的。

深入的分析仍然需要抓住"乱伦禁忌"："乱伦禁忌是一种相互关系的规则……它的内容并不是在这种禁忌的事实中消耗殆尽的：这样的事实只是为了直接或者间接地保证建立起一种交换才被设立起来。"④ 这种交换规则是在婚姻领域女人"流通"现象中被发现的，它建立起一种社会交往的真正结构，人与人之间真正的相互关系。当它说到乱伦时，没有停留在道德上的谴责和心灵的痛苦，而是借以建立社会关系的交换价值："与其说乱伦禁忌是一个禁止与母亲、姐妹或女儿结为

---

① Levi-Strauss: *introduction a l'oeuvre de Marcel Marcel Mauss*, PUF, p.XXXI.
② 同上书，第 XXXII 页。
③ V. Descombes: *Le Meme et l'autre*, Minuit, 1979, p.121.
④ Levi-Strauss: *Les Structures elementaire de la parente*, Mouton, 1967(1949), pp.64–65.

配偶的规则，不如说是一个被迫把母亲、姐妹和女儿奉献给他者的规则，它尤其是一个赠与（don）的规则。"① 就是说，列维-斯特劳斯结构主义人类学的要害不是立足于词语上的禁止，而是放开，向陌生者开放。这是社会得以建立的基本原则。这就是符号意指关系的基本特征，从这里展开了社会的丰富性。

通常认为，结构主义的兴起与萨特为代表的法国存在主义的衰落是同时发生的：后者是胡塞尔创立的现象学运动在法国的一个回音。结构主义的基本倾向与现象学所谓意识的意向性是背道而驰的，结构主义把萨特的存在主义当作一种宣扬"主体性的哲学"，认为萨特意义上的"人"只存在于他的意识意向性中，并以这样的"存在先于本质"作为自由的根据，这与结构主义理解的"自由"（比如，索绪尔提出的符号任意性原则）简直是风马牛不相及，因为语言"结构"力争消解的正是意识的主体性。但是，情况又是复杂的，列维那斯和梅洛-庞蒂的现象学都有别于萨特的现象学，萨特的现象学可能有资格代表法国的存在主义运动，但是并不能代表法国的全部现象学运动。或者换句话说，现象学，或者列维那斯和梅洛-庞蒂的现象学与结构主义并非没有联系。1960 年，梅洛-庞蒂为了使哲学家了解语言学成就，出版了《符号》。② 在这本著作中，他对作为现代语言学奠基人的索绪尔语言学理论表现出极大的兴趣，他的看法可谓一语中的："索绪尔所告诉我们的，就是一个又一个符号并不意指任何东西，与其说每一个符号表达一个意义，不如说它标志着一个符号自身与其他符号之间的一种意义差异。"换句话说，所谓"意义"不过是符号之间的差异关系，脱离这种关系绝不能达到意义。梅洛-庞蒂肯定语言学的成就在列维-斯特劳斯那里导致社会学与哲学之间界限的消解，从此要靠一种来自社会科学领域的"设定"解释我们的经验。在这里，梅洛-庞蒂与列维-斯特

---

① Levi-Strauss: *Les Structures elementaire de la parente*, Mouton, 1967(1949), p.552.
② Merleau-Ponty: *Signes*, Gallimare, 1960.

劳斯接近而远离萨特,他以列维-斯特劳斯的口吻这样说:"社会事实既不是物也不是观念,而是一些结构……于是任务在于延伸我们的理性才能理解在理性之前并超越理性的另外一些东西。"① 就像列维-斯特劳斯探讨的原始理智。

结构主义的因素不是被发明的,而是被发现的,因为从前的西方哲学主要把语言和文字当作表达思想的工具(就像德里达说的,文字与心灵比起来是一个"无",是一个奴隶),而很少从语言本身考虑(在这个意义上,结构主义注重语言形式本身确实是一种思考方向上的革命),但是这并不是说前人从来没有注意语言形式的重要,在 Le Cratyle 中,柏拉图就注意到关于自然与文化关系的两种不同的解释:Hermogene 认为指派给事物的名称是在一种文化背景下任意选择的结果;Cratyle 则在名称中看到了自然的烙画,一种根本上的自然关系。显然索绪尔持前一种观点,他的追随者德孔布还在莫里哀的喜剧 Le Bourgeois gentilhomme(第 2 幕第 2 场)中发现了结构主义方法,并认定莫里哀是结构主义的开拓者。② 这是一个广为人知的情节:Jourdain 先生想写一封信给一个侯爵夫人,为了向她说:"美丽的夫人,您纯情的眼睛使我爱得要死!"德孔布声称,这个简单的陈述至少能发生在 5 种不同的场合,可以在 120 种不同的置换转移中被拆解掉,即变化内涵。索绪尔建立的现代语言学最要害之处,是确认符号的任意性和差异性原则:"语言的价值系统不是由内容或实际经验所构成的,而是由纯粹的差异性构成。索绪尔提供了这种对语言的解释……雅各布布森则第一次使用了'结构主义'这个名称。"③ 法国结构主义文学批评家罗

---

① Merleau-Ponty: *Signes*, Gallimare, 1960, pp.88, 154.

② V. Descombes: *l e Meme et l'autre*, Minuit, 1979, p.100. 另一个例子可参见法国作家纪德写于 20 世纪 20 年代的《伪币制造者》中的一句话。作家爱德华指出了青年诗人的错误在于:不应该从一种观念出发,而应该以字句作为先导。参见纪德:《伪币制造者》,盛澄华译,上海译文出版社 1983 年版,第 33 页。

③ Francois Dosse: *Histoire Du Structuralisme*, Editions La Decouverte, 1991. pp.66–67.

兰-巴特这样评价结构主义诞生的意义:"正是在索绪尔那里,发生了一场认识论的变革:类比取代了进化论,伪造(imitation,这个词还有模拟、模仿之意)代替了派生。"① 一种语言的民主,语言的契约,一切都在语言之内。语言不是连接一个可见的事物与不可见的符号之间的桥梁,而是在一种任意的连接中,把一个"概念"与一个音象形象连接起来。这种任意性实际上把实在、所指、意义、观念、概念排斥在研究领域之外,总之是把所指对象悬隔起来,把必然和确定的因素,把黑格尔"凡是存在的,都是合理的"悬隔起来,并通过类比、模拟、"伪造"等方法,最大限度地诉之于符号在任意性中无数差异的可能性或偶然性。符号(le signe)不是在象征意义上的符号(symbole),因为符号排斥深度,排斥观念,排斥任何实体、实在、基质性的东西,就像索绪尔说的:"语言是一个只承认自己序列的系统。"——"语言是一种形式,而不是实体、内容、实在。"② 这里的关键是如何理解"所指"(signifie),当索绪尔说"所指"是一个"概念"时,当他说"能指"(signifiant)与"所指"好比是一个树叶的正反面时,实际出场的只有可感的声音或字形,而"所指"只是一个 absence(不在,缺席,无)。语言学字典正是这样定义符号:"符号同时是标记痕迹和缺失,在起源上是双重的。"③ 换句话说,"能指"总是与一个缺失相连接,一种连接双方的不对等、不对称,一种中断性的连接,一种不可能的连接,这样的关系就是索绪尔所谓"意指关系"(signification)——注意,这也是理解被认为出奇晦涩的拉康的精神分析学说的关键之处——拉康利用了扭曲、差异、不走直线状态下的"能指",而压制"所指"的作用。符号的这种扭曲—差异强调语言本身的特征,自己内

---

① R. Barthes: *Saussure, le signe, la democratie*, Le Discours social, 3-4, avril 1973, repris dans *L'Avendure semiologique*, Le Seuil, 1977.
② 转引自 Francois Dosse: *Histoire Du Structuralisme*, Editions La Decouverte, 1991. p.71.
③ 这是 1972 年《语言百科辞典》中的观点,转引自 Francois Dosse: *Histoire Du Structuralisme*, Editions La Decouverte, 1991. p.71.

部的变化。

以上的"缺失"也是主体或意识的缺失,或者人与作者的缺失,因为在索绪尔那里,所有的研究都不超出语言之外,以至于结构主义的研究只把研究对象当作一些语言、符号、代码、文本,言说的主体或者说话的人是谁并不重要。

这里,我们还要追溯到创立了"结构主义"一词的雅克布森。作为一个重要的资料证明,我们不应该忽视他提到自己与胡塞尔思想的密切关系,因为这样的关系还远没有被揭示出来:"胡塞尔的《逻辑研究》也许对我的理论工作有最大的影响。"① 雅克布森是俄国人,却在捷克"偶然地"促进了西方结构主义的发展,他于20世纪20年代在布拉格组成了一个有共同兴趣的学术圈子:他们探讨自然语言、文化语言、诗的语言之间的相互作用,从中发现音位的结构,并且把他们的学派命名为"结构主义"。这个学派的精神来源有三:索绪尔的现代语言学理论、俄国形式主义、胡塞尔现象学。

直到20世纪50年代前后,法国结构主义才真正崛起,除了列维-斯特劳斯,法国早期重要结构主义者还有罗兰-巴特和拉康等人。1953年,罗兰-巴特出版了对法国文学批评界产生过重大影响的著作《写作的零度》,因为这首先与当时风头正劲的萨特与加缪的存在主义文学不相吻合,就后者寻求写作和表达的深度和价值语言而论,仍旧被看作是与传统藕断丝连。所谓"写作的零度",首先就是与传统写作一刀两断,使文字从书写的内容中解放出来,使语言不再被当作表达的工具,而是"表达"本身;其次,所谓"零度",就是说写作与观察的经验内容无关,因为所谓"内容"只是在文字的相互位置中建立起来的。这里的"相互位置"又可比拟为列维-斯特劳斯讨论的亲缘关系,像是一种约定(或者公约、语法)、一个图式但不是事实本身。这里罗兰-巴特已经接触到一种文学上的新感觉,它是法国所谓"新小

---

① 转引自 Francois Dosse: *Histoire Du Structuralisme*, Editions La Decouverte, 1991. p.78.

说"的指路明灯，它完全在传统小说的判断标准之外。在新小说看来，传统小说是一种意识形态小说，是宣传的工具，其典型代表就是巴尔扎克的小说：一种单调或单线条的文字、人物与情节。而新小说的显著特征是语言形式上的多样性：写作是从缺失开始的，从荒芜静寂中开始的，就像罗兰-巴特说的，创造"写作的空白"，这不是普鲁斯特式的寻找失去的时间，而是寻找一个空间场所，而这个场所的特征就是它还从来不曾存在：一个任何观察和经验中都不存在的场所，这才是罗兰-巴特眼中的文学："文学成为语言的乌托邦。"①

从 1954 年到 1956 年的两年间，罗兰-巴特几乎每个月都为《新文学》杂志写一篇文章，这些文章于 1957 年汇集成《神话学》一书。就他对意识形态的批评而论，神话也可以被理解为说话的人，说话的主体，一种意识形态语言。罗兰-巴特接受索绪尔的"共时性"（synchronique）语言学，即只关注语言的形式方面在空间上的"同时"呈现和排列交换关系，一种排斥所指的共时性。

在"无意识"这个共同话题下，精神分析理论与结构主义有共同之处。在这方面，拉康是弗洛伊德正统精神分析理论的反叛者，因为在他的讲座中，引进了结构主义语言学，他提出："无意识观念不过是由他者构成的结构，他者是完全不能回到自身的相异性。"拉康理论的历史可以追溯到他 1932 年的博士论文，他研究了人格（personnalite）构成的不同阶段。1936 年，在第 14 届国际精神分析大会上，拉康进一步完整地表述了他的立场：人格形成过程中有一个镜像阶段，这个阶段表现在 6—8 个月的婴儿那里——孩子先是把自己映在镜子里的形象当成别人的模样，并且试图识别之；尔后是想象的阶段，婴儿发现在偷窥中发现镜子里他者的模样并不是一个真的存在物，而是一个图像；在最后的阶段，婴儿发现了自己本身，知道那个图像就是他自己的模样。这个过程的关键之处在于：婴儿或者一个主体是从一个

---

① R. Barthes: *Le degree zero de l'ecriture*, Points-Seuil, 1972(1953), p.65.

想象的异化（alienation，这个词的其他含义是让与、精神错乱、疏远等）构建自己身份的，或者说是通过一个诡计或圈套建立自己的身份。

拉康把上述过程解释为"我"的实际形成过程："我"的作用并没有到达真正的"我"，而是一个与自身不同的他者，一个"结构"的十字路口，总是逃避"我"或海德格尔意义上的"存在者"，所以要在这样的"我"-"存在者"上面画叉，暴露出它所遮蔽的痕迹。拉康上述婴儿的镜像阶段和索绪尔的共时性语言学一样回避时间或历史性概念，人格的全部历史已经在镜像阶段"同时"展开了。

拉康在1953年读了索绪尔的著作，他把后者的术语引进了精神分析领域，他这样说："精神分析的经验在无意识领域发现的正是语言的结构。"① "拉康在这里意味的不是建立能指与所指之间的关系，而是相反，建立意指关系的障碍。"② 因为，"在意指（signifiant）中所指（signifie）在连续不断地滑移"。③ 所以主体不再是目光关注的中心，而只关心意指的效果，这个效果就是：一个意指不断地使自己向另一个意指献媚，这就是书写与说话的实际情形，它产生无意识的效果，像是密码，因此，近代以来"我思"或"自我意识"的同一性不过是虚构的神话，实际上并不存在确定的"我"。拉康以幽默的口反驳剌笛卡尔的著名哲学命题"我思，故我在"："因为我不在的场所才有我思，故我不思的场所才有我在。"④ 拉康这样说的要害是排除近代以来"主体"在认识论领域的中心地位。按照这样的解释，在拉康眼里，弗洛伊德就是"第一个结构主义者"。

---

① J. Lacan: *L'instance de la letter dans l'incomscient, Ecrits, I*，转引自 Francois dosse: *Histoire Du Structuralisme*, Editions La Decouverte, 1991, p.137.
② Francois Dosse: *Histoire Du Structuralisme*, Editions La Decouverte, 1991, p.138.
③ J. Lacan: *L'instance de la letter dans l'incomscient, Ecrits, I*，转引自 Francois Dosse: *Histoire Du Structuralisme*, Editions La Decouverte, 1991, p.138.
④ 同上。

从以上分析的道理可知，在拉康看来，"能指"总是压倒"所指"，并且形成一个连绵不断的能指链条。在这个链条中，"所指"不间断地变成"能指"，即符号没有一个终极的内容或者目的。换句话说，"表达"的内容也是一个符号，需要由另一个符号加以解释，并因此形成了一个无穷尽的链条。这情形像失去"我"或一个个体中有无数不一样的"我"，这有些类似于精神分裂症。用法语表示，可以把这样的情形描述为 L'alteration，它意味着伪造、变质、变更、变化、替换，如此等等。它与卢梭著名的"疏远"或者"异化"概念可以相互注释，即 L'alieration，它的意思还有让与、精神错乱、反感、丧失，如此等等。有意思的是，这两个词在词形上也相似。

同样有意思的是，列维-斯特劳斯在《米歇尔-莫斯著作导论》中也引用拉康证明自己的立场："确切地说，我们称作健全智力的东西丧失了，因为在只有通过我与他者之间的关系才能加以说明的世界中，精神才同意显现：这正是从拉康博士的深刻研究中得出的结论。"[①]1955年，列维-斯特劳斯出版了一本18世纪风格的书《忧郁的热带》，像是一部介于学术与文学之间的游记，与我们已经熟悉的旧世界作比较，充满了异国情调。列维-斯特劳斯像伏尔泰在自己的哲理小说中一样，成为一个旅行中的哲学家。《忧郁的热带》成为一个科学与文学的"混血儿"，它寻找人类已经失去的自然状态，人的故乡，这是一本不好分类的书，就像卢梭的《爱弥儿》和《忏悔录》一样。也是在与卢梭风格和境界相似的意义上，列维-斯特劳斯表达了他对卢梭的景仰之情，他在书中声称"卢梭是我们的兄弟，我们的大师，在他面前我们献上我们的感激之情"。《忧郁的热带》是在社会科学特别是人类学领域的一次结构主义的历险。这本书仍然与拉康上述的立场有关，即否认笛卡尔主义的"我思，故我在"。列维-斯特劳斯问道：我是谁？他的研究成果恰恰在于否认"我"的自明性，而朝向我与他者之间的话语结

---

① 转引自 François Dosse: *Histoire Du Structuralisme*, Editions La Decouverte, 1991, p.144.

构关系，他这样说："实际上，我不是我，而是最稀薄微末的他人，这就是卢梭在《忏悔录》中的发现。"① 列维-斯特劳斯的结构主义人类学和卢梭在《论不平等的起源》一样，在后者那里，卢梭成功地揭示出一个西方传统所不熟悉的社会，以大量丰富的资料介绍了另一种风俗，启蒙当时人们的生活方式。《忧郁的热带》出版后引起法国国内的巨大反响，1955年12月24日的《费加罗报》把它与孟德斯鸠的《波斯人信札》在18世纪的影响相提并论。著名文学评论家巴塔耶称赞它是一本伟大的著作，从此使小说领域向最专业性的"活动"敞开大门，它激发了新的感受性，它使科学发现成为一件艺术品。

相比之下，福科是结构主义者中的晚辈，他的博士论文，也是他的出山之作《癫狂的历史》起草于1956年，1961年出版。这本书的要害是批判了对伏尔泰以来所谓人的精神或主体性笼罩下人的精神风俗的历史，上升到更一般的意义上说，是对西方以逻各斯为中心的主体性历史的批判，使癫狂从被压抑和监禁的状态下解放出来。这种想法与列维-斯特劳斯不无关系，因为后者以相同的方式考虑原始社会是一个完全不同的社会，和福柯一样揭示我日常生活中所缺失的"生命"。福柯也是一个旅行哲学家，一次尼采一样的精神旅行。值得一提的是福柯也从文学家中获得灵感，他在自己的著作中贯穿的一个基本思想即是列维-斯特劳斯结构主义风格的，只与话语结构打交道，把话语等同于一些语法结构的排列习惯；又与影响了20世纪众多哲学家的法国著名文学家和文学评论家布朗肖的思想关系密切，后者一个重要的写作手法就是使文字与现实脱离关系，用福柯的话说，表达与看见绝不是一回事。福柯着迷于布朗肖的写作方式，甚至说自己梦想成为布朗肖。"这样的文学感受性引导福柯追寻贝克特（Beckett）、巴塔耶……的踪迹。"② "在……外部的思想"——这也是福柯一本书的名字

---

① 转引自 Francois Dosse: *Histoire Du Structuralisme*, Editions La Decouverte, 1991, p.170.
② Francois Dosse: *Histoire Du Structuralisme*, Editions La Decouverte, 1991, p.189.

（La pensee du dehors），也可以理解为不断地超越学科的界限，也可以理解为脱离原来的自我意识范围，也可以理解为从别处汲取思想资源，或者是布朗肖发明的一个概念：精神无所事事，悠闲与闲逛。甚至与《忧郁的热带》一样，福柯《癫狂的历史》也可以被读成一本小说，因为在他看来，历史从来就是被建立在虚构基础上的，是从一些最基本的神话出发建立起来的。

结构主义最好的时期是20世纪60年代上期，以上几个提到的结构主义代表人物在法国的学术声望达到了各自学术生涯的顶峰。在法国学界，结构主义成为一种时髦，学术著作不提上几句列维-斯特劳斯、罗兰-巴特、福柯等人，就好像缺了点什么。当时福柯的《词与物》出版时影响远超出学术界的盛况，颇有些像康德盛名时期《纯粹理性批判》和卢梭《新爱洛绮丝》的礼遇。

符号学的名字与结构主义有密切联系，它是结构主义语言学扩大化的一种结果，这与结构主义文学研究有关。1964年，《交往》杂志第4期刊登了Tzvetan Todorov的文章《文学中意指关系的描述》，试图在摆脱语义内容的基础上建立一种新层次的符号学分析，他瞄准构成内容的形式或语法结构，认为文本的形式因素在文学意指关系中起着最为关键的作用。罗兰-巴特是符号学文学理论中最具有代表性的人物，他在1963年《新文学》杂志发表了《结构主义的活动性》，其中说："结构主义实际上是一种活动……结构主义全部活动的目的……是重新建立一个对象……结构是对象的一种伪装。"[1] 这种活动更关心意义的生产活动，而不是意义的内容。结构不再是我面前世界的简单再现，不再可以还原为一个实在的因素，这样的观点与法国新小说的写作手法有很多一致之处，他们都停留在文字本身的效果，把语言看作"真正的主体"，用语言代替作者的作用。

1962年，列维-斯特劳斯出版了另一本重要著作《野性的思维》。

---

[1] Francois Dosse: *Histoire Du Structuralisme*, Editions La Decouverte, 1991, p.257.

他与萨特年龄相仿，在当时是齐富盛名的法国思想界两个大师，他们两人的对立最终以结构主义的胜利告终。《野性的思维》是一本与萨特的《辩证理性批判》唱反调的著作。列维－斯特劳斯一反以往的人类学传统，声称原始的思维、以情感方式表现的思维是逻辑性的思维，与我们的思维方式相比一点儿不差，但是表现的形式并不一样，因为原始思维是以符号而不是概念的方式表现出来的，是感性逻辑的升华，自成一个封闭的系统。这个系统与现代人所熟悉的科学思维的系统不同，这两个系统与自然之间有不一样的关系。在野性的思维中，词与物是重叠的关系。列维－斯特劳斯指出，词的抽象和丰富并不是现代文明语言的特权，它在原始语言中同样存在，但是以一种不同的方式出现：印第安人能清点出 350 种不同的植物，另一个原始部落（Navaro）则能区别 500 种以上！特别是，原始部落中流行着现代人所不熟悉的分类原则，就是以动物或者植物为一方，以人的世界为另一方，二者之间有一种模拟关系，这就是各种各样的图腾制度：图腾分类的价值就在于这两个系列（自然的系列与社会的系列）之间结构上的同形或者同源："图腾的幻象首先来自一种语义领域的失真，从这种畸变中升华出同一类型的现象。"[①] 换句话说，像列维－斯特劳斯以上分析过的乱伦禁忌中的情形一样，图腾也同时是自然的与文化的，是在西方文明中自然与文化绝对对立原则之外的不同的分类原则，是对同一性逻辑的颠覆。

在《野性的思维》中，列维－斯特劳斯批评萨特把历史当成一种神话，一种虚拟出来的，在时间上绵延不断的线性历史观念。在列维－斯特劳斯看来，历史以不连续的方式在空间上展开自己的多样性，是"共时性"而不是"历时性"，并不存在萨特那样的历史整体性，而只有历史的多样性，这种多样性不再束缚于主体或人，不再以后者为中心，对

---

① 列维－斯特劳斯：《今天的图腾制度》，转引自 François Dosse: *Histoire Du Structuralisme*, Editions La Decouverte, 1991, p.288.

历史的描述不再是空间的而是时间的，它反对"历史哲学"的概念：历史哲学假定了所谓历史的连续性，勾画了一条不真实的历史痕迹。历史成为"先验的人道主义"最后的避难场所，列维－斯特劳斯的著作呼吁科学走出历史。萨特对来自列维－斯特劳斯方面的挑战回应说，后者是一种"导致虚无的尝试"，认为后者故意混淆了符号学和语义学（或语言学）领域。这只能表明萨特只重视语义而忽略符号本身的独立性。当时几乎所有重要的法国哲学家都参加了有关结构主义的争论，利科声称结构主义是"没有先验主体的康德主义，一种绝对的形式主义"。列维－斯特劳斯对这样的称谓表示接受，认为结构主义拒绝从意义到意义的研究，因为"我们不可能同时从外部和内部理解事物"。[1]

拉康在精神分析领域继续他的结构主义性质工作，如上所述，拉康明确了"能指"总是不确定地在"意指关系"中滑动。一个最有影响力的提法，是拉康明确了不确定的意指关系中的"能指"可以取代原来主体的作用，主体缺失或不在场，只有"能指"的多重效果之链条。于是，一个"能指"成为另一个"能指"的"主体"，不同的"能指"处于不停顿的抹去和产生之中：这就是"能指"的作用，它取代了主体的作用。一个革命性的效果是，"能指"从索绪尔关于符号的任意性原则那里得到解放，从此"能指"不离开本本或话语本身，换句话说，"能指"从词的顺序出发构造事物的秩序——这是拉康、福柯、法国新小说共同遵循的书写原则，它是对原来认识过程的颠倒，一种哥白尼式的革命。也是在这样的境域中，我们更清楚地理解了海德格尔一句著名的话：语言是存在之家，我们就生活在这个家中。天地神人都住在这里，但是，这个家里什么都没有，因为它是一个"无"；或者说，是语言从虚无中创造世界，词语是人类的全部精神文化遗产的精华。

拉康的一个追随者 Serge Leclaire 认为拉康发明了"对象（a）"，

---

[1] 转引自 Francois Dosse: *Histoire Du Structuralisme*, Editions La Decouverte, 1991, p.293.

声称它是"一个可以获得诺贝尔奖的真正发明":它可以分为两步:第一步,唤醒一个"小小的他者"作为"被画地为牢的我与他者之间的中介因素",起着一种激发想象的作用;第二步,这个"小小的他者"成为一个"对象(a)",即一个缺失的对象,一个希望"借换"的对象、一个与指向的愿望主体相割离的(这可以比拟为意识),简单的无意识的"能指"。在这个过程中,这个"对象(a)"不再附着于想象,而是一种拉康意义上的"真实",不是唯物主义意义上的真实,也不是从意识出发的意指关系的"真实",而是一种"以不可能为特征的真实"、一个局部的、残缺的对象,这个对象在拉康那里,起着意指活动中的"边角料"(dechet)作用。拉康这样说:"精神分析的对象……不过就是我提出的对象a在那里所起的作用。"[1] 这有些像对人的欲望的一种阉割,因为人的欲望只有残缺的真理性。值得注意的是,在这整个过程中,所谓的"能指"不是从人的欲望发出来的,而是来自文字(注意这里拉康与德里达的一致之处);一个像是长了翅膀,能自己飞起来的文字,一个与人的意志相分离的文字,一种与索绪尔有血亲关系的语言或文字,把索绪尔"话语"意义上的结构主义延伸到文字上的结构主义:事物不但是话语,也是缄默的文字。

拉康的"对象(a)"成为对索绪尔"能指"与"所指"一一对应关系的一种置换,因为"对象(a)"并不是这里的"所指",而是一个缺式、一个残缺、一个从来没有被注意和发现的对象。"我们甚至要问,德里达是否从拉康那里简单地借用了字母a并构造了difference的概念,以作为他的解构著作的支撑点。"[2] 无论是否这样,这里拉康与德里达之间的相像是不言而喻的。在拉康看来,"对象(a)"是在意指关系中"所指"缺失情况下的一种补偿手段。

在这个时期,列维-斯特劳斯还集中研究了神话学,认为神话的

---

[1] 转引自 Francois Dosse: *Histoire Du Structuralisme*, Editions La Decouverte, 1991, p.299.

[2] Francois Dosse: *Histoire Du Structuralisme*, Editions La Decouverte, 1991, p.301.

结构体现了某种真正句法的变化形态。20世纪初，西方神话学研究领域中有一种起主导作用的象征主义理论，即只研究神话的叙事本身，切断其与时代背景或环境的关系，在每个词语中寻找隐藏的意义。列维-斯特劳斯把这样的方法融合进自己的研究，试图破译神话话语的密码，通过研究不同神话的差异性，建立所有神话的某种共同结构。列维-斯特劳斯认为，通过这样的研究，可以掌握打开人类梦幻的钥匙，了解人类精神中的不变要素，而这些要素与外部环境变化无关，是精神的操作空间和方式：一种非实在的或者不可能在现实生活中实现的方式。神话是集体无意识的产物，是精神的原型，不同民族神话的句法结构是可以相互移植的，因为它们都是同样一些要素的变形：不同神话就是由这样一些可以在神话内部相互替换的"能指"链条。这样的神话没有作者，没有主体或我思的位置。

1960年，法国出现了一本结构主义的著名杂志 *Tel Quel*，它很快成了结构主义者发表成果的大本营。在第一期上，编辑部引用了尼采的语录："我要这样的世界，一个原样（Tel Quel）的世界。"在创刊号上，还表明杂志的主导倾向是文学评论，特别是诗，这一精神的最高殿堂。毫无疑问，结构主义革命的形式主要落实在语言文字，围绕着 *Tel Quel*（以下简称"泰勒杂志"），孕育着新的文学形式或书写形式，并最终诞生了具有世界性影响的法国先锋派文学艺术。在文学领域，泰勒杂志批评的对象首先是19世纪的古典文学，力图摧毁像哲学史一样的以同一性为标志的文学史观念。在这个意义上说，这个杂志与当时法国声势正旺的新小说潮流有密切关系。罗兰-巴特、福柯、拉康、德里达、阿尔杜塞等经常在该杂志上发表文章的知名哲学家组成了一个松散的"泰勒"小集团。

1966年，被法国知识分子称作"结构主义年"，其中一个重要标志是福柯出版了他影响最大的一本书《词与物》。这本书与列维-斯特劳斯的著作可以相互对照，是关于人文科学的"考古学"，与同一性的西方文明史观不同，该书认为不同文明阶段之间是相互陌生的，并不存在一条人为编造出来的绵延不断的文明线索。这里"考古学"的基本特征就是在空间上展示或者并列相互断裂"他者"的文化结构。《词与物》获得法国知识界的高度评价："《世界报》称福柯是当代最重要的人物之一；《费加罗报》称该书给人留下深刻印象；《文学半月刊》认为福柯的著作导致了思想领域的革命，并'诞生了对以往的西方文化的全新目光'；《快报》称该书是存在主义以来最大的革命；在《新观察》杂志，德勒兹认为'福柯的观念是在把人作为表现对象时，再也不可能建立起人的科学'。"①

福柯在书中不承认已经建立起来的学科之间的界限，这显然是尼采的传统。同样具有鲜明的尼采风格的是宣称人或人的历史的死亡，意识的消失——处在西方文明中心的主体只是一个幻象："人不过是事物秩序中的一个裂口……一个近世的发明，一个不超过两个世纪的形象，我们知识中一个简单的褶皱。"② 从这样的立场出发，势必涉及重新看待时间或历史概念，以结构的转换替换人的历史。人曾经经历了各种各样的"时间性"，但是，"人的历史"只不过使我们仅仅见到一种线性的时间，束缚在主体的框架之中。福柯使我们得以在主体地平线之外考察事物，像是一种不可能的思想——它并不隐藏在主体意识的深层，而是一个他者的思想，从他者，像是另一个星球的精神角度观察人，一个外来的精神，不能被还原为主体的，抓不住的，比想还多的想，孤立无助的想。于是，有我们并不熟悉的"历史"，福柯的历史考古学像是一种空间化了的历史，把历史各种要素同时展示出来的"立体画"一样的历史。就时间不再服从某种一定如此的必然性而言，时间和历史一样被"消解"了。具体说来，历史在福柯那里像是一幅

---

① Francois Dosse: *Histoire Du Structuralisme*, Editions La Decouverte, 1991, p.402.
② 福柯：《词与物》，转引自 Francois Dosse: *Histoire Du Structuralisme*, Editions La Decouverte, 1991, p.404.

被偶然性拼贴起来的图画，相互之间并无必然的联系。他举例说，17世纪古典时代和临近现代的19世纪之间并不存在知识秩序的衔接，任何时代知识的历史只能是他自己当代的历史。历史事件就像是一个谜，而且永不重复。这样的"历史观"完全抛弃了因果关系的链条，放弃一切关于起源性的研究，代之以历史形态的多样性，词与物之间关系的不同搭配，知识便具有不同的形象：福柯认为，从文艺复兴时期到16世纪，知识的形状（configuration）是以同一性或重复性为基础的，这也是西方文化的奠基石。这时的所谓知识，就是在一个共同的基础上同化本来并不相同的事物。这样的知识类型是贫乏的，因为它不过是在一个原型基础上简单叠加的结果，所以最终不过总是认识同样的事物；在17世纪古典主义时代，出现了新的认识类型，这就是笛卡尔的理性主义。在这个时代，一切相似性都要经过理性的判断，西方理性进入了一个判断的时代；判断的标准是数学，数学就是这个时代知识类型的内部结构，由它滋生出一种在当时具有普遍意义的语法。福柯这样说："古典话语的基本任务，就是给事物一个名称，用这个名字命名事物的存在。"[①] 于是，在词与物之间，就有了一种新的距离，从这样的距离中诞生了语言科学；福柯认为，从18世纪末到19世纪初期，西方知识类型又变化了，它为现代知识的雏形：在语言领域发生了一场认识上的革命，福柯称作"词的冒险"（le saut du mot），即词跳出了它的表现功能的范围，而只与自己的句法打交道，就是说，"语言是由它自己元素的数量，也就是说，是由它自己各种可能的结合加以说明的……"；[②] 从19世纪到现代，被福柯称为"相对主义时代"，是距离我们最近的认识论形态。这里的所谓"相对主义"，也含有消除时间上的距离感的含义，这与列维-斯特劳斯的特点十分接近：在这样的描述

---

[①] 福柯：《词与物》，转引自 Francois Dosse: *Histoire Du Structuralisme*, Editions La Decouverte, 1991, p.410.

[②] 同上书，第411页。

中，原始社会与现代社会之间并不存在优劣之分，关注的目光只放在词语本身，处理词语的方式就像对待物一样，并且最终代替了物，词语就像是文物古迹，文本是历史遗留我们的唯一研究对象，历史之源。就像乱伦禁忌在列维-斯特劳斯绝不仅仅是一种生活的内容，而是滋生社会生活内容的关系结构一样，福柯认为在人类社会的不同时期，有不同的（词与物）关系密码，或者说知识配置关系密码。

# 第九章　本伍尼斯特的语言观

爱弥尔·本伍尼斯特（Émile Benveniste）是当代法国非常重要的语言学家，他的语言学理论是索绪尔语言学线索上的一条重要支脉，同时又突破了法国结构主义的语言学立场，启发了法国后结构主义的思想家。遗憾的是，本伍尼斯特的最主要代表作《普通语言学问题》[①]（2卷）不但至今没有中文译本，而且也极少看到全面性的介绍。有鉴于此，本章依照该书的法文2卷本原著，就该书与当代欧洲特别是法国哲学有关的问题一一展开评述，以抛砖引玉，就教于国内语言学界和哲学界的同行。

就本伍尼斯特语言学基本理论而论，主要集中在《普通语言学问题》第一卷；该书的第二卷是本伍尼斯特自1965年至1972年发表的论文和他接受的专业采访。意味深长的是，这两卷成书之后，分别由6章构成，尽管组成这6章的内容不同，每一章的标题却完全相同，可见这6章题目本身构成了本伍尼斯特语言学的主要问题，它们分别是①语言学的转变；②交流；③结构与分析；④句法的作用；⑤语言中的人；⑥词汇与文化。

## 一、第一卷

### 1. 引言

本伍尼斯特的《普通语言学问题》出版于1966年，当时法国受索

---

[①] Émile Benveniste: *Problèmes de linguistique générale*, Gallimard, 1966.

绪尔影响的结构主义思潮正如日中天,但这只是一种假象,因为此刻的结构主义,已经像一只熟透了的果子,就要掉到地上了。引起结构主义走向没落的直接原因,是德里达于1967年出版的3本代表作中对结构主义的批判。① 与此同时,结构主义内部的分化早就开始了。就索绪尔语言学派自身发展而论,本伍尼斯特的《普通语言学问题》超越了索绪尔和结构主义语言观,与法国后结构主义思潮遥相呼应。

20世纪欧洲哲学受语言学研究成果的影响极大,以至于关于"人的科学"之研究方法,在很大程度上成为语言学的方法,人的问题成为语言学问题,研究一般语言学问题,也就是研究一般人的问题。

从18世纪到20世纪初期,欧洲语言学界主要关注"历史"问题,也就是语言是如何产生的。就兴趣而言,语言学的这种倾向,与传统哲学学科主要关注"哲学史"、传统文学学科主要关注文学史是完全一致的。这种历史的研究角度也同时是解释角度:不同历史年代的"不同"语言学要素被孤立起来,分别研究它们演化的"规律"。索绪尔去世后,他的《普通语言学教程》被他的学生根据听课笔记整理发表于1916年,正是这本书奠定了现代西方语言学的发展方向。索绪尔发现,以往对语言的历史研究竟然忽视了语言实践,也就是说,在每个语音或语音形式都有的变化法则,即语法现象。换句话说,与其说语言遵循历史的量度,不如说语言行为按照类似语法现象这样的"共时性"结构而进行的符号象征活动。"时间"不是语言演变中的历史要素,而只是这种演变过程中的框架。历史中语言要素变化的原因不仅取决于这些要素本身,而且取决于这些要素之间的结构关系。总之,时间性是隶属于结构的时间性。

就这样,"历史的"语言学成为"科学的"语言学。这样的转变,相当于语言学研究"坐标系"的变化,隶属于原来纵向的或"竖"的

---

① 德里达于1967年发表的这3本书是《写作与差异》《论文字学》和《声音与现象》。

历史方向的旧问题，被弃之不用。语言起源不再被认为是单一的线索，甚至也不能说拼音文字比象形文字"更先进"，不能说语言有一个绝对的出发点，不能以某个个别语言概括普遍的语言学问题。"这也延伸了语言学家的视野，一切已知的语言类型都是平等的，都是语言。"①"没有以往"的语言同时"任何现在"的语言都是"原始"的语言。那么，语言学界限之外的问题呢，"意识范畴"和"思想的规律"不过是语言单位分配和组织的结果，任何经验的变化都最终追溯到语言的变化。

语言学从此不再从其他学科中解释自己形成的基础，无论它们是哲学或历史学、心理学或逻辑学。语言学研究回到了自身，回到语言事实本身。在研究语言之前，没有什么对语言的事先看法，不用这样的看法构造语言研究的对象。"如果一定要为语言学选定一个摹本，那就是数学……这就是说，至少就语言在于可以观察的'形式'总体而论，语言学越来越成为一门形式的科学……就各个音素同时都是固定的和不同的而论，每个音素与别的因素有关。"② 这些不同的音素构成了不同的系列，是一种（重新）组装和（再次）拆散的关系。任何语言，概莫能外。

本伍尼斯特认为，作为由索绪尔奠基的现代语言学中的"结构"概念，它意味着由不同语言部分组成的全体，或者是语言要素之间分派、连接、替换的关系。各语言要素之间，并不是对称的关系。"没有以往"的语言，同时"任何现在"的语言都是"原始"的语言——这就是活的语言，无论它写于哪个年代，无论它是以口语还是文本的形式出现。这就为 20 世纪的语言学研究提供了崭新的更为广阔的视野。当然，索绪尔是从口语角度开始他的"普通语言学"研究。在这方面，"应该承认为了使语言分析成为科学的，原则上就应该专心于（非常精细的语言要素之间的——译者注）意指关系（signification）、只关心

---

① Émile Benveniste: *Problèmes de linguistique générale* 1, Gallimard, 1966, p.5.
② 同上书，第 8 页。

说明和分配这些语言要素"。① 在语言之外的思想、词语抓不住的思想，是完全不可思议的。语言所能做到的，只是把意指关系确定下来，也就是语言的形式与语义、能指与所指之间的关系。至于语言表达与外部世界之间的关系，索绪尔并不感兴趣，因为这个问题属于"物理学"或自然科学（可以参照胡塞尔的说法，属于朴素自然的态度）。在这方面，本伍尼斯特在方法上还把社会科学或人的科学拉回到语言，因为即使在社会科学中，也不过就是一些语言的陈述。这些陈述处于一定的场景中，在听者或读者中唤醒某种意义，因此其作用就相当于对话。并没有赤裸裸的文化，相反，我们之所以知道了文化（或意指关系的世界），就是因为有了语言。

本伍尼斯特与索绪尔的一个主要差别，在于他更强调语言的实践性。按照他的立场，语言不依赖其他学科，同时却也要融入其他学科的氛围之中。这很像把语言诸原子水平上的各个要素，装到一个喷雾器里重新喷洒出来。为什么要重新喷洒呢？因为原来的语言使用态度太朴素自然，缺少本伍尼斯特式的分析。"分析"就要隔离陈旧的语言态度。"在某种文化中，如同在某种语言中一样，是符号象征的集合，问题在于说明其中的关系。但是至今为止，文化之科学仍旧十分武断地固执于'实体的'。"② "实体"的思路与"关系"的思路区别大矣：前者是本体论基础上的"单子论"和历史哲学，属于"竖"起来的语言学或哲学态度；后者把要素不看作孤立的单子实体，而看成形式关系（内容要从这些形式中获得解释），属于"横"的语言学或哲学态度。列维－斯特劳斯著名的人类学研究（人类的亲缘结构、原始思维结构等），在方法论上正是把各种实体要素只看成关系要素（形式上的）的分配与再分配的组织结构。制度、组织、体系之类分析，不过是关系分析，是人与人之间的"形式"上的关系。"实体"的分析往往是意识

---

① Émile Benveniste: *Problèmes de linguistique générale* 1, Gallimard, 1966, p.11.
② 同上书，第12页。

的或自我意识的分析，而符号的象征关系却是非意识的——这也是皮尔士、索绪尔、列维-斯特劳斯、本伍尼斯特共同的主张。这里所谓"非意识"领域也就是实践、事实领域。

本伍尼斯特的新贡献还在于，他不但在以下问题上与罗素和维特根斯坦的逻辑学立场不同，甚至与索绪尔的语言学立场也不同：本伍尼斯特认为语言自身就已经包含着说话角度问题，也就是谁在说话（以各种人称代词表示）对语言本身非常重要，因为语言的本质就在于话语或对话。

## 2. 作为学科的"语言学"的历史

索绪尔认为，语言中有不变和可变的部分。任何一种语言都是"事实"性质的个别语言，其标志就是活生生的说话和文字，在这个"变化"中不变的，是语言本身"共时性"的结构。西方语言学是从古希腊哲学中孕育而生的，语言学延续至今所使用的术语，大部分直接来自希腊文或从希腊文翻译过来的拉丁文。但是，古希腊思想家对语言的兴趣，只在于如何用哲学解释语言。换句话说，是从语言之外的因素解释语言，所提出的问题诸如：语言在什么条件下产生的？语言是自然而然产生的还是一种约定的习俗？总之，这些问题追溯语言得以产生的最终原因，而极少研究语言自己是如何运转的。古代就有的诸如动词名词等语言学范畴，是建立在哲学或逻辑学基础上的。按照本伍尼斯特的说法，这个时期甚至一直延续到18世纪，语言始终是被思辨（而不是被观察或被经验、被亲历）的对象，是在语言之外研究语言，没有回到语言本身，不是为了语言而语言。"新阶段开始于19世纪初，梵文[①]被发现。人们一下子就观察到来自印欧语系的诸语言之间有密切关系。"[②] 于是，建立起了以观察为基础的比较语言学，比如两

---

① 梵文是公元前4世纪古代印度使用的书面语言，属于印欧语系印度语族的语言之一。
② Émile Benveniste: *Problèmes de linguistique générale* 1, Gallimard, 1966, p.19.

种语言语法的比较。在这方面，19世纪的研究可谓卓有成效。但是，直到20世纪第一个10年，语言学的兴趣还主要集中在语言的发生学问题，研究语言发展的历史阶段，好像语言学是一门历史学科。而索绪尔所思考的则是这样的问题：什么是语言事实？是否可以不在传统的"语言发展诸阶段"这样的框架内研究语言的"变化"？这些"变化"中不变的因素是什么？语言的效能是什么？语音和语义的关系是怎样的？20世纪之前的语言学家极少提出和回答这些问题。

于是，语言学家首先瞄准了口语，因为不像文字那样有迹可查，口语是"活生生"而"没有历史"的。特别是美洲印第安语，语言学家发现印欧语系的模式不适合印第安语，不适合对印第安语作历史分析。总之，语言学家的新方法，就是隔离以往的历史模式的研究，搁置任何理论的前提。"没有以往"的语言同时"任何现在"的语言都是"原始"的语言——这就是索绪尔所谓语言的"共时性"或"同时性"。好像把具体的语言要素放在显微镜下观察，语言的体验越来越精细和具体。把语言看成内部诸元素之间的"关系"而不是"单个实体"，即看出了从前看不出来的东西。"不是考虑每个元素本身或在更古老的状态中寻找每个元素的'原因'，人们开始把这些元素看作是共时性集合体的成分。"[①] 这又被划分为两个方面：其一是音义段（syntagmatique），被放在口语链条中的持续关系；其二是词形变化关系（paradigmatique），比如动词变位等，是某种相对稳定的语言框架中词例之替换。它涉及替换词语的可能性，比如不同时态表示不同的时间层次。这两个方面当然都是语言形式关系，它朝向渗入不再可以剥离的语言要素，就像基本粒子水平上的语言分析，就像水分子由两个氢原子和一个氧原子组成，固定搭配或相互依存。那些能确定的语言要素是不变的，比如动词时态的数量和字母的数量，它们确立的词语可能结合的规则（好像是代码的使用规则）。但是，透过这些不变，

---

[①] Émile Benveniste: *Problèmes de linguistique générale* 1, Gallimard, 1966, p.22.

使用哪些词、词的顺序，总之写出什么句子是偶然的、连续的、变化的，这也称为词语的结合。所以"为了说明语言的特点，不在于语言表达了什么，而在于语言自身的层次划分"。① 这也就是语言的"结构"或"系统"。任何意指关系只在某一语言层次上才有意义。在不同层次的过渡中，在边界点上，则可能存在着"暴力"——这里产生了不平衡或非对称，孕育着创造力。"历时性"被统一到"共时性"或"同时性"，也就是词语之间的空间关系、相互关联性（solidarité）。

说话，总是要说出点什么，语言"就这样"再现现实。"就这样"指声音和文字。"就这样"既然指角度，所以还指说话的本质在于对话：说话人再现了一个现实、事件、心理体验；听话人再"再现"这些话在脑海里浮现的形象。是语言把人与人连接起来。这里涉及两点：第一，世界是"精神"的世界；第二，不存在离开语言的精神或思维。"语言学家都认为，不可能存在没有语言的思想，那么，对世界的认识就是被强加于世界的语言表达所规定的。语言重新产生世界，即让世界顺从语言的组织安排。"② 古希腊哲学把这里的语言称为"逻各斯"（logos），其中包含"对话"和"理性"的含义，即语言与思维的同一性（这种同一性先于恩格斯总结的"思维与存在的同一性"——作为所谓"哲学最基本的问题"）。思想是根据语言的"图表"（schéma）被（重新）分解和（重新）组装的，语言的结构或形式，就是思想的"形状"。作为"主体"的说话者其实是发出语言的角度，而对话则发生在与他者（话语的接受者）的语言之间。

从以上的意义上说，社会是"我"与"你"之间对话的社会，而不是"我"与"他"之间冷冰冰的支配与被支配关系的社会。人融入社会的能力在很大程度上有赖于语言的能力。在人所有能力之中，语言能力可能是最神秘的能力之一，它来自哪里？人之为人，在于能用

---

① Émile Benveniste: *Problèmes de linguistique générale* 1, Gallimard, 1966, p.23.
② 同上书，第 25 页。

语言"指示"事物，使事物符号化、用广义的符号象征事物。说话和阅读中的"理解"之所以能够发生，是因为懂了符号的意义。符号替换或代表了事物，非实在代替了"实在"——这是最初级的"近"与"远"（或与他者）之间的关系吗？通过控制语言，来控制语言所指的对象，从而语言具有一种天生的神秘性，人们崇拜语言的天才（诗人和巫师等）。距离人最"近"的，就是语言，所以海德格尔说，语言是人的家。符号能力，是一种抽象的、再生的想象力。

当然，语言不是狭义的，凡具有"物理"性质的、起替换或代表作用的符号，都可以称为"语言"符号，比如肢体语言、纯粹音响或音乐（旋律的连续性）、歌曲、绘画（线条和颜色）、标识、电影、摄影、雕塑、建筑、服装、美食的味道，等等。其中每种"物理性质"的符号自身又可以分为不同的层次，同时又可以与其他种类的"物理符号"配合或交换，就像是符号世界的交响乐。这种交换通常具有约定的意义，就像闪电过后是雷鸣一样。比如，"钟声"与"休息"的连接，就是不同性质符号的连接。

"人不能被创造出来两次，一次有语言，一次没有语言。"① 人之为人的本质特征，在于人有"象征"的能力，用词语置换事物的能力，以此组织思想和社会。思就是词、词就是物。"不可以简单说思想反映世界。"②——不仅因为距离思想最近的是词语而不是世界，还因为"世界"也不过是一个词而已，所以单独这一个简单的句子，就已经包含着两个语言层次（一个是描述事实或指称外界，另一个是词语指称自己），更不用说复杂的文本了。语言不是与世界连接的桥梁，反而成为屏障，"在人与世界之间、人与人之间并不存在自然的直接的关系，居间的是符号或象征的外表、矫饰、排场，使得语言和思想成为可能"。③

---

① Émile Benveniste: *Problèmes de linguistique générale* 1, Gallimard, 1966, p.27.
② 同上书，第28页。
③ 同上书，第29页。

接触了语言，既等于接触了世界，也等于接触了人——这有点神秘，人之为人充满了神秘性。

索绪尔1913年逝世，50年之后，本伍尼斯特成为索绪尔出色的继承者。索绪尔研究构成语言的"基本事实材料"——他发现了其中的"任意性"和"不确定性"，它们不隶属于先验秩序或思辨。"为了在合乎必然的框架内安排这些偶然性，我们应该把每个要素放置'关系网'中。关系网确定元素的位置。语言事实只是按照我们的安排才存在的。"① 近代以德国古典哲学为代表的思辨哲学，是"对象"性思维，索绪尔破坏了这一思维定式："在语言学中，我们原则上否认所谓被给予的对象，否认从一种观念序列到另一种观念序列过渡及其构成存在的事物，否认由此而来的我们能在几种秩序中考虑'事物'、好像它们自己可以通过自己呈现似的。"② 语言不是"某物"，因为"语言学最后的法则，就是由于语言符号与它们指谓的事物没有任何关系，在一个词中没有剩余物。a只有求助于b才具有指谓性，b也同样依赖于a。a和b的全部价值在于二者的差异，而不是根据自身。"③ 根据拓扑学原理，我们可以把索绪尔在这里描述的"地形图"无限制地放大，也就是说，他在这里也启发语言学家建立起不同语言之间的横向比较研究（语际学）。语言更像是一个网络，其中心情和思维的各种连线分层次且乱七八糟地连接起来，煞是好看。以至于本伍尼斯特得出结论：事物之间并没有"实体"或"实在"的关系，这样的关系其实是形式关系，因为正是"形式"把同一个系统内的此物与彼物区别开来。

### 3. 交流

语言符号的本质在于符号的任意性，也就是词语的"声音"能指

---

① Émile Benveniste: *Problèmes de linguistique générale* 1, Gallimard, 1966, p.34.
② 同上书，第39—40页。
③ 同上书，第40—41页。所谓"音位学"（phonologie）中的"音素"，相当于语音中的"系数"。

与"含义"所指之间的关系是任意的。索绪尔把"任意性"又理解为无动机性——可以联想到无理由、无原因、下意识,等等——但是这些任意的声音为什么能异变凝聚为词语呢?在于反复重复,即约定俗成。无理由的声音"念头"约定俗成而异化为语言,把瞬间或偶然性化为永恒,这不但是语言也是宗教形成的主要原因(本伍尼斯特列举了符号任意性的一个例子:西方人表示悼念的颜色更多的是黑色,中国人则更多使用白色)。既然一个能指代表什么含义是"无动机"的,即同时具有任意性和约定性,那么,这种约定性当然也可以被渐渐地打破,即同一个能指不再代表"此",而是代表"彼"。进一步说,如果声音是通过含义指称实在的东西,那么,随着声音与含义关系的不确定性,声音与实在之间的"模仿"关系不仅不是越来越近,反而是越来越远。在这个意义上,所谓"思维与存在关系"的哲学基本问题,是一个伪命题。索绪尔认为符号的基本要素就是能指与所指(就像一片树叶的两面),排斥所谓实在或事物本身。因为语言只是形式而不是实体,符号表达排斥"事物本身"——这样的分析似乎是悖理的:任意性的专横把"实体"从对符号的理解范围中排除,过河拆桥。声音的"任意性"与约定声音的连带关系,其连续性就是说话的过程、思想过程、心情过程。所谓"理解"了的不是实体,而是关系。

　　本伍尼斯特认为,语言之外的赤裸裸的思想是不可思议的,"人们有能力说出来的确定和组织起人们有能力想到的"。[①]"语言应用到被认为是一个'真实的'世界,反映'真实的'世界。但是在这里,每一种语言都是特殊的,都以自己的方式给世界以形状。"[②] 语言的"形状"就是精神的形象。在语言的"形状"中,being具有非常特殊的位置,它是所有谓词的前提或基本结构,构造时态和词语的变化。亚里士多德从这个系词中看到了它的逻辑功能(汉语翻译为"是"),但同

---

① Émile Benveniste: *Problèmes de linguistique générale* 1, Gallimard, 1966. p.71.
② 同上书,第82页。

时 being 还有名词功能（中文又翻译为"存在"）——这成为西方形而上学在语言学上的源泉，即对象化的思维，它连续形成了古代本体论与近代认识论的传统。无独有偶，本伍尼斯特注意到了弗洛伊德对梦"语言"的分析，一种去掉意识的语言。语言起源于无意识，而本伍尼斯特则称之为任意性。一种"乱七八糟"的力量，这就是梦的语言形状、无动机无理由。"一切精神分析理论，都是建立在象征理论基础之上的。语言不过就是象征。"①

### 4. 结构分析

"结构"即语言不是孤立的"单字"要素，字母之间可以像"变形金刚"一样转变为别的词语，是连续的过程。但是索绪尔在他的语言学著作中从来不使用"结构"，而使用"系统"一词："语言是任意性的符号系统……语言是这样的系统，它的所有组成部分都可以并应该在共时性的相互关联中加以研究。"② 直到1929年，以雅各布逊（Jakobson）为首的3个俄国语言学家组织起"布拉格学派"，"结构"一词才得以流传——同年，这个语言学圈子共同发表"宣言"，声称"结构"一词就是指语言系统内部的"关系"结构："音位学要素的感性内容与系统内部要素的相互关系相比是次要的……为了说明音位学系统的特点，就得说明现存音素之间的关系，也就是追溯语言结构的图式。"③ "布拉格学派"甚至认为这个方法适用于各种语言。某一语言要素的含义即它在结构中所处的位置或关系，离开这样的位置或关系分析，就无法理解词语和句子的意义。

从法语词例 raison, saison, rasons, rayon, raisin 中，可见拼音文字词语意义的改变在于字母的替换可颠倒位置等形式上的关系，其中每

---

① Émile Benveniste: *Problèmes de linguistique générale* 1, Gallimard, 1966. p.85.
② 同上书，第92页。
③ 同上书，第94页。

个音素只有从它的周围句子环境中才能获得意义，即陈述关系的"意义段"。词的上层单位是句子，"因为这个单位不是更长的或更复杂的词，而是来自别一层次的概念，也就是句子。句子在词之间实现，但是词不能简单地被说成是句子的片段。句子是全部，这个全部不可以被还原为它的部分之总和。"①本伍尼斯特这样总结道："分离向我们提供了形式结构，融合向我们提供了意义单位……语言单位的形式是在构建次级层次的过程中分离的能力；语言单位的意义是在组成高一级层次的过程中融合的能力，在语言的功能之中，形式和意义是结合在一起的、必要的、同时的、无法分离的。"②所谓"意义"，在索绪尔那里也同样属于语言内部的元素，他比喻为一片叶子的两面。但是，索绪尔不同意把"形式"与"意义"（或者"能指"与"所指"）比喻为肉体和心灵的关系，"我们认为更准确的比喻可能来自化学成分，比如水是由氢和氧组成的，但是，无论是氢元素还是氧元素，单独看都不构成水的性质"。③本伍尼斯特认为，句子的变化是不可限量的，句子的实践就是语言的生命本身，而句子属于话语或对话的成分。

## 5. 动词 being④ 在句法中的职能

"名词性句子"被认为是印欧语系中规范的表达，它有一个不露面的"主语"，其职能相当于第三人称"他（们）"或"它（们）"。通常认为，名词与动词的差别在于，名词表示结果，相当于实现了一个对象，省略了时间；动词表示过程，内含时间。但是，本伍尼斯特认为，时间状态并非一定要由动词来表达。在没有词例变化、没有时态变化的语言里，在表达时间状态时并非一定要用动词，而它们的动词

---

① Émile Benveniste: *Problèmes de linguistique générale* 1, Gallimard, 1966. p.123.
② 同上书，第 126—127 页。
③ 同上书，第 127 页。
④ 在这里，与 being 对应的法文词是 être，have 的法文对应词是 avoir。此处使用了英文，是考虑一般读者的需要。

也不一定就起着描述时间的作用。

对 being 的思考是异常困难的,"首先,'being'是一个动词吗?如果 being 是某某派生而来,为什么这个某某总是缺失呢?如果 being 不是某某派生而来,那 being 从何处确信自己的状态和形式呢?所剩下的就是人们所谓'表示存在意义的动词'(verbe-substantif)吗?事实上存在一个以动词的缺失为特点的'名词性句子',这种句子到处都是。明显悖谬的是,这种句子是把整个句子等同于动词 being。"① 总之,名词性句子好像不承认 being 是动词(这与海德格尔对西方形而上学的批评不谋而合)。

关于 being,本伍尼斯特认为要区分出它表示在语法上"同一性"的系动词方面;另一方面,它也是"货真价实"的动词。这两方面同时存在,却完全不同,关键在于不要把它们混为一谈。为什么发生混淆呢?因为在词形上是一样的。"being 的问题可以归结为一个不按照时间顺序连续而是在两个术语、两种职能、两个结构之间辩证地共存的过程。"② 其中一个,相当于"存在"意义上的 have 活生生地生活在世界;另一个,只生活在自己的句法里。"重要的是要知道在动词意义上的概念'正在真实地存在,就在那'与系词之间并没有任何自然与必要的联系。"③

6. 语言中的"人"

(1) 西方人实际使用的拼音文字,通常要根据人称变化进行相应的动词变位,以区分单数与复数。这种分类方式可以追溯到古希腊的语法——但这显然不是汉语的情形。在汉语中,无论任何人称,其相应的某一动词都没有形式上的变化,就好像谁在说话并不重要似的。是否能从中得出结论即汉语更重视"社会"而不是"个人"呢?或者

---

①② Émile Benveniste: *Problèmes de linguistique générale* 1, Gallimard, 1966, p.187.
③ 同上书,第 189 页。

不重视立场？这个问题暂且撂下，本伍尼斯特说在阿拉伯语中，"我"代表正在说话的人，"你"代表正在听"我"说话的人，"他"代表不在场的缺席者（"我们你们他们"的含义类比这里的"我你他"的意思，是一种延伸）。

我说"我"时，自然就意味着存在着"你"了，即话语、说话意味着对话。当然，说"你"也就意味着有"我"在场。可是"他"却在你－我之外，所以"他"是一个弱人称，"他"作为人称代词，其合法性受到本伍尼斯特的质疑。人称是角度，也是立场。语言中不存在"没有角度"的表达。"在效果上，'我'与'你'形成了特殊的统一，在陈述的'我'和听陈述的'你'每次都是一致的。但是'他'却是不确定的主体——或者干脆就没有。这也解释了为什么兰波（Rimbaud，法国现代诗人）的'我是他人'提供了这样一种特殊的表达：我在精神上疏远我自己，这里的'我'被剥夺了自己固有的身份。"①当然，也可以换位思考：你和我的角度颠倒角度就成了我和你。就此而言，"他"又成了局外人。总之，他或他者在语言中处于特殊尴尬的位置，它有点相当于"一样东西"。可是，"他"依然存在，成为哲学家思考的对象（例如，费希特的"非我"与勒维那斯的"他者"），这样的分析隐蔽地朝向非语言的方向。没有任何"人"，但有语言，语言好像并不在乎是否被人说（就像海德格尔说的"语言是存在的家，人就住在这个家中"），这样的情形有些恐怖，很像是一种非语言的语言，充满不确定性的语言。没有人说等于不是亲自说吗，就像"他死了"是冷冰冰的句子，为"远""不是亲自说的"，即某些句子中的"主体"或"主语"等于无。

"有意思的是观察到在包括己方和对方的'咱们'（'nous inclusive'）中暗含着'你'和排除'我们'（nous exclusif）的'你们'。'咱们'是

---

① Émile Benveniste: *Problèmes de linguistique générale* 1, Gallimard, 1966, p.230.

这样一个人称：它同时占据了排他的'我'（这个连接处无他人称）和暗含的'你'（暗含着一个具有非主体人称的'我'）。正是在'咱们'这里，这个复数有各种不同的实现。"①"咱们"与"他、他们"是对立的，从"咱们"('nous inclusive')中走出来"你"，尽管这里强调的是"我"，尽管"我们"（nous exclusif）与"你"和"你们"对立。

另一种情形国内学者都熟悉，就是在学术文章中，明明是自己的观点，但还是要说"'我们'认为"。显然，"我们"中"我"占据主导地位。所以这个复数其实是一个模糊的"我"，相当于单数。这是单数与复数相互污染。

（2）我们根本不知道历史的本来面目，历史是靠语言讲述的。不断被讲述的事情，就是历史。似乎其中有3条时间线索：过去、现在、将来，但它们都是在各种时态中被讲述的。讲故事的基本时态是"不确定过去时"，作为事件发生的时间，它与讲述者或者作者无关。"实际上，甚至不再有讲述者。伴随着事件显现于历史的地平线，事情就如其所是那样发生着。并没有人在这样的场合说话，好像事情在自己讲述自己。"② 然而，历史就在"话语平面"得到陈述的，以上说没有作者或讲述者，乃指的是文本之外的人。但是，历史既然只是文本或话语，就假定了说话者和听话者。

（3）本伍尼斯特以法语中的"我"（je）说明代词的本性。当一个名词被使用时，比如"狮子"，它当然指示某个惯常的对象，无论在什么场合，狮子总是指向那个被称作"狮子"的惯常对象。可是，"我"的对象却是缺失的，"我"并没有一致的身份。我是各个特殊的。代词只是陈述本身，既不传达"实在"，也不表示处于时间与空间中的某个"位置"，就像是一个"空的符号"（但"狮子"是一个"满的符号"）。

（4）关于语言中的主词：一个约定俗成的看法是，语言是交流思

---

① Émile Benveniste: *Problèmes de linguistique générale* 1, Gallimard, 1966, p.234.
② 同上书，第241页。

想的工具。"谈到工具，这是把人和自然对立起来。"①就好像语言不是自然的，是被"制造"出来的。本伍尼斯特说语言并不是人"制造"出来的，因为语言和人是一同出现的。语言不存在于人之外，语言是人的本性。以往朴素的思路是，人怎样发明了语言以便与外部世界相似，但是，"这纯粹是虚构，我们根本不能把人与语言分开，我们绝不能指望看见这个发明，不能指望人能还原出自己，不能指望能设法理解他者的存在。我们在世界上发现的正是会说话的人，谈论别人的正是一个能说话的人。语言传授的与人传授的是一样的东西。"②人天生具有符号象征能力就像康德说的"先天综合判断"一样，融化在人的智力中。语言是交流工具之见解，是由于语言"传达"之桥梁作用被人自然而然想到的："桥"还不是工具吗？但是，"工具"之说，同样也诱使我们把人和语言区别看待，好像是不同性质的两样东西。"在日常生活中，说话有来有去，这就是交流，即我们在交换某样'东西'。这样东西似乎确认了工具或交通的智能，于是我们几乎不假思索地假定有一个'对象'。可是，这种对象的作用还是要返回话语……正是在语言中并通过语言，人才能把自己建构为主体。"③所谓"主体性"，也是人说出来的能力，是说话人作为"主语"提问的能力。传统的看法是这样：似乎人能在语言之外想问题。"主体性"不是被人人都能体验到的感情说出来的，因为"主体性"作为"反思"超越了这些感情，这就是笛卡尔的"我思故我在"所能告诉我们的立场。但是，本伍尼斯特说这种现象学或心理学性质的"主体性"却恰恰在这里显露出语言的"being"本性，所谓"自我"不过是说"自我"的自我，也就是暴露了人的语言状态。

人能意识到自己，是通过类比体验到的。只有对某人说话，使用"我"才有意义，而那个人被我招呼为"你"。所以人最基本的生存条

---

①②③ Émile Benveniste: *Problèmes de linguistique générale* 1, Gallimard, 1966, p.259.

件，是对话，即相互为"你"。语言一开口就是有角度的，即语法上的人称。"我"，这是意味深长的语言自指现象。同时，"我"与"你"的关系又是悖谬的，因为它们彼此是内与外的关系，真正的交流并没有发生，那个供交换的"对象"是悬而未决的。"我"以这种"没有对象的对象"作为"交流"的条件，因为没有"你"，"我"就没有资格说话。这里有不对称性，因为一种没有返回的"交流"其实不是真的交流，其实是"我"在虚幻中自己满足自己。"外"或"层"的问题无处不在。

个人与社会的关系，是我与你或"他者"关系的扩大化。任何时代和任何地区的语言，都有以不同形式出现的人称代词。但是本伍尼斯特认为，在某些语言里，特别是在东亚诸民族语言中，人称代词不受重视而经常被有意省略。"树"的概念可以代表所有个别的"树"，"我"却不是这样的概念，即不能在每个时刻都代表"我"。为什么呢？因为"我"并不代表任何词语的实体。"我"并不代表任何一个个体，否则语言必将陷入混乱，因为这同样一个"我"被无差别地连接到任何一个个体，而在这些特殊个体的差别中却保持"我"身份的不变性，这是不可能的。人称代词以自己的特点极好地说明了语言的本色，它区别于"树"这样的名词。人称代词就指符号自身，除此之外什么都不代表。当"我"被说出来时，只是一种个体的话语行为。以"我"为中心，连接指示代词、副词、形容词等，即连接起空间与时间的关系（"此、那"连接"今天、昨天"等）——共同表明说话是一个瞬间事件。

本伍尼斯特用例子说明"我"在句子中的作用：① 在"我认为您是 X 先生"中，包含了动词"认为"。但是这个"认为"并不是反思行为，即在说"我认为"时，显露的并不是"我"而是某种情景。

---

① Émile Benveniste: *Problèmes de linguistique générale* 1, Gallimard, 1966, p.264.

## 二、第二卷

1. 结构主义和语言学

"说话"的意思,就是要说到什么,也就是要传达信息。语言是由一些可以隔离的要素组成的,其中每个要素都根据某个代码被陈述,都有某种"含义",被定义——字典对词语的说明就属于这种情形——但是,所有这些都是常识看法,现在的问题是,究竟词语的含义或意义是什么呢?字典把每个词语的不同含义并列在一起,这些不同含义经常是相互说明的,比如"太阳"要用"恒星"解释。如果要查找"做(do)"的含义,就会多得让人受不了。这些众多的含义显然不能被统一起来,这些多义性相互解释,其中难以找出最原始的含义。语词的叠加或增补等于再造语言,当代与蒙昧时代比较,人们的语言或字典中的词汇越来越丰富。

索绪尔区分了符号学(sémantique)和语义学(sémantique)。符号学只考虑被封闭在符号里的语义,语义学不仅考虑意义在符号中的串联,还考虑语词的历史和环境因素。比如在法语中,ril毫无意义,就像一个不懂汉字的人把构成汉字的笔画随意拼凑,构不成一个汉字一样。但是rôle("角色"等)在法语中就有意义。这样的分析属于符号学层次上的分析。而语义学层次上的分析,在于区别符号在不同文化环境中的差异,因而超出了符号学。比如同样表示悼念,西方人习惯用黑色,中国人传统上使用白色。在这里人们了解的不仅语言符号,还包括了文化的差异。这个例子也是符号的能指与所指之间联系之任意性的例子。这种任意性又是约定的,因为语言携带着自己的传统。语言并不会随着文化的转变自动变化,这在同样的词语在不同文化的翻译中最为明显——总之,同一个词语在不同文化心理中有异样的反应。人不是生于自然,而是生于语言文化。语言的断裂就是文化的断裂，因为某种性质的语言之表达能力，是最为基本的文化能力。语言又是社会的，"社会语言学"的含义，就是说人在社会上的行为能力，在很大程度上等于语言能力。简单与复杂的职业分别使用简单与复杂的语言。正是在语言里有精神的结构。

语言总要说点什么，这个"什么"总是在加速消失。语言总是在和这个"消失"赛跑，但是，语言这只"兔子"总是追不上"什么"这只"乌龟"。

现代意义上的西方语言学与西方人于 19 世纪中叶"发现"了梵文有很大关系。梵文（至少在公元前 4 世纪产生于古印度）被认为是一种纯粹形式的语言，"其中没有一个哲学思辩的词汇，而只是一些构成语言元素的形式分析（词、句子，词与词的关系等）。梵文是由难以置信的浓缩文本构成的（我们翻译它的一个词时，要使用我们语言中的 10 个字）……"[1] 本伍尼斯特认为从梵文可以透视结构主义语言学的"祖先"，也就是索绪尔阐述的原则：语言是形式而不是实体。语言学与其他学科不同就在于语言只涉及某种不是实体或对象的"形式"，语言学的"存在"只在于语言形式的差异。语言学材料是"同时"或"共时"的，当我们说"过去"，是从现在说过去。我们只是表面上与历史打交道，其实只是与词语的相互关联打交道。每个词语都是别的词语，即在别的词语中得到说明。

"这句话有 7 个字"，这是一个自指的句子。所谓"元语言"，就是语言自己指自己说话，用语言说语言，比如"讲语法"的语言，这些词语只适用于语言，只讲语言，只讲代词动词名词副词什么的。符号逻辑很像这样的情形。本伍尼斯特对弗洛伊德的精神分析学之所以有兴趣，乃因为弗氏对梦语言分析像结构主义语言观一样，也隔离意识形态的所谓支配作用。换一个角度，结构主义语言观与诗的语言有天

---

[1] Émile Benveniste: *Problèmes de linguistique générale* 2, Gallimard, 1966, p.30.

然联系，因为诗的最大特点，就在于不描述对象。

## 2. 语言符号学

现代符号学的创立者是美国 19 世纪后半叶逻辑语言学家皮尔士。在他看来，"语言"到处都在，当然是以符号的形式存在，逻辑、数学、物理学、心理学、宗教……都以"记号"的形式存在。人之为人的本性，在于通过语言以象征的方式生存，生活在不同的符号秩序中——代码的关系。语言不过就是词，词，就是符号。既然人、思想，甚至感情都可以被还原为符号，还有什么不可以是符号呢？"皮尔士建筑的符号学结构没有能力把他自己包括在他的定义之中，因为符号的概念不能在这种多样性中消失于无限，在其普遍性的某一部分，必须承认能指与所指的差别。"①

与皮尔士不同，索绪尔认为，虽然符号不等同于语言，但语言显然是符号的核心部分。索绪尔只分析语言本身，具体说，是言语。但是他同时肯定语言是符号系统的一部分。符号的作用是替换、代表，一个替换另外一个。这就是"生命"之间的关系，也是不同类型的"生产"与"交换"的关系。人活在世界上，同时处于不同的符号系统：说话、文字、礼仪、感情、交通、暗号、货币、信仰、绘画、音乐、雕塑、影像——所有这些符号的共同特征，在于都有"意味"或"意指关系"。这是什么意思呢？"在不同的符号学之间，并没有'同义词'。人们没有能力通过言语和音乐说'同样的东西'，因为它们有不同的基本系统。"② 比如，同样的声音在不同的语言意味着不同的含义，交通标志的红色与法国三色旗的红色没有任何关系，这三色旗的白色与中国悼念习俗中的白色也没有任何关系。

某一符号的价值，是存在于该系统内部。也就是说，有很多封闭

---

① Émile Benveniste: *Problèmes de linguistique générale* 2, Gallimard, 1966, p.45.
② 同上书，第 53 页。

的符号世界,并列却互不交通。可是,无论怎样,符号的基础在于语言,一切符号都可以通过语言获得解释,而反之则不行。比如,语言无法通过音乐语言获得解释,因为作曲家有自己的"句法",他可以自由组织他的乐音,不服从任何"语法"习俗。乐音可以是单声或和声,一种音调可以单独出现也可以不同音调同时出现,绝对没有任何限制。虽然音乐和语言不能互相解释,却可以相互比较。"我们看到,在某些领域音乐系统承认自己能被看作符号学的,在另外一些领域则不是这样。音乐的组织是从音阶构成的集合出发的,音阶本身由音符构成。音符只在音阶内部才有差异的价值,而音阶本身只是一种返回到几种高度的集合,是通过谱号所表示的音调加以说明的。"① 音调在音阶中,显示出声调的差异,这是符号学的道理吗?即便音乐符号学与语言符号学之间没有任何关系,但是并不妨碍这二者之间可以类比。本伍尼斯特说音乐系统有两根轴线,一根是同时性,另一根是连续性,语言也是这样的:词语(比如动词变位)的变化受制于语法,这是共时性(即同时性)的例子。每个句子甚至词语都有产生和结束的"意义段",这是历时性(即连续性)的例子。但这样的类比很不准确,因为乐音的连续性与同时性是共存的,如此等等。音乐的"语言",在于乐音的组合和连续。但是乐音不是字符,每个乐音都是在其数量结构中才可以辨认,是一些任意连接的乐音,并没有字符具有的意义。

  至于造型艺术(绘画、雕塑等)和乐音一样,也在"阶"或"层"上区别于字符。比如色彩是由程度不同的层次组成的,色彩自己就是"所指"而不是去指代别的,因为各种色彩是任意的,它们什么也没有传达。在这个意义上在画布上涂抹的画家很像组合音符的作曲家,都具有任意性。色彩和乐音各自细微的差异都是内部的构造,与外面的世界没有什么关系。那么人自己精神世界的内部构造身什么呢——比

---

①  Émile Benveniste: *Problèmes de linguistique générale* 2, Gallimard, 1966, p.55.

如时间、语言、心情就是。任意创造的色彩、线条、乐音、文字，是不期待回答的原创艺术品，也不期待消除作品的悖谬性，只是陈述自身的洞察力。乐音、色彩、文字究竟是被作曲家、画家、作者"表达"的，还是分别被其各自因素内部表达的？这种细微的差别究竟意味着什么呢？是不同层次的表达。其中有断层。

这里有诗人什么事呢？本伍尼斯特说诗与符号的任意性相互倾慕。虽然波德莱尔不知道什么符号学，但是在他的诗中，味道、色彩、声音相互感应。这很像是不同领域符号学的相互越界、僭越的任意性、"立体交响乐"。另外，同源往往同形，哥特式建筑与经院哲学是吻合的，象征着精神的权威。汉字与中国人的精神也是吻合的。但是，两种不同语言之间是否存在波德莱尔式的吻合现象呢？"交换立体声"、立交之桥、精神转换之枢纽？当然，是部分吻合，其中，有精神延伸。

"一切符号学的研究，在严格的意义上讲，都在于分辨出单位（一个单位，是由能指与所指组合起来的——译注）、描述它们的差异标志、越来越精细地发现这些差异的标准。"[①] 这也是在结构中剥离细微元素的能力、一种精确的能力，所以自称"科学"。洞察互不"属于"或"统一"的要素，即使传统认为它们是一样的。在习惯认为不是他者的事情上发现他者。这种分辨力最明显的表现在话语的角度，即人称代词。信息从不同方向被生产出来，掺杂在一起，所以写作和阅读都应该是"立体"的。可是，如果"单位"的隔离是绝对的，就永远没有真正的阅读，事实上兔子早就追上了乌龟。隔离只是一种慢速度的精神游戏，属于高一级的层次——在流动的河水里分离出水滴，这是理性的智慧，生活之外的沉醉。当然，这也是一种新的语言，因为它也是"代表"，就像符号学中的符号。"就像符号学（符号）应该像识字，语义学（话语或对话）应该像理解。识字和理解回归于精神两种不同

---

[①] Émile Benveniste: *Problemes de linguistique générale* 2, Gallimard, 1966, p.64.

的职能：一方面，是感受已经发生过的与眼前的之间身份相同之能力；另一方面，是感受崭新陈述的意义之能力。"① 语言的这两种量度，我们只能在想象中而不是现实使用中把它们区分开。语言是可以不断回溯的，回到"元"语言（即升层，从"语内"到"语外"），即用（更抽象的）语言说（较具体的）语言，这可能是一个语言不断地自指过程，因为语言的天性就在于解释，而解释是连续发生的。

### 3. 人的经验与语言

我虽然说"我"，但每次都不是同样的"我"，这不是因为我不诚实，而是因为作为"说话人"，"我"是插入每个不同瞬间的，对应不同的"你"。可是，这样的"新"却只在心情或经验上，而嘴里吐出来的，还是"我"。新的心情出来了，却不可能有新词，必须重复说"我"，否则，语言本身就不可能存在，因为语言的本质就在于可重复性。言不尽意，同样说"我"，处境万千。心情是绵延的或时间状态的，语言却是僵死的。本伍尼斯特想到了 3 种时间：钟表时间、心理时间、语言学的时间。后两种时间的区分非常困难。"这是因为只有通过言语，才能显露出人的体验。语言学的时间同样不能被还原为钟表的物理时间。"② 语言学时间的中心，是"现在"。瞬间永恒地被复制为"现在"，"现在"不变但瞬间总是新的，还未曾活过的瞬间。"正是在这里，这个未曾，是语言的原始特色。"③ 瞬间总是新的，语言的传达难以真正实现，人不能两次踏入同样一条河流。"如果我陈述'此刻来临'的事，但它一旦变成语言顷刻就成为过去，所以连接到现在说话行为的，总是过去。"④ 谈话是这样的时间交流：我对你说"今天"，就

---

① Émile Benveniste: *Problèmes de linguistique générale* 2, Gallimard, 1966, p.65.
② 同上书，第 73 页。
③ 同上书，第 74 页。
④ 同上书，第 76 页。

成为我与你"共同的"今天;你对我说"昨天",也是我们两人共同的"昨天"。否则,语言学的时间就不可理解。语言很像是在自言自语中强行理解。

4. 语言中的意义与形式

语言是一种意味活动,意指"某样东西"。这"某样东西"其实也是语言,并不是语言之外的"某样东西"。总之,是用语言说语言。语言是这样一种另类的东西,它并不来自物理世界。语言被分解为碎片,它由一些数量有限的元素组成最基本的单位,但是这些元素组成的句子却是无限的,各不相同。如果把新句子理解为新的语言单位,这些新单位将层出不穷。这样的分解和超越的过程是否有些像细胞分裂呢?细胞分为简单和复杂的,语言也可分为简单和复杂,也可分为层次之高低。

语言的声音里装着含义,所以不是自然界的音响。都是作为"能指",语音和符号是多么不同啊!一个符号不能自己说自己,它必须以这样或那样的方式连接到别的符号,这就是符号语言的使用。"每个符号都进入某关系网,与说明它与别的符号对立,别的符号从语言内部说明它。所谓'符号学'就是'内语言学'。每个符号自身都区别于别的符号,意味,就是区分,它们是一回事。"[①]本伍尼斯特从中得出3条结论:第一,符号学处理的不是符号与被符号代表的事物之间的关系,即不是语言与世界的关系;第二,符号具有抽象的价值;第三,符号学遵循能指与所指划分这样的两分法。

除了以符号为基础的符号学,还有以句子为基础的语义学。"我们把语义学的概念引入应用和活动中的语言领域;这次,我们看见了语言在人与人、人与世界、精神与事物之间的桥梁作用……从符号学到

---

① Émile Benveniste: *Problèmes de linguistique générale* 2, Gallimard, 1966, p.223.

语义学，场景有了根本的变化：我们已经经历过的全部概念又回到我们面前，而且来到了一种新的关系。符号学只是描述语言的性质，语义学则来自从事语言行为的说话者的活动。"① 总之，符号学讨论语言之的普遍性或一般性，语义学讨论语言的特殊性或应用性。符号学只停留在语言内部，句子则联系到语言之外的事物。

---

① Émile Benveniste: *Problèmes de linguistique générale* 2, Gallimard, 1966, pp.224–225.

# 第十章　新小说与结构主义

　　结构主义从语言形式中获取灵感的源泉，这表现在文学作品上，也获得了一种新的创作技巧和新的感受性，它宣布甚至包括存在主义小说在内的从前一切小说表述方式的死亡，小说陷入了有史以来最为严重的危机。因为新小说变化了语言的表述方式，模糊了文学与文学理论之间的界限，或者小说与非小说之间的界限，文学批评与文学创作之间的界限；新小说淡化主体或者作者在作品中的统治地位，宣称最重要的是文字本身，是文字在不确定的展开过程中的"互文性"，或者叫作文本"结构"，或者像是手工编织的不同针法。一个名叫 Hamon 的评论家这样说："询问 1960 年到 1975 年的文学概念，就是消解的历史。"[①] 结构主义语言学为文学的冒险提供了理论依据，新小说宣称，文学并不是在其他语言之外的一种特殊语言，文学就是语言本身，在各种语言类型之间并不存在人为的界限。

　　像结构主义一样，新小说的基本原则也是隔离人的主体性，有意识地排斥传统小说中人物角色的作用，并且向传统小说中单线条的情节叙事方法提出挑战。以巴尔扎克为典型代表的 19 世纪小说表明了传统小说总的倾向，即所谓"现实主义"：文字是表达、代表、转述现实生活的，或者是自己的亲身经历，或者是通过其他途径获得的间接经验，总之，就像福柯曾经批评过的：文学固执地以为"可说的"可以表达"可见的"，认为在这二者之间存在着不言而喻的同一性。

　　新小说批评的开创者是 Nathalie Sarraute 于 1950 年发表在《现代》

---

① 转引自 Francois Dosse: *Histoire Du Structuralisme*, Editions La Decouverte, 1991, p.254.

杂志上的文章《怀疑的时代》，作者旨在更新 20 世纪早期以普鲁斯特和乔伊斯为代表的小说写法，不写任何从"我"出发的感受，不是以"我"为中心画一个圈子。新小说的感受首先在于从外部、在"我思"之外描写。换句话说，新感受去除了在它之前从"我"或者作者出发的两种典型表现，它们与普鲁斯特和乔伊斯有密切关系，其一是时间性或者历史性，表现为记忆或回忆；其二，这种记忆通常陷入"自我"的情感，它在 18 世纪表现为卢梭式的浪漫主义传统，在 19 和 20 世纪初期则是所谓的"意识流"小说，或者称作"精神分析"。但是，在新小说看来，以时间为标志的心理描写是新文学感受的障碍，在这方面新小说与在它之前流行的超现实主义一脉相传，其基本特征遍及绘画、诗歌、音乐等各个文艺门类。值得注意的是，新小说在马拉美和瓦莱里的作品中寻求灵感，这两个作家都强调文字本身的创造作用，就像瓦莱里曾经认为的：所谓文学，不过是对语言特性的应用，是语言自身的延伸和蔓延。

  法国最重要的新小说家有米歇尔－布托尔（Butor）、罗布－格里耶（Robbe-Grillet）、克洛德－西蒙（Claude-Simon）、勒克莱齐奥、杜拉斯等。他们也活跃在泰勒杂志周围，与新小说文学理论家频繁交往。值得注意的是，这些新小说家自己往往也是重要的文学评论家。这并非他们刻意而为，而是新小说的文字特性使然。就像新小说的一个前辈纪德在著名的《伪币制造者》中曾做过的那样：书中主角之一、小说家爱德华本想创作一部标题为《伪币制造者》的小说，但是他写的小说其实并不是计划中的小说，而是如何写这本小说——这也是新小说的典型特征，不是跟着作者的想法走，而是跟着文字走。这些文字既是文学评论，也是文学创作。新小说兴起于 20 世纪 50 年代，就在列维－斯特劳出版《忧郁的热带》的 1955 年，罗布－格里耶以他的新小说《旅行者》一书获得当年的评论家奖。两年后布托尔又以小说《变化》获奖。1958 年，《精神》杂志为新小说开辟了专号。每一个新小说家都有自己的风格，但他们都排斥传统小说的写作模式：他们试图使古典小说样式的人物角色消失，使读者的注意力转向话语内部的关系。新小说认为，所谓"实在"并不是在语言之外，"实在"不过是从语言内部关系所制造出来的效果，"实在"就消失在语言之中。

新小说的这种变化使结构主义的"思想革命"与"文学革命"不期而遇，这也是西方现代派小说难懂的主要原因之一。罗布-格里耶曾经提到福柯在《词与物》中引用多次的阿根廷现代作家 Borges，他们共同感兴趣的不是文学描写什么样的题材，而是首先使文学成为一个具有哲学性质的问题，他说："我越来越相信哲学与文学的对象是一样的。"[①] 他于 1963 年发表了一本自己从 1955 年以来的文学评论集《新小说宣言》[②]，他像《伪币制造者》中的小说家爱德华那样阐述了自己的创作原则：要在小说中排除对人物意向性要素的描述，因为这样的描述似乎使世界只是因为小说中角色的存在而存在，而在新小说中，"那些举止姿态和对象在成为某种事物之前就早已经存在了"。[③] 这句话的含义是，物就是词，它们并不需要对人物所谓深层次的心理描写，并不是这样的心理描写所形成的意向对象。所谓的深度描写不过是作者虚构出来的神话，或者换句话说，新小说排斥解释和解释学的方法，排斥意指关系中的意义。一种罗兰-巴特一样的零度写作，像是阿多诺在《否定的辩证法》中实际上把纳粹集中营"奥斯威辛"当成一个否定传统哲学的哲学概念，一个动摇人类形而上学信念的"无"，从此之后的哲学与文学再也不能像从前的样子了。在新小说这里，就是与看得见的世界或者存在的世界拉开距离，或者说，把它们折叠在小说语言的褶皱中。文字也不再是价值的承担者，因为"价值"从来与时间

---

① Robbe-Grillet:《50 年的哲学赌注》，转引自 Francois Dosse: *Histoire Du Structuralisme*, Editions La Decouverte, 1991, p.258.
② Robbe-Grillet: *Pour un nouveau roman*, Minuit, 1963.
③ 同上书，第 20 页。

概念联系一起，比如"永恒"或者"不朽"，"一去不返"，等等，但是我们知道，新小说和结构主义一样排斥时间概念，它只守住当下的状态，堵塞记忆的渠道——这样的小说就好像是一种哲学问题的练习，但情景却是文学的，比如这个问题的题目可以是，如果不存在时间上的"过去"，世界将会怎样？人的活动、行为、话语、姿态将脱离人为的系谱或来源，它们会以共时的姿态同时展示在我们面前，使时间上的没有关系变成空间上的有关系，它是没有关系的关系，否定时间上的连续性。

罗兰-巴特对罗布-格里耶的作品《旅行者》大加赞扬，认为这部小说实践了他所希望的"零度写作"，有一种把可见的世界隔离起来的目光。文学家、文学批评家、结构主义者又一次走到一起：他们关注写作现象，写作本身就是一个哲学问题，是语词排列的关系问题，是语言的多样性问题。在这些人中间，理论与实践之间的界限也倾向于消失：理论就是实践，反之亦然。这也是消解或者解构，消解不同叙述类型之间的界限，它们只是文字或词语，如此而已。罗兰-巴特坚持文本之外一无所有的立场，从这里出发他主张所谓"文本的快乐"，字码的多样性。罗布-格里耶则把罗兰-巴特同样的意思说成是镜面上的游戏，所谓"镜面"就是词语的表层，词语一个挨着一个，词语不确定地出现，以我们意想不到的方式出现，而又在意指到它们的含义或者意义之前就被另一个"能指"或者词语所代替，从而抹掉了自己的痕迹。于是在结构主义哲学发生的场所出现了文学，它解构了真实语言与虚构语言之间的界限，或者说，结构主义语言是一种消解被表达对象的语言，一种虚构的语言。

另一个重要的新小说家布托尔的代表作品是《米兰信道》《管理时间》《运动》，他使用的一个重要技巧是并列或者同时展示本来属于不同系列的词语和句子，比如把一般句子与引文、报纸段落、广告词之类放置一起，就像是一幅拼贴画，贴在书页的表面，产生一种类似电影中蒙太奇的效果，让人震惊或出其不意，这也是一种"文本的快乐"。罗兰－巴特称赞布托尔这样的文体是新小说继颠覆古典的叙事方式之后，对"书"的观念本身的挑战。这同样也是对传统阅读方式的挑战：不是读出词的意思，而是看那些文词的表述形式；阅读的目光不是一条线性的，不像一条流淌的河，而是在这种线性的展示之外，接不上线，或者说，在叙述的意料之外，把不同的线索接在一处，并列出来。这里出现了另一个术语 textualite，现在通常翻译为"互文性"，像是一条文学与哲学共有的地平线。

罗布－格里耶在《新小说宣言》中宣称在发明了新小说的同时也重新发现了人：即绝不以过去的时态，或者说，以重复的眼光描写人，他认为这样的眼光是荒谬的、有害的，他呼吁："合上我们的双眼，使我们看不到现在所处世界中的真实情景，重复的叙述只能妨碍我们建立明天的人和世界。"[①] 他引用 J.Borges 在《虚构》中说的：20 世纪小说家只关心词语，并且为了词语而重写词语。什么样的词语呢？像是喝醉了的、吸过毒的、极度兴奋的、精神分裂的、嗜好神秘性的、不幸的词语，或者叫作背叛形而上学的词语，一些被遗忘、被丢失或者从来就没有被发现的词语。作为他灵感的源泉，罗布－格里耶提到了卡夫卡的日记、福楼拜的通信集、纪德的《伪币制造者》，以表明 20 世纪小说与巴尔扎克风格的不同就在于前者是一个虚构的时代，而非表现实在的时代，怎么写成为一个重要问题。他认为 20 世纪小说并不是以某种预先建立好的理论指导未来的文学，恰恰相反，小说不再以任何观念或者意识形态为先导，而是以词语、词语在不同作家那里特殊的形式或者风格为向导，这些形式是多样性的，它们是被发明出来的：这源自对词语本身的热情，它超越自然主义或现实主义、超越形而上学的谵妄。不把文化的任何"条纹"，无论是心理分析的、道德说教的、还是形而上学的因素强加给事物。但事实上，传统小说正是以这

---

① Robbe-Grillet: *Pour un nouveau roman*, Minuit, 1963, pp.23–24.

样的方式强加于事物，我们非常熟悉传统小说中这样的角色、故事情节，没有陌生感，很好理解，而新小说排除这样的"强加"，遂使我们对它的文字感到陌生，难以理解：因为没有事先设计好了的感情冲突，行为动作失去了精神的指导，如此等等。这些"条纹"也是一些有色眼镜，罗布-格里耶说，不要这些眼镜，不要为文学设置感觉的栏杆，不要把词语当成表达某种立场的工具。

新小说的困难具有任何创新的共性，即需要克服原来的阅读和写作习惯：一切习惯都是后天强加的，事物在成为某种习惯所认为的样子之前早就在那里了，它没有意义，既不荒谬也不伟大，在习惯评价它之前和之后都是如此。新小说的这种态度剥夺对事物的解释，去掉意识强加给事物的神秘性，这也是对任何浪漫主义倾向的挑战。如果用结构主义术语表示，新小说的"能指"不指向任何自身之外的意义，而是转化、交换为另一个"能指"，也就是拒绝深度。它"走出人类热情的深渊，只是为外表平静无华的世界提供一些信息……在我们看来，事物的外表不再是其内心感情的某种伪装，而是预示着一切超越形而上学的因素"。[1]

罗布-格里耶批评了传统小说的主要要素：

（1）人物或角色必不可少，要有名字、家庭、职业、要有一种"性格"，甚至有一副反映这样性格的容貌，一种塑造了这种"性格"的经历。不同人物的不同"性格"的共性在于，每一种性格都操纵着具有这种性格人的行为，换句话说，角色不能有超出自己性格的行为。面对每一个事件，具有一种固定性格的人物会有怎样的行为，是读者可以预料的。作者可以让读者爱或恨被制造出来的某种性格。人物的心理行为应该统一，就是说，不可以改变性格，以便于读者判断英雄、无赖、聪明人和傻子。

---

[1] Robbe-Grillet: *Pour un nouveau roman*, Minuit, 1963, p.8.

这样做的效果是什么呢？就是不会出现意外，没有震惊或惊喜。罗布-格里耶认为20世纪重要的小说家一般都放弃了这种写法。放弃典型人物和典型性格，甚至放弃人的名字和人物。作为例子，罗布-格里耶提到了剧作家贝克特（比如他的《等待戈多》）和卡夫卡的小说《城堡》。

（2）故事：传统小说等于讲一个好听的"故事"，传统小说家应该是一个讲故事的高手，要善于制造具有戏剧性的情节。当然，情节要有连贯性，即围绕一个中心线索展开。在这个过程中，"文字从来不会引起疑问，人们只会称赞小说家的表达用词准确，使用了令人愉悦的、有感情色彩的、能唤起丰富联想的方式……文字不过是一种手段……小说的本质，它存在的理由，它的内容，只是简单地讲故事。"①

（3）内容与形式：传统小说认为内容决定形式，内容就是深度的意指关系，它决定了在同一本书中不可以有两种不同的形式。但是，在新小说那里，不是精神去捕捉文字，而是文字占据精神的位子，词语和句子搭起一座建筑，就像一幅由线条和色彩抽成的绘画，奥妙在线条和色彩构造的和谐关系，而不在于它与外部世界的什么东西是否相似。同样，新小说的文字的神秘性不在于它表现了什么，而是像象形文字时代的"书法"一样，奥妙在那些变了形状的道道本身。形状构成了书法家打动观赏者的主要因素，形式在新小说家那里也构成打动读者的特殊世界。那么，什么是这些形式方面呢？比如改变动词的时态、替换用过去时态叙述的人称代词，破坏深度的理解习惯，比如不是用"我"而是用"你"；改变词句原有的排列秩序；一个新小说家"什么也不说"，或者他讲究的不是说点什么，而是怎么说的方式，他是用方式创造世界，但是，这个方式是他创造出来的，并不是模仿的结果。所以新小说特别强调写作技巧、所谓花招、像变化魔法或游戏、它的态度是"玩"而不是传统的"认真"，忽视理由、根据、动机，从

---

① Robbe-Grillet: *Pour un nouveau roman*, Minuit, 1963, p.29.

而在传统小说眼光看来，新小说是一种不可能的小说，或后者创造了不可能性。新小说的"建筑"没有宣传和教育这样的使用价值，它让人欣赏但不向人灌输，它的力量在于它没有力量。

这样，新小说在本性上是抵制悲剧的，就像罗兰-巴特说的，悲剧不过是人类专门收集不幸的方式。但我们也可以拒绝这样的方式，寻找使人类快活的方式。悲剧的主角是人，世界成为人的活动，由不同人共同上演的戏剧；但在罗布-格里耶看来，事物是事物，人是人；事物并不向人有任何表示，它与人毫无共同之处：这样的倾向显然是"隔离"而不是任何拟人化的升华，舍弃任何理想化的色彩。进一步说，在技巧上，新小说把语言与人的主体性分开，使语言与人的自主意识保持距离。具体说，它只是描写人做了什么、看见什么、下意识地在脑海中浮现出什么，但是不写人想到了什么：对看见的东西没有企图，不设计把它据为己有的诡计——保持事物的陌生感，不对它作任何肯定或者否定的表示，热情和目光都只是停留在事物的表面。罗布-格里耶举了这样一个例子：在不经意间我们突然对刚才看见的天空感到陌生和诧异，因此我们重新观察，发现天上的云彩形状像一匹马的形状，在接下来的描述中就可能写到云彩在"奔跑"，这样的阅读就是顺着一个所指关系的链条蔓延，在这个过程中谜底始终是不出场的，就是说没有一个标准答案。但是，传统小说是要求有这个标准答案的，因为它总想占有事物。在这个过程中，如果有所谓"标准答案"，总是对"人"有利，因为人与事物的关系是不对等的，人实际上是自问自答，人观察事物，但是事物并不观察人，事物也被剥夺了回答的权利。另一个例子是作为人类劳动工具的锤子，在功利性的意指关系中锤子完全被人化了，就是说，它不是个"东西"，而是一种工具；但是如果放弃人的功利目光，这个东西就不是锤子，它和任何别的东西一样，没有任何用处，这就是新小说家说的脱离了意义的意旨关系，或者称作意旨关系的缺失：新小说面临"无"，它不需要破译什么东西。于是，它说另一种语言，不要求回答的语言，没有目的性的语言。

罗布－格里耶认为，加缪小说描写的荒谬性就在于，在人与世界之间、在人的精神灵感和世界不能满足这种灵感之间，有一条无法跨越的深渊，无法超越的鸿沟；荒谬性不在于人或世界本身，而在于在人与世界之间只能建立一种陌生的关系，或者说是一种外在的关系。萨特在小说中把这样的关系描写为"恶心"（la nausée），他让人物的目光非人化，比如在看东西时不是注意它的形状或者线条这些能使人辨认清楚对象的东西，能说出意义的东西，而是被它们的颜色吸引，或者像另一个新小说家勒克莱齐奥在其成名作《诉讼笔录》中的角色亚当那样，在与女友交欢时不是被漂亮的脸蛋和腰条吸引，而是像狗一样喜欢闻雌性的气味。这些视觉与嗅觉等在与世界发生关系时，便是一种不透明的、陌生的关系。罗布－格里耶还认为，在手法上萨特掏空了词语的惯常意义，就像萨特说的："黑的？我感到这个词气瘪了，[①]它以异乎寻常的速度掏空了自己的意义。黑的？它的词根不是黑的，它也完全不是这根树枝的黑……而是说，它掺杂着某种黑的想象，那是绝对看不见的黑，留不住注意力的黑，模棱两可的黑，超越颜色之外的黑。"颜色不再是僵死的，词语可以使它生机勃勃，像是可以触摸到的——但这种感觉说不出来，它一旦说出来就是诗，比如说一种温暖的颜色，像是一股暖流涌入心头——这叫作在颜色中掺假，使它脱离原来的所指，与原本不相干的能指搀在一起，但在效果上却使自己活泼异常；但这并不是进入事物的深度，罗布－格里耶说，事物的深度能淹死人，使人丧失对事物敏锐的感受力。深度描写无非是从先验的意识出发写人对事物的感受，但新小说家说，人的眼光并不高于事物，可以用事物眼光看人，或者与事物眼光并列。

罗布－格里耶提到法国现代作家 Francis Ponge，后者在作品中几乎

---

① 转引自 Robbe-Grillet: *Pour un nouveau roman*, Minuit, 1963, p.59.

不再描写，即回避类似"什么"这样的"所指"问题。这样写的效果就是拒绝深度效应，深度效应在文学上是悲剧效应，即引发人们寻找文字背后的观念；相反，喜剧效果只停留在事物表面。传统文学模式是被深度感情或者思想支配的，甚至19世纪的象征主义也是这样。新小说把自己的晦涩性却说成是"透明性"，认为在写到的事物之外，没有什么躲藏起来的东西，或被象征的东西，没有背后的思想。但为什么新小说还是难读？这是因为它抛弃了事先的设计，词语的接合违反传统的规则，把似乎不和谐的因素或互相外在的组合在一起，组成隐语一样的意指关系之链。罗布-格里耶称这是空洞的，什么也没隐瞒的神秘。"词，就是不在场"，词和句子就是对象，词语的那些可以利用的"意思"其实没有任何意思。罗布-格里耶还以法国著名剧作家贝克特的《等待戈多》为例，说明新小说的立场：除了一棵树便没有或者几乎没有布景，就像什么也不能表示的词语。出场的两个人物，没有年龄和职业，没有家庭背景：这是两个流浪汉，在体貌上也有残缺，他们几乎没有什么话要说，偶尔彼此称呼几乎不像是在叫人的名字，一个叫"勾勾"(gogo)，一个叫"低低"(didi)，两人左看看，右看看，做出要离开的样子，却又总是留在舞台上，因为他们没地方可去，不能放弃等待一个叫戈多的人。一个报信的男孩告诉他们："先生们，戈多今天不来了，但是明天准来。"然后，光线暗了下去，黑夜降临，两个流浪汉决定离开，第二天再回来，却没有挪窝，大幕落了下来。在这之前，还有另外两个角色上来消遣打趣，一个叫波左（Pozzo），他还有一个仆人，叫吕克（Lucky）。波左坐在板凳上吃鸡抽烟，吕克在一旁听差，这就是第一幕。第二幕发生在第二天，但这是第二天吗？是昨天之后还是昨天之前呢？一切布景还和第一幕一样，"低低"在台上唱歌，"勾勾"在吃饭。波左和吕克回到台上，但那个吕克是个哑巴，波左是个瞎子，什么也回忆不起来。第一幕报信的那个小孩又回来了，带来和上次一样的口信："戈多今天不来了，但是明天准来。"

又是同样的夜晚，这两个流浪汉也许因为失望或不知什么原因决定上吊，不幸的是他们没有上吊用的绳子，他们决定走人，第二天再回来，但还是不挪窝，大幕落下了。就是这样一出乏味的戏，演了几乎3个小时——这是一段难熬的，几乎没有理由持续的时间，两个主要角色几乎什么也没有做，什么也没有说，他们唯一的表现就是出场，但是这样的出场等于不出场。不在场的戈多就好像是上帝，只要他不出场，舞台上的情形就是那样荒诞；不出场的戈多还是死亡，他明天再不来人就要上吊；不出场的戈多还是沉默，在等待他的时候人们无话可说，或者人们有权从头到尾保持沉默；戈多是一个等不到的"我"。剧中的两个流浪汉象征着一般的人类，他们固执地等待，就像等待一个观念，一个深层次的意指关系，他们也同样固执地拒绝其他意指关系，这就是人的悲惨境遇，人一生上演的戏剧：人的一生其实什么也没有看见，人们说的和写的全都是废话。所谓"荒诞"就在于"没有意义"。在"没有意义"的意义上，无论人们喋喋不休地说话或者保持沉默都是荒诞。人们或者保持沉默，或者重复每天都要说的废话，所以这些话的内容或意义是荒谬的。这两个流浪汉通过"戈多明天准来"这样的话语打发掉的时间等于消解了时间，因为时间并没有真地流失，这样的一天和100年是一样的，C'est tout juste un alibi（这正是不在犯罪现场的证明！又参见德里达新作 without alibi）。但是，不在场的时间是必须在现场的，过去和将来都不过是现在。两个流浪汉想离开，但是动弹不得，他们必须在台上等着戈多，从剧的开场直到结束，没有将来和过去，只有现在。人没有选择不在场的自由。但荒诞的是，这个在场却是一个"无"，一个没有现实的在场，像大海和沙漠，在观众眼里都等于什么也没有看见，无论人离开还是留在人生的舞台，都预示着死亡。

一个永远的"现在"就等于把时间化作空间，但又是一个死的空间，被剥夺了意义的空间。在这里《等待戈多》与新小说合拍了：那就是没有意指的意义，意指的对象是一个缺失，一个空白。人在空虚中，在黑夜里，没有歇息的场所和目的。不在场，就像索绪尔、列维那斯、拉康、德里达都一致同意的，人不在这里，人总是在别的地方，而别的地方又在别的地方，以至无穷。

1963年，罗布-格里耶在《时间与今天记述中的描述》一文中，阐述了他对新小说的新观点：他把小说与电影的功能作了类比，认为小说的重要欣赏效果不是理解，而是像电影一样让人观赏。他首先指出，文学评论与艺术本身相比更加困难，因为后者只要制造出让人喜欢的效果就行了，而前者却必须指出艺术怎样才能被人喜欢。艺术的困难在于没有俗套，因为俗套本身就难以让人喜欢。为了不落俗套，作品就得有新的意指关系、新的道德启示，让人发现一个新的世界。新小说并非与现代技术无关，它借鉴了电影的手法：制造让人观看的效果，而不是简单地让人阅读。罗布-格里耶认为，新小说是流产了的电影，文字不能像电影那样全景式地展开，只能费劲地一页页翻看。小说能达到电影那样的效果吗？小说也有自己的镜头吗？小说没有镜头，它的词语就是它的镜头。新小说的技巧是放弃了对时间的线性描述，它用片段的、空间化了的时间构造自己的平面和建筑。如果线条就是传统小说讲述的故事情节，那么新小说把各种各样的线条堆积在一起，特别是"剩余"的"念想"；新小说就像狄德罗在一部喜剧性小说《宿命论者雅克和他的主人》那样，并不需要一个开头，开头可以突如其来，同样的线索可以是开头、中间、结尾，因为还有与它并列的线条。它的效果就是：开头了，但不像是开头；结尾了，但不像是结尾。在有限的篇幅中尽可能多地展开线索或者镜头，也可以称作岔路，蒙太奇就是岔路，它把在时间和空间都不在一起的镜头组合在一起。新小说也追求这种蒙太奇式的效果，一种立体性的效果，因为它同时有不同层次的描述。线性流动的时间在这里不再起作用，因为线索不是按照时间顺序安排的。同时出场的东西是被德里达称作"不在现场的证明"的东西（就像《等待戈多》剧中那两个流浪汉），而并不是真实的在时间中的现在在场的东西。像电影一样，小说也可以把影像作为探索的手段，影像的可能性也是小说的可能性：电影同时能看也能听，观众在声音中听到了他在画面中看到的东西；如果应用法国新浪潮电影的蒙太奇效果，虽然听和看是同时的，但听与看的内容又可以不一致。从结构主义立场看，这里只涉及意指关系的改变，而与在这种关系之外的对象和意义无关。新小说还借鉴了另一种电影效果，就是模糊"真"与"假"的东西，现实与幻觉之间的界限，我们比较熟悉的昆德拉的作品就是这样。

总之，新电影和新小说的道理是一样的，就是以自己出人意料的效果使人震惊，而与事情的本来面目无关。它们都把时间作了空间化的处理，好像在语法上的"现在进行时"或"同时进行时"，而无论真实的情形是发生在过去还是将来，这就好像在造句上把文字瞬间的间隔性和持续性任意组合起来，这种组合与时钟和日历上的时间无关，普鲁斯特曾经在另一种意义上使用过这样的写作技巧。罗布-格里耶对从19世纪末到20世纪60年代小说的历史做了这样简短的回顾，我们应该注意这个道理同时也是这段时期法国哲学上的一个重要转变："人们近年来反复谈到，时间就是当代小说的主要人物。自从普鲁斯特和福克纳以来，回到过去，切断时间年代的顺序似乎已经成了组织陈述和建构的基础。这样的情形在电影中也是显而易见的：所有现代电影作品都反映人的回忆、人的变化不定、人的迷恋、人的情调，等等。简捷地说，如果经历过的时间是20世纪初期许多作品必不可少的角色……现在的探索似乎相反，让剥夺了'时间'的意识结构走上舞台。"[1]

新小说还让传统小说的意义变形，它让什么没有意义呢？比如说对与时间因素有关的爱情——对失去的爱、被遗忘的爱、记忆中的爱

---

[1] Robbe-Grillet: *Pour un nouveau roman*, Minuit, 1963, p.130.

的各种各样的心理分析，具体比如男女角色是否真的相爱？他们还曾经记得在一起的好时光吗？新小说的原则是不求助于记忆，如上所述，它描述一个没有过去的世界。新小说的词语不依赖任何东西，它自给自足，满足于并列的瞬间感，不出场的东西就不存在，或者就在出场的瞬间存在：看见它的样子，听见他说话，如此而已。文字就是镜头，除了文字的实在，没有其他的实在，就像电影的实在就是镜头的实在一样。这与巴尔扎克式的现实主义小说形成了鲜明的对照：在后者那里，时间几乎起着第一位的作用，时间陪伴着人，是人的来源、居所、归宿，是人类命运的尺度。

如果时间和意识都不存在，还剩下什么呢？罗布-格里耶说："我不记录，我建造。这早已是福楼拜的雄心：从无开始搭建某种东西，从一开始他就知道在作品之外没有什么东西可以依赖，这也是今天所有小说的野心……所以好像是不真的经历——这就是说，同时是可能的、不可能的、假定、谎言，等等——都成为现代小说的一个主题；一个新的陈述者就在那里诞生了：他不再只是一个记录他看见的东西的人，而同时是一个发明周围事物的人和看见自己所发明的事物的人……这是一些撒谎者、精神分裂症患者……"[①] 这是无心撒谎的撒谎，像不像是真的已经不再是新小说所关注的。罗布-格里耶说，卡夫卡的日记中记载过每天散步所见到的事情，他不仅只是记载一些似乎并不重要的片段，而且切断了这些符号的意指关系——它们真实的意义。那些奇形怪状的东西和样子就在那里摆着，但是卡夫卡并不回答人们疑虑的目光。这是一种取消现象学的意向性的技巧。他笔下那些残缺的、琐碎的东西脱离了人们回答它们的意向性，也就是脱离了人们所熟悉的它们的使用价值，就像前面曾经举到的例子，那个锤子一旦不再被当作锤子，在人的眼中立刻就会变得陌生起来。或者是一些脱离了上下文关系的话语，如果把这些词语连接起来，在新小说家

---

① Robbe-Grillet: *Pour un nouveau roman*, Minuit, 1963, pp.139–140.

听起来简直就是最美妙的声音。就像卡夫卡小说的意指关系破坏了锤子的可触摸性或我们的熟悉性,"文学总在于以某种系统的方式谈论别的东西。有一个在场的世界和一个真实的世界;前者只是可见的世界,只有后者是重要的。小说家的任务就是调解者:通过在可见的事物上弄虚作假——事物本身完全是徒劳无益的——"他唤醒躲藏在事物背后的'真实'"。① 以上,卡夫卡和新小说家利用了词语意指关系的不同层次,并且有意切断了某些层次,而且让另外一些层次相互干扰,造成意指关系上的多样性。

以下,法国另外两个重要的早期新小说家布托尔和西蒙也有重要的文学理论建树:

与罗布-格里耶不同,罗布-格里耶几乎是纯粹的小说家,而布托尔除了写小说外,他的正式职业是一个大学教授,他在文学批评领域的特点,是能与更广泛的哲学思考联系起来。

在《小说的道路》中,布托尔谈到了新小说与现象学的联系:"在这个时代的哲学中,特别是通过萨特,德国现象学在法国有了巨大的影响……这种哲学至少告诉我文学对哲学是非常重要的,是解决困难的哲学问题的一种最好的手段,这就是文学的描述方法。我们可以说,在萨特和现象学哲学(实际上也是所有哲学家)作品内部,甚至是当语言是极其抽象时,也存在许多这样的时刻,即实际上哲学是在陈述小说。"② 为什么能是这样呢?哲学为了使人理解某件事情,通常总是讲述历史,就得描述哲学问题所出现的方式和解决这些问题的立场,以便消除人们一开始所疑虑的困难。人们也开始明白有些问题是真的,有些却是假的,这都与提问题的方式有关。总之,与其说哲学是解决问题,不如说哲学其实就是以各种各样的方式提出问题,然后再寻找,这已经类似于写小说。那么新哲学与旧哲学、新小说与旧小说有什么

---

① Robbe-Grillet: *Pour un nouveau roman*, Minuit, 1963, p.141.
② Michel Butor: *Improvisations sur Michel Butor*, La Difference, 1993, p.46.

不同呢？不同就在于前者不再把语言单纯地看作表达的工具，而是非常重视语言的形式本身。在这个语境中，布托尔特别提到了诗歌，无论西方还是东方的诗词，都特别注意韵律或语言的音乐性，音乐性就是语言的形式问题，它使文字的形状变成了声音；甚至是先有诗歌的韵律形式，然后再填词。当出错时，错的是词而不是形式。所以诗词有一个自身严格封闭的文本结构，其中词要迁就构成词的形式。布托尔认为，区别诗词变革的不是写出了新的意思，而是发明了新的诗词形式或者构词规则。重要的问题是寻找组织文本的新的形式或者方法。比如超现实主义诗歌，破坏了词与词之间在旧诗词中原有的、和谐的音乐关系，因为它把一些属于不同领域的，相互不认识的，甚至可能从来没有被放在一起的词语并列起来，形成新的文本形式，或者叫作完全不同的意指效果。"超现实主义的文本是一组接替的图像，彼此连接起来的词语不再是根据古典诗歌中的韵律，比如根据 12 个或 8 个音节，而是根据一系列词的对比程度……这是一些由一个与另一个连接导致轮替对比的图像，给我们一种奇妙的诗的景象。"① 超现实主义的阅读目光不可能是传统的线性时间阅读，而是并列的空间性欣赏，因为"对照"的效果就是"并列"。比如一首诗的标题是"白发手枪"，谁也没见过手枪上长着白头发，它是一个超现实的影像。这也是结构主义的理论关键，即这些意指关系的领域是被呈现的别的领域所敞开的，这是一种新的文本结构，它可以像佛珠一样连成一串，连接的结构既可以快，也可以慢，当然，这样的形式也可以应用到其他艺术门类，比如绘画和小说。例如，有一幅著名的超现实主义绘画：一个物体的下方是酒瓶子，但酒瓶口不知不觉地变成了一个胡萝卜。

西蒙为法国新小说赢得了世界性的荣誉，他获得 1985 年诺贝尔文学奖，他在颁奖典礼上作了精彩的长篇致辞，特别难得的是，这个讲演不是礼节性的，而是学术性的。新小说的荣誉在很大程度上来自

---

① Michel Butor: *Improvisations sur Michel Butor*, La Difference, 1993, pp.48–49.

文学界对他的写作方式的肯定,而不一定来自习惯于传统阅读的一般读者。西蒙的致辞几乎是一篇新小说的辩护词:对新小说或西蒙作品的最严厉指责是说它们"无头无尾",特别是因为它们不是"自然的描述"而显得难懂。西蒙承认其作品"无头无尾"是事实,他答辩的重点主要针对指责他使用了"人为的"语言。西蒙宣称:"人为的语言"正是艺术的语言,"是人工所为而非自然"。在这个方向上,那些指责新小说的词反而具有了启发性,于是,所谓"矫揉造作的、人工制造的、虚假的、模仿的、杜撰的、添油加醋的"语言,正是新小说特意营造的效果。这正是文字本身的高贵魅力与神秘之处:文字的象形或者模仿并不意味着像一张照片一样与实在的东西一模一样,而意味着篡改或虚构。所谓"艺术"就是从自发的模仿愿望出发但结果却成了一场虚构,因此"模仿"这个词是名不副实的。这就涉及对"文字"的重新认识。从19世纪后期到整个20世纪,哲学家和文学艺术家们突然醒悟到:自古以来,特别是文艺复兴和启蒙运动以来,知识分子只是把语言作为表达思想含义的工具,像是一个抄写乐谱的工匠、圣人思想的注释者、知识的简单传达者。正是在这样的意义上,哲学特别是小说,成了一种宗教一样的说教,比如伏尔泰的哲理小说。一切传统小说、寓言、传奇故事都有一个共同特征:好像它们越是能使读者关注故事情节本身,越是几乎使人忘记了文体形式或文字本身的存在,就越是一部好的作品。这样的小说就是所谓现实主义传统小说,19世纪法国著名诗人波德莱尔曾经讽刺这样的小说,说现实主义的小说世界,是一个"我不在其中说话的世界"。

西蒙认为20世纪西方文学史是现实主义文学走向死亡的历史,普鲁斯特和乔伊斯在20世纪初期开始了这样的方向:普鲁斯特说他试图在从来没有想到美存在的地方发现美。[①] 美可能躲在最常见而不惹人

---

① 这个方法至今还是法国畅销小说的至宝,参见2003年《译林》增刊中的小说《自由小姐》。

注意的事物中。西蒙认为新小说首先破除的就是寓言性质的小说，就是说，出发点绝不是试图告诉读者一个道德教训，使故事从属于道德；或者是对作家来说，在创作之前头脑里首先有了某种道德；或者更直接说，要有一个写作的理由，就像战争讨伐要打一个旗号：歌功颂德或驱恶扬善；然后再构想故事。西蒙这样总结说："上述传统在法国经历了中世纪的韵文故事、17世纪的寓言和风俗性格喜剧、18世纪的哲理小说，直到19世纪的所谓'现实主义'小说，这种小说追求一种说教意义。"[①] 西蒙认为这种说教在很大意义上表现在"描写"：是多余的、令人讨厌的、寄生在情节和因果关系中的描写，这样的描写必然要求有头有尾；或者也可以说是要求"逻辑性"与"合理性"。但是西蒙指出，其中的不合理性恰恰在于，作品的逻辑或因果情节是单凭作者的意志预先安排好了的：司汤达的《红与黑》中的于连一开头就注定要在小说结尾开枪射杀瑞那夫人，而这样类型的小说结局恰恰是最不真实的。

真实与不真实的关键在于，是否一定要有那样的因果关系，特别在于，是否一定要按照因果关系的原则写小说——这个原则，简直就是传统小说的生命线。西蒙这样说："只要留意一下它们为进行说教而借助的手法之单薄（全部手法都建立在因果原则上），便会发现一切小说似乎都是这样，作者为了使自己的寓言更有说服力，就模糊地感到有必要给它们以某种物质的厚度。在这之前的小说或哲学故事中……（伏尔泰的）《老实人》……甚至在卢梭那么一个热爱大自然的作家所写的《新爱洛漪丝》中，描写可以说是不存在的，它至多是千篇一律的老一套：漂亮的夫人总是有'百合花和玫瑰花般的'容颜，她们的身段'完美无缺'，老妪总是'丑陋的'，以及'阴凉的'树阴，'可怕的'荒漠……到了巴尔扎克（或许这便是他的天才），人们看到出现

---

① 转引自《如歌的中板——法国新小说选》，台湾允晨文化实业股份有限公司1989年版，第294页。

了有关地点或人物的大段细致描写，在整个 19 世纪，描写不仅变得越来越冗杂，而且不再局限于故事开端或人物出场，它分布于整个故事，在叙述中占了相当大的比重，以至起到了特洛伊木马的作用——寓言本身被撇开了，描写构成了它的躯壳。如果说于连上断头台，爱玛-包法利服毒自尽和安娜-卡列尼娜卧轨丧生等悲剧结局，体现了人物发展的逻辑归宿，从而突出了某种道德意义的话，那么相反，在普鲁斯特安排的因一起普普通通的坠马而造成的阿尔贝蒂娜之死中（人们很可能想说，这是作者有意想摆脱他的人物），就毫无道德可言了……"① 西蒙进一步指出，西方小说的这种情形和绘画的进展在时间和内容上是平行一致的，长期以来，基督教艺术绘画也是说教和感化的工具。

新小说首先破坏的就是传统小说中的因果性原则：作品语言的先后顺序和布局安排与文学或文本之外的因素，比如说与人物习惯的或预定的心理因果性、与眼前世界的因果性没有关系。作为文本之内的非因果性关系，或者非习惯性人物心理关系的一个例子，西蒙提到普鲁斯特在《寻找失去的时间》中的讲述是合乎事理的：脚下两块铺路石的触觉，使普鲁斯特的念头从小教堂广场上一个小院里一下子跳到了威尼斯；乔伊斯的《尤利西斯》中主人公布卢姆的妻子因想到第二天去集市买多果汁的水果，而坠入了情意绵绵的遐想。这有些像德勒兹指出的精神分裂特征，他举出的一个例子是几乎不假思索地把长筒袜与阴道连接起来。西蒙指出："这一切就因为在事物之间，在模糊的回忆和各种感觉之中，存在着明显的质的共同性。换言之，存在着某种和谐一致。在上述诸例中，这种和谐可以表现为联想，表现为半谐音，但也可以像绘画和音乐那样，通过对比、反衬与不和谐来体现。"②

---

① 转引自《如歌的中板——法国新小说选》，台湾允晨文化实业股份有限公司 1989 年版，第 296 页。
② 同上书，第 298 页。但这样的艺术情怀具有典型的精神分裂特征，即精神上的不一致或者反常。法国当代哲学家德勒兹曾经把精神分裂的特征形象地称作心理上的"横向性"思维（16 页），文字是一种"流"而不是"能指"式的代码（24 页，如果"能指"的意思（转下页）

这样的画面，这样的"思想"，都不过是行为本身，行为不是在感觉和设想之后，行为举止本身就是感觉和设想，是一些断断续续的、无所谓正确与错误的"流"。法国著名作家瓦莱里这样说："如果有人关心我想写些什么……我就回答说我并不想说什么，但我想做，而正

---

（接上页）不是问功能、效果、如何之类问题，而是指"其为何意"的话），是一种电路的连接，像是一种快速阅读，懂就懂，不懂就不懂，无须说明、领悟、解释。读书和心理的方式都可以七零八落，其中哪一个线索与哪一个线索，或者叫电路连接，完全是任意的。文字旁边的文字，句子旁边的句子，念头旁边的念头不是连续的，这个效果也就是德勒兹说的："叫人失望是一种乐趣。"（10页）不连续也不深入，不求甚解但要不连续的愉快。横向关系产生的效果是以另外的方式发生的（13页）：即总是别的东西，没有一刻的停顿。像是非人的精神。文字就是这样的精神分裂流，四处泄露（16页）；提出一种与精神分析相对立的精神分裂分析（23页），一种"微观分析"（25页）、一条逃脱的线（26页），一种无所畏惧、不怕曲解（26页）、获得了吸毒的力量而不吸毒（27页）的人。比如德勒兹和他的合作者以"不同调式"写成的、起伏不平的、由事件组成的《1000个平台》（29页，昆德拉也强调"改编"或者"变调"的快乐），像是开口连接起来的圆环（"开放"——这里被称作"根状茎"——或解构不同领域之间的界限，放弃线性因果关系，29、37页），偏爱空间（"平台"也就是"生成地图"，35页）它把概念变成面目（即把小说中述说"事件"如何的方法引入哲学，29页），让声音和句子进行表演（研究"声"与"音"的"声音学家"包括戏剧、歌曲、电影、视听等领域，而小说可以形象地理解为句子的戏剧表演，33页），而且是用不熟悉的或结巴语言表演（这预示着创造性语言。普鲁斯特说，优美的书必定是用某种外国语写成的，44页）。"外"的语言、念头就是德勒兹所谓"逃脱的线"，"外"的"想"即比"想"还多的想。德勒兹偏爱空间特别是数学上的黎曼空间："这种空间由相邻的小块空间构成，其间有无数的连接方式，这尤其使相对论得以成立。现在，当我研究电影时，我发现战后出现了一种领域构成的空间，在一小块空间与另一小块空间之间有着无数的可能的连接方式，而且不是先定的。这是一些分开的空间……可以感触的方式连接的视和音的邻域。"（140页）又像面包师傅揉面：将面团拉长为矩形，切为两半，将一半贴在另一半上；揉面就是将这个过程反复多次，不断变换正方形。这个道理具体表现在电影手法上，即让一个与其生活的一个瞬间联系在一起的人物（这相当于一次揉面过程：把面团拉长，切两半，再贴在一起），每个瞬间都有不同的组合（打乱画面、重新组合，致使在一个面层上很近的东西在另一个面层上却十分遥远），这是一种电影上非常惊人的、奇怪的时间概念。它与面包师的揉面相应相和（141页），但它创造新的视听合成效果，比如看见的与听到的内容彼此不和谐或不对应，但却在一个画面（或平面）中。"无数的可能的连接方式"却不是学问、立场、解释、表达的方式，而是"非联系"或者叫作"没有记忆的方式"，发生在"没有记忆的地方"，作为以上精神分裂的一个例证，也发生在长筒袜与阴道的连接中（157页，空白、没有什么可想的，但有效果，但记忆泛滥也有同样的效果："遗忘和高度记忆是人生的两大趣事"）。以上各页码均参见《哲学与权力的谈判——德勒兹访谈录》一书，德勒兹著，刘汉全译，商务印书馆，2000年版。

是这'做'的欲望要求我说的。"西蒙把这说成是"我写字，故我存在"①这个"做"字就是在文字本身下功夫，让文字去做、去表演，也就是注意它的形式或者文体，比如诗就是最重视文体的一种文字形式：它同时是精确与音乐的字眼（299页，引自福楼拜给乔治-桑的一封信）。

西蒙的告诫实际是：写字，但不是写"意义"。如果对小说家来说，如何"做"比"说"什么更重要，那么，如何"做"呢？西蒙这样叙述他的创作体会：

"当我面对白纸而坐时，我遇到两件东西：一方面是我内心各种感情、回忆和印象的模糊混杂体，另一方面是语言，我所寻觅的借以表达的词和单词赖以排列成序的句式，它们将凝聚在那句式中。

于是，马上就得到第一个证明：人们从来不是记述（或描写）一件在写作之前已经发生的事情，相反，对象是在写作过程中产生并与写作本身同时出现的。它并非来自最初非常模糊的写作计划与语言间的冲突，而是形成于以上二者的紧密结合，至少在我身上这种结合所产生的结果比起当初的意图来不知要丰富多少。"②

如果一个作家亲身经历了什么，认为自己有能力把它真切地描述出来，就应该像画家对着自然风景写生一样。但其实与后者的情形会有所不同，因为作家此刻是凭着记忆或凭着一幅脑海中的图画，这是第一次增补或者替换，但是马上又有了新的增补和替换，因为这个作家为了写作，他必须详细诉说构成各个事件和人物的因素，其效果是微观和放大，与脑海中第一次出现的画面绝不相同，因为作家必须靠文字填补或连接那些破碎的、靠不住的记忆和感觉：此刻，他选择的是字句而不是感觉，因为此刻是记忆和感觉的空白，他靠码字的举止

---

① 转引自《如歌的中板——法国新小说选》，台湾允晨文化实业股份有限公司1989年版，第298页。
② 同上书，第299—300页。

行为制造"感觉";此刻,他写字的速度比心理的念头还快,因为他已经不再需要考虑表现那个可见的世界或者是什么意义,没有这个精神负担,他会愉快地篡改"印象"。他不可能预见到自己下句话要写什么,因为字句的岔路就是同时并列在脑海中的无数印象;此刻,这个作家像是一个健康的精神分裂症患者。这些"同时"的印象变形为"同时"铺开的字句,尽管写字还是要遵守现实的线形时间即一个一个地写。更形象地说,这些"同时"铺开的字句更像一幅画:这个比喻是强调它的空间性、立体性、可视性,就像德勒兹说的数学上的黎曼空间:它由相邻的小块空间构成,其间有无数的连接方式;或者是法国新浪潮电影画面与"揉面"过程的同样效果(每个瞬间都有不同的组合:打乱画面、重新组合,致使在一个面层上很近的东西在另一个面层上却十分遥远),比如可视的、可听的、可写的同时出现但他们各自的内容并不一致,动态的"同时"或"同时"的动态。

这个过程就是西蒙所说的"写作的两重性":字句被劈成两半,一半是作家想说的话,他想描写;另一半则是他实际上什么也没说,因为他实际上并没有完成描写的任务,他像书法家一样玩弄文字的形状,这些字的含义是什么根本不重要,重要的是那些不同空间的异样可视效果所带来的情趣;同时,语言还有另外的"形态",西蒙称之为转义、借代、比喻,它们是德勒兹所谓诸词语之间的"横向性"关系,而非呆板的"能指"与"所指"之间的纵深关系。转义、借代、比喻可以创造与习惯感觉相悖的新感觉,使用精确且模棱两可、随时准备改变形状和发音(这也就是转义)的语词。这也就是昆德拉所谓"变奏",德勒兹所谓"逃脱的线",从而把以上所说的"同时"涌现在脑海里的乱草一样的印象编织起来。每个词都是一个十字路口,正是发生了转义和借代。新小说家说,他们不是用词语在编造故事,而是用词语冒险、展示词语,用词语表演——表演是"发现"而不是表达、是创造而不是复制。对作家而言,除了写作的现实之外,没有其他的现实:"这些故事中的人物,除了创造他们的写作的现实外,再没有别的现实了。那么,写作怎么可以'消失'在靠它而存在的故事和事件背后呢?"① 优秀的小说不是"写真实",而是焕发文字让人震惊的魔力,这也是让全世界孩子着迷的《哈利·波特》成功的奥秘。

新小说认为,文学只表达语言自身的特性,而不是外部的世界。什么是语言自身的特性呢?比如结构主义者说过的那些特性,比如词语的寄生性与转义性等。当一种写作行为发生变化时,文字的魔力也随之产生。不是世界改变语言,而是语言改变世界。

让我们以西蒙在诺贝尔颁奖典礼上最后一段答词结束对新小说的叙述:

"可想而知,这条道路与那些从'头'走到'尾'的小说家的道路极为不同。这条路是由某个在未知国度的探险者千辛万苦地开闯出来的(他迷了路,重新沿着自己的脚印折回来,再循着若干貌似相同实则不同的地点,或同一地点的不同侧面前进——或者踏入歧途),他常常往返交叉,重复经过一些已穿过的十字路口,甚至会在(这是最逻辑的)对同时涌现的各自都不近不远的各种印象和感情进行调查后(因为词语具有一种神奇的力量,它能使在时间和空间上远离的事物相接近、冲撞),或被带回到出发点,只不过这个出发点因已指出若干方向变得较前更丰富,或被领到一些天桥上。在这种情况下,作家因个人的执着追求和并不以为自己已说出了一切的态度,他或许能揭示出每人或多或少会在其中认出一些自己的特征来的'共同的本质'"。②

结构主义理论本身具有导致文学风格的天然特性,属于这一学派的经典著作也可以从文学角度阅读:列维-斯特劳斯《忧郁的热带》不仅是一部人类学著作,也是具有18世纪旅游文学特点的"小说",所

---

① 转引自《如歌的中板——法国新小说选》,台湾允晨文化实业股份有限公司1989年版,第302页。
② 同上书,第303页。

不同的是作者特别注意这本书的形式结构，让它具有音乐和图画的效果，使写作就像作曲与绘画一样。拉康的风格是一种"巴洛克"式的，法国现代著名文学家巴塔耶等人同时影响了拉康和福柯这些结构主义代表性人物。福柯承认布朗肖、阿尔托、巴塔耶对他的思想演变有重要作用，以至福柯和这些作家艺术家都混淆或消解了文学与思想的界限。福柯的重要话题如癫狂、死、犯罪都是极具文学色彩的。在这方面，布朗肖于 1955 年发表的《文学空间》一书对福柯有特殊影响：文学是一个不确定的、孤独的空间，布朗肖以下的话与新小说家如出一辙：文学的空间就是"缺失时间的时间"，在这种"时间"中呈现的，是什么都没有呈现。在福柯的理解里，这成了一种"从外面的思想"，这也是他 1966 年出版的一本书的名字，他在这本书中向布朗肖表示敬意，宣称他在布朗肖的作品中看到了一种"非人"的文学，文学性质的思想结构流动，排除主体的语言，新的文明体验。福柯又把布朗肖的"文学空间"理解为一个文学的平面，一种"从外面的文字"，与福柯的"从外面的思想"或哲学相对应，使话语的对象在文本之外消失，这个效果也就是我们以上反复提到过的，悬隔语词深度的意义，使"在场"变成"不在场"——这里有尼采的痕迹：La figure rhetorique de l'oxymore：一种空白的、没有被占用的、处女般的、缺失的丰满（plenitude vide）、没有在场的在场，或者就像罗兰-巴特说在评论卡夫卡的作品时说的，是"没有实现的实现"，脱离价值的文本——所有这些成了新的灵感源泉，会造成非常独特的美学效果。文本的快乐不是观念的快乐，而是，而是像德里达说的，播撒多种语言，比如消解真实语言与虚假语言的快乐，他在被采访时说："我尝试在所谓的哲学中发现某种快乐的结构。"[①] 把哲学效果与快乐联系起来，这本身已经像是一种文学性质的快乐。德里达把他的文本置于学科界限之外，他形象

---

① Francois Dosse, *Histoire Du Structuralisme*, Editions La Decouverte, 1991, p.265.

地称之为"播撒"。他 1974 年写成的《丧钟》在文字效果上可与新小说媲美：讲究印刷符号的变化、用长拦条分割内容、把既是小偷又是文学天才的法国现代作家热内与黑格尔并列在由一条栏的两端、没有常规的开始与结束、把思辨的思想与热内的自传等并列、把单词字母从中间拦腰截断、故意把热内（Genet）的第一个字母写成小写，变成 genet，以展示它并非仅仅是一个人的名字，就像我们前面说过的"那不仅仅是一把锤子"。总之，这些都是"差异"。德勒兹也是这样，他以差异对抗统一的霸权。但他不是严格的结构主义者，他从能指与所指结构中逃脱出来，把文字看成一股"流"，而不是代码。与此同时，先是德勒兹，然后是德里达，不约而同地提到了"写作机器"或者"欲望机器"或者干脆称作"机器"的概念：这是功能性的机器观念，"我"的位置让位给欲望机器的"这儿"，"在所有点上切断与连接"，没有信念与规则的编码与解码，像是一些抓不住的"单子"。

1972 年，德勒兹与人合作发表了《反俄狄浦斯》，声称他们的立场像是制造一架反对结构主义的战争机器。这本著作也可以作为"社会科学领域的小说"，它与拉康的联系显而易见：无意识被理解为朝向"他者"的意指关系的多样性，而不是单纯的俄狄浦斯情结；这是从精神分析中解放欲望，为此，德勒兹创造的术语是一股推翻心理学和精神分析理论的"精神分裂流"，他特别提到了拉康所谓的"对象 a"（我们以上曾经加以分析）对"精神分裂流"的贡献："对象 a 像是一架满腹诡计的恶魔机器、一架欲望的机器闯入了稳定结构的内部。"[1] 在与人谈到这本书时，德勒兹又说："精神分析就是把俄狄浦斯情结加倍，把它转让，是俄狄浦斯的俄狄浦斯……这就是无意识之力的转弯抹角的不变性。"[2] 这是对一个一贯持"意向性"或叫"意谓主体"的反叛。"精神分裂流"是多形态的、差异之思想，不是从前的编码程序，"因

---

[1] G. Deleuze, F. Guattarl: *L'Anti-Oedipe*, Mimuit, 1972, p.99.
[2] Francois Dosse, *Histoire Du Structuralisme*, Editions La Decouverte, 1991, p.268.

为每个事物都有它的地理面貌、它的地图绘制术"。① 所以没有同一种类的时间，时间过程被性质不同的事物所"中断"因而时间不是连续的过程，总有偶然性的"裂口"，把时间弄碎。

罗兰－巴特也发表了新作《S/Z》和《符号帝国》，他寻求代码上的多样性，与德勒兹的所谓"逃脱的线"并行不悖，他们都强调词语变化方向上的多样性，一种"文本的快乐"和"符号的冒险"：一个作家自己要不停顿地从自己已经写过的文字形式中解放出来，在风格上兴趣多多，性质各异的令人陶醉的空间就是"欲望机器"的空间。又像德勒兹说的，书写的活动与其他活动相比，并不更加高贵，并不享有任何特权："写作流是诸流中的一个流，与其他的流相比，它并没有任何特权。它同其他的流，诸如秽语流、精液流、讲话流、行动流、色情流、货币流、政治流等，构成了潮流、反潮流或回流的关系。比如布鲁姆一手在手淫，一手在沙子上写字——这是何种关系的两种流。"② 这些"流"的方向、性质、时间、各不相同，却也可以混杂（比如这里布罗姆的例子）。究竟是混杂起来还是单一性质的"流"更有快感呢？按照德勒兹"精神分裂流"的主张，当然是布罗姆式的"流"更符合"精神分裂"特征；现实生活中不能实现的"精神分裂"性，可以在文本中轻而易举地实现。德勒兹在这里是并列的列举：在形式上是一种"横向性"的"黎曼空间"，在内容上我们却认为这些并列者也可以转义、借代、比喻：比如这些性质不一的"流"可能都让我们感到"快活"（我们避免其中的不幸或痛苦，或者这些"流"是"痛"并"快乐着"的变奏，节奏或者交响乐也是"流"，但是写作一个"痛苦"就像交响乐中的忧郁曲调一样，其实也是快活，这也可见卢梭《忏悔录》中撒谎——因为他写的不符合他的实际经历——的快活）。写作和

---

① Francois Dosse, *Histoire Du Structuralisme*, Editions La Decouverte, 1991, p.269.
② 德勒兹：《哲学与权力的谈判——德勒兹访谈录》，刘汉全译，商务印书馆 2000 年版，第9页。

读者的反应都应该是选择"快活",按照快乐原则作写或读下去的判断。但是,所以这些沉醉都不是"主体"或意识"的沉醉,不是作者的沉醉,因为正如罗兰-巴特说的,"作者死了"它们是文本的沉醉,物质的沉醉。物质就是文本,反之亦然。快乐探不到底,因为它只是词,它像词一样悬隔了词语所指称的对象或者意义(快活不固定瞄准某一个对象,而是随时准备对付任何一个"他者";快活说不出"爱情",因为快活认为"爱情"没有意义,因为"爱情"只是一个观念)。当德里达在《丧钟》中写出"热内"时,那不是一个作者的名字,而是一个普通的名词,甚至也就像罗兰-巴特快乐文本中的一个玩具,每个词都可以是玩具,就像小孩子可以用来随心所欲搭建各式图样的积木,积木的形状是不一样的,就像词的形状和色调是不一样的。

# 第十一章　罗兰－巴特：怎么写而不是写什么

　　写什么是内容问题，怎么写是形式问题。这两个问题说到底，都是非常纯粹的哲学问题，甚至是第一哲学。关于这一点，并不是一下子就能看清楚的。为了清楚，我可以换一个说法：写什么中的"什么"，就是贯穿整个哲学史的概念，或者叫作理念、真理、意义之类；怎么写中的"怎么"，就是表达内容的手段、工具、方式，比如说文字、句法、词语的排列组合方式、语气的升降、文体属于论证性质的还是属于描述、比喻、想象性质的，如此等等。再换一个说法，以往的哲学史不太重视"怎么写"，认为怎么写都不会影响真理本身的价值，只有观念本身才是重要的，词语或者修辞无关紧要。因此，阅读以往的哲学著作，十分枯燥，写得不漂亮，在看不见的观念之间绕来绕去，像是一种精神折磨，让人昏昏欲睡。"怎么写"的提问方式，是对只重视"写什么"的严重挑战，因为说到底，"怎么写"所重视的，恰恰就是词语本身。

　　重视词语与重视概念，是完全不同的两回事，尽管概念本身也不过就是词语。区别以往的哲学与当代哲学的标志，恰恰就出现在这个理解的"拐点"。以往的哲学忽视了一个非常简单的事实：没有赤裸裸的思想和观念，思想要被说出来或者写出来。说或写，词语或语言，并不是单纯的表达思想的工具，语言（或者广义上的"表达手段"，比如色彩、线条、建筑造型、电话、电影、手机、国际互联网上语言感觉）本身是物质的（看得见、听得见、摸得到，等等），它就是它自己的内容。

　　中国"没有"哲学传统，因为我们以及我们的祖先从来就不重视什么思想、立场、原则之类，无论是概念还是逻辑，都没有脱离原始状态。但是，我们却有极其深厚的重视"怎么写"的传统。难道不是吗？不去说中国文学史，即使是用以区别所谓"中国思想史"的标志，其实并不是新的"思想派别"或"哲学方法"的层出不穷（在绵延两千年历史长河中，不同观念之间的冲突，其实早在春秋战国之后就基本结束了）。那么是什么呢？我不知道！因为这方面，在春秋战国之后，我们实在是太贫乏了。但我知道我们从来是文史哲不分家的，而且因为"哲学"太弱而文史太强，所以严格说，春秋战国之后中国基本没有可与春秋时代相比的哲学家或者思想家，我们今天所谓那时的哲学家，不过是史学家或文学家，而其中最成功的，应该是文学（诗最出色）、散文、文论、词曲或韵文史。怎么区别或者断代呢？用文体的变化，比如三言、五言、绝句之类。那么，我们的祖先怎么"表达思想"呢？准确地说，不表达什么思想，只是表达感情或感觉。使用"赋、比、兴"。"赋、比、兴"，就是"如何写"的问题，其精华，当在"比"与"兴"，这些都是词语本身的问题，是间接或者迂回的说话方式。特别是"兴"，它是汉语表达精华中的精华（中国古代文人把诗词看作文化品位的最高标志，甚至说过不学诗无以言）。"兴寄无端"，就像普鲁斯特从小甜点的味道"非自主回忆"起与此毫不相干的东西。中国古典诗歌的精华，就在于以"兴"的方式产生的诗意转移。它的关键，在于一种横贯的情感，触类旁通。触类可通，故言无尽，引而伸之，其意愈进。诗区别于老百姓的大白话，不"一本正经地"说话，先言他物以引起所咏之词。汉语传统"怎么说话"呢？以隐的方式说话，以看重说话形式的方式说话（书法就是文字形状的不同变化方向），以文字跳跃的方式说话。总之，是在词语本身上面下功夫，从词语本身获得情趣（音乐感、对偶等）。

写作，不过就是文字的交织和互换而已，中国古人早西方两千年就知道这个道理了，而同样的道理，却被西方人，准确说，是被20世纪的欧洲人、法国现当代人文与艺术科学家们，弄得十分复杂。但是，当我这样说的时候，却是褒义的。也就是说，这正是欧洲的学问与艺术和我们的不同之处。以下正是我就这些不同，引出从中国式的学问出不来的念头。

在说到词语本身之前，我先讨论感觉。文学是人类感情描写中最微妙的部分，哲学是否也可以这样呢？是的，也有哲学意义上的微妙精神，我在《启蒙时代的法国哲学》[①]序言部分，详细讨论了这种微妙精神，而同样的微妙精神，几乎用不着概念上的转换就成为文学的，就像伏尔泰和卢梭不但是哲学家也是大文学家。我这里主要想指出这种哲学兼文学的微妙精神与中国古代文学精神的不同。有什么不同呢？就在于是否有浓重的哲学味！哲学味儿对文学有什么重要呢？相当重要！没有这种味儿，很多微妙的精神就表达不出来。因为哲学味儿是西方各种文学流派的基础，而文学流派多多，也意味着微妙精神差异多多，这很像一种分子水平上的感觉。也就是说，当没有这种哲学味儿时，感情就可能在简单性面前止步。举个例子吧：中国大多数古典诗词，往往是玩味伤感的（思念爱情之类），但很少有诗人直接把这种痛苦当作快乐，这是一种没有出来的微妙精神，我同时认为它是一种形而上学意义上的感情升华，它甚至可以用性心理学为特征的"色情文学"手法表现出来。我要列举萨德的例子，正是为了强调他的作品在精神上敢于直面强烈的刺激、精神的野性，而中国传统诗歌所缺少的，恰恰就是这样的狂野。

也许中国现实社会中并不缺少"精致的残忍"，但往往是只做不说的。同样，残忍的事实在生活中是痛苦的，但是当它变成文字时，就成为一种被玩味的对象，从而带来艺术性质的快活。像死一样的快活！这并不是疯话，你体会不到这样的境界，只能说明你从来没有接触过"某种物质（或肉体、念头）"，从文学体验的角度，也就是未曾

---

① 尚杰：《西方哲学史》（学术版）第 5 卷，江苏人民出版社 2005 年版。

尝试把某类词语与另一类词语连接起来的快活。这样的快活，是令人震惊的！我曾经著文，把启蒙视为精神的延伸性，谁能说这样的快活不是另类的精神启蒙呢？是令人震撼的爱。这真是《美德的不幸》，这也是萨德一部著名作品，书中女主角朱斯蒂娜正是这样，让想象力迷失方向，往"坏"处想，就好像精神失常，而这却是她快活的根源。令人目瞪口呆的是，她竟然相信由此带来的各种快活是圣洁的，是神启发了她这些灵感，人生来就应该这样疯狂细致地爱，在陌生的感受上耕耘，等于延长了人的感官，触及感官本来不能或不该触及的东西。精神的延伸性，也是新的品位。越轨者通常比中规中矩的人更有好奇心，能把普通的事情办得有声有色。萨德就是这样一个危险的作家：他让习惯的爱情做越轨性的延伸，把爱和感官的痛连接起来。他还设想极端残忍的情形：泯灭与朋友、父母、夫妻的感情，会有怎样的结果呢？更进一步，这世上的人都死光了，就剩下他一个，又是怎样的"快活"啊！与其说这是极端的自私，不如说是一种形而上的思考。现实生活中一种像是隐蔽实则心照不宣的情绪，是从他人的痛苦中带给自己快活，这显然是一种非常特殊的感情，是受道德谴责的。但人们不熟悉或忽略了的，是自己的痛苦也能给自己带来快活，这种微妙的精神并不受谴责，因为它实在是太晦涩了。我认为这就是精神延伸性的例子，也就是启蒙。当人们挖掘它时，它就可能变成真实的，否则，就隐藏着。这种奇特的感觉能否唤醒我们的好奇心呢？这就是心灵的差别，因为不同人种之间的心理差别，有时甚至比人与动物之间的差别还要巨大。发生了不是人的事情，或者不是人应该想出来的事情，难以启齿的事情。这样的人就愿意接受萨德式的皮鞭，对这种肉体上的"完美的折磨"，在语言上，就是语言内部的不道德，像是"违背语言的语言"。不以习惯的方式爱，在词语上就是不以习惯的方式说话。诗正是这样的，因为诗就是在破坏语言的习惯用法过程中创造语言。我以下如此叙述萨德一句话的原意，完全是为了学术上的需要：

我向爱人展示处女的肛门，接受他的亲吻，这是我献给他的最圣洁的礼物！为了说明什么是影响了弗洛伊德的萨德主义，这样的例子是无法回避的。我忘了指出，以上并不完全是我对萨德的分析，而是从罗兰－巴特对萨德的分析中，我所获得的灵感，对以下各人物的分析也是如此。我之所以着重指出这些，是因为我不想给读者造成一种误解，好像我重视的是"写什么"，不是的，我在论述中所重视的，始终是"怎么写"，就像罗兰－巴特一样。

罗兰－巴特认为，萨德式的想象写作，是"纯粹写作"：不是通常的讲故事，而是讲一个人正在讲故事——这两种情形之间有什么区别呢？区别就在于前者更重视所讲的内容，后者更强调讲话本身，强调"讲"和"做"根本就是一件事情。在"臭名昭著"的《索丹（Sodom）的 120 天》（它曾经被改编成电影，改编者中就包括罗兰－巴特）中，演员或角色做出来的，实际上，就是"讲一个人正在讲故事"中"正在被讲出来的"事情。换句话，只要你能写（说、想象，反正都是一回事）出来，就能"做"出来。写和做根本就是一回事。为什么说这是纯粹写作呢？因为它与现实生活一点儿也不像，[①] 但是，只要有情趣，"不像"又有什么关系呢？塞万提斯的《堂吉诃德》和狄德罗的《宿命论者雅克和他的主人》不都是这样的戏谑之作吗？创造出现实生活中所没有的情趣，这才是艺术！

这样，读者或观众的注意力就集中在词语本身了：一句话的前、后，都有其他的话语，就像几乎所有学者写一本书都源自另外一本书。所以《索丹的 120 天》只有"一个"演员，就是正在讲"正在讲故事"的人。这个人是复数的，他既是《索丹的 120 天》的作者萨德（或电影改编者），也是故事中正在讲故事的人。换句话说，罗兰－巴特注意到萨德作品中已经有 20 世纪现代文学的主要因素，就是把词语、把复

---

[①] 20 世纪初法国诗人、超现实主义奠基人阿波利奈尔说过这样一句意味深长的名言：人们不满意用脚走路，于是发明了轮子，但是轮子和脚一点儿也不像。

杂的叙事者（怎么叙述，比如叙事的人称代词是"你""我"还是"他"等）引出的视觉转换问题，提高到至高无上的地位。只有"一个"演员，也就是说，这出戏就是表演说话，在说话（或者文本）之外一无所有。其中的每一句话，都是不可信的，即在世俗生活中是不可能实现的，但是可以说出来。这样的"话"，就是一件艺术品，因为它是难以想象的话语。书中描写的害怕、羞愧、嫉妒、印象等，都是同样性质的世俗感情预先想不到的，因为它们在世俗生活中本来就没有，只是被艺术家用词语创造出来的新感觉。这样的作品，认为作品中叙事的次序与现实生活中的时间先后风马牛不相及，也不再关心事情的来龙去脉，叙事是否合理、是否正经。

　　于是，现代文学中文本的线索是多线头的，而且是"同时"性质的多线头。什么意思呢？从广义上说，就是让话语"结巴"，说不完整，不仅是语义上的谐语或者双关，而且有意拖延一句话意向的实现。在实现一句话或一段话的意向之前，意义被悬隔了，因为一个词语（句子、段落）连接上另外一个与实现前一个词语（句子、段落）的意向一点儿关系也没有的词语（就像一幅超现实主义绘画把一个啤酒瓶颈，画成一段胡萝卜）。用德勒兹的话，这叫词语逃跑的速度，或者是绘制了不同领土（平台）的地图绘制术，这就是写作。而德里达所谓"后结构主义"的关键词différance，也就是我这里用形象描述的"拖延结构"，让作者原来的意向无法实现，在拖延中实现横穿的转移。句子已经开始发挥作用了，但作者对下句话的目的与方向根本没有把握，而且也不知道究竟和谁说话，因为词语被发明和逃跑的速度一样快。在这样的语境下，每个词语和每句话都是圣洁的，因为它们独一无二。

　　结构中的词语可以被隔离起来，在效果上这样的词语，就像是被发明出来的。"怎么说"的问题，组织起特殊的时间结构。比如，在描述现在正在发生的事情时，当这种描述还没有结束，就突然插入一个表示将来的句子，就像我要打算睡觉时，同时就"已经"想到醒来。在"过去"发生的事情"已经"在将来"发生"了。如果我就是以这样的方式写作，就等于重新组织起时间。如果在"已经"的位置上，换上另一种环境下中的口气、语言、图像、姿态、事件，就像当代欧洲绘画大师达利把生活中普通的小便池搬到博物馆，并标上一个醒目的字"泉"，小便池就这样在自己不知觉的情况下，变成了一件轰动整个世界的艺术品。"就要来"的视角的多样化，构成了色彩斑斓的世界。人体的姿态难道不是也经常这样吗？体现不同道德品质的姿态，破坏了它本应该遵循的时间结构，因为这些姿态经常是彼此孤立的，衔接不上，或者说，当我们知道这些所谓"衔接"的真正情形时，无不感到震惊！图像也是如此，这就是电影中的剪接或蒙太奇带给观众的情趣：总是出现料想不到的图像，这样的图像连接的速度越快，观众的兴致越高。情趣写作的道理正是如此，这就是所谓后现代的非线性或多线索的文学，因为它破坏了读者传统的阅读习惯，所以显得隐晦。"要来的"，总是出现不可能（想象）的口气、语言、图像、姿态、事件等。"乱七八糟"，谁也不挨着谁。当神秘的内心感受难以用现成的语言表达时，原创性的语言就要出场了。

优秀的书写者，并不在于他选择的问题或题材是特殊的，他们完全可以从一个俗气的场景中，得出令人意想不到的效果，这就是把那些习惯的感觉或者叙事方法悬隔起来，另外编排一种叙事结构。一种任意性的词语连接，就是要破坏读者的习惯心理，当他们读到一个（小说、论文、电影画面、发言、歌曲）开场白时，自以为就已经知道（这是习惯性的想象）下面就要说什么了（或者什么画面、曲调等）。优秀的语言、声音、色彩的创造者，就是要破坏这样的自发心理，就是不说读者、听众、观众想要得到的东西！用一种孤立的别的事件来替换它（这是创造性的想象），一种非对称或非等值的替换，这有点像中国古代文人流行的"兴"。"兴"不就是即兴吗？侯宝林临终前紧紧拉着马季的手，说了最后一句话："相声的即兴表演传统千万不能丢啊！"（这才是大师的语言，所以，中国的相声到侯宝林这里即是宣布达到了顶峰，同时也宣布了终结）。即兴，就是在没有预料的情况之下，突然转变意思的方向，让表面相似的语言（包括谐音、双关语等）要素之间的含义谁也不挨着谁，制造往歪了想的效果。超现实主义艺术家达利的作品效果不就是这样吗？客厅里供客人坐的沙发形状，竟然是一个女人性感的厚嘴唇！让你享受坐在这（套）软绵绵上的（沙发）嘴唇上的感觉！这在文学上叫作换喻、反讽。要是以这样的方式，层层递进，就构成分岔的效果，就像德勒兹说的，一条不断逃离领土的线，总是向外延伸。邻近的东西同时也是距离最远的东西，越是不同样的东西之间，越是容易碰撞出热情的火花，异样情调。这也可以作为一种 21 世纪的政治原则吗？即一个全部由陌生人组成的社会成员之间的交往，会有优生的效果！这与现实的中国政治生活有多大的不同啊！我倡导一种极其松散的社会组织和社会生活，类似于没有组织的生活！就像巴洛克式的象形文字，或者反过来也是一样，巴洛克风格是象形文字式的，就像中国的书法。滋生的意味像蜘蛛网一样纵横交错，道道或线条的触角自由而任意地延伸。这是热情的岔路，分子程度上的微妙精神，这真是幸福，条条大路为什么一定要通罗马呢？不是一种热情：我不违心地附和，因为心灵的冲突使我心花怒放；我把不一样的热情组装起来，变化热情而且总有剩余的，这叫作罗曼蒂克；每隔两个小时，我就换另外一种性质不同的热情，就像我这些文字涉及的主题变幻莫测。我的行当、感情、欲望、爱好，等等，总是在旅途中，绝对不会从一而终。

　　别让句子处于饱和状态，别老想着形成什么概念。概念什么也不是，它是由被发生的事件构成的，被行为构成的。有鉴于此，行文中经常出现"我"或"我们"等人称代词是不合时适的。以没有人称代词的方式说话，这可能吗？用语言制造立体声的效果，这也可能吗？像是有很多频道，辨认不清声音究竟是谁发出来的。声音的空间，这是一个伟大的发明,因为从前人们一向认为声音的流淌只是在时间中进行的。声音或者词语的空间,使思想感情也成为立体的,多频道的,交叉换位的,比如,当远的精神成为近的时候,思想不就是在进行立体化的过程吗?这种书写的勇气,使我们进入了一个想象的空间。

罗兰-巴特特别欣赏狄德罗的《宿命论者雅克和他的主人》,说它是进行现在写作思考的一部伟大著作:让幽默的语句遮掩现实,而词语本身,则始终处于无休止的,贪婪或永不满足的散漫之中,随机应变。这种"纯粹写作"是唯物主义的。文字,就是物质。巡航、漫游、欲望的旅游,总是在警觉状态,渴望新奇的事情,这就成全了以流浪者冒险为题材的小说,而普鲁斯特的小说,则是精神上的冒险,把趣闻逸事的片段连接在一起。罗兰-巴特竟然把普鲁斯特与萨德的作品相提并论,认为其中都强调语句交替进行的节奏,热情的节奏。老式爱情已经过时了,要创造新的热情时尚,所以罗兰-巴特在《恋人絮语》中批评了歌德《少年维特之烦恼》式的缠绵。

罗兰-巴特还说,他自己的身体,是自己想象力的监狱,因为他需要别人的身体来解放他自己的身体,以创造出新的身体。就像一个词语要依赖另外一个词语,就像词语有自己的性别、单数与复数,就像写作不能只使用一种语言,要有新的语言,以便承担更多的信息。这是艺术的使命,也就是表达那些不能表达的东西,或者不表达那些能被表达的东西,总是用别的语言说话。当语言内部出现换位现象时,新颖就取代了平庸。比如什么是"我"?就是"说'我'的那个人"。于是,"我"成为某个人。这也就是词典的编写方法,用别一个词语取代这一个词语,这是一种编码的过程。写作也是这样,写作不是一个主体自己在表达自己,"话语"不是出自"我"的口,而是引起一连串连锁反应的索引词。就像上述的"我",在这种反应中变化为第三人称单数,这是纯粹写作的效果,这个过程完全没有任何来自主观的"我"的阴谋或者欺诈,一切都是自然而然的。写作,就是总在决定如何说

"它"(他者),因为"我"就是这样的"它"。隔离了"我"的惯常含义,"我"不过就是一个普通语词而已。

在以上的意义上说,推翻习惯的说话制度,也是一场政治和伦理领域里的革命。这与20世纪马克思主义以意识形态革命为先导的革命不同,21世纪将爆发世界规模的语言革命(但我非常不愿意说这是一种所谓"全球化"),不仅是人们日常说话使用的语言,而是广义上的语言符号,包括各种各样的视觉符号。网络语言以人们预料不到的速度在全世界范围内传播,而所谓传统的意识形态语言,将被迫一再后退,最后,它将会悲惨地死掉,因为它将什么也不是,只剩下一种类似像人在说话的声音,枯燥得连声调的变化都没有。但幽默的是,如果以摇滚乐的声调演唱意识形态的语言,那歌词竟然也能变成艺术。国际互联网语言的"全球化"并不是真正的全球化,因为它不是一种语言。当"我"不存在时,"我"就变成了"它"或"他"。人和语言一样不要走在老路上。变化语词就是变化意识,比如不直接说"很好",而说"不赖",以间接或迂回的方式说话,以蒙太奇方式说话,以不可能的或相悖的方式说话。在戏谑或笑声大作中,我们享受了快活本身。所谓"间接",就是说话总是有意说不到点子上,在中途突然挟持读者的注意力,使原来的句子中途夭折,无法满足原来的欲望,把令人失望当成一种快乐。同时,新的兴致也同样会中途夭折。所有这些,构成了总是"零度"水平上的写作。一种写作中的快感,总在于笔下的句子有生有死,而且生死的速度越来越快。这就好像不仅每个段落,而且每个句子,甚至每个语词都被加上了现象学的括号,就当它们从来未曾存在,于是一切都可能从零开始。就像岸边的海浪,不是一下子就被推到岸上,而是断断续续,间歇性地前进,甚至中途搁浅。优秀的书写者罗布-格里耶,他在书写时,脑子里一片空白,不知道自己写作的动机,为谁而写。没有约束的笔调是十分轻快的,每一个刚写出的词语的意义,顷刻之间,就在即将到来的词语面前消失。

就像一次又一次横穿世界和历史的旅行，在时间的将来与过去之间任意穿梭，笔下方顷刻，世上已千年。

综上所述，在关于哲学与语言关系问题的讨论中，我似乎一直在谈论怎么写。我认为，这种谈论是哲学式的，是哲学问题在语言中的延伸，它事关哲学文体不得不有的变化，这并不是我个人的发明，而是哲学在世界范围内的发展趋势。在以往漫长的世纪中，哲学家们曾经就许多传统哲学问题进行了无休止的争论，遗憾的是，这些问题至今仍旧没有哲学家们普遍认可的正确答案。20世纪的哲学家们终于认识到，可能是他们争论的前提有问题，因为他们终于意识到，玄而又玄的哲学概念，不过就是一个又一个语词。在20世纪轰轰烈烈的哲学从传统问题向语言问题转向之后，哲学文体的变化已经是大势所趋，这并不意味着哲学问题的消解，而是哲学问题改变了自己的形状。

# 第十二章　解构

现在，我们必须比较详细地讨论德里达的思想，在为他的解构理论定位时，首先要弄清楚他的思想来源，这主要有两条线索：一条是结构主义的线索，这条线索被我们忽视了，因为很少有人把德里达当成一个结构主义者，因为他是破坏结构主义的，我们以下的讨论将会指出："解构"的概念是"结构"概念的一种变形，是拉康、罗兰-巴特、福柯等著名结构主义者思想的变形；另一条线索，也就是德里达的思想最先被美国学术界称作超越结构主义的"后结构主义"（1967年之后），这有一个更重要的原因，就是与以上各个著名的结构主义者不同，在起源上德里达首先是受胡塞尔现象学、尔后包括海德格尔现象学和法国现象学家列维那斯、萨特等人的影响，这些影响甚至是根深蒂固的，以至于我们可以说，德里达始终是一个隐蔽的现象学家。在这两条线索中间，德里达还有一个与法国结构主义者共同的智慧来源，这就是他们都对20世纪欧洲特别是法国的文学艺术和文学批评有浓厚的兴趣，他们的著作中都经常提到纪德、乔伊斯、卡夫卡、布朗肖、巴塔耶这些人的名字。

德里达的第一本学术著作发表于1962年，是他为胡塞尔晚年的一篇重要论文《几何学的起源》写的长篇导论。虽然德里达熟悉当时法国名声最大的现象学家萨特和梅洛-庞蒂的思想，但是，从学术视角的出发点上，德里达就表现出与这两个人的明显不同，后两人对存在、生活、意识等问题更感兴趣，但是德里达似乎对"科学的对象性"问题更有兴趣，具体说，就是胡塞尔晚年讨论的几何学研究的对象。德里达从来没像结构主义者那样宣称"主体死了"，但是他认为"主体"并没有传统形而上学所赋予的功能,比如他在书中批评文字成为语音的表达工具的传统,也批评胡塞尔的"先验性"和"起源"概念本身。同时,德里达又与萨特等人不同,他关注胡塞尔现象学中的语言哲学问题,比如胡塞尔从《逻辑研究》以来一直注意的"语言表达式"的概念。胡塞尔对意识状态曾经作了一种区别:一个是表达前的层次,是指示的、信号的、象征性的符号,这些符号在胡塞尔那里的作用不同于"表达"——"表达"是朝向外在对象化的努力或者意志,而表达前的"示意"却是不自觉的。德里达非常重视后一个概念,他在 1967 年出版的《声音与现象》一书中这样说:"示意的领域仍然在表达的领域之外,超出了目的使命的界限。"① 这是一种与结构主义有密切关联的说法,即示意的领域并不是朝向一个被表达的真理或传统上认为的所谓符号的内容(本质),而只是表示显现、逗留、暂露、幽灵或者幻象一样的东西出现的可能性,它们没有被自觉地表达,它们在可以被表达的概念之外,或者叫空白。于是,"示意的"文字也是落不到实处的文字(德里达也把它称作"深渊"),或者叫作不能确定的、有各种可能性的文字。进一步说,德里达是想否定可以"表达"的良好愿望(就像他在后来与伽达默尔争论时反驳后者的解释学理论时所言):一个已经"过去"的意义是绝不会呈现的,但是胡塞尔却想追溯几何学的起源,即第一个几何学的观念是如何产生的,他想象能达到在这个起源之前的想法。可德里达认为,其实并没有那样的"想法",因为那样的"想法"其实只是一些特殊的、偶然的,它们派生于一些游荡着的不确定的符号。

以上情形说明德里达与结构主义者的某些相同之处,但是不同也是显而易见的:当几乎所有的结构主义者都与现象学唱反调时,德里达却从胡塞尔而不是索绪尔那里寻找他的哲学"出发点"。

结构主义的真正危机来自德里达的挑战,1966 年 10 月,德里达在

---

① J-Derrida: *La Voix et le phenomene*, PUF, 1967, pp.38–39.

一次国际学术会议上作了长篇学术讲演《结构，符号，与人文科学话语中的嬉戏》，它被公认为是从结构主义向后结构主义过渡的转折点。

德里达首先以蒙田的一段话作为引子，其大意是，在更多的情况下，我们其实并不是在对事物进行解释，而是对从前的各种"解释"进行解释。由此拉开了德里达的以下议论：

无论结构主义者对哲学史的看法如何激进（比如说福柯），但总归是承认哲学史是可以从结构主义立场上被归结为"结构"概念的历史，这特别明显地表现在福柯的《词与物》和《知识考古学》中。像德勒兹一样，德里达首先提出了一个向结构主义者发难的新哲学术语"事件"：在结构主义者特别是福柯那里，历史和现实中的"事件"是被包含在"结构"概念中的。但是，这里德里达为"事件"一词打上了引号："事件"和事件不同，在模样上就多了一些负荷：比如""可以预示着与周围其他事件或者词语的断裂，或者又像德勒兹说的，加了两道褶子或折叠，总之"事件"并不可轻而易举地被化解到福柯的结构主义的历史模式里（比如福柯在《词与物》中设定了不同时代人们有不同的话语组合的形式）。

为什么德里达不满意"结构"的概念呢？他不是从中寻找结构主义立场在哲学史上的革命性效果，而是抓住"结构"字眼本身不放，认为"结构"的含义是西方哲学史特别是认识论的老调重弹，因为传统认识论早就含有"结构"的意思。历史上每一个哲学体系都是一个结构：他们都有一个中心，这个在场的中心就是一个固定不变的起源。这个中心的作用不仅是引导、平衡、组织结构，而且要限制任何不严肃的"事件"发生，绝不容许在这样的话语结构内部"开玩笑"或做游戏。结构通过中心组织该组织的内在一致性。总之，在德里达看来，"结构"必然意味着有一个"中心"，否则就不能称其为结构。而问题最为关键的是，德里达所谓"解构"或消解结构，首先就是针对任何形式的"中心"（起源、自我意识）概念：比如"逻各斯"或"语音中心论",以及随着这些"中心"而形成的"存在"或"在场"概念。

在德里达看来,一个中心围绕自己划定一个圆圈,只对自己开放。"中心"是一个不能被违背的"点",围绕中心的一切内容(构成成分)只能模仿这个"点"而不能替换它,这个"点"的至高无上的统治权是不可以推翻的。这里所谓"替换",指的是背叛性质的变更。这里出现了一个理解上的难点,即德里达认为,就以上的分析而言,"中心"不在结构的内容之内,而是主宰结构的东西(不是总体的一部分),任何结构都不写明这个"中心",但是同时,这个结构又实实在在存在于结构之内,像是一个由众多强迫性神经官能症患者时刻惦念的、维系着结构生命的幽灵,众生就为它而活着。但是,注意德里达的一个有力提问:这样一个同时"在"又"不在"结构之内的东西(一个"点"),一个自相矛盾的东西,怎么能组织起结构的"内在一致性"呢?换句话说,其实"中心"像结构中的其他内容一样,只是其中的一部分,或结构无数"点"中的一"点";中心不是中心,或"多中心等于无中心";因此,围绕中心的所谓组织上的内在一致性至多只是一种无法实现的象征性说法,但是,这种实际上并不存在的东西,却正是传统认识论或者知识论的前提条件。而在德里达眼里,这个一致性的前提只是表达了一种不能实现的愿望。所谓"结构"的思想,正是来自这种愿望的力量。

按照德里达的理解,结构主义是有道理的,但是,它的道理并不在于它所暗示的一个中心(作为结构的前提),而是结构主义语言学实际上肯定了在它各个不同"点"(能指,正如我们以上分析过的)上的"自由嬉戏"性。德里达用"自由嬉戏"也就是"既……又"的逻辑(在这里是"既在中心之内,又在中心之外",后来在不同的场合,德里达又多次施展这个诡计。这些诡计是由德氏所发明或利用的不同领域的概念来表达——就像德勒兹说的,哲学就是创造概念——像différance、处女膜、时间性的空间、不是一种语言、解构、不可能的可能性……）替换或者背叛了"结构"或"中心"概念：起源和结束是一回事、生与死是一回事、翻译和背叛是一回事、模仿与增补是一回事……结构不是被解构摧毁的，而是自己消解的。

只要粗知欧洲哲学史就不难知道，每个著名的哲学家都宣称发现了唯一的真理，就像上面讲到的"中心"，在这个意义上，哲学史也是一个又一个中心不断置换的历史。这些"中心"被福柯称作"结构"，而德里达称作différance或"痕迹"，因为在后者看来，"结构"或者"中心"的说法与哲学史上的所谓本质、原则、元始、终结、实在、称作、实体、良知、先验、超验（这个词意味着结构主义主张的"所指"）、上帝、人的概念有密切的关系——为了说明"解构"，德里达这里再一次提到了"事件"——这里有一个括号，用德里达的话说——这好像是现象学的——引号意味着"断裂"和瓦解：瓦解寻求中心或形成一个结构的欲望。当德里达提及存在的"缺失"（absence）时，并不是说眼前这个实在的东西（比如说书本）不存在，而是在哲学上说中心或本源的缺失。一切都不过是话语——德里达接受了结构主义者的这个观点，他重复罗兰-巴特说过的：在文本外一无所有——所以"热内""我"、作者、签名、中心、本原……不过就是一些普通的词语，没有任何特权。德里达的所谓"解构"与结构主义并不是对立的，他的"后结构主义"只是结构主义的变形，正是在以上的语境下，德里达下面的话与结构主义并行不悖："由于中心或本源的消失，一切都变成了话语……一切都变成了一个系统，其中的中心所指，那本源的或超验的所指，是永远不会绝对地出现于一个由差异构成的系统之外的。但是，超验所指的缺席把这个系统的范围和其中的意义的相互作用无限地扩展下去了。"①

关于对"结构"的"解构"，德里达这里明确承认，这并不是他

---

① 德里达：《结构，符号，与人文科学话语中的嬉戏》，转引自《最新西方文论选》，王逢振等编，漓江出版社1991年版，第135页。

的专利发明;它不属于某个事件、某个学派、某个作家,而是一个时代的倾向,自从尼采以来的哲学与文学艺术的倾向——沿着这个痕迹德里达提到了一连串名字:弗洛伊德、海德格尔……让我们接上上段的话题;理解"解构"或后结构主义的关键,是消解"能指"与"所指"之间的差异:德里达这里提出两种不同的方法:一种是古典形而上学的方法,使符号(能指)服从思想(所指),完全忽视语言或者只把语言当成工具;另一种,也就是德里达提到的上面那串名字的人的暗中做法:消除可感知者(即所谓"能指")与可理解者(即所谓"所指")之间的对立。怎么消除呢?解构!能指就是所指!以至于连"能指"的符号也是不必要的,因为既然没有"所指"也就没有"能指",列维-斯特劳斯的"树叶"缺了其中的一面就不能成活;以至于贬低"解释""理解""翻译""意义""真理"这样的概念,这正是1966年之后德里达"解构"的方向。这种效果,用德里达的话说,是文化的"位移":它的严重性在于一切学科的话语,不仅是人文学科,还包括政治、法律、经济、技术学科,都成了问题!什么问题呢?简言之,就像列维-斯特劳斯早就指出的:"对立"的情形(自然与文化的对立或他举出的乱伦禁忌只是其中的一个例子,还有学科的对立或界限、能指与所指的对立等)并不真的存在;不可刻意区分"人为的"与"自然的"。人们在心理习惯上总是这样"对立"的,但是列维-斯特劳斯发现这样的"对立"不是好用的工具,因为他发现了一个自称为"陷阱"的东西,即"乱伦禁忌":它是"自然"与"文化",或者说它是把"自发普遍不依赖任何特定文化规范的因素"与"社会规范性质的因素"同时并列在一个生活画面上。列维-斯特劳斯对乱伦禁忌的"事实陈述",同时就是消除或者"解构"自然与文化界限的科学陈述,这个陈述在自然与文化现象必然"对立的文明历史"之外。德里达补充说,如果列维-斯特劳斯对乱伦禁忌的"事实陈述"是正常的,那么它就不再是一个"陷阱",而是一个逃脱了传统概念意义的概念,并且从历史上看,是先于传统概念的概念,或者更为通俗地说,自然与文化的对立是从这两者的非对立演变而来的。

德里达继续指出,摆脱西方形而上学最好也是最难以做到的办法,就是在语言形式上放弃它的说话方式,不再利用任何形而上学的概念,但是德里达像列维-斯特劳斯一样承认这实际上是做不到的,于是,不得不退而求其次:不再把这些摆出一副真理面孔的、貌似严肃的哲学概念太当回事儿,就像当遇到"乱伦禁忌"现象时,不再把自然与文化的对立当回事。但是,这样的"对立"也有它的使用价值,一种丧失了严肃意义的使用价值,或者就像列维-斯特劳斯说的,一个工具,用不用它取决于人的意愿。但是人的意愿不光取决于"有用",还有许多别的,比如说快乐。人们为了快乐经常不把"工具"当成工具,而当成了"玩具":就像我们读书到兴致或性急之时,随手拿起一个破纸片和铅笔头(因为手头现在没有笔记本和钢笔)记下灵感;这样的情形不是个别的而是普遍的,作家笔下的词语不能表达他的感受。这时,词就不是中用的工具而更像是玩具:工具和玩具有什么区别呢?工具是专用的,而玩具只要能带给人乐子就行。总之,人类在多数情况下总是"凑合着"用本来有其他用途的"工具",或因为方便,或因为不需要动脑子,实在不行就再换一个,或者同时用几个家什——在以上各种情况下,"工具"或者说形而上学概念原来的使用价值(即意向性)被隔离了,使其失去作用。换成作家写作的例子:我可以用现成的语言(因为除了这些语言,我再没有别的可用),但是,我并不用它们现成的意思,因为这些词语不是我的工具或原来意义上的工具。作家或哲学家不是他所用词语的"主人",或不是写作者在造句,因为那些语词不是他们创造的。

德里达引用了列维-斯特劳斯的术语,后者在《野性的思维》中,称自己的工作相当于"干零活"或者"修修弄弄",摆弄点小事情,不值钱的事情,像是一个工匠或花匠。为什么呢?因为他使用的"工具"

话语都是随手拿来凑合着用。德里达指出，这种"修理活"一样的话语是对自以为拥有神话学一样的语言的所谓"工程师语言"的批判，也就是语言批判本身，或者也可以理解为文学语言批评。"修理活"就是借用一些不是很中用的概念，其实，这正是我们使用话语过程中的实际情形，使用话语就是去修修补补，在这个意义上，认为自己可以不干"修理活"的"工程师"只是一个神话观念，德里达认为他与列维-斯特劳斯都是要与这些工程师式的历史话语决裂的，而人文学科各个领域还在使用这些"神话话语"。解构正是批判语言的这种神话性，就像列维-斯特劳斯在《野性的思维》中那样，"……公然申明放弃对于中心、主体、地位特殊的意义、本源乃至绝对的元始的一切指涉意义，从他的'序言'直至他的最后一章'生食与熟食'，始终贯彻着这一解构的主题。"[①] 德里达分析了这一解构立场在列维-斯特劳斯著作中的表现：没有一个总的神话（根源）形式可供查照，因为神话是相互产生的，即一个神话总产生于另外一个神话；所以，正确的做法应该是分析一组而不是一个神话或者事件，并且，从这一组中的任何一个出发都是合理的；其次，神话的本源是找不到的，因为一切都取决于无中心结构话语各个元素之间的相互关系，不可使用"暴力"强行安排一个所谓"中心"的语言；神话分析工作完成时，并不能把握一种"笛卡尔原理"式的"隐秘的统一性"。所以，任何一种对神话学著作，包括列维-斯特劳斯自己的作品，首先自己就成为了神话：一种关于语言的语言，一种试图囊括总体性的代码系统；与其说神话学追求哲学一样的本源，不如说是一种"效应"，关于神话的一切分析也可以看作是罗兰-巴特式的文本分析，比如缺失主体或作者，消除"所指"的符号的快乐，而列维-斯特劳斯的相似说法是：神话和演奏音乐作品一样，自己同时是听众和演奏员。

---

① 德里达：《结构，符号，与人文科学话语中的嬉戏》，转引自《最新西方文论选》，王逢振等编，漓江出版社1991年版，第141页。

事实上，列维-斯特劳斯也知道，试图在经验总体上把神话收集完备是不可能的，他所做的工作，只是勾勒出不同神话的共同"句法"。德里达从中进一步得出一般的"总体性"的无用和不可能，但他认为"解构"不是在传统哲学的意义上否认达到"无限"（"总体性"就是一个"无限"，比如收集"全部神话"），而是从"自由嬉戏"出发否认总体性，或者认为总体性毫无意义：因为语言的本性是"有限的"或无法概括的。德里达以下一段长文非常重要，我们全文照抄：

> （语言）这一领域实际上是自由嬉戏的领域，也就是说，一个在由有限构成的封闭体中进行无限的置换替代的领域。这个领域之所以容许无限的置换替代，正是因为它是有限的，也就是说，正是因为它不是一个无止境的领域，即像古典假设中那样，正因为它不是大得无边的，因而它就缺少了什么：（即缺少）一个主宰和创始置换替代的自由嬉戏的中心。自由嬉戏这个词在法语中绝无那种陷阱式的意义。严格按照它的这一意义，人们可以说，由于不存在一个中心或本源而造成的这种自由嬉戏的运动，是一种增补性的运动。人们无法确定中心，确定增补它的符号，这个符号取代了中心不在时的位置——因为这个符号是对自身的一种补充，它以一种外加的形式出现，一切的一切，它是一种增补物。符号示义的运动增加了某些东西，其结果就是总比原先多了点什么，但是，这种增加是不落实的，因为它只发挥了一种假想身临其境的作用，去填补所指的缺失。①

为什么语言是自由嬉戏的领域？因为它落不到"实处"。也就是

---

① 德里达：《结构，符号，与人文科学话语中的嬉戏》，转引自《最新西方文论选》，王逢振等编，漓江出版社1991年版，第144页。

说，词语并不能真的达到语言或者文本之外的一个观念、实在、意义、所指、总体性（无限），因为语言没有这样的威力，它不是这样的工具，所以当语词被"修修弄弄"时，像是一些毫无价值的小事情，像是自由嬉戏，它因为达不到意义而缺少意义，所谓"本源"和"主宰"不过就是符号自由嬉戏的一个点。达不到意义的语言活动就是德里达这里所谓"增补"活动：当"前面"一个词语还没有"落到实处"、还没有达到意义、还没有弄清自己的意思、还没有一个清晰的所指对象的时候，它只是一个"能指"，此刻它的所指是空缺的，但是紧接着"后面"的词语（另一个"能指"）就跟上来了，它虽然填补了前面一个词语的空缺，但它自己本身却不是前面那个词，因为它同时又提供了额外的东西。于是，从前面那个词语的角度考虑，当前面的词语活动时，它不是指向纵深的意义，而是指向另外一个词语，或者说，是被另外的词语所取代、增补。当德里达在这里说词语总是"有限的"时，至少有两个含义：其一是说，无论是语言或文本本身，还是具体到每个词语，都有自己封闭的界限，它们是一个有止境的领域，达不到自身之外的"实在"或者"意义"；其二是专指具体词语的"界限"，它不得不被另一个词语所"增补"，其道理如上。

对我们来说，最重要的是明白两点：①词语的"深度所指"是一种虚假现象，词语总是指向别的一个词语，或由别的词语所置换，这也就是所谓平面性的并列空间、自由嬉戏、"逃脱的线"、转义、隐喻；②词语的"深度所指"是一种乌托邦，或者用"乌托邦"一词的原意，是"一个并不存在的场所"。但是，就语言或文本并不能指涉自身之外而言，语言的本性就是"不落实"，也就是虚构。语言的虚构本性与说话和写字人的主观意识或意向性无关，而是因为语言在效果上是朝向虚构的，这也就是为什么结构主义和后结构主义与文学现象密不可分的根本原因。换句话说，语言或文本也是一个并不真实存在的场所，也是一个乌托邦，但却是另一种乌托邦、自觉的乌托邦。

列维-斯特劳斯也使用了"增补"一词，但是与德里达的用法略有不同，指的是：在与所指的关系方面而言，能指总是显得过剩，像是分配不出去。外在于语言的东西不能被吸收到语言中去，它们之间是相互冲突的。语言的能指有一种超越自然的力量，但它并没有说出任何东西或内容，它是一个"朴素的形式""一个纯粹状态下的象征"，或者更确切地说，是"一种'好像'的状态"，它具有列维-斯特劳斯所说的"零度象征价值"（在效果上也就是罗兰-巴特的所谓"零度写作"）——（列氏说）："即是说，一个符号，它标明了对业已负载意义的所指所需要的增补的象征性的内容……"[①] 也就是说，"增补"现象就是"能指过剩"现象，而这些现象又是与自由嬉戏或游戏概念联系一起的。

"意义"的缺失也是时间的缺失，因为"意义"总与认识的历史联系一起，就哲学而论，哲学在传统上被认为就是哲学史。符号的自由嬉戏概念首先就不考虑与历史或时间因素的关系，失去记忆是创造性的前提，这也就是所谓"零度"，也就是前面德里达所谓对"事件"一词加上括号，也就是承认非连续性和偶然性的巨大作用，也就是为什么德里达的著作中如此频繁地出现"也许""好像""可能""不可能"之类字眼的原因。"偶然性"在解构主义中起什么作用呢？——比如"事件"是突然发生的，它拒绝根据和解释，从光明到黑暗的变化是突然的，从有意义到毫无意义没有过渡。

德里达以他对卢梭《忏悔录》的解读表明了符号自由嬉戏的另一面：卢梭为什么写《忏悔录》呢？因为他怀着最真诚的愿望想描写一个"真实的卢梭"。可是，在他写出或者读者阅读的效果上，与卢梭的初衷相距甚远，因为他的自传实际上是一种不自觉的"谎言"。德里达认为，从"真实的卢梭"到《忏悔录》中"谎言"的过渡，就好像

---

[①] 德里达：《结构，符号，与人文科学话语中的嬉戏》，转引自《最新西方文论选》，王逢振等编，漓江出版社1991年版，第145页。

卢梭以一声读者听不见的"对不起"使书中词语的自由嬉戏脱离了忏悔——负疚、痛苦、怀旧、写真实——的脐带。

上述发言对结构主义起了巨大的瓦解作用,但我们这里注意关于这个发言之后讨论过程中德里达的答辩词,它是对发言的一个"增补":(1)如果按照上述"增补性"道理,德里达说,他不能确定自己会走向哪里。换句话说,比如他下一步写什么书、发明什么概念等。(2)甚至比维特根斯坦更加"激进",德里达甚至准备放弃似乎是不可缺少的游戏"规则":他的意思是不可能有总的规则,游戏本身可以"置换"规则。在德里达的术语中,"置换"或者"增补"是一个比"规则"更好的术语。但"增补"是解构的"规则"吗?不是,因为"增补"的效果恰恰是破坏任何规则或者"必须如此这般"之类的东西。(3)在这个发言中,德里达用"自由嬉戏"或"游戏"代替了"结构"。(4)与大多数人的想法相反,德里达坚持"解构"与"破坏性"或"摧毁"毫无关系:"换句话说,它(指解构)只是为了提醒人们主义隐含的意义,注意我们所用语言中的历史积淀现象——这不是破坏……我从未说过不存在中心,没有说过我们可以不要中心,(但)我相信中心是一种功能,而不是一种存在……这种功能是绝对不可或缺的。主体是绝对不可或缺的。我不想毁掉主体,(但)我让它到位……换句话说,问题是它(指主体)来自何处,如何起作用。"[①](5)没有独立于语言或文本之外的感悟,因为后者总与从前的记忆或知识,更确切说与本源与中心概念联系一起。

从此,在结构主义者眼里的"结构"概念在德里达那里就成为永不停顿的"差异文字游戏","思想"被填进了文字的"深渊",没有了"思想"的文字成了诗一样的纯粹创造,以至于德里达特别关注19世纪法国象征派诗人马拉美的诗歌并从中汲取哲学营养,比如马拉美的

---

[①] 德里达:《结构,符号,与人文科学话语中的嬉戏》,转引自《最新西方文论选》,王逢振等编,漓江出版社1991年版,第153—154页。

象征诗示意了一种特殊的无法确定性。德里达要革新社会科学的语言，消解传统形而上学语言中一连串的对立概念，使它们保持在一个平面上（解构它们之间对立的等级关系，而是亦……亦），比如能指／所指，自然／文化，声音／文字，感性／理智——在这方面德里达走得更远，他远远超过了结构主义的疆域，因为结构主义实际上必须利用这些对立的概念作为分析的工具，特别是能指／所指的概念，而在德里达看来，结构主义这样的分析也属于他所批判的逻各斯中心论或者是语音中心论。由于抛弃了"所指"和"意义"概念，德里达把语言上的纵深关系完全变成了符号横向之间不确定的关系，他创造和利用的主要概念都可以从这样的关系中获得理解，比如播撒、différance、涂抹、道道或痕迹、增补性、处女膜（来自马拉美的一首诗，其含义是既非内也非外，既非融合亦非差异，等等，这样的描述本身已经像是诗）、空间性的时间……这些"概念"，同时是向结构主义和现象学的挑战，因为在现象学中起主导作用的"意向性"概念还是来自一个笛卡尔一样的先验自我，一个中心，而在德里达这里，"意向性"或主体的位置不再处于哲学的中心，它的功能像其他普通词语一样，从此不再有特权。德里达像德勒兹一样设计了一条"逃脱（主体）的线"，那样的文字通向纯粹的文学。

# 第十三章　后现代主义政治哲学的一个例子

朋友、敌人、友谊、爱……这些是日常字眼，还是哲学概念？德里达平生只出版了一本书名带有"政治"一词的著作《友谊政治学》。这个提法对传统政治哲学来说是陌生的，而且会产生争议。"友谊"中有政治学？友谊中当然还可以作其他学科的分析，比如心理学、社会学、伦理学……"友谊政治学"的提法本身就是模糊学科界限的，其实它谈论的绝不仅仅是政治学，这个术语本身就具有超越性质。

为什么偏偏说"友谊"政治学？因为友谊是身边的事，哲学要从天上回到人间，但这个"人间"决不是俗气的人间。德里达善于对人们最熟悉的身边之事作复杂而微妙的思考。《友谊政治学》出现次数最多的一句话，不是来自学院派哲学家的经典著作，而是摘自16世纪法国作家蒙田在《随笔录》中谈到"朋友"话题时援引亚里士多德说过的一句话。这句话很像聊天，而不像一句哲学命题："啊，我的朋友（这个"朋友"用了复数）：没有朋友（这个"朋友"使用了单数）。"在反复分析这句话的过程中，能写一本书，因为每次分析的结果，都不一样，像是海浪，一浪推着一浪。举轻若重，用显微镜放大一滴水，这就是德里达的《友谊政治学》。

友谊，在传统的启蒙术语中还有另外一个说法，叫博爱。"啊，我的朋友：没有朋友"是一句悖谬的话，是超越博爱原则的，或者说，超越传统的政治原则，超越传统的民主原则，超越传统的战争观念，超越近代以来的国家观念——因为所有这些传统的政治思考及其在现实生活中的延伸，都有一个前提，那就是朋友与敌人的对立，或者说，是爱与恨的对立。要有敌人，要有恨，否则，朋友、友谊、爱这些字眼，就完全丧失了意义。在这样的思考中，人成为了"政治的动物"——这条线索，是传统哲学与政治相一致的线索，像通向地狱的路，越走越窄，我这里只提我们最熟悉的名字：亚里士多德、蒙田、马基雅维利、黑格尔、马克思、列宁、斯大林、毛泽东。

传统政治问题是如何提出来的？是怎样发问的？是与本体论一致的形式发问的。去问"什么"或者问"谁"：1925年毛泽东在确立中国革命后来发展方向的《中国社会各阶级的分析》中开宗明义："谁是我们的敌人？谁是我们的朋友？这个问题是革命的首要问题。"是的，要有敌人，而敌人绝不是朋友——这是在决定谁是朋友与敌人之前就设定好了的政治理念。那么，由谁来决定朋友与敌人之间的界限？是由一个有坚定正确的政治方向的人！而在政治上背叛原则的人（叛徒、汉奸）被说成是最可耻的人。在一般性地提出问题之后，还要具体地提出问题，究竟是谁的朋友，谁的敌人。在这方面可以借用黑格尔辩证法公式，我的敌人的敌人，就是我的朋友，属于我的统一战线"。

如此的政治，复杂乎？简单也！什么叫和谐？对立面的统一嘛！

人类几千年来的战争和仇恨，就起源于此。战场上死去的"敌人"好像不是血肉之躯，而只是概念或符号。事实就是如此，人类不但被蒙蔽于自己的想法，而且首先是被蒙蔽于自己的语言，对立统一模式的语言。是的，就是主语-谓语-宾语的语言，主体-客体相互作用的语言，也是传统政治的语言。好像不说这样的语言，政治就不会说话。它的结晶，就是口号政治，一些套话。但是，"啊，我的朋友：没有朋友"却没有使用传统政治的语言，因为它的概念没有落到实处，它没有唤来"我的朋友"，因为它马上就说"没有朋友"。这样讲话是违反形式逻辑的，违反政治上"要有原则立场"的原则，你不能否定自己肯定的同样的东西。为了说明问题，我这里可以用同样的语式造一些其他句子："啊，我的同志：这个世界上没有同志。""你的敌人：这个世界上没有敌人。""我的情人：这世界上没有情人。"朋友、敌人、同志、爱人，都是名词、概念。德里达是在讨论政治哲学还是语言哲学？抑或语言哲学具有政治哲学的意味？是这样的，一个不能实现的概念或名称，使我们有理由怀疑以这个概念可以实现为前提的政治原则的真实性。比如在内战中死去的敌方士兵，其实是你的同胞。或者，那自相矛盾的同一个概念（"啊，我的朋友，没有朋友"），在每次被提到的场合，含义并不相同。就是说，当说话人与听话人明明听到同样的单字，想到的却不是一样的含义。但这种情形恰恰是哲学和逻辑所极力要避免的。无论怎样，"啊，我的朋友，没有朋友"都像一句诗歌，它不符合传统意义上的哲学陈述标准。这句诗歌不假思索，脱口而出，不管悖谬。但是，哲学是忌讳悖谬的。这句诗歌给哲学留下了一个疑难。

德里达在一个系列讲座中，每次课都问："我们今天来了多少人？"这个讲座的全部讲稿结集成一本书，书的名字叫《友谊政治学》。朋友、友谊、政治，与"我们一共有多少人"有关？与数量有关？比如，"啊，我的朋友：没有朋友"这句悖谬的诗歌句子由两个根本不可以放置一起的部分组成，像不像剪接或蒙太奇？宣布一句不可能的情形，很像呼唤或祈祷。不对称的部分可以是任意的因素，比如可以是时间。两个没有关系的时刻放置一起也是悖谬的。同时肯定又否定的情形让听话人无所适从，等于什么也没有听见，或听见了一句废话，一句让肯定与否定同时失去作用的句子。是的，让 being 失去使用价值。没有连接的"连接"超越了连接，就像两个不一样的时刻同时发生——这样的念头启发了爱因斯坦的相对论。一个智慧的大脑具有超越成见的秉性。

如果这个世界上没有朋友，我就不能称你为朋友。可是，明明知道是违反逻辑，我还称你"我的朋友"，荒谬得大胆！我有什么权利？根据什么"逻辑"？悖谬不同于矛盾，悖谬在对立面的统一之外遭遇到矛盾解释不了的事件。"遭遇"就是根本没想见而见到，"遭遇"相对论，就是没想到到来一种"非时间的时间"。"友谊政治学"中的"友谊"是超越了朋友与敌人对立的"友谊"。难以说出来的感受，没有承担者的心情，一个活死人、贫穷的富有、柔弱的强大……不能决定的心情，是的，犹豫不决既可以源自不知道，也可能是因为知道得太多。没有牵挂的希望，是纯粹的或绝对的希望，只是希望，不担心希望是否"心想事成"。就像纯粹的说话，是好像有听众其实是自言自语；纯粹的绘画，是没有任何参照没有任何模特的"画画"。所有这些，都开拓了更为广阔的天地。更为广阔，就是说，这里是灵感的天地。

遭遇"疑难"，就是脚下无路，既失去了传统，又"断子绝孙"。没有人想着你，没有人爱你，没有人理解你，你是否还有热情？如果有，那你的热情将遭遇悖谬。是的，也就是疑难。这里总晃动着死亡的影子，是幽灵。研究哲学就是学会死亡，是练习死亡。如果哲学涉及"做"而不似笛卡尔和哈姆莱特那样的冥思苦想，那我说，疑难或悖谬的心情已经就是"做"了，因为这里的痛苦、幸福、焦虑、厌倦，绝望，都实实在在地发生了。是的，是遭遇过了。

纯粹的希望与奇怪的事情遭遇，否则，就不能称为"纯粹"而只是算计好了的，俗气的需要而已。"奇怪的"就是不可能与别人一样的东西，不能共享。比想还多的想，是纯粹的想；比爱还多的爱，是纯粹的爱。疑难与悖谬，与心结遭遇，一些"死疙瘩"——对不可能解开的心情要使用暴力，就像绳子系的"死疙瘩"。鸡蛋碰石头，头撞死胡同。死疙瘩遭遇十字路口，就是说有很多不一样的疑难，"啊，我的朋友：没有朋友"。什么是"做"爱呢？我不是指性交，而是想说，凡"爱"都与"做"有关，"爱"的"想"乃"做"的意思。这样的"想"与传统意义上的思想之间有什么区别呢？胡塞尔的意向性概念典型说明了什么是传统哲学的"思想"，也就是说，要有那被思想的事情本身。"做"爱意义上的"想"没有拥有"被爱的人"本身。简单说，就是没有被爱而爱。不以被爱为前提的爱，是纯粹的爱，德里达就是这样说的。爱与被爱,是两种完全不一样的体验,在多数情况下并不同时存在,最常发生的情形,其实是偷窥或单恋。要回报的爱,是有牵挂的爱;无牵挂或不图回报的爱才算纯粹的爱;不想要反而获得更多,我的意思是说,不想被爱的爱,很像爱的使用价值之外的剩余价值。我的朋友,你到底是喜欢被爱,还是喜欢爱?这二者之间,有着微妙的却是本质的差别。人类一个顽固的幸福观念,就是设想"对立面是统一的",即爱与被爱在一起,尽管事实上它们总不在一起。这样的心理结构影响了我们的幸福。

形而上学在"也许"这个字眼面前止步了,它不敢继续往前想,不想遭遇"想"的疑难,于是,形而上学错过了很多新的感受。"啊,我的朋友:没有朋友",宾格没有实现,说话人没有实现自己的设想。它绝对不是一个哲学句子。这个句子里各个单字之间的连接,是加速度的——因为没有精神负担?还是搁置了单字的使用价值?让句子跑得快的办法,是不让一句话舒舒服服地结束。"啊,我的朋友:没有朋友"——就像一个未完成的句子以飞矢的速度直奔它的结论。这句子说自己……好像句子在抵达目的地之前就已经结束了。瞬间的远距离输送:比赛提前结束了……在每个瞬间发生的事,刚开始就结束。句子在结束处开始……这就等于说句子通过贯穿或进入而撤离。"[①] 一句不能舒舒服服结束的句子内部因为连接了互不相干的因素而显得速度快,又因为"刚开始就结束"而无限期地耽搁了目标之实现而显得缓慢。于是,进入就等于撤离。"飞矢不动",从来就没有离开过弓箭,时间和飞矢一起被无限期地拉长了。就语言本身来说,就是句子被拉长。"啊,我的朋友:没有朋友"就是这被拉长了的句子。就像韩愈的诗调,越是长篇越不转韵,韵脚越押越险,一路攀登不喘气,有很多意外,被中途掺杂的岔路耽搁了,总不能潇洒地走。这种句子的改革

---

① Jacques Derrida: *Politics of Friendship*, Translated by G. Collins, Verso, London, 1997, pp.31-32.

表面上好像在于形式,其实是情景上的。目的地算不了什么,重要的是一路上的风景。韩愈的诗也是反对称的,有违反诗意规矩的诗意,后人称其诗"狠重奇险"。"啊,我的朋友:没有朋友"也是一个险句,其中的快就是慢,还没有得到就已经撤退。这不是反映论,因为"反映"中总是有被反映的事物本身的,但"啊,我的朋友:没有朋友"在没有得到事物本身的情况下,就撤退了。于是,文字变得轻飘飘的,它说了什么吗?说了,但好像等于什么都没说。

这些意义可以延伸到政治结论:不相容的价值的并列共存,不需要一个克服或者战胜另一个。德里达这样的新型"哲学家"与传统哲学家的一个重要差别,在于他接受悖谬性的经验冒险。当政治不再意味着有朋友和敌人,政治自己会不会发疯?不再判断是非、善恶,政治无所措手足,不再会思考。悖谬不是一种疯狂吗?去"匪夷所思",否则宁可不思?陌生的友谊不再是从前的友谊,陌生的朋友不再是从前的朋友,就像思考受到陌生的诱惑而疯狂。德里达为什么总问在场听课的有多少人?因为他面临着疑难,也许他要说无论在场的有多少人大家都是朋友(注意是 friends,复数)。德里达上课第一句话就深情地对同学们先说了半句话"啊,朋友:",然后暗自思忖,是孤独的朋友嘛,人虽然很多但一个是一个。于是接着说"没有朋友"。德里达招呼大家"共享"其实不能共享的东西,所以"没有朋友"。根本就不可能统一在什么基础之上的和谐,没有这个"大家一致认为"。彼此毫不一样,没有可比性、没有共同尺度、不平等、没有相互性,这些都导致陌生。

互联网时代的政治,是陌生人之间的政治。血缘家族熟人同事上下级同乡党派之类"近"的关系趋向于淡化,边缘化。是的,不在场的友谊成了新潮,互联网加剧了人之间的陌生孤独。人的感情吸引力发生巨大而深刻的转移,理性从来没有像今天这样受到任性的挑战。Google 中的搜索与手中鼠标点击的任意性,不再从一而终,是的,喜新厌旧。这使得互联网时代的政治人与传统政治的谋略相比，就像是一个傻子，是"弱智"。传统的聪明人如何看待"弱智"呢？一个"弱智"人，是在辨别不出事情轻重的情况下全凭兴致快速转移注意力的人，这情形，使得按照以往思维规矩作判断的聪明人感到无所适从。互联网时代无远弗届，互联网让远与近、大与小直接就是一回事，让远近大小这些词失去作用，就像从今以后的政治再没有朋友和敌人。

一双眼睛要是白天晚上都睁得大大的，就是莱维那斯所描述的失眠状态，德里达说像猫头鹰，尼采说像幽灵，德里达说还像青蛙的大鼓眼。这是新哲学家的眼睛吗？还是互联网时代的眼睛？一种幽灵效应，不在场的在场。互联网时代的政治和它的句子一样像是"瞬间的远距离输送"吗？我突然想到了电子邮件。同时远距离发送（"群发"），就像句子或友谊的大爆炸，多少人同时读到的，是我的感情还是我的幽灵？不在场的说话早就变成了自然的说话。这些难道没有改变人性吗？是幽灵性，是远古神话化为当代现实。把友谊与得到分离开来，政治变成快乐的悖谬，因为既然"得到"是一件不可能的事，那就止步于"啊，我的朋友：没有朋友"。就像过生日时的感觉，"不是今天的今天"，德里达这样说。哲学的微妙与世俗的感情之间有什么区别呢？哲学应该有能力说出世俗的感情说不出来的话语，有什么联系吗？联系就在于哲学分析出的这些，就是世俗感情的真相。

在悖谬面前，哲学的理性失去了辨别和解释能力，因为以往的心智结构建立在人之间的可共享、可沟通性基础上的。德里达以具有信念性质的"期盼"或呼唤，置换了哲学的推论。他说推论是实施了一种非法的跨越，我与你的结果不是"我们"，不可以这样跨越，因为"唤"来的，是别的东西，是灵感、真正意义上的礼物。不知道从何而来，无从回报。在这样的人与人之间关系上，建立起来的民主和正义，超越了18世纪在自由平等博爱旗帜下的民主与正义。没有牵挂的爱，有更宽广的胸怀。"公民"却只是把活生生的个人，变成了彼此对称的概念，就像朋友与敌人。启蒙时代的一切政治哲学术语（人权、主权、国家等等）都可以保留，但含义不一样了，就像"友谊政治学"中的"友谊"，不是朋友与敌人对立框架内的"朋友"之间的友谊。史无前例的正义，它的别名叫"友谊"，比爱还多的爱。

要来的时间不是"将来""过去""现在"，它还没有开始就结束了；要来的思想不是思辨，不是理论，不是本体论，不是形而上学，总之不是意识形态，不是哲学，也不是神学，不代表什么。德里达说它像"也许"（perhaps）。"新哲学家"有"也许"的新经验，另类经验。对莫须有说话，以好像的方式说话。像"表演"，没有刺激而自己激动，与联网时代的体验遥相呼应。别一种虚拟（如果以往的哲学思辨传统也可以被理解为一种虚拟的话），经验的变形与变性。"别一种"——比如不是乌托邦而是福柯说的"异托邦"，不是世俗时间也不是现象学时间而是"异托时"。总之，事物是如何出场的呢？不是以唯物主义反映论的方式，而是敞开别的经验，卢梭曾说它是增补性，也就是异化，展开或进入就是疏远或撤离。这也是广义的翻译过程，一个如何代替另一个。经验转移无模式可言。朝三暮四只乃精神之习惯，无道理可言。

德里达说政治的疑难在"也许"的疑难之中。传统的政治哲学与传统哲学本身一样，是严肃的理论，理论总是对"也许"说不。理论说总要发生点什么，意思是说要有研究对象。但"也许"与"对象"的说法是冲突的。因为就像在以上虚拟氛围中那样，发生的是莫须有的事情，发生了实际上什么也没有发生的事情。无法用对象性的概念束缚"也许"。网络时代的政治不再像政治。是的，传统的政治语言过时了。传统的民主概念过时了。从伏尔泰到马克思僵化的千年理想王国彩虹不再，但德里达坚持说他是马克思的继承者，他的意思是说他和马克思一样对莫须有的经验充满信心，沉醉其中。"那将是前所未有的时代……与任何其他时代无关，无吸引无排斥无可类比的残留时代。"① 一个既无朋友亦无敌人的时代，一个由于无敌无友而需要清理语言垃圾的时代。旧的语言习惯不是被摧毁的，而是自己倒塌的。诸如"啊，我的朋友：没有朋友"这与"啊，敌人，没有敌人"是一样的。既没有朋友也没有敌人，政治感到很是失望，觉得自己过时了，没用了。

在柏林墙倒塌之后，德里达对从此世界将由西方式民主一统天下的说法感到忧虑，这种欢呼来自于它从此再没有敌人。没有敌人的政治世界，连冷战都不复存在。是的，我们现在生活在一个后冷战的世界，世界政治再不区分赤裸裸的敌人与朋友。后冷战时代还只有十几年的历史，世界政治重新洗牌的未来前景莫测。此后的"战争"将是微妙的，它也是后政治时代、祛政治时代。是否又可以说是"微观政治时代"呢？"微观政治"中再没有朋友与敌人的对立。

哈姆莱特一个人在悲剧舞台上自言自语：这个世界是乱了套了。然而，天下大乱达到天下大治。后冷战时代也是乱套的时代，我指的是任何东西可以产生任何东西，一种破坏因果关系的情形。这情形确实很严重，网络时代也是破坏人们传统心理联想关系的时代，是遭遇和盛行"也许"或"未必"的时代，"这个世界是乱了套了"首先就是心理上的因果关系乱了套了。人们不得不主动或被动地适应由此带来的痛苦，是精神的创伤。破坏因果关系是什么意思呢？漠视某种因果联想，就是不再把从前人们在乎的事情当回事儿。比如当贞洁和处女不再一起的时候，对于在传统心理联想中生活惯了的人来说，在内心激起的痛苦，不啻一场强烈地震，但这与道德不道德没有什么关系。

后冷战时代的政治家必须适应同时失去了朋友与敌人的情形，但人并没有消失，改变的，只是人身上再不挂着"朋友"或"敌人"的

---

① Jacques Derrida: *Politics of Friendship*, Translated by G. Collins, Verso, London, 1997, p.76.

标签。世界潮流浩浩荡荡，顺之者昌，逆之者亡。没有了敌人，"政治"这个词还剩下什么呢？无论在哪里都找不到从前意义上的敌人，小布什的"反恐战争"成了名副其实的找不到敌人的战争。

"民主"这个词，是从政治角度建立起来的一种人与人之间关系。传统的民主概念，是要建立起一种共同平等关系，背后支撑这种关系的，在哲学上是各种本体论及其认识论，在语言上则是以 being 为基础的是非判断，语言中各种时态的展开形式，不过是 being 的变化形态。政治、哲学、语言就这样建立起一种相互适应关系。"民主"成为一个概念，它通常意味着"多数人赞成"，与 being 有什么关系呢？选票嘛，选举，就是作"是非"判断。于是，也称"民主"为"多数人的统治"，代表多数人意志的政治。卢梭的"主权在民"的社会契约思想，就是这个意思。

所以，德里达说民主可以被换算成数量，"绝大多数"，我们也可以理解为什么德里达上课时先问在座的有多少人。"绝大多数"是与"博爱"或"友谊"概念联系一起的，构成了启蒙时代以来的政治传统。当然，"民主政治"在古希腊就存在了，那里的政治原则也是"数量"：一个国家能称得上是"民主"或"共和"的，就得计算好需要有多少数量的公民。多数人说了算，决定赞成还是反对，靠选票，这样的民主传统直到近现代国家，成为世界潮流。为了这样的公正，民主的程序越来精细。"合法"的意思就是合乎民主程序。"民主"表面上是数量问题，并且自 19 世纪以来，数量的实证让民主越来越精密和科学化了。但实质上，民主之"数量问题"背后是"概念"问题：这数量问题来自一个想法、念头。亚里士多德招呼"啊，我的朋友"，指的是"朋友们"，复数——这里有民主政治问题。很多朋友，多少？大多数，怎么数法？如果只是一个人能不能称他为"朋友"？如果可以，那么"一个朋友"意味着什么呢？继续问下去，政治的概念就要吃不消了，比如，如果不是束缚于政治概念，那么这个朋友当然是有性别的……

被问到这里，亚里士多德实在受不了了，于是忿忿地说，"没有朋友"。这一次，他使用的是单数。

从亚里士多德到马克思，都受不了这样的提问，因为传统政治，是宏观政治，使用以概念为主导的一套宏大叙事方式。"没有朋友"，等于否定了微观政治，就像牛顿不理解量子力学。那还不存在的东西，就等于没有。

现在我尝试和德里达一起进入"没有朋友"的景观，也就是微观政治领域。还是要考察数量问题。当"绝大多数"等同于民主时，"绝大多数"就成了一个概念，一个教条。计票，数量，这些都是"算计"的问题，民主根据这样的算计作决定，宣布多数人的决定。"关于计算和数量，是否还有其他思想？关于个体的普遍性，是否还有其他的理解方式？这是一种认定政治是可以算计的个体，认定民主的旧名称是合乎正义的个体。换句话说，当民主不再是国家、民族、公民的问题时，谈论民主还有意义吗？也就是说，当民主不再是一个政治问题时，是否还要保留民主这个词的习俗用法？"① 一句话，德里达设想未来的民主，是去政治化的民主。对"政治"和"民主"概念的解构和重构是同时发生的。别一种政治、别一种民主是可能的吗？新的正义思考，要生活在"友谊政治"中。这种正义与传统政治所宣扬的各种"同质性"图例关系，因为微观政治学也是差异政治学，不忠诚于"原始习惯或天性"的政治学。友谊从原始的分裂处开始，就像细胞生长的过程。德里达以悖谬的方式理解这里的解构、民主、正义、友谊等。就是说，这些词语原来所表示或被接受的概念界限"自动解除自己"，比如以上提到的传统民主中的"算计"，只是一种同质的算计，把每个人都贴上了"公民"的标签。当德里达这样理解传统政治学理论时，他反复列举了当代德国政治哲学家施米特（Schmitt）的言论。总的来

---

① Jacques Derrida: *Politics of Friendship*, Translated by G. Collins, Verso, London, 1997, p.104.

说，德里达认为施米特关于"政治概念"的哲学态度，是传统政治哲学观念的总代表，极好地表明了"解构"所要批评的政治理论。"……施米特相信不知道'敌人'意味着什么，政治就决不能思考，或者不知道敌人是谁，政治就无从下判断，那就是说，丧失了辨别敌人的标准，也丧失了认同自己的标准。"① 所以，政治，就是要有敌人，否则一个"政治人"就连自己是谁都不认识了。德里达转引了施米特在《政治的概念》中的论述："朋友、敌人、斗争等概念获得其真正的含义，就是因为这些词语指的是物质杀戮的真实可能性。紧随仇恨的是战争，因为战争就是对敌人存在的否定。战争是仇恨的极端表现。"② 针对同一个人，我可以在政治上仇恨他而在生活上喜欢他吗？但传统的政治家固执地坚持"坚定正确的政治方向"之无比重要性。一定要首先看准谁是敌人。"战争是政治的继续"，这是近代以来无产阶级与资产阶级政治家和军事家们共同拥有的信念。政治和战争一样，就是你死我活。站在哪个阵营里对生死来说非常重要。于是，有了党派，有了忠诚和背叛等说法。这敌我双方表面上各有一套政治术语，其实就思想方式而言，性质一样，就如同唯物主义与唯心主义的思想方式是一样的。更严重的，是这样的政治语言代替了生活语言，使人生活在概念中。现在的问题是，当这样的政治概念远离我们而去，"政治"还剩下什么？

"你死我活"的政治当然是有理论依据的，它假定人的本性是恶的，人对人就必须像对待狼一样。于是，"不相信别人"成为处理人与人之间关系时的前提条件。这个理论渊源可以追溯到远，马基雅维利、霍布斯、黑格尔，甚至连斯大林等都曾经是这条线索上的继承人。这理论在假定敌人像狼的同时，也认定了自己要当狼，否则就要被吃

---

① Jacques Derrida: *Politics of Friendship*, Translated by G. Collins, Verso, London, 1997, p.106.
② 同上书，第124页。

掉。理论塑造了理论下的人，当人们被这样的政治概念激动起来并为之奋斗时，人果真就成为了狼，甚至比狼还凶狠，因为拥有理智的动物固执地相信，自己在政治和军事斗争中杀死的其实不是人，不是男人女人孩子老人，而是一些概念。具有讽刺意味的是，"资产阶级哲学家"黑格尔的辩证法，竟然成为无产阶级的阶级斗争之批判的思想武器。这也进一步表明了20世纪的人类政治确实具有德里达所指出的"同质性"。马克思也曾经说过，哲学成为"批判的武器"，而经过哲学思想武装的人民革命，则变形为"武器的批判"。"批判的武器"与"武器的批判"，这两种貌似不同的说法，其实是相反相成的，哲学成为政治军事斗争的思想库。在哲学上演概念之否定之否定辩证法的同时，现实生活中则演绎出现实的刀光剑影，党同伐异。不应该回避的是，这些"光"是法国大革命启蒙之光的某种延续。当政党成为政治斗争敌我之一方时，党需要"哲学"武装自己的头脑，以证明它战胜自己敌人的正义性。于是，哲学的党派性就不言而喻了，这不过是表明了统治阶级的意识形态——马克思分析得绝对没有错。在民主社会，党派性就是多数人的意识形态。社会意识是这样的吗？是否如此已经不重要，重要的是当一切言论机器都说是如此时，事实也就果真如此了。

如果我说，以上所有这些，都和哲学及哲学化了的语言有关，和being的本体论语言有密切关系，这说法对人的智力能力是一种考验。多少世纪的西方哲学，被being式的提问统治着，否则，就不仅不是好的提问，而且不应该是哲学想到的问题。海德格尔率先对传统哲学的提问方式进行提问，德里达则以"延异"消解传统的提问方式，无限期地推迟being到来，解除being式问题及其语言的武装，同时寻找别的提问方式，用"也许"置换"应当"。这些新的提问方式，丰富了理性、情感、心情、生活的世界，同时在很大程度上减少、避免、逃避、摆脱了竞争。与人们通常的印象相反，竞争并不一定表明自由，却可能是生命单调的表现。竞争中的"参赛者"或者对手们心思通常是往"一处"想的,但所谓的胜利者却只有"一个"——这也许是最大的不公平,非正义。在这样的意义上,所谓"后现代的政治"确实消解了传统政治,它怀疑传统政治观念下人们追求的价值,它使政治不再成为政治,它释放人们的精神压力,享受精神生活。是的,把传统政治观念中的"应当"不再当回事。

# 第十四章　新启蒙

　　哲学研究领域有一种很有见地的说法，即哲学本身不过是哲学史而已。意思是说，哲学作为一门训练思维的古老学问，不可能离开人们已有的智慧成果。一代又一代哲学家，不过是在已有的基础上"接着说"，就像中国古人做学问的方法：只是在圣人的经典上做评注。一般来说，哲学史的教学与研究都是按着这条思路进行的。当我们这样做学问的时候，为了简明和方便，我们就把哲学史的内容划分为各种"……论"和"……主义"，比如本体论、认识论、唯物主义、后现代主义，等等。但是，我们享受着这些划分带给我们的方便时，也承担了很大的风险，即我们可能从"热爱智慧的人"转变为一个只管收录后贴上标签的工匠，从而使我们遗忘了智慧本身——因为这样的工匠可能始终停留在智慧大门之外。

　　我们以这样的目光讨论哲学史时，便发现以往一个重要错误就是不自觉地把哲学当成认识论或者知识论——这个话题是近代形成的，即研究者通常说的，古代西方哲学形态是本体论的，近代形态则是认识论。但是，当我们从精神本身研究西方近代以来的哲学形态时，发现有一个词可能距离智慧本身更近，那就是"启蒙"。启蒙时代与所谓近代认识论是平行的，甚至在内容上相互交叉，但是角度不同。就范围而论，认识论或知识论的核心问题是科学，科学当然是启蒙的重要内容，但不是全部。"启蒙"一词的原意是"光明"，从暗到明，精神来到了一个新的陌生空间，这是一个方向性的变化。启蒙所遇到的最大实际问题，是世俗的统治者是否容许这样的精神变化，于是启蒙要争取精神自由，也就是宽容；其次，是在旧精神习惯束缚下的普通人是否能适应精神自由的新风俗，这是一个渐渐的过程，是伏尔泰、康德这样的天才的使命。

　　什么是启蒙？就狭义而言，通常指17至18世纪欧洲的第二次思想解放运动。但我所理解的启蒙是广义上的。这里引用康德在他著名的《什么是启蒙》一文中的第一段话。这段话对我们的启发可能超过那些对他《纯粹理性批判》的烦琐注释。康德说："启蒙就是使人类从自身所遭受的幼稚状态中解放出来。所谓幼稚就是说，一个人倘若没有其他人的指导，就没有能力使用自己的理解力。这种幼稚是自虐的，因为它的原因不在于缺乏理解力，而在于如果没有别人的引导，就没有决心和勇气使用自己的理解力，要敢于成为一个智者，要有勇气使用你自己的理智，这就是启蒙的箴言！"① 这里康德强调独立思考的勇气，没有人天生有权利教育你如何思考；如果一个人或一个民族已经习惯于在别人目光的教育下思考，就是一个还没长大的人或不成熟的民族。启蒙并不是告诉你如何思考，而是启发人说，你原本就已经有充分的理智，只是精神上喜欢被管制的习惯使你既懒惰又没有勇气使用你的理智，于是启蒙最重要的问题，是解决思考的胆量问题。换句话说，要开拓你自己的精神家园！

　　放开胆量，扩展你的精神空间，这才是康德所谓"意志自由"的真正注解。相比之下，至于康德在其著作中是怎样推论"意志自由"的，倒显得是一个次要问题。这就是启蒙精神与所谓"知识论"之间的最大不同：精神的胆量是智慧本身的素质问题，本体论或认识论只是智慧的一个具体方向。启蒙要解决的主要问题，就是要容许人们思想方式、说话方式、行为方式的变化，开拓比自己的精神家园！正是在这样的意义上，康德把以往的精神专制称作"偏见"。之所以称其为"偏见"，是因为它只容许精神朝着一个方向，即精神专制者所容许的方向。那么，启蒙的效应如何呢？如果每个人都放开思想的胆量，就

---

① 转引自 Immanuel Kant: *Practical philosophy*, Cambridge University Press, 1996, p.17.

会出现无数个"他者",或无数相互冲突的方向,其相互争论就不可避免,这正是启蒙所希望看到的局面。伏尔泰和康德只是说,要对每一个"他者"宽宏大量,要有思想与言论的自由,如此而已。

这样,我们重新阅读哲学史时,就可能得出一个非知识论的哲学史,一个被解构了的哲学史,因为我们能读出精神变化的许多不同方向。因为这是"我在思想",而不是"你"或"他"在思想,也不是"我们"在思想。康德呼吁人们放开思考的胆量时,意在每个人都不应该以他人的意见为意见。但这个立场却是反哲学史的,或反对只会注释的做学问方法。这适用法国当代哲学家德勒兹的一段话。他说:"哲学史在哲学上行使着明显的镇压职能,这就是狭义的哲学的俄狄浦斯:只要你没读过这个或那个,没读过关于这个的那个和关于那个的这个,你就不敢以你的名义讲话……我自己'研究'了很长时间的哲学史……我非常喜欢反哲学史理性传统的哲学著作者……我当时摆脱羁绊的主要方式是把哲学史设想成一种鸡奸。"[①]德勒兹这里想的与康德相似,即"以自己的声音讲话"。所谓"鸡奸",也就是不生育的。换句话说,当我们以一种所谓"发展"或"进步"的黑格尔式的历史哲学眼光阅读哲学史时,我们就只是看到精神的一个发展方向,没有岔路或其他方向的变化,而后者正是启蒙的关键所在——这也是我对"启蒙"一词的理解。以下,我试图按照精神变化的方向性问题,通过几个例子,理解20世纪的欧洲大陆哲学和文学艺术——这又是广义的"哲学",我把它理解为智慧本身,而不是狭义的本体论或知识论之类。换句话说,我的讨论可能超出通常理解的哲学界限之外。

胡塞尔之所以能成功地创立现象学,并且现象学之所以能成为20世纪欧洲大陆哲学的主流,全在于胡塞尔的方法。所谓现象学还原,实际是思维方向性的根本性转变,它并非不知道从前的各种哲学形态,

---

① 德勒兹:《哲学与权力的谈判——德勒兹访谈录》,刘汉全译,商务印书馆2000年版,第6页。

但胡塞尔认为，现象学并不利用任何理论已有的前提，他的方法也是他的思维技巧，即所谓"隔离""悬置"之类。现象学的意向性是最明确的意识之方向性变化，它告诉我们，即使我们面临同一个对象，但是由于意向或思考的角度不同，所得出的意义也不同。所谓"还原"也就是"回到事物本身"。所谓"回到事物本身"的要害在于回到一个原创的出发点，因为哲学或现象学对在这之前的"东西"不作存在或者不存在、正确或者错误的判断。

从精神启蒙的角度出发研究现象学，我认为现象学思维又与康德对启蒙的理解相似：要有克服思维习惯的胆量，正是这样的胆量导致现象学意向性的变化，从而得出了不同的意义。

柏格森也有这样的胆量，他对时间和意识的思考与胡塞尔有相似之处，但角度不同：柏格森反对把时间和意识当成某种程序化的奴隶，似乎它们只能朝着一个方向做僵死的运动。这样的运动之所以具有机械目的论色彩，因为它难以产生新的东西，只是一味周而复始地重复，而重复是枯燥乏味的。如果精神是这样重复的，时间在精神中就不会真正有作为，因为真正的变化并没有发生。柏格森提出时间的"绵延"概念，动机之一是抵制重复，诉诸"创造"。所谓"创造"具有的特点是不可预期的、偶然的、瞬间的、无序的，如此等等。这可能更接近活生生的生命本身。在这个基础上，柏格森提出了一个对现代文学艺术有重大影响的看法：时间并不是一维的，不是孔夫子说的"逝者如斯夫"，即不像胡塞尔说的那样，"现在"是对"过去"的保留，"将来"是"现在"的预期，而是说，时间具有"同时性"——把在性质上完全不同的因素在空间上同时并列出来，这里所谓"完全不同"既包含了时间上的不同，也意味着事物性质的不同。换句话说，时间不再是程序化的东西，而成为一种下意识的创造。

柏格森这个想法最先启发了文学艺术家，我们这里不得不提到20世纪西方文学奠基人之一普鲁斯特，他的代表作中文译本书名译作《追忆逝水年华》，这个译名缺少哲学味，其直译应是《寻找失去的时间》。这部著作之所以能一举成名，重要原因是它的哲学味，其表现有二。首先普鲁斯特尽量避免描述人们习惯的心理感受，他大胆感受那些虽然是陌生的，但却是真实的东西，比如主人公小马塞尔一个人在房间里睡觉感到害怕，期待他妈妈在他睡前来亲吻他，这样他才睡得踏实。这是正常的习惯心理。但是，小马塞尔实际感受到的情形却恰恰相反，当他母亲真的来到床头时，他感到焦虑不安，而只有当他妈妈不在眼前时，他才是幸福的。为什么呢？因为人的本性之一是盼望得到他还没有得到的东西，在没有真正得到之前，人们尽可能品尝其中的滋味。就像情人之间，想念的欲望通常比得到的快感更持久，更有回味。其次是所谓"非自主回忆"，就是说，你并没有自觉地想什么，但一堆念头自己往上冒，就像不是出自自己的头脑似的。如果把它用文字描述出来，就是上述柏格森所谓"同时性"的效果。其缘由并不重要，因为它几乎可以是任意的。联想可以在本来没有任何联系的因素之间。总之，习惯一旦丧失，痛苦大门就要敞开，正是从这个大门里走出来艺术。普鲁斯特的箴言是："如果不存在习惯，生命对时刻受到死亡危险的人们来说，必定显得芬芳宜人，妙不可言。"①

事实上，我们绝大多数人，都是按照习惯思考、说话、行为的。如果把启蒙理解为克服习惯的过程，那么最先的变革的领域可能是从念头或思想开始，就像圣·奥古斯丁在《忏悔录》中说的："一个人除了他自己内部的精神之外，没有人知道他内心发生了什么。"② 这句话包含着很复杂的哲学问题：

首先，虽然一个人自己不说，没有人知道他究竟在想什么，但是

---

① 塞-贝克特等：《普鲁斯特论》，黄伟等译，社会科学文献出版社 1999 年版，第 19 页。
② 原文转引自 Jacqes Derrida and Maurizio Ferraris: *A taste for the secret*, Poltty, 2001, p.34.

自己内部的精神或独白也存在一个胆量的问题。对一个习惯于在精神专制下思考的人来说，他的念头很难复杂起来。换句话说，他不是没有能力，而是不敢想。也许最初是敢想的，但由于周围环境不容许，所以念头渐渐消失了。最后终于因为不敢想而懒惰，而丧失了思考的能力。所以在专制制度下生活的人通常容易单纯。

其次，假使一个人像蒙田那样，有极高的智慧，在精神专制的条件下，他的大脑也能"像脱缰的野马，成天有想不完的事，要比给它一件事思考时还要多想一百倍"。① 但这个天才的情况并不太妙，因为即使再好的念头，要想真正发挥作用，必须用可交流的语言它保留下来，无论是口语还是文字。换句话说，由敢想而想出来的念头必须进入一个公共交往的空间才能实际发挥作用。就这个意义而言，启蒙呼吁的精神自由就是争取到这个公共或公开言论或者出版的自由，而不是徒劳无益地守着"没有人知道你内心究竟发生了什么"的内心独白。由此我们可以进一步推断，在人类历史上，由于曾经有过的相当长期的精神专制，该有多少有价值的念头没有留下任何语言的痕迹，令人遗憾地永远消失了。

最后，即使一个人敢想，外部环境也有言论自由，人与人之间的交流也仅能限定在可说的语言表达范围之内。这里就出现了我在《归隐之路》② 一书中所谓"隐"或"异域"的问题。那些不能被逻辑或语法语言表达的东西是无法体味的，这里所谓"不能"，不是"不敢"，而是没有能力。换句话说，我所谓的"隐"属于真正的神秘领域，真正的内在，任何话语也不能把它的含义完全揭开。

永远存在无法揭开的秘密，这既是人类的遗憾，也是幸福。俄狄浦斯是不幸福的，因为无论他怎样挣扎，他的精神命运只能向着一个方向。而蒙田是幸福的，尽管他脑海中如乱草丛生，但他总有岔路可

---

① 《蒙田随笔全集》上卷，潘丽珍等译，译林出版社1996年版，第12页。
② 尚杰：《归隐之路——20世纪法国哲学的踪迹》，江苏人民出版社2002年版。

走,他可以分神,沉醉在性质完全不同的事物中。

与习惯相对抗的念头诉诸语言,就出来了真正的哲学或者文学艺术。这里之所以称它们是"真正的",是与"通俗"相比较而言它们是"前卫"的,但是它们还远不能成为人们新的思想和举止习惯,还不能成为时尚:这个过程越长,说明人们精神越保守,越短,说明人们精神越自由。

受现象学影响的生存哲学也是一种面对他人内心世界而产生的无奈感、荒谬感。正是在这样的意义上,萨特称意识为虚无,或者"他人就是地狱"。加缪则认为他人是永远的陌生人。另一个与萨特同时代的法国现象学家列维那不是生存哲学家,而是"死亡哲学家","他者"与"死"是画等号的,一个无底深渊。

探讨不可说的现象的意义——这也是福柯面临的主要话题。他的几部重要著作几乎都是研究被传统目光所忽视了的领域,比如精神病或者癫狂的历史、性行为和性话语的历史,等等,福柯想打开这些未曾被说出来的现象的历史,一些没有被认识的精神空间:异样的行为和异样的语言,如此等等。这当然也是启蒙,甚至是被狭义的启蒙所镇压的启蒙,比如18世纪法国著名的色情文学家和哲学家萨德在他的《小客厅里的哲学》中赤裸地描述了性行为和性心理,为法国大革命所不容,前后被关了27年监狱。这是被启蒙时代的监禁。萨德的作品直到20世纪50年代才被法国政府开禁。现在人类社会与过去相比宽容或自由多了,福柯是同性恋者,死于艾滋病,但我们对他的行为和他的著作都是宽容的。同性恋在一些国家被容许结婚,这是更大的宽容与自由。

德勒兹也是这样,他是以新启蒙反对旧启蒙,即18世纪对启蒙的理解。新启蒙精神是从分析语言出发的。比如,他针对那些与旧启蒙相对应的那些大字眼。他下面一段话针对知识或政府的权力:"每当听到'无人能够否认'时……'大家都会承认'云云,我们便知道接下来的将是一个谎言。"①这个谎言的伎俩在于用"我们"代替"我",也就是说,知识或知识分子,或者政府总是以"我们"的口气说话,成为事实上的社会代言人,就像18世纪的启蒙学者声称只有他们的主张代表了"正义"或"社会的良心"——这里肯定有某种道德的乌托邦,它通过语言的乌托邦表现出来。一般来说,18世纪启蒙的语言就是这种"代表"类型的语言。这与当时的政治哲学谋略是相辅相成的,这种谋略的关键就是政治上的"代表"理论,即立法权。卢梭把它说成是"疏远"或者"异化",失去了天真或事物的本来状态,一种带有压迫和堕落性质的增补,如此等等。

我们这样理解"启蒙"时,可能与德里达不期而遇,他这样说:"解构的方案是赞成启蒙运动的。我们一定不能把18世纪的启蒙与明天的启蒙弄混了,沉溺于这种混淆了的争论是错误的,因为这样的争论就好像启蒙在所有时代都是一样的。正确的态度并不接受关于赞成还是反对简单的'启蒙'的争论,而是每一次都要寻求差异,阐述我正在谈论哪一种启蒙,启蒙的'光'是什么样的,我赞成什么启蒙。"②这就是说,有些争论可能只是名词上的,比如"启蒙"与"反启蒙",因为事实上有不同的启蒙。对此,我们又回到了康德的判断,启蒙容许不同念头之间的差异。

启蒙象征着从暗到明的过程,一种从压抑中解放出来的过程。我认为其中包含了这样的意思,即把晦暗的东西揭示出来。从精神分析角度,这是一些说不出口的念头,就像康德说的,胆量不够。这个念头实际上也是卢梭最先涉及的,翻开《忏悔录》,我注意到一个容易被人忽视的细节,即一个词虽然书中并没有点明,但是却贯穿始终,这就是"偷窥"的心理。"偷窥"的动机产生于"忏悔"而滋生的罪恶

---

① 德勒兹:《哲学与权力的谈判——德勒兹访谈录》,刘汉全译,商务印书馆2000年版,第101页。
② Jacqes Derrida and Maurizio Ferraristic: *A taste for the secret*, Poltty, 2001, p.53.

感。我认为《忏悔录》的启蒙作用是敞开这样的罪恶感。这是灵魂的复杂性。什么是"偷窥"呢？我想起了德里达在《马克思的幽灵》中说过的一句话，他认为"幽灵"有各种不同的解释，但是最不可思议或诡秘的是幽灵有这样一个特点：它躲在暗处，它能看见对方，而对方看不见自己。这是很令人害怕的一种情形，有点像恐怖主义。在这个时候，乐趣和主动权在"偷窥"的幽灵一方。这样的心理多少有些反常，但是它方便，也不需要太多的勇气，很适合像卢梭这样害羞的作家。由"偷窥"滋生的罪恶感通过忏悔释放出来，这是一种解放的渠道。但我们可以设想：如果这条渠道被堵塞了会出现什么后果呢？这就涉及另一个表面上缺失的词，即"精神创伤"。一般来说，有精神创伤经历的人有写作的自然倾向，否则会由心理障碍而导致精神疾病。"偷窥"的心灵只能是"我"而不能是"我们"：第一，只有在一个孤独的"我"的情况下，才能有"偷窥"的陶醉；第二，不能交流，如果"偷窥"是可以交流的话，其神秘性马上烟消云散。

无论是"偷窥"还是"精神创伤"，都是灵魂的复杂性：这里有"我"与"我们"的对抗。在这个时候，活跃的是情感而不是思维。当这样的心理被诉诸文字时，它不但成就了卢梭，也成就了乔伊斯和德里达。

乔伊斯是爱尔兰人，但在近代历史中爱尔兰早就被英格兰殖民化了；德里达的出身是犹太籍的阿尔及利亚人，而在他长大的环境中，阿尔及利亚一直是法国的殖民地，尔后在二战期间又接受德国占领。在这些环境中，乔伊斯和德里达的相似之处在于：他们几乎在开始懂事时，就已经失去了本民族的语言和文化。换句话说，他们使用一种"无根"的语言：他们只会说英语或者法语，而不会说本民族的爱尔兰语或者阿拉伯语。两个人各自在文学或哲学领域中都是出类拔萃的，但他们是通过另一种语言使自己走向成功，他们在潜意识中知道自己并不真正属于这种语言，因为在他们长大的过程中，这种语言及其所属的民族精神是压迫自己的。所有这些，对一个天才的头脑会导致怎样的结果呢？就是终生都解不开的精神创伤。

"精神创伤"与精神或文化上被长期专制有关，从而这里也面临启蒙的问题。精神专制下生活惯了的人都懂得一种暗示，人们都知道什么话不能说。也都接受一种利诱，即不想说而在公众场合被强迫说，因为其潜在的话语是："你要是这样说，就能获得……你要是不说，或不这样说，你就会……"被这样"殖民"统治的精神总会寻求抵抗，乔伊斯和德里达的文体就是其中两种抵抗类型。

从表面原因看，有话不能直说，就不得不迂回。但是在效果上，迂回却造就了更为复杂的现代文学艺术——总体上看，它们像是来自一个遭受精神创伤者：想同时表达很多被压抑的愿望，要破坏传统精神文明立下的规矩，体验在这之外的陌生感或者新鲜感。在他们这么做时，通常用技巧代替理论，比如乔伊斯一个重要技巧是摆弄同音异义的双关语，使句子不能通畅地过渡到一个确定的意义，换句话说，有精神障碍。于是，在阅读时会产生多重景象。就像超现实主义画家说的，要画出人们在表面上看不见的东西。在这里文字和绘画的界限被消解了，因为乔伊斯的文字也像是一幅可以同时从不同角度欣赏的绘画。另一个技巧是乔伊斯有意让读者在阅读时总是遭遇陌生：突如其来的，前面从来没有交代过的句子。这有些像蒙田说的，头脑像一堆乱麻，有一条条岔路。而作者就像是一个失去记忆的人，总是走神。但这样的情形却让人陶醉——就像一个人在醉酒时的状态，这时，他是一个精神分裂者，他所享受的，是一种荒谬的快乐。

精神创伤者的语言是一种缺失的语言，因为它回避在场的、约定俗成的语言。所谓"创伤"，可以是一次巨大的震惊而造成的伤害，其效果是否定性的，即不能集中精力使自己与周围世界有 to be 式的联系，一种逻辑上的断然判断。精神创伤处又是怕碰的，不能直说的，不能直接到达意识的，诸如此类。

对德里达来说，他的精神创伤与他在11岁时听到一个法国殖民者对他说的那句话有密切关系。这个法国学校的总监对阿拉伯的犹太小孩德里达说，你明天起不用来这里上学了，我们会通知你的父母。这是令人震惊的，因为德里达后来的经历似乎印证了我们的判断：与其说德里达从此更恨法国文化或法语，不如说使他对自己原本所属的犹太文化有说不清的抵触。他觉得自己既不属于法国，也不属于犹太或阿拉伯，一种无家可归的感觉。而对他的哲学直接影响是，他还没有找到属于自己的语言。也就是后来他曾经说过的，如果要为"解构"下一个判断，那就是："解构"不是一种语言。换句话说，"解构"容许不同语言同时存在。这就又回到我们上述的启蒙话题。

我们把启蒙与精神变化的方向性联系起来时，是想说启蒙鼓励精神的创造性，即康德说的"思考的勇气"。换句话说，精神绝不排斥陌生。但是，陌生的东西一开始绝对是令人震惊的东西。阿多诺在《否定的辩证法》中实际是把"奥斯威辛"（Auschwitz）当成了一个哲学概念，但这个概念却是一个"事件"：二战期间德国人灭绝犹太人的集中营。他认为"奥斯威辛"彻底动摇了人们的形而上学信念：它是任何形而上学的想象力都料想不到的，一个真正的人间地狱——这是个短暂的，但却是真实的事件。他说："我们的形而上学功能瘫痪了，因为实际的事件爆炸了思辨的形而上学思想赖以生存的基础，使其不能与经验相一致……屠杀了几百万人的行刑凶手以这样的方式行事却从未曾感到恐惧……在集中营里，死亡的不再是个人，而是一个样品……被灭绝……'奥斯威辛'确认了完全相同身份哲学等同于死亡。"① 形而上学与事件中的真实经验断裂了，这也是一次巨大的精神创伤。千百万被屠杀者几乎来不及思考自己的不幸，只是在被杀害的前一天晚上，个别人被告知明天早上自己就将化成一缕黑烟。而杀人者也处

---

① Theodor W. Adorno: *Negative Dialectics*, Routledge And Kegan Paul, London, 1973, p.362.

之泰然，好像他们杀的不是人，而是一个样品一样的概念：凡是属于这个身份的概念都不可能有存活的理由。尤其令人惊奇不已的是，在伊拉克战争中，很多反战的善良的阿拉伯人躲避起来的心理中也宣布了类似以上"身份完全相同"的人之死亡，即期待他们的死亡。但这次是美国和英国士兵，一旦上了战场，他们就不再是长期的个人，而是一个概念或者样品。换句话说，人本来对自己同类的死可能具有的自然感情被全部异化掉了。这些人会为自己内疚吗？因为原来他们是与纳粹"一样的人"。

我们看到，在二战之后，西方人的精神空间发生巨大变化，其方向是背离传统道德的。这是在"奥斯威辛"事件之后：就像本来应该在纳粹的毒气室里死掉，但却因为种种偶然事件而侥幸活了下来，类似这样精神创伤的人，他们难道不是一些"精神分裂症"患者吗？还能指望他们会像战前一样生活吗？这种情形对于侥幸活下来的纳粹也是一样的。这里的断裂表现在前后判若两人，就像阿多诺说的，同一身份人的死亡。人不知道自己为什么曾经是那样，于是，也可以说，人绝对不知道自己将来怎样。

总之，当康德式的启蒙宣布人是目的本身时，他和18世纪其他启蒙学者一道，使用的是一种整齐划一的"工具"理性语言，提供理解方便的语言，直接通达所指道德或意义观念的语言，一种to be的语言把启蒙的阳光普照大地，它试图使阳光每天全不是新的。这种语言一种无法避免的直接后果就是抽象化或者乌托邦化，当启蒙使人类从"偏见"和"迷信"中觉醒时，它自己却陷入了知识乌托邦，因为它极力想诉诸阿多诺在《否定的辩证法》中所批评的"统一思想"，进而他说启蒙的乌托邦是一个关于to be的神话。他让关于"同一身份"的概念遭遇"奥斯威辛"事件，遭遇绝对的否定性。"同一身份"的概念相当于形而上学传统。在这个传统中，意识只能通过同一的原则才能看见事物，思考问题。而在阿多诺看来，传统思考方式的错误恰恰在于，它把"同一身份"当成思考的目的本身。"同一身份"可以说是思想自身由此及彼、推己及人的"力量"，心灵天生具有的疾病，它来自一种不管真实情形的抽象想象力。卢梭曾经敏锐观察到事物之间的连接其实是一种"疏远"，但是在这里，形而上学却只是看到"同一"。启蒙时代也是这样，伏尔泰和康德都告诫我们，毕竟人是一个种类。这也是一种很自然的人类感情，就像朱熹说的，心同此心，理同此理。但"奥斯威辛"却向人类表明，"同一身份"是死亡的象征。阿多诺《否定的辩证法》产生于"奥斯威辛"事件之后，它是关于"非同一身份"的哲学，在道理上否认 to be 的哲学，因为他认为，尽管我们实际在说 to be 性质的语言，但实际上我们的语言是不及物的，或者说，达不到目的，没有一个所指的意义，从而在理解上是不通畅的，或无法实现一个观念，如此等等。那么，会出现什么问题，一言以蔽之，又一个精神创伤，而这个创伤与乔伊斯和德里达是相通的。从"同一身份是不可能的"这个意义上说，它是精神空间一次新的变化方向，又一次恍然大悟。比如，这一次它让我们在痛苦中先掏空自己，在虚无中体验"奥斯威辛"情结。这一次，是从无到有，而不是从有到有。

# 第十五章　智慧的形状

　　智慧是哲学的"专利"吗？有不属于"哲学"的智慧吗？这样的疑问，乃在于人们对属于哲学的智慧有一种下意识的固有判断，这表现为哲学的语言和文体形式，也在其所用的概念。我们却认为，现实教科书中的甚至学术著作中的哲学把相当多的智慧筛掉了，只留下枯燥的教条。具体说，哲学筛掉了"智慧的形状"。

　　哲学概念好比一个"点"。依照逻辑推论，各种这样的"点"相互替代、连接，从而形成一条线。哲学史就是这样一条不中断的线。在这样的意义上，哲学史是同一的，所以，哲学家们总要追溯源头，直到古希腊哲人的"爱智"。换句话说，哲学史在哲学上行使明显的镇压职能，哲学的俄狄浦斯：只要你没读过这个或那个，没读过关于这个的那个和关于那个的这个，你就不敢以你的名义讲话①。这样的观"点"亦是一个观念或立场，西方哲学的智慧是观念的智慧。

　　哲学史只是告诉我们这些"点"是什么，于是，我们只看重它的结论。但是，更重要的却是智慧"如何"：就此而言，与其说智慧凝聚为一个点，走垂直的方向，不如说智慧为一个又一个断面，沿着横的方向，更像一个"树突"的形状，有一条条岔路，引导我们到非正常的精神状态。

　　智慧中的岔路，每条路都通向一个立场，但是，如果我们不作选择呢？如果我们把判断束之高阁呢？这不仅是胡塞尔的智慧，也可以在老庄学说中寻到它的踪迹：老子描绘智慧的形状像似玄、暗、虚、

---

① 吉尔·德勒兹：《哲学与权力的谈判——德勒兹访谈录》，刘汉全译，商务印书馆2000年版，第6页。

渊、谷、门、水、柔、无为、静、曲，像似一个女人的心理（害羞）和生理特征（生命之门）；庄子言大智之人形同槁木，心如死灰，隐而不露也。又有如不动声色的庖丁解牛，他所见的并不是眼前的牛，而是不可见的牛的穴窍或空隙。这自然是极高的智慧，却不是（西方）哲学的智慧，后者是智慧中的另一半，我们姑且称为"光明"或"赤露"，像老子书中名、实、有、盈、锐、光、刚、有为、直等。于是，什么也没有隐藏，也就没有留下智慧周旋的余地。

庖丁解牛的智慧为隐或迂回，与光明赤裸直线型的智慧绝不相同。法国当代著名汉学家弗朗索瓦·于连（François Jullien）称迂回的智慧为哲学的另一面：没有观念的智慧。在这里，他甚至忽视老庄与孔子之间的差别，因为孔子也说："毋意，毋必，毋固，毋我"（《论语·子罕》）——没有占先的观念、先定的必然；不要固执己见，不要一个特殊的我，这与老庄轻视言说（道可道，非常道；名可名，非常名）的境界交相于隐，一种被西方哲学抹去痕迹的智慧。

但是，在"智慧"问题上，我并不赞成将中国与西方截然二分。智慧就是智慧，无所谓东方与西方。这里的差别只表现在思考习惯的差别。从这个角度看，于连的态度并不全面：中国智慧并非无观念或概念的，西方智慧亦非全是观念或概念的，这里中西智慧呈交错状。如果我们以下谈到二者的差别，只在其思考习惯不同之意义上，并非说其一定永远如此。我们所关注的，并不是这样的差别，而是智慧本身的形状。无论东方还是西方，都不能超越这形状。如果以下用一定的篇幅讨论中国古代智慧，那是因为它曾经是智慧形状本身的一部分，而由于（西方）哲学史行使的镇压职能，这"形状"被我们视而不见。

于是，我们不得不从中西不同的思考习惯入手，归结为智慧形状本身。何为"智慧形状"？首先为隐与显之状。在这里，中西思考习惯呈极复杂的情形：我们切不可一般地说中国古代智慧为"隐"，西方智慧为"显"。事实上，隐与显的情形在双方同时存在着。在这里，我们

更重视中国智慧"隐"中的"显"和西方智慧"显"中的"隐":

中国古代智慧是非常讲究形状的,而这形状在西方人眼里是神秘的。中国没有西方一神论的宗教传统,智慧的这些形状就是中国的"宗教":卦象,以八卦开头的就有八卦图、八卦阵、八卦拳……又有以太极开头的太极图、太极拳……又有风水、占卜、方术;又有甲骨文,"自鸟迹代绳,文字始炳"(《文心雕龙直解·原道》),观辞、象才可得义。卦与象形文字都是看得见而又神秘的道道。许慎在《说文解字》中称仓颉造字之效应,天地惊,鬼神泣。所有这些,皆智慧之形状,为"诡",或字谜、遁词。中国文"性好隐语……尤巧辞述……而君子嘲隐,化为谜语。谜也者,回互其辞,使昏迷也。或体目文字,或图象品物,纤巧以弄思……义欲婉而正,辞欲隐而显"(《文心雕龙·谐隐》)。显非本意,乃隐之显,所以为诡,有如兵事,乃诡道也。于是,智慧不独守空,它有看得着的迹象。又现为中国的书画,象在其中,味在其外。倘若去其身体具象,留其影子,还剩下什么呢?或可答曰:道道。卦象、功夫、太极拳、象形文字及其书法……就是这样的),德勒兹所谓线的连接、偏移、滑脱、断裂、散逸①。这是智慧之"流":说话流、笔迹流、身体流,以流对流——这是横向性,犹如书写象形文字的过程:笔画四处泄露,像似条条岔路,妄想的线。这"线"或"流"抵制俄狄浦斯式的精神分析,不可归结为一个统一的点,因为它把看似互不相干的因素对接一起:道道可以异形为字、卦象、画、拳迹……这有如"精神分裂":其智慧形状像德勒兹说的"根状茎"、老树根——没有中心,心神不定,老是走神。

西方智慧的习惯恰恰相反,是从显到隐:所谓本体论,其实为实在论,立足于真,或曰科学。在艺术上则为裸体的传统。这样的智慧要求一览无遗,不留余地,不要遮盖,故无回味。"在场"(presence)

---

① 吉尔·德勒兹:《哲学与权力的谈判——德勒兹访谈录》,刘汉全译,商务印书馆2000年版,第7页。

的智慧是模仿或表现（re-présenter）的智慧。最高的表现就是形而上学，就像德里达说的，形而上学是一幅白色的（或不可见的）神话，它用绝对肯定或否定的概念抹平了硬币上的头像——智慧的本来形状。

以上，我们实际已经尝试画出智慧的形状，就是那些鬼神莫测的道道、线条、流，一些异形或岔路。与逻辑范畴的推演不同，中国古代依照智慧的形状（比如卦象）占卜事物，这又是抵制分析的：一望便知，可意会而难言传，无须唠叨的解释、叠加语言的皱褶（我们看到古代智慧与道道对应的是箴言，《老子》仅五千字）。范畴的推演意在展示智慧的进步，智慧形状却意在智慧的变化，而变化并非进步。

象形文字画出了智慧的形状——圆滑，"圆"与"滑"都是形状，不能牢靠地站在某一个固定的点或立场上，居中而又顺其自然。极聪明者道中庸，没有立场者可以拥有所有立场，引忍不发，伺机而动，又没有一神论者的痛苦。圆滑乃周，为"动摇者"的智慧，其性格显现为柔或内向。"我则异于是，无可无不可"（《论语·微子》），这"异于是"或不作判断的智慧习惯，与叠加判断（是或者非）的实在论传统大相径庭，为智慧形状的两大分支：前者讲究"诡计"，从"一"中引出多；后者真诚，其传统是忏悔。道中庸者的智慧状似老树根，枝条分叉，盘根错节。换句话说，不是一种语言。这样的智慧要到20世纪后期，才为西方人渐渐重视，从文学蔓延到哲学：意识流的创作轨迹或诡计，其要害仍在"欲隐而显"。乔伊斯作品之所以难懂，在于他有意利用一字多义或同音多义，像在一幅画上有多重情景，话（画）里有话（画），其意味全靠想象；在普鲁斯特那里，则有一条妄想的线，不沿时间顺序的条条岔岔。所有这些，也是欲隐而显的象，说出来，很像谶语、"精神分裂症"的语言、不走正道的"胡说"。在德勒兹那里，同样的情形被描述成一条欲望不断逃脱的线：欲望得不到表达，便有畸形的逃逸，有一些意想不到的出口，像极精细的牛角尖，挤压人们进入。这样的智慧形状被判定为异端、精神病，却又绝非精神分析所能解释的，因为后者只给出了一种诠释结构，而欲望的实际形状复杂得无以复加。于是，欲望不断地从它的解释者（或专制者）那里逃脱。

逃脱的线也是迂回的线，各种形式的解释学却只让这些线回到一个中心点上，即形成一个统一的观念，这样的思考习惯竟然让辩证法成为公式。这好比筛掉智慧的形状，筛去混浊，留下清晰，也留下索然无味——因为它只让我们看事物僵死的一面。"面"，也是一个哲学概念，逃逸或迂回的线不断形成一个又一个"面"，或者模样。"面"是"可视"的，有形状；"面"又是被铺开的，借助于相似、类比、隐喻：两个"模样"的连接绝无一定之规，它们之间本无路，所以说，这个过程是创造。它的诡计或轨迹是横着走，导致另一个"面"，并不沿着垂直方向寻找逻各斯或一个一定如此的目的。横截面之间的沟通（像解构，又像莱布尼茨意义上的两个单子之间的交往）是隐而不见的，全靠想象。

"面"，比如立方体的面，就是面，属于现象，不是所谓本质。把立方体展开，是一个更狭长的面，也不是本质。一个面有一个 horizon（眼界），连接另一个面的眼界（不同眼界之间界限的解构，使之拓宽，这个连接处是隐蔽的），以至无穷。一个窥视另一个，自己又被他者偷看，这一切都在不察觉之中。"面"不但可以铺开，也可以打折，叠出褶子，这有些像中国传统做学问的方法：一代又一代学者在文本上做批注，好比不断复制同一盘录像带，千百年的批注过去，原样已面目全非。批注和 horizon 一样，都处在边缘，在空白处书写：接着说那些没被提到的（方）面。

智慧的过程或者形状（离智慧最近的因素）比智慧的目的或观念、立场本身（离智慧最远的因素）更重要，但哲学通常只看重后者，前者却隐蔽着、绕弯子。海德格尔晚年写《林中路》，寻找荆棘中归隐的路迹，那路是曲弯的幽径，不是阳光大道。"大路"应该是being，存在的本体论，被海氏打上了叉叉，以示决裂。海氏的精神前驱是赫拉克利特，后者说"事物喜欢躲藏起来"，那里也有智慧的原形，但它不是being的传统。

智慧的形象被哲学筛掉了，成为"剩余"。这剩余的因素在表面的文本、文字、图画、话语之外，中国智慧对此有最生动的描述，称其为"味儿"：在表面的道道之外的东西，难以表达的东西。用西方哲学概念，"味儿"就是赫拉克利特所谓"事物喜欢躲藏起来"，相似于所谓"内在"——这个不可言传、难以看见的东西有它的"形状"！内在即隐，欲隐而显的智慧容貌是让人震惊的，《庄子·应帝王》中的壶子让一个所谓的神巫相面，壶子的面相每次都不相同。神巫只凭壶子显露的容貌，先对壶子的弟子列子说，你师傅要死了，殊不知壶子将内在生机藏而不露；壶子稍显生机，神巫又说有救了；待到壶子显示阴阳二气调和之状，平和而不动声色，似深邃之渊，结果只演示"渊状"（虚无之态）的九分之三，神巫就吓跑了，这是"内在"流的威力："明道若昧，进道若退……上德若谷，大白若辱……质真若渝，大方无隅，大器晚成，大音希声，大象无形。道隐无名。"（《老子》四十一章）又"大成若缺……大直若屈，大巧若拙，大辩若讷"（同上四十五章）。所有这些，也可称为"内在的面"，为"虚"，不可听，不可视，说不出者，因为它并不对应一个世俗的形象。

"内在的面"是一个模糊的画面，与它对应，"大辩若讷"，语言的本色就是结巴的，不是笛卡尔式的清楚明白。同理，思想和画面也是"结巴"的。结巴或不连贯，因为语言、思想、画面中有太多的岔路——其中无所谓正确与错误——存在的就是合理的，并不需要证明自己的合理性。岔路也是可能性，总是有剩余的可能性。

概念只是一个点，是思考的结果，但智慧的形状，或概念形成的过程却可能并不借助于概念：无概念思维，前哲学的思维，其中的智慧并不比哲学少，其中"内在的面"还呈混浊状，没有用概念的筛子过滤。不依靠概念：逍遥游、放任内在。逍遥者，行而无所恃也，甚至不借助风的力量。忘记任何前提，故无我、无功名。逍遥者，"大而无当，往而不返……大有径庭，不近人情焉"（《庄子·逍遥游》）。默然俗世"真"与"假"、"善"与"恶"的差别。所谓清晰，乃在于区别，或分析；所谓晦涩，乃在于混浊，无可无不可，多重镜像。有如马拉美的诗，放任不确定的内在。又像于连所言："拯救话语的首要方式来自不确定性，不再指称什么东西，一味蔓延消遣至极端，导致放任。"① 结果，又是哲学意义上的结结巴巴。"结巴"的内容比好口才更丰富，因为结巴缘于想说几种语言。"智慧话语的形状是扁平的……换句话说，它的缄默就是它的话语，这时，它放任内在性。"② 沉默比结巴更甚，因为更说不出。于是，不靠词说话，而靠模样（表情、暗示，等等）说话，像上例中壶子渊状的情态。"渊"像似旋涡中的黑洞，冒不出一个清晰的意义让话语言说，而一旦能说清，支吾或结巴、暗示之类也就散去了。如果哲学仍旧自信是热爱智慧之学，也应该包括爱智慧的形状。于是，关于"什么是哲学"就有以下新的思考：

哲学家们通常只是从事哲学，极少问哲学究竟是如何生成的。我们惊讶地发现，中国古代智慧（特别是老庄学说）和西方的后现代哲学、古代与当代的智慧竟然"不谋而合"：一个说，有生于无；一个说，哲学概念来自发明，哲学就是创造概念。最有代表性的，就是我们以上反复提到的德勒兹，他在《什么是哲学》中这样说："哲学是形成和发明的艺术，是制造概念的艺术……来自东方的古老智慧也许靠形状思考，而哲学家发明和思考概念。"③ 于是，二者的区别是形状和概念的区别。概念成为哲学家的"目的"，但形成概念却是一个过程，一

---

① 弗朗索瓦·于连：《迂回与进入》，杜小真译，三联书店 1998 年版，第 205 页。
② 同上书，第 206 页。
③ Gilles Delleuze et Felix Guattari: *Qu'est-ce que la philosophie*, Minuit, 1991, p.8.

个充满"形状"的过程——这是德勒兹论述的重点，也是他区别于其他哲学家之处。"创造"强调的是过程而不是结果，似乎应属于前哲学状态，这正是德勒兹与黑格尔的不同之处：创造概念的过程也是哲学本身，"前哲学"即哲学。智慧应该习惯于在"没有概念"的黑暗中摸索：心神不定、放任自己，智慧的形状像一连串危险的高难动作。

"概念的轮廓是不规则的，是由它内在因素的数量加以说明的。这就是为什么从柏拉图到柏格森，人们总是重新发现概念似关节、切分、交叉。因为概念总是把它的成分加起来，概念是一个总和，但是一个片段的总和。正是在这样的条件下，概念才走出思考的混沌状态。"[1]如果说概念是哲学智慧的结晶，那么德勒兹这里描绘了概念的形状：它孕育在思考的混沌状态。概念的形状和我们以上所谓智慧的形状有什么区别呢？它们在不同的内在（层）面上，后者是模糊的，前者是"清晰的"。但二者又是相似的，因为概念也分叉、有岔路，也交叉，有迷惑的十字路口，在那里选择的路不啻为创造，因为不走老路。

德勒兹理解的概念又不似从柏拉图到黑格尔的理念："概念述说事件，不是本质或事物。这是一个纯粹的事件……他者的事件，或者说，面孔的事件（这时面孔反过来作为概念被把握）。"[2]概念有自己的"面孔"！比如鸟的"面孔"是"飞"，这时，我们想到的不是鸟，而是飞，从而概念有了形状——这与黑格尔式的概念截然不同。"飞"有速度和轨迹，是一个过程，是它的轮廓和踪迹。创造概念不啻面对十字路口的选择，在一个方向（或方面）凝聚力量和能量，成长壮大，删增自己的成分，以至终于凝结为一个点，这就是概念。至于另一个方向的概念是什么，是否与其相符，是无关紧要的。概念的十字路口、岔路口，形象地说明了概念与概念之间的离异关系。每个概念都有自己的面孔，就像莱布尼茨说过的单子模样——单子的面孔构成一个属于自

---

[1] Gilles Delleuze et Felix Guattari: *Qu'est-ce que la philosophie*, Minuit, 1991, p.21.
[2] 同上书，第26页。

己的"内在面"：如果从概念看这个单子，它是哲学的；从情感上看，就是文学艺术的。

于是，在德勒兹看来，概念并不"抽象"，它是有"面孔"（作为"事件"的面孔）的观念形态，而不同于一个科学命题：命题是科学的对象，有一个外在的所指；而概念只描述自己的"面孔"或"事件"，是一个"内在的面"，衡量它的标准不是看它是否与外物符合，而是看它自己创生和变化的强度——这个强度是否能构成一个事件。笛卡尔的"我思"就是他创造的"内在的面"：他放弃自外于"我思"的一切对象，消除了主/客体的对立。于是"我思，故我在"成为被创造出来的第一概念或哲学，它孕育于哲学之前的理解，因为它首先在没有概念的黑暗中摸索，弯曲迂回，没有指望从前的概念。笛卡尔的沉思自己跳舞，连接着一个又一个惊险的高难动作，像面对"无"的"飞"。真正的哲学家不屑于争论，因为他知道自己的同伴在另一"内在面"上跳舞，说的是另一种语言，不是一样的事件。所谓批判的效应：一个哲学概念可以消失，但它从来没有被征服。哲学不说一种语言，一个概念就是一个新环境。比如，康德在"我思"中加进了"时间因素"（我思的先天形式），模样大变：有了新的时间、空间、质料，总之，新的事件。创造一个概念，也就创造一个事件，一个从来没有的体验：体验不仅是被动地感受出来的，更是创造出来的，靠想象——飞起来的生活。笛卡尔和康德各有自己的眼界：一座平台，一个有浓淡差别的"内在面"。"内在面"不等同于概念：它铺开成为一个过程，它收缩才形成概念。

"内在面"的过程也是哲学创造过程，一个非正常的精神生活过程：笛卡尔沉思中想象自己四肢不全，甚至有一个玻璃的身体，有犯罪的思想。就正常的精神生活而言，笛卡尔的想法过度、超出、有过多的剩余——钻牛角尖，精神障碍者的显著特征：一个极细小可以忽略不计的琐碎念头足以造成终生的痛苦，而俗人功利性的大事却可以忽略不计。大智若愚，傻子就是天才。天才的特征就是在一个"内在面"上放任念头，使之过度，凝神陶醉，善于异形，或曰解构，有如庄子早上醒来，怀疑自己乃蝴蝶之梦。痛苦或沉醉都在于将现实中绝无联系或绝不会发生的事情对接一起（究竟哪些因素相互连接，是绝对出人意料的，到处有不可能的可能性。精神病总和天才在一起，这是痛苦，也是陶醉），并恐怖其结果，所以多余的念头一定是混沌或解构的念头，被神秘性强烈吸引的念头，生出的畸形就是所谓创造。创造过程就是使这些混杂的因素过筛子，以使无序变有序，留下一些概念。

创造概念就是创造新的体验："有许多哲学书，我们不能说它是错的，因为它们实际上什么也没说；我对这些书不感兴趣，只是因为它们没有创造任何概念，不带有任何思想形象……概念应该仿照它们活生生的质料，有一些不规则的形状。"[1] 德勒兹极力使概念或哲学形象化。既然概念像单子一样是各个特殊的，那么，它们之间就没有逻辑上的等同："概念的规则就是内在与外在的邻近性……其相邻是从难以察觉地带中的诸多毗邻因素中得到的。"[2] 邻近，就是我们以上所谓的"横着走"，其创作手法类似于中国传统中的"比"与"兴"。在诸多因素之间，无论是精神上还是外形上的邻近，都可能搭起一座由此及彼的"桥"，使不同的精神因素"神似"，不同的外形"形似"。"相邻性"是一种发散的思维，不是指向一个点或一个中心、一个意义，而是指向一群或一片相近似的意义，因此又是模糊的：在模糊中摸索，在摸索中创造。

"中国的思想就是在平面上往返，自然思想的曲波浪线的运动，阴与阳、卦象就是这个平面的形状。"[3] 这些形状充当了西方哲学中"概念"的职能，后现代思想家德勒兹对中国智慧的形状感兴趣，原来是因为他创造的概念也是有形状的。

---

[1] Gilles Delleuze et Felix Guattari: *Qu'est-ce que la philosophie*, Minuit, 1991, p.80.
[2] 同上书，第82页。
[3] 同上书，第88页。

# 跋　艺术数学或后现代思想的数学根源

## 一

这个题目充满着悖谬，它由某些未曾有过的思想连线组成，考验着有史以来人类智力活动的有效性。例如，它竟然认为浪漫主义精神是理性的甚至是科学的。这个立场的科学根源，竟在于追溯数学真理的形式主义与直觉主义"起源"过程中的两难。理性＝逻辑关系＝同义反复，也就是说，一种类似于语言使用过程中的自指现象，自己以自己的存在作为前提。①这种情形最为经典的形式，就是数学。为了解决这个过程中"自己预先假定自己有智慧"这一令人尴尬的问题，笛卡尔和维柯引入了经验和想象的因素。对于这个科学"认识论"话题，康德提出对 20 世纪哲学影响巨大的思路：一定有某些超越逻辑和知识的东西，是逻辑和知识的先决条件。比如，数学和几何学的概念框架来自"先天综合判断"。"先天"即"说不出"但实际起重要作用。

康德再不去追溯这个"说不出"背后的神秘，也就是说"先天就具有某种能力"既然是不能被证明的，也就是永远的假说。换句话说，我们不知道它，可是"它"却作为我们判断的前提（因此康德的判断是一个自指判断）。为了有效地解决这个难题，就得有一个观察我的"我"。但这是不可能的，就像眼睛不能看见自己一样。任何真正的证词、判决、辩护，都来自一个"不是正在参加活动（或比赛）"的"旁观者"、

---

① 理性被等同于逻辑演绎关系。什么是智力呢？就是预先假定自己有智慧的能力，很像是一个女人自己照镜子夸自己漂亮（我们并不知道她是否真的漂亮，我们只是从她自己的炫耀中得知她漂亮。即使我们真看见她确实漂亮，也因为我们事先潜意识里已经有了漂亮的标准）。"有智慧"或者"漂亮"在演绎之前就潜在地假定好了。又一个类似例子来自维特根斯坦：有一个人说知道自己身材有多高，并把自己的手放在自己头上证明这一点。

局外人，即系统外的因素——这些因素不但是公正的，而且是真智慧。康德毕竟是智慧大师，他像后来的费希特一样，用"非我"验证"我"。可是，我怎能以别人的"是非"为是非呢？康德陷入悖谬之中。

总之，这个局外人是神秘的创造性力量，我们不知道它乃在于它是"在我之中比我更多的东西"（比想还多的想）这是一种莫名的"连续性"。就这样，费希特挖掘康德思想中潜在的浪漫因素——尽管把它说出来（即"非还原性"）并不浪漫。"可还原的"与"可以说的"是相互吻合的，而"非还原性"则诉诸直觉和想象——这些难以成为传统科学研究对象的因素，①既是自由之本来含义，也是人与（智能）机器的区别所在。自由乃虚构的自由，19世纪以来的经验与逻辑的实证论都是或公开或隐蔽的还原论。

"在我之中比我更多的东西"的另一种说法，就是非"决定论"的连续性，即创造性。它是一些没有获得解释的行为，不是现有科学有能力解释的对象。这里本是艺术，甚至宗教感情的天地，现在却被用来解释科学与哲学的创造性。是的，想让科学家成为诗人，这可能吗？

康德认为，几何学的公理"两点之间的直线是两点之间的最短距离"是建立在一种空间先天直觉基础上的综合判断。非欧几何学却反驳说，这样对空间的理解并非人类唯一能理解的几何。应用以上"在我之中比我更多的东西"的说法：空间不是人的直觉形式，因为还有更隐蔽的观察者，就好像能"看见"（当然实际看不见）自己眼睛的眼睛。②为什么呢？眼睛并没有变，但是观察的"眼眶"变了——两种几

---

① 毫无疑义，所谓现代数学和自然科学已经不再排斥来自"主体"观察者的直觉和想象，比如量子力学就引入了"旁观者"的概念。
② "人们普遍认为康德犯了一个错误，科学的进步不仅'校正'了他的数学，而且还校正了他所有哲学的框架。这一结果开始于德国物理学家和生理学家赫尔姆霍兹（H. Helmhlz）的实验。赫尔姆霍兹相信空间的方位是后天获得的，康德混了这种为'无意识推理'所获得的能力与一种本能性的空间直觉之间的区别。在1870年的文章《论几何学公理的起源与意义》(On the origins and meaning of geometrical axioms) 中，赫尔姆霍兹宣布一种非欧空间的视觉空间是可能的。"参见（加）弗拉第米尔·塔西奇：《后现代思想的数学根源》，蔡仲、戴建平译，复旦大学出版社2005年版，第29页。

何学都有赖于想象，却是多么不一样的想象啊。当然，这两种几何学哪一种也没有全面正确地描述真实空间，除非判断者彻底站在空间之外——但这是不可能的。

一方面，康德说为了获得真知，要超越常识思考；另一方面，他又认为理性超越其应有的界限或权限，就会产生二律背反的悖谬。康德这两种说法自己已经含有悖理，原因在于康德没有遵循统一的思路，在真假问题上出现了混乱。思维不得不永远被诱惑、去超越，朝向那"假"的事物。所谓创造性就是尝试着受骗。这是一个不由自主、很少想到原则的沉醉过程。幻象本身被说成超验的（其实幻想还可以继续分为次级与高级）。幻象是新的"认识"之必要的条件，即去设想新的景象。也正是在这里，哲学、科学、艺术汇合一起。比如，现代艺术也是"挑战眼睛"的艺术。艺术的或希望被欺骗的感觉（心情、情绪），是人的天性。人类的幸福感来自幻想。关键问题在于，想象能否被精确化——在某种意义上即被说出来，而语言的天性，则在于虚构。① 为什么呢？因为语言离不开名词，即总被诱惑说出"无限"，并在这样的前提下"工作"。换句话说，人类只是想要真实，但实际上须臾离不开幻觉（人是使用语言的动物）。边沁本来想清除语言中的幻觉，却为将来的浪漫主义区分了不同等级的虚构（依照距离直接经验的远近程度）。所有这些，与数学的关系在于，数学是纯粹的符号操作。如果数学是一种语言，那它是一种在逻辑上自洽的、与实在无关的语言。

因此，不必刻意去提倡自由，因为心智的本性就是虚构，即使一个最死板的人也是如此。"虚构"乃"横向"的异类，即我们只是以

---

① 与康德几乎同时代的英国功利主义者边沁（Jeremy Bentham）本来想清除语言中的幻想成分，把陈述看作建立在实际经验基础上的逻辑结构，在这一过程中，他区分了想象的对象为荒谬的虚构（如独角兽、飞马）或符号的结构（如社会契约，尽管实际上是没有签字的契约）。循着这条路越走越复杂，边沁惊奇地发现，如果不借助某些不可消除的虚构，不能以一种明智的方式把握实在。参见《后现代思想的数学根源》，第36页。

为而并非真的知道它，它不是能认识的对象。解释，是从"无"描述"有"（即借助于假设描述眼前的事物，比如"社会契约"），或者是从"有"描述"无"（比如借助已有的语言破译未知的语言）。总之，所谓意义，是被创造出来的。引申，就是无中生有。

费希特以另一种说法表明上述意思："我"是一种连续的、中断的创造性活动的结果，所以"我"不是我，也不能被限制于先验的语言框架内。非欧几何竟然在证明这种费希特式的浪漫主义。逻辑和语言都不能把握费希特式的连续性的意义。[①]

## 二

把心灵从眼睛的专制中解放出来。

数学活动也是一种"艺术"的创造性过程，不能被还原为纯粹逻辑的"贫瘠"方法。一件东西之所以成为艺术品，是因为它不再是表面上人们所认为的东西，就像杜尚的作品《泉》不再是一个普通的小便池。艺术是超越观察的能力，就像不可穷尽的语言才算得上艺术语言；就好像能看见自己的眼睛，说不出的感觉；就像谢林对笛卡尔"我思故我在"的批评，因为我思并不代表我的一切。事实上，也可以说，我消化、我做爱，所以我存在。表达了不可以表达的心情——浪漫主义这个主张本身就是悖谬的：好像精神可以离开语言似的，好像有不可表达的"整体"却被当作唤醒灵感的源泉，那没有穷尽的"整

---

① 法国数学家丢杜斯（Jean Dieudonné）在《数学：理性的音乐》(Mathematics——The music of reason)一书中写道："如果我希望在一句话中概括出这一时期（1800—1930）的思想，我将说其本质是对'证据真理'的概念的逐渐放弃，首先是在几何学中，其次在数学的其他分支中。"参见《后现代思想的数学根源》，第44页。

体"既是欢乐也是痛苦的根源。为什么痛苦呢？因为话和心情总被不属于自己的事情牵连，心情一到嘴里，就被话歪曲了。这是一种有趣的"语言的伤害"。

20世纪荷兰数学家布劳威尔（J Brouwer）对"连续统"（the continuum）的分析显然与以上有关。他说"意识"的原始特征就是"破碎"、抓不住（这里，我们可以联想起德里达的"延异"——différance），数学的基本概念，就呈现这样既存在又不存在的破碎现象。"即我能够不断地在那些我已经构造的事物'之间'插入数字，我插入这些数字不是根据一个确定的步骤，也不是通过空洞地给予它们构想的名字，而是通过一个自发的、自由的、真正的个人的选择。"① 这个创造过程是"无语言"的，因为其中的语言是离散的——这个过程中的任何语言都没有实现，因为马上就出现其他不确定的选择。一方面是近乎基本粒子水平上的精密分割；另一方面，尽管我们想停就可以停在任一分割点上，但绝不要指望能说出来这个"点"。这里的"停"或"点"意味着一个实体（最微小的"实体"也是实体）——"瞬间"不是实体，它永远是别的。

人一次也踏不进同一条河流，"踏进"与"分离"或"说出来"（解释）是同样的意思。当然，这河流的流动不是必然因果连接的链条，它总是处于改道或者"走神"状态，因为插入了破碎的心灵——瞬间不是被我发现的，而是被我创造的。这样的想法显然不符合形式逻辑（排中律、二值逻辑）② 不是主观与客观、真或假两样事情，"沉醉"状态乃"一样"事情本身。"想象一下我是被抛进布劳威尔时间连续统的一个存在。我不只是在'其中'。它同样也是我的存在的部分骨

---

① 参见弗拉第米尔·塔西奇：《后现代思想的数学根源》，蔡仲、戴建平译，复旦大学出版社2005年版，第56页。
② "在他（布劳威尔）看来，使用标准的二元逻辑，就等于是偷偷引入一个没有辩护的假定，即每一个问题都是可解的……对布劳威尔来说"。参见《后现代思想的数学根源》，第60页。

架，是我所是的一部分。但是我是谁？我是什么？看来我将不能回答这个问题，因为答案——'我是……'——微妙地使我把某种过去的东西单独开来、某种现在存在而且保持在场足够的时间以至于我可以把它当作一个固定的对象来思考的东西。"① 我说不出来时间的状态，就是我拥有时间之状态。一旦我说出来时间，时间就离我而去。② 说"时间是……"和说"我是……"一样，就是把时间单独隔离开来，成为我能说的、僵死的，但是实际上早已消失的对象。使自己沉醉于"就要来"的未知的可能性中，沉醉既不在于"我是"也不在于"我不是"，而在于"我不知道"。时间或沉醉的状态有多种可能性，似交叉立体状。

沉醉即"忘我"从而"无私"，呈现的不是我或是破碎的"我"。这里的悖谬既与赫拉克利特和他的学生"人不能两次（甚至一次也不能）踏入同一条河流"的悖谬有关，也与芝诺关于阿基里斯追不上乌龟的著名悖论有联系。《后现代思想的数学根源》作者塔西奇首先列举了维特根斯坦的一句话："一个人向前跑，所以不能观察到他自己在向前跑。"③（这与上述的沉醉等于时间本身相类似）德里达以"延异"说明类似的意义，即等我用语言来描述事情，事情已经变得面目全非。"观察到""说出来""证明""解释"在这里都是同义词，也即我并不能理解我即刻的行为。事情总是在没有获得满意解释的情况下，继续发生。因为人只拥有语言的世界，所以"我"从来就没有真正在场。这个不在场的"我"之连续的开放性是说不出来的。比如，"过去"本来可以不是那个样子的，就像一块正在自由下落的石头要是有悔悟的能力，降落的轨迹就会改变方向。

---

① 参见《后现代思想的数学根源》，第 61 页。
② 这个意思是写了《忏悔录》的奥古斯丁表达的。
③ Ludwig Wittgenstein: *philosophical Inverstigations*, Oxford Basil Blackwell, 1953, p.456.

## 三

在以上的意义上布劳威尔竟然说，数学是一种解放心灵的活动，逻辑却只是数学的低级形式。因为数学是创造，语言只是逻辑的排列。创造是信念和意志，它不是论证的问题。它含有错误，是因为它不像逻辑那样依赖以前的解释。就像尼采说的，任何实在都是幻象或谎言。浪漫，乃因为直觉和意志的注意力与语言和推理的注意力不一致，费希特和谢林就持这样的观点。这是一条不同于哲学的精神线索，就像量子力学那样捍卫"不确定性"。布劳威尔说，对于纯数学来说，没有确定的语言。受此启发的维特根斯坦则说，没有一个行动可以被一个法则决定（语言和逻辑本身就意味着法则）。所以语言无魔力，直觉才有魔力。面对布劳威尔所谓"数学本质上是无语言的活动"，维特根斯坦以"惊人简单的数学技巧"加以论证。①

德国数学家魏尔（Hermann Weyl）和"前直觉主义者"彭加勒（Henri Poincare）也表达了类似的反对时间与空间上的"原子论"的见解。语言与隔离出时空"瞬间点"的原子论在一起，任何对象性的思维都是如此。魏尔和彭加勒争辩说，数学中的连续统是非语言的东西。1925年魏尔在《当前数学中认识论的情形》一文中写道："按照芝诺的悖论，人们有可能把无穷多条线段（1/2）、（1/4）、（1/8）……组合成长度为一的线段，那么，（为什么）……居然就不能在有限的时间内完成判定的所有不同行为的无限结果呢？"② 这是悖谬的或"不可能的可能性"。

魏尔的观点与胡塞尔和德里达可以交流。胡塞尔和魏尔一直有交流，

---

① 参见弗拉第米尔·塔西奇：《后现代思想的数学根源》，蔡仲、戴建平译，复旦大学出版社2005年版，第73页。
② 同上书，第76页。

并且称赞魏尔通过数的连续统理解了现象学直觉。[①] 两人的联系就在于都承认，对象被解释不是指它们是什么，而是它们可能是什么。"可能"是连续变化的，在数学上称为"数学中的随机性"，用语言表示最准确的是德里达的"延异"——也就是"语言的其他结果"——语言没有能力分解出自己的基本粒子，总是在说别的和"别的"的"别的"，从而无限期地耽搁了说出一个对象是什么。总不在自身之内，就像胡塞尔的现象流。

就这样，数学竟然被建立在偶然直觉的想象（可能是什么）基础上，因为"我不知道什么"。胡塞尔继续说，这种可能的时间或瞬间的二元性（duality of moments）表明时间是二维的（很像德里达的"延异"）。塔西奇精彩而通俗地解释了时间的二维性：比如我的行文到此突然结束，或者"一句话"的小说："当我一觉醒来，恐龙还活在那里。"[②] 这两种情景都发生了奇怪的时间：时间的不连贯或不连贯的时间连接，否定预设。连续性是不连续的，或者只不过是一种事后的连续性。

德里达接着胡塞尔继续说：我们不可能知道几何学的起源，因为我们不可能跳到时间之外，成为时间的旁观者。知道几何学起源，相当于理解了一个"整体"，而这是不可能的。当胡塞尔以类似赫拉克利特之河的口吻说，穿越一切变化的不变之物是变化本身。德里达却认为，胡塞尔要得出这个结论，必须要跳出流动（或时间）之外，这是不可能的。

# 四

彭加勒也坚持说，逻辑之所以是贫瘠的，就在于它缺少悖谬。数

---

[①] 一个超验的"本我"（ego）是一种自己显示在直觉中"普通自我"（self）真实存在的根据，这就是胡塞尔"一切原则的原则"。但是，德里达则以他的"延异"活动使这个"一切原则的原则"不断被耽搁和延期。

[②] 参见弗拉第米尔·塔西奇：《后现代思想的数学根源》，蔡仲、戴建平译，复旦大学出版社2005年版，第84页。

学"推理"与连续统关系密切，也即悖谬性、创造性。他认为："逻辑推理与数学之间的差异，就像那些知道语法规则的作者与那些说故事的人之间的区别；把数学归因于逻辑就像把棋子划归为棋子在棋盘上移动时的规则。"① 显然，光知道语法或下棋规则与善于讲故事或下棋高手之间不能画等号。"不能画等号"乃因为后二者有多出来的"剩余"。"剩余"全是不确定的因素连接、创造性，即德里达称为"延异"之归隐之域。这几乎直接把数学能力与艺术能力（心情或感受能力）连接起来，感情和思想是"一回事"，是直觉中某些方便的选择。缺乏感情的思想，把研究对象当成不变形状的，是一种恶性循环的预设。

作为数学家，彭加勒认为同一性是在位移过程中保持不变的性质②。他怀疑欧氏几何定义得以成立的前提，因为单纯针对固体的定义对"正在流动的河（时间）"没有任何意义。重合或与别人一样，意味着与自己相脱离。传统哲学不过是建立在同一性上的想象，维特根斯坦说，这种想象即假设把一种东西放入它自身的形状，觉得正好合适。这种假定的信念是推理的前提而不是推理自身的一部分。但是这个前提——几何学的以至于逻辑学的偏见——并没有获得充分解释。同时，事物就是以这样偏见的形式各就各位的。

打破偏见，彭加勒从同一性中看到了连续性的构造（连续地激

---

① 弗拉第米尔·塔西奇：《后现代思想的数学根源》，蔡仲、戴建平译，复旦大学出版社2005年版，第88页。又见同页码注释2："在彭加勒对这一主题的整个研究中，这种有趣的比较结果在那些我们称之为自动机的证明系统的描述中被使用到了顶点：'如果我们喜好，我们能够想象一台机器，在其中我们在一端输入公理，另一端采用定理。'"第89页作者对彭加勒的评价是："他是我们今天称之为混沌理论的开创者；他对绝对时间与同时性概念进行了批评；他的非欧几何模式，参与了爱因斯坦相对论的工作。"

② 彭加勒在1891年的一篇文章中，提到欧氏几何学公理具有明显缺陷的定义：在接受这些公理之前，我们已经默认地假定了我们所谈及的几何是固体的几何学。例如，如果两个图形重合，欧氏几何就称这两个图形相等，这指的是什么？彭加勒观察到为了重合它们，其中一个不得不进行移位以使两个图形完全重合。而且我们被告知，在位移过程中，它必然不会发生变形，这被认为是一个不变固体的位移。参见弗拉第米尔·塔西奇：《后现代思想的数学根源》，蔡仲、戴建平译，复旦大学出版社2005年版，第91页。

发),同一性的概念不过是众多连续性激发的一种,是把某种激发的瞬间固定化为永恒。当人们硬是把这些激发当作根据时,只能说它们是无来由的"根据",即无动机的想到的能力。

索绪尔曾经认为词语指称的意义是从词与词之间的差别获得的,彭加勒类似的说法是"非直谓定义",比如1是表现为1+2=3、1+3=4、1+4=5等来定义的正整数。但是这里有一个疑难:要定义1,得依赖于1所属的全部整数的整体,即一个无边界的许多元素的整体,而后者实际上是我们所不知道的。塔西奇指出,更糟糕的是,比如在我们数到200万个数阶段和数到100万个数阶段相比,我们所知道的1是什么,是变化的,纯粹逻辑对此完全无能为力。1的易变在这个疑难里形成"生成意义"上的新结构,即随着时间变化而产生新元素——词语新元素也可能是这样生成新的句子和句法。所谓"非直谓定义"就是说,结构单位的同一性会由于新元素的介入而重新调整。受这样的调整启发,塔西奇想象一个新的世界,在其中几乎所有的事物被完全重新制造或"非直谓定义"(等于不断激活或被重新定义),这就等于说,这个新世界充满着通货膨胀现象——就好像国家印刷了很多超出"常规数量"的货币,到处是新元素或新的符号。新元素因为不能适应、辨认、交换旧因素,越来越泛滥或虚拟化,以至于距离实在越来越远。作为连续性的经验事实,它并不是一个自我重复或逻辑演绎的过程。

## 五

黑格尔曾经这样想过:在机器的智能面前,最终人类是否不得不退让一边。塔西奇说,这是20世纪德国数学家希尔伯特的研究课题。希尔伯特在几何学上看到了索绪尔在语言学看到的现象:几何上"能指"指的东西是无关紧要的,即可以指称任何东西,这样的情形也适用数学。但是,与罗素和弗雷格不同,希尔伯特更相信直觉,只是把康德的直觉修改为有限结构的先天直觉(清除康德先天直觉中不必要的"拟人论的垃圾")。如果判断没有为任何对象规定规则、没有认知,那该是怎样的判断呢?在纯粹形式之外的东西、莫名其妙的类比联想,正是这些连续的想象创造出意义。像索绪尔对语言的态度,希尔伯特把数学看作纯粹形式的符号系统,很像是语法上的虚构物、符号上的"社会契约",很像是做语言游戏,一些空洞的活动。意义从哪里来呢,希尔伯特说来自数学语言游戏的裁决者,即元数学。就像在莱布尼茨那里,"预定的和谐"等于"生活约定",等于盲的思想(blind thought)——没有看见(想)等于看见(想)了,是一种再也不能被证明的经验。

希尔伯特的困境在于他所谓"有限直觉"仍旧局限于纯粹数学形式领域。奥地利逻辑学家哥德尔(Kurt Gödel)1931年提出的不完备性定理被认为是对希尔伯特的毁灭性打击:"如果数学系统被认为是由无意义的符号所组成的话,人们如何能够想象在数学系统自身中表达出元数学?"[①] 简单说,这是一个"眼睛看不见自己却说看见了"的悖谬。用理论语言,是混淆了形式与直觉。"例如,如果直觉,真理的元数学观念能够被充分地形式化,那么人们可能会碰到诸如'这一陈述是假的'的陈述的困难。这正是哥德尔探索的途径。他表明如果真理的概念在数学上能够被定义,那么人们很容易在数学中引入一个说谎者的悖论。我们能够在数学上形成一个自我指涉的断言:'这一陈述是假的',数学因此就是不相容的。"[②] 数学在机械地或形式地"自我"演算,这就是莱布尼茨所谓"盲的思想"。但是,这些计算并没有能力谈论自己,即判断句子的真理性(如果认为计算在谈论自己,就出现类

---

[①][②] 弗拉第米尔·塔西奇:《后现代思想的数学根源》,蔡仲、戴建平译,复旦大学出版社2005年版,第110页。

似"这个句子是假的"的情形)。为什么"计算"不能谈论自己呢?因为它在谈论属于自己的"上级"(数学本身)。

塔西奇认为二者必居其一:要么承认数学本身是不相容的,要么承认真理不可在形式上定义。就像哥德尔说的,计算中的证明与真理不是一回事,在形式上的定义不等同真理。也就是说,如果我们坚持所有可证明的陈述都是真的,却不可以说不可能被证明的陈述全是假的,其结论是存在着不能够被证明的真实的数学陈述,即不完备性。在这一过程中,"超越(某能力的)范围"始终是创造性思考的关键。①也就是说,要从纯粹形式撤退到直觉。换句话,直觉才能把握"真理"而语言表述不出。这甚至是批评以"人"为中心的传统西方哲学(康德甚至胡塞尔也属于这个传统),因为人只有"有限的直觉"。

以上关于"可计算性"的思考甚至和计算机的理论原型有关。具有极大记忆力和没有生命极限的"人类的抽象机器"(最初是由英国数学家艾伦·图灵提出的假说,简称"图灵机")已经实现了。心灵被模式化为计算机。显然,这不知厌倦的智力机器的计算能力超过了人,像"深的思想"(deep thought)。② 可是,这种理想化终究要面临人偶然想到的能力(发明出计算机只是人偶然想到的事情之一)的挑战,即"不能包含所有要素"的困境,比如,对反复无常的人类情绪,计算机

---

① 波兰逻辑学家塔斯基(Alfed Taski)1933年发表了独立证明的定理:形式语言中包含的相同困难是"(一种语言中)一个句子的真理性的概念不能够在(这一语言)中被定义"。参见弗拉第米尔·塔西奇:《后现代思想的数学根源》,蔡仲、戴建平译,复旦大学出版社2005年版,第113页。

② 亚当斯(Douglas Adams)在《银河系漫游指南》(The Hitchhiker' Guide to Galaxy)一书中,发明了一台名为"深刻思想"(deep thought)的计算机,计算速度惊人,它将解决终极问题,将提供世界上所有物质与精神问题的答案。但是,在经历实在太漫长的计算过程并给出这个答案(42)的时候,人们已经忘记了最初祖先们提出的终极问题是什么。为了发现这个"终极问题",人们不得不重新制造一台更高级的计算机(super computer)。作者这个故事想表明,人类计算的理论模式,最初是对人类计算能力的模拟,即一种理想化,但并不是真实的人类计算能力。计算机相当于deep thought,而人脑相当于super computer。参见弗拉第米尔·塔西奇:《后现代思想的数学根源》,第117页,注释1。

就不知所措，因为任何理想的机器都不能代替人类的直觉。

计算机意味着，所有的"证明"、所有的语法结构都是已经计算出来的了，它导致人类精神已经在符号面前"安乐死"——在这里"随机性"好像再没有什么事情可做了。存在着能够说明任何给定的符号串合乎文法的"程序"，但是这个程序只有能力显示符合文法的句子，否则就得等待。进一步，程序并不能保证一个语法上是正确的陈述是真的陈述，存在着真理是"无法确定"的句子，也就是说，其证明性最终没有办法被有效地确定，要到来的不可预测。结果，就是当今或永远人类都在使用的用掷硬币测未来的"不确定"的办法。于是有了"停机概率"（halting probability），也就是计算中的"等待"问题：它代表着一种由多次抛一枚硬币而记下的程序，将是一个无规则程序概率——正是在这里，没有"所有问题"的"最终解决"、书本查不到答案，因而才有了错误、好奇心、偶然或可能性。这些，又回到了连续统的问题。

# 六

塔西奇引用了德里达在评论胡塞尔的《几何学起源》一文中对胡塞尔的批评：你不能证明某些事情（例如真理和时间直觉）是不随时间变化的（因为胡氏追溯几何起源的想法假定了这种不变性）除非你经历所有的时间观察到这一点。同样，你不能证明任何事物一直是必然变化的，除非你能知道所有事情——后现代的思想，"归纳"向"演绎"全方位的挑战。

盲思想、发现、有了更好的约定、概念在不终止的生成过程中、用有限超越有限，这也许就是以上反复说明的精神层次问题。但是，当我们这样总结的时候，真实的情形并不像福柯说的那样，因为"判定一个论述实际在哪里结束、另一个在哪里开始将会像猜测一个抛掷的硬币一样是不可能的了"①。因为实际的叙述是"乱七八糟"的（随机、突然、不连续）。更可能的情况是像现实中国一样，"事物的秩序"并没有存在于现实语言中，其中有强大的潜在力量，呼唤新概念的形成，需要超越被控制的直觉能力。当福柯对不能被形式化的事情加以形式化的时候，他是在不自量力地说话。

人如何发现语言不能把握人性呢？既通过直觉的也通过语言自身的途径，这两者相互献媚，因为属于人性和新人性的（人、欲望、直觉等）元素，也是语言"连续统"中的新元素，就像掷骰子过程中偶然抓住的东西。"人"被别的眼睛观察，人自己做不了自己的主。②这些问题是福柯回答不了的，就像萨特批评的，福柯没有办法告诉我们最有趣的事情，也就是在历史每一层的思想类型中，思想究竟是如何建构起来的，更有甚者，没有告诉我们精神如何从一层转向另一层。③也就是形式主义要由充分的随机性加以补充，这些"随机性"的非连续性与福柯的历史断层并不等同，因为随机性无所不在。不知道从哪里有人漫不经心地抛来一枚硬币，决定了我们的选择，福柯说这里的"投掷"演化为一种权力（也叫"知识"）。

只有"精神错乱"才能冲破语言的牢笼，德勒兹精神分析师费里克斯·瓜塔里合作写《反俄狄浦斯》，就是还"精神错乱"的本色，回到"基本粒子"水平上的"精神分析"。有先于符号或形式主义的东

---

① 弗拉第米尔·塔西奇：《后现代思想的数学根源》，蔡仲、戴建平译，复旦大学出版社2005年版，第135页。
② "在希尔伯特依赖一个先验给予（但是非历史的）的'有限'直觉的地方，福柯把某种浪漫主义称为'先验历史'的东西形式化了。以这种方式人们得到一个历史构造的离散序列，其中每一个都是下一个的'元-理论'"参见弗拉第米尔·塔西奇：《后现代思想的数学根源》，蔡仲、戴建平译，复旦大学出版社2005年版，第143—144页。
③ 同上书，第144页。

西,他们称作"欲望的野蛮流动"——以横向思考为特征的精神错乱或失常。①

在某种意义上,以上的"横向思维"的明显特征,又是"乱七八糟"的类比、隐喻等,它们颠覆传统逻辑中的排中律。谁与谁联系,位置发生了意想不到的变化。这里究竟发生了哲学还是宗教问题?纠缠不清,因为我们不得不依靠想象,换位思考。比如灵魂是无固定住所的,因为它没有形状,只要以"有形"为基本特点的语言试图捉到灵魂,灵魂瞬间就破碎了。灵魂迁移现象表现为心灵感应,它"不科学"却很有趣,具有严肃的娱乐功能,就像杜撰了"人工智能"(artificial-intelligence)一词的美国计算机学家麦卡希(John McCarthy)认为恒温器具有三种"精神状态":"这里太凉、这里太热、这里正好"。彭加勒所谓词语的"非直谓"与以上"横向思维"或"灵魂无定所"似乎有隐蔽的相似关系。新的词语、句子、故事、悲喜剧等就会从中一个又一个跳出来。

是的,我们处于一个解构同一性的时代。它的应用范围极其广阔,比如所谓"私人语言"问题。根本就不可能有纯粹属于私人的语言,因为语言的本性是社会的。尼采认为,说不出的直觉感受是珍贵的宝藏,人人都能共享的语言则充满贫乏和浅薄。高贵的精神在符号面前一再撤退,甚至数学家布劳威尔也这样认为:数学在本

---

① 以往的哲学家曾经用更哲学化的词语描述德勒兹的"欲望的野蛮流动",比如行动、本我、创造性主体、内在的自我等。德勒兹把疯话解释为"横向思维",也就是方向乱七八糟的念头——混沌的,因为被编码了的秩序与创造性不相容。"社会共识"成为恐怖主义的代名词。这种革命性的主张甚至在当代管理权威 Tom Peters 那里也得到支持。在 Thriving on Chaos: Handbook for a Management Revolution(Toroto Random House Canada, 1987)一书中,Tom Peters 论证"要从理性中解放出来,以变化的无意义和无穷尽的产生为原因"。他还推荐了 Genghis Khan 的蒙古游牧民族的管理原理,并称之为"自由歹徒群体",成为他的新"横向"公司的基本组织单元学习的榜样。Tom Peters 不是这种管理主张的唯一一个,所谓"科学"的管理概念几十年来一直遭遇批评。参见弗拉第米尔·塔西奇:《后现代思想的数学根源》,蔡仲、戴建平译,复旦大学出版社 2005 年版,第 146 页。

质上是自我的无语言的活动（不可能被还原为数学语言），心灵最私人的伴随活动逃避了词语和推理的"数学注意力"，不能被语言把握的（就像上述德勒兹"欲望的野蛮流动"）、以没有能力说出如此这般的痴迷状态存在、很近但不可以说理解了（因为理解要使用语言）。或者这里有一种未曾流通过的"新符号"，谁知道呢？作为行动本身，这"欲望的野蛮流动"并没有得到也不需要辩护，因为语言的确定性在这里失去作用。这"确定性"成为误解。就像孤独是无法言说的，因为言说等于走到了孤独之外。在 19 世纪早期，弗·施莱格尔（Friedrich Schlegel）和洪堡（Humboldt）在讨论与后来结构主义符号学类似的观点时，就谈到了"理解就是误解"。换句话，说"我"就要篡改"我"，因为要联系到"非我"（费希特语）。结果，理性或理解背后却是荒诞，辩白是"怎么都行"，因为并没有一种更真实的辩白。于是，我们不得不怀疑任何原则的真理性。任何辩白总要跳到内在性之外，从而没有说到点子上。同时任何人类行为总是被说成是遵循了某个法则（即某个"应当"），其实根本没有。维特根斯坦也这样说，我们不能确认正在遵守哪个法则，因为心灵完全可能正在遵守当下偶然遇见的法则。它碰巧与我想的一样，于是我就说它好——当然，真正的辩护并没有发生，发生的还是像我把手放在自己头上，然后声称知道了自己有多高（如此这般，我就能证明任何我想辩白的东西）。

所谓"创造性"活动，就是犯错误活动。我总是走神，远离我正在说的内容，这是我的"注意力"实际路线图，即连续统的科学、艺术、哲学活动，它认定看见的不是眼前正在看见的东西。这当然不是语法本身的作用，就像一个只知道象棋规则的人距离棋坛高手还有十万八千里的距离。一个仅仅识字的人还远不能自夸说自己会写小说。"知道"和"运用"根本不是一回事，斯莱尔马赫（Schleiermacher）与维特根斯坦都持类似的观点。中国象棋的"马"的"语法规则"是遵循"日"字的格子行走,但是,按照哪个方向走"日",则完全是私人的事,下棋规则无法告之。正是在这里,有着纯粹个性的创造活动。如果把理由说成是辩白,那么创造性活动是没有理由的行动本身,是没有答案地做本身,是行为代替沉思,甚而以"做"的方式沉思和疑问。这些活动全部是回避知识,即回避事先的经验,因为知识总是假定了一个更大的知识,是"内"(传统的认识、辩白、知识等,是自我意识,就像在语言的镜子里看见自己),而创造性活动却是"犯错误",也就是"外",是在不知道的情况下行动。创造性从认知中剥离出"意识":虽然我不知道,我的直觉却异常兴奋——在没有"镜子"的情况下,一切都是直接的(平面的)——存在着不能证明的无意识的理解,也就是沉醉状态,不知道自己正在理解(笛卡尔的"我思故我在"则意识到自己正在理解,所以是一种间接性,确立了主-客体,即"镜子")。直觉是"没有理解的理解"活动吗?显然,"自我"在哲学史上一直是被"镜子"关照或构成的——"我"是已知的,然后再对照镜子辨认自己。

## 七

巴赫《音乐的奉献》中的一支曲子具有一种奇特的性质,它倒着演奏时同正着演奏时听起来是一模一样的。这听起来有点像语言中的"回文"现象,比如"叶落天落叶"。但英语中的回文是逐个字母(而不是单字)倒转,比如"A man, a plan, a canal: Panama"。这个句子无论怎样翻译成中文,都构不成汉语回文句。但是,在回文问题上,汉语和英语在形式上都是对称句。

音乐中的"轮唱",比如《保卫黄河》中,第一个声部先唱出主题，间隔几秒，第 2 个声部（即这个主题的副本）在完全一样的声调上进入，再间隔几秒，第 3 个声部，以此类推。再复杂的重复："主题的种种'副本'不仅在时间上，而且在音高上互相交错。也就是说，第一声部可能是在 C 调上唱出主题，同第一声部相交错的第 2 声部可能是在比 C 调高 5 度的 G 调上唱出同一主题。与前 2 个声部相交错的第 3 声部可能在比 G 调高 5 度的 D 调上唱出，以此类推。"① 还有更复杂的：各个声部的速度不同，比如第 2 个声部的速度可能是第 1 声部的 2 倍或一半；最复杂的，是主题转位，"意思是产生这样一个旋律，每当原来的主题跳上时，它就跳下，二者所过的半音数目相同。这是种相当奇特的旋律转换。"② 这旋律（乐音上下颠倒甚至回文或从后往前）听起来相当悦耳，耳朵的乐趣是听见音差，或偏离的重复。

"在《音乐的奉献》中有一首极不寻常的卡农，它有 3 个声部……巴赫在听众的鼻子底下转了调，而且这一结构使这个'结尾'很通顺地与开头连接起来……这些连续的变调带着听众不断上升到越来越远的调区……然而在整整 6 次这样的变调之后，原来的 C 小调又魔术般地恢复了！所有的声部都恰好比原来的高 8 度……在这部卡农中，巴赫给了我们有关'怪圈'这一概念的第一个例子。所谓'怪圈'现象，就是当我们向上（或向下）穿越某种层次系统中的（这里，系统是音乐的调子）一些层次时，会意外地发现我们正好回到了我们开始的地方。"③ 绘画领域的怪圈大师，就是荷兰版画家艾舍尔（Escher, 1898—1972），他的许多作品都来自悖论、幻觉、双重意义的启发，而数学家最崇拜他的作品。比如《画手》这幅画的是两只互相画的手。当然，还有更复杂的，包含多个阶段的怪圈，比如，《画

---

①② 侯世达：《哥德尔、艾舍尔、巴赫——集异璧之大成》，郭维德等译，商务印书馆 2001 年版，第 12 页。
③ 同上书，第 15 页。

廊》中画的是一个画廊，里面站着一个年轻人正在看一幅画。[1] 这是一幅包含其自身的画，就像很多"副本"纠缠在一起，构成对应于上述巴赫音乐怪圈中的视觉形象：先是离开起点越来越远，然后突然回来了。在某个层次是现实的景象，在另外一个层次则被认为是幻觉。旁观者同时被别的"旁观者"观察，"跳出来"看的旁观者却重新被放置某个观察框子之内。被看的与观看的相比更不"实在"或更虚幻。但如果这些层次首尾连接成怪圈呢？实在和虚幻便只有相对的意义。

以上的怪圈现象也是（音阶和楼梯中的）悖谬现象，这里我们嗅出了数学的味道。是的，哥德尔发现了数学中的怪圈现象，即把一个古老的哲学悖论[2]转换成数学上的说法：它同时是假的和真的，因而不符合把陈述截然划分为真和假的二分法的逻辑传统。一个同时隔离真与假的陈述是如何可能的呢？"但是它与数学有什么关系呢？这正是哥德尔所发现的。他的想法是用数学推论探索数学推论本身。这种使数学'内省'的观念有巨大的威力，也许它最丰富的涵义就体现为哥德尔发现的哥德尔不完全性定理。"[3]这又有点像眼睛自己看自己。这个定理说了些什么（这个定理本身是个怪圈）与它如何被证明是两回事，它的证明过程很像说谎者悖论是语言中的自指语句一样，是一个自指

---

[1] "在艾舍尔的《画廊》中，为我们提供了对一个缠结的层次结构中的'台风眼'的一个令人美妙得令人吃惊，同时又荒诞得令人烦乱的描绘。我们在其中所看到的是一个画廊，里面站着一个青年，正在看一幅画。画里有一艘船停泊在一个城镇的港湾中……偶尔可以看见小圆屋顶，其中的一个屋顶上面坐着个男孩……比他低2层楼的地方有个妇女，正从她房间的窗户朝外看，而她的房间下面正是一个画廊，里面站着一个青年，正在看一幅画。画里有一艘船停泊在一个城镇的港湾中……"。参见侯世达：《哥德尔、艾舍尔、巴赫——集异璧之大成》，郭维德等译，商务印书馆2001年版，第945页。

[2] 即"说谎者悖论"，或者置换为"我在说谎"或"本句子是假的"——从这个句子的真可以推出它的假，从这个句子的假可以推出它的真。

[3] 可以把哥德尔不完全定理改写为"数论的所有一致的公理化形式系统都包含有不可判定的命题"。参见侯世达：《哥德尔、艾舍尔、巴赫——集异璧之大成》，郭维德等译，商务印书馆2001年版，第17页。

的数学陈述，用语言讨论语言，用眼睛看眼睛。哥德尔看出来数论其实是自指陈述。这是他通过直觉看出来的，他看出来自指陈述也是通过直觉创造出来的。[1] 哥德尔最后移植的说谎者并不是"本数论语句是假的"，而是"本数论语句是不可证的"。

悖论通常总与自指现象（即怪圈）连接，那么自指现象可以取消吗？不可以，怪圈防不胜防。罗素和怀特海的《数学原理》想从逻辑学、集合论和数论中驱除怪圈，但是，他们研究的都是不常使用的抽象对象，在无处不在的生活世界的语言中，是没有办法像他们那样分层的。"我们在说各种不同事物时，不会想到我们是在语言的层次间上蹿下跳。"[2] 就是说，罗素和怀特海的类型论根本不实用。如果消除语句自指现象，语言将由于乏味（因为要保持一致性）而显得无生命，无意义（趣味是由怪异和离奇产生的）。

企图从逻辑学中导出所有的数学，而且不能有矛盾，这就是罗素和怀特海的《数学原理》所要达到的目的。我们以上提到的德国数学家的批评是：你如何用你的推理方法来证明你所使用的这一套推理方法是正确的呢？这就好像是想要拽着自己的头发把自己举起来，是在循环论证，也就是怪圈。

非智能行为与智能行为的界限何在呢？智能应该含有灵活性、充分利用机遇、在相同中看出不同和从不同中看出相同的能力，等等。智能机器或电脑永远不知道自己在做什么，但是人的意识有一个固有的特点，他总是能看出关于他正在做的事情的某些事实。这是一种观察的能力，哲学称之为反思的能力，也就是退出的能力。

---

[1] "首先要把难点彻底弄清楚，数学陈述——我们这里只讲数论的陈述——是关于整数性质的。整数不是陈述，也不是它们的性质。一个数论陈述不是关于数论性质的，它仅仅是一个数论陈述，这就是问题所在。"参见侯世达：《哥德尔、艾舍尔、巴赫——集异璧之大成》，郭维德等译，商务印书馆2001年版，第18页。

[2] 同上书，第29页。

# 八

　　递归或者嵌套现象是人们常见的，比如电影中的电影、故事里的故事、梦中的梦。粗看起来，递归现象好像是事物自己定义自己，似乎与悖论很接近，其实不是，"这是因为递归定义从来不以某一事物自身来定义这一事物，而总是用比其自身简单一些的说法来定义这个事物。"① 日常生活中的"假递归"现象经常是由于"走神（喜新厌旧、心不在焉）"引起的，一件事情还没有做好或想好，接着就去做或想另一件事（不知为什么，我从这里想到使用鼠标在网上搜索的过程），这些新加入者是随机的，防不胜防。当然，这里我们忽略了递归一般指同类性质的事情，有时我们"推入"，比如沉醉于梦中梦；有时我们"弹出"，比如早上醒来，我们回忆刚才的梦中梦。

　　但是，如何界定"推入"和"弹出"起始点呢？在什么地方被打断的？由于生活中总是"乱七八糟"地"做"和"想"，"推入"和"弹出"也是"差辈"的（乱七八糟的），这给我们的分析增加了困难。我们会因为无限期地耽搁而终于忘记在哪里停止的以及当时曾经究竟发生了什么（德里达把这个现象称为"延异"）。嵌套现象是生活的常态，只是人们不注意罢了（人们不必分析这些现象，能靠直觉理解，不会乱套）。比如我们看见电视新闻播音员说："现在请看记者A从巴黎发回的报道。"然后，我们看见记者A从巴黎拍摄的中法领导人握手的场面，还配有记者A的画外音"这里是爱丽舍宫……"——这里降了3个层次——因为这个新闻报道的每个层次告诉我们的是不同的事件，我们感到很自然，不像"梦中的梦中的梦"那样难解。"推入"比如场景急剧变化、令人晕头转向，有让人感到紧张的效果；"弹出"则

---

① 侯世达：《哥德尔、艾舍尔、巴赫——集异璧之大成》，郭维德等译，商务印书馆2001年版，第167页。

有放松的效果。

"语言中'推入'和'弹出'的极好例子就是那种反映在那些关于一位心不在焉地以使人心中的堆栈[①]完全乱套的方式信口开河地使用使听众莫名其妙的相互叠套的动词或介词的教授的滑稽故事中的现象。"[②]中文翻译有意把这句引文用长句译出（读起来令人气喘，即紧张），而不是译为分开的短句子，意在说明这句话也是语言中的嵌套现象。它让我们不得不寻找哪些词语归属于哪个层次。词语的连接就是彼此嵌套吗？"乱七八糟的"递归？制造长句子是由于词语彼此嵌套或精神复杂的结果。

可以把递归过程理解为观察角度变化的过程吗？像博弈或下棋？句子角度的快速转变会紧张得让人喘不过气，抑或是幽默的喜剧效果呢？如果递归的层次变化多端，是复杂小说的组成要素吗？不断向前看同时有太多的可能性，怎么又像是下棋？所有这些，画成形状就像网络。所谓"快"，也可以体现在不同的观察层次之间转换的速度。比如在瞬间情急之下，一张唱片也可以当一个刀片使用。一样东西的形状很有趣，但我们却不知道它是什么；当我们借助于别的与其类似的东西解释它，就达到了理解。这也是不同类别事物之间转换的例子。

我不理解什么是薛定谔深奥的"非周期性晶体结构"，但是科普作家告诉我，排列成行的任何一种文字都是这样的结构——文字排列成非常规则的形状，同时文字在什么位置出现却不规则，即使是一种我完全不懂的文字，我单从外形上也可以判定这种普遍现象，即上述一样东西的形状很有趣，但我却不知道它写的是什么。这就是框架信息层次上的语言，它的形式里面包含着内容。如果我能识别其中的字母，

---

① 指的是不断陈述过程中不断"推入"的语言现象。
② 侯世达：《哥德尔、艾舍尔、巴赫——集异璧之大成》，郭维德等译，商务印书馆2001年版，第172页。

比如日文，就有了外在消息层次上的语言"我是用日文写的"。这样，就很容易求助于翻译把它转化为内在消息层次上的语言。总之，这是一个圈套："在你使用任何规则之前，你必须有另一个规则来告诉你如何使用这一规则；换句话说，存在一个具有无穷多层次的规则体系，这就阻止了任何规则的使用。"为什么呢？因为无穷，任何一种外来规则的理解，都是误解意义上的理解，也就是必须求助于彼信息理解此信息。

不同意的人说，理解时刻在发生啊。这是因为它们都是在排除悖论的逻辑意义上的理解。悖论就是灵魂出窍，一跳出层次就来了（想想"这句话是谎话"）。我们事先假定了这些悖谬的念头是无效的，于是遗漏了多少世间的奇迹啊。因为在某种意义上，逻辑能力就像一台只知道如何运行的智能机器。与直觉（类似的有隐喻等）能力比较，逻辑属于低层次，因为直觉是把两种不同事物连接起来的一种横向的能力。这从科学史得到了证明：古代人曾认为重量是物体固有的属性，其实重量取决于物体之外当时所处的引力场，所以直觉是一种发现的能力。智慧往往表现为"多出来"的智慧，即从传统观念看来是愚蠢的念头：不对称、非周期、无规律。别问"什么是"，因为这样的提问方式已经先验地预设了答案，属于循环论证，因为它毫无新意而不属于真正的提问，甚至在真正的智慧之外。换句话，可能有非人的智能。人类习惯上只把模式化或条理化的语言、音乐、逻辑等看作智能，没有认为乱七八糟的随机性是有文化的表现。"事物本性"的说法甚至是不可取的。真正的智慧涉及跳到层次之外思考，现象学和禅宗都是这样，二者的另一个共同之处，是强调直觉的直接性而批评语言或推理能力的先天不足。禅宗更是强调把瞬间化作永恒（顿悟）。能说真正的理性是"反理性"的吗？总是"多出来"的东西是不能说的，无语言乃是元语言、不瞄准对象的语言、什么都没有说的语言。有趣的是，禅宗的语言经常表示自身的无效性，也就是悖论或自指，破坏逻辑头脑。

"逻辑或哲学的头脑"也是二元论的头脑(以区别真假为标志的范畴双双对立),用语言代表某某东西或观念,这已经是二元论了。但是,没有词语,不把"我"和世界隔离,人会晕头转向,就会处于一种死亡状态。艾舍尔的画与禅宗为伴,因为都强调泯灭事物之间的界限:事物不是其表面看上去的样子,画或说出自指和被包含的情形。自己谈论自己,这也是语言的本性,人们在不断回溯元语言的过程中,最终撤退到直觉。超越在符号水平上观察,也就是超越二元论、超越自我意识。人能对蚂蚁说的永远达不到蚂蚁对蚂蚁"说"的层次,即人永远也理解不了蚂蚁。

让我们转引牛津哲学家1961年写的以下有趣的言论:"如果某人知道了一件事,他是否知道他知道这件事?……当我们说一个有意识物知道什么事情的时候,我们说的不仅仅他知道那件事,还包括他知道他知道那件事,以及他知道他知道他知道那件事,如此下去,直到我们不再纠缠这个问题……意识悖论的出现是因为有意识物除了能意识到别的东西,还能意识到自身……一台机器可以被制造成那种所谓能'考虑'它在干什么的机器,但它无法在工作时把它的所作所为'考虑进去',除非它变成了一台新的机器,也就是说,这台机器加上了一个'新的部分'。"[①] 这表示了语言的"使用"与"谈论"的区别:"挺棒"。挺棒——这相当于"谈论",被放置在引号中的词语被删除了使用价值(即含义或意义),只剩下笔画形状或音节字母,如果一定要把这样的"谈论"说成"使用",那就好像把小提琴当苍蝇拍使用。总之,"谈论"句子有点像句子在自己说自己(20世纪著名分析哲学家奎因对此有非常精彩的论述),其奇妙之处在于人们经常看不出这种奇妙。自己说自己,被说的是自己的一部分。"死"的东西(比如智能机器)看不出其实是自己谈论自己,说最后一句话的永远是"活"的智

---

① 侯世达:《哥德尔、艾舍尔、巴赫——集异璧之大成》,郭维德等译,商务印书馆2001年版,第513—514页。

慧。这似乎是幽灵在向我们招手，幽灵的含义，就是永远出世、在系统之外、跳高一维，就像画在纸（二维）的形状只是虚构，因为唯一现实的空间是三维的（即使是一张纸），所以透视画或素描肯定只是给我们感官的错觉。当我们画几条线后宣称它就是房子，这就像一条咬着自己尾巴的龙，也即上述的"自己说自己"。那画上的龙想跳出纸的平面，但这是不可能的，这个强烈的愿望最后不得不变成自己咬自己的尾巴。

上帝能否创造出一块自己也举不起来的石头呢（即计算机可以既自己修改自己又没有遵守指令吗）？无论"能"或"不能"，上帝都不是万能的。人类自己的想象能力毕竟有限，即使被想象出来的"上帝"也是如此。因为人类智慧永远要在悖论面前打败仗。